城市更新理论与实践研究系列　主编　阳建强
国家自然科学基金青年科学基金项目(51508087)

城镇文化遗产保护路径优化研究

Optimization Research on
Urban Cultural Heritage Conservation

汤晔峥·著

东南大学出版社·南京

序 言

城市更新是国际城市规划学术界持续关注的重要课题。随着世界城市化进程的演进与发展,现代城市更新已被看作是整个社会发展的有机组成部分,其涉及的学科领域亦日趋广泛。对于城市更新的全面科学理解需要特别强调两个方面:①不仅仅将城市更新看作一种建设行为活动,更重要的是需要将其作为城市发展的调节机制。城市是一个有机的生命体,从城市发展的客观规律来看,城市都会经历一个"发展—衰落—更新—再发展"的新陈代谢过程,通过日常不断的、渐进的城市有机更新和结构调适,实现新的动态平衡,适应未来社会和经济的发展。②城市更新涉及城市社会、经济和物质空间环境等诸多方面,是一项综合性、全局性、政策性和战略性很强的社会系统工程,需要摆脱过去很长一段时间仅注重"增长""效率"和"产出"的单一经济价值观,重新树立"以人为核心"的指导思想,以提高群众福祉、保障改善民生、完善城市功能、传承历史文化、保护生态环境、提升城市品质、彰显地域特色、提高城市内在活力以及构建宜居环境为根本目标,实现城市的可持续与和谐全面发展。

回顾我国城市更新发展历程,大致经历了几个重要阶段。中华人民共和国成立初期至改革开放前,城市更新总的思想是充分利用旧城,更新改造对象主要为旧城居住区和环境恶劣地区。改革开放以后,随着市场经济体制的建立、土地的有偿使用、房地产业的发展和大量外资的引进,城市更新由过去单一的"旧房改造"和"旧区改造"转向"旧区再开发"。改革开放初期,为了解决城市住房紧张问题,满足城市居民改善居住条件和出行条件的需求,以及偿还城市基础设施领域的欠债等,城市更新活动在全国各地展开。之后,各大城市借助土地有偿使用的市场化运作,通过房地产业、金融业与更新改造的结合,推动了以"退二进三"为标志的大范围旧城更新改造。企业工人的转岗、下岗培训与再就业成为这一阶段城市更新所面临的最大的挑战,城市更新涉及的一些深层社会问题开始涌现出来。同时,一些城市出现了拆迁规模过大、片面提高城市再开发强度,以及城市传统文化遗产遭受破坏等突出问题。如何实现城市更新中社会、环境和经济效益的综合平衡,并为之提供持续高效而又公平公正的制度框架,以及如何正确处理大规模城市更新改造与城乡文化遗产保护传承的关系,成为各个城市面临的巨大挑战。

进入新型城镇化阶段后,城市更新所处的发展背景与过去相比,无论是更新目标、更新模式还是实际需求,均发生了很大变化。今天的城市更新在严格管理城市增长边界、注重城市内涵发展、提升城市品质、促进产业转型的趋势下日益受到关注。在更新目标上,开始从注重还清历史欠账和物质环境开发建设的旧城改造,向注重社会、经济、生态、文化综合发展目标的城市更新转变,更加强调以人为本,更加注重人民生活质量的提高、城市整体机能和活力的提升;更新方式上也变得更加丰富多元,既有注重宏观尺度的人居环境改善、城市结构调整和城市产业升级,中观尺度的中心地区空间优化、产业园区转型、城中村改造和轨道交通基础设施改造等功能区级存量更新，也有微观尺度下从社区这一城市最基本单元和细胞出发，与群众日常生活息息相关的注重社区营造和街道环境提升等城市微更新。

东南大学城市规划学科长期以来致力于城市更新方面的研究，具有优良的学术传统。早在1980年代至1990年代，东南大学城市更新研究团队在吴明伟先生的引领下，结合地方城市建设的需求开展了绍兴解放路规划、南京中心区综合改建规划、泉州古城保护与更新规划、烟台商埠区复兴改造规划、南京中华门地区更新规划、苏州历史街区保护利用规划等重要的城市更新规划，在实践的基础上相继完成了"旧城结构与形态""中国城市再开发研究""中国城市土地综合开发与规划调控研究"等多项国家自然科学基金课题和"旧城改建理论方法研究"国家教育委员会博士点基金课题。我本人正是沉醉在这样浓郁的学术氛围里，跟随吴先生并在先生的悉心指导下完成了城市更新方面的博士论文，于1999年整理出版《现代城市更新》一书，之后又结合在欧洲的学术访问与研究完成了《西欧城市更新》的写作。

博士毕业留校后，在吴先生的殷切教诲下，我带领团队继续开展城市更新方面的研究，三十多年来，完成"高速城市化时期城市更新规划理论与技术方法研究""后工业化时期城市老工业区转型与更新再发展研究""基于系统耦合与功能提升的城市中心再开发研究""基于价值导向的历史街区保护利用综合评价体系、方法及机制研究"等国家自然科学基金课题和"中国与西欧城市更新的比较研究""江苏省大城市旧城更新中的土地政策研究"等多项省部级科研课题，并在北京、南京、广州、杭州、郑州、青岛、常州、南通、无锡、苏州、厦门、安庆等地开展了90余项城市更新规划，围绕以上科研和实践工作，培养了一批年轻有为的博士和硕士研究生。

此次编写"城市更新理论与实践研究系列"，初衷是对我们学科团队多年来围绕城市更新开展的教学、科研以及实践工作进行阶段性的记录和总结。城市更新的理论与实践仍在不断探索之中，加之编写人员水平有限，难免存在诸多问题和不足，殷切希望读者多提宝贵意见。

在丛书出版之际，特别感谢曾在课题研究和论文写作中给予悉心指导的各位师长和同仁，殷切希望系列丛书的出版能为推进城市更新领域的研究尽一份微薄之力，并能够促使大家对此领域进行更为深入的研究与思考。

2020年8月于中大院

目 录

图片目录 ·· 10
表格目录 ·· 12

0 绪论 ·· 1
  0.1 我们的时代与我们的社会 ··· 1
  0.2 我们的学术与我们的思考 ··· 4
  0.3 我们的构想与我们的尝试 ··· 6
    0.3.1 概念界定 ·· 6
    0.3.2 行为假设 ·· 8
    0.3.3 本书内容 ·· 10

第一部分 国际城镇文化遗产保护的原型

1 欧洲时期：城镇文化遗产保护的萌芽 ··· 15
  1.1 启蒙的批判 ·· 15
    1.1.1 价值的雏形——最初的客观精神与客观存在 ····························· 15
    1.1.2 古物的身份——政治需求限定下的时空边界 ····························· 17
    1.1.3 修复的本源——艺术作品的拟态和创造之争 ····························· 18
    1.1.4 体制的草创——教会集权政体下的制度建构 ····························· 20
    1.1.5 小结 ·· 21
  1.2 理性的建构 ·· 23
    1.2.1 科学的价值——工具理性统治下的二元体系 ····························· 23
    1.2.2 过去的古迹——社会进步史观下的时空压缩 ····························· 25
    1.2.3 修复的独立——历史古迹的修复争论与突破 ····························· 29
    1.2.4 国家的制度——社会契约模式下的运行体制 ····························· 33
    1.2.5 普遍的遗产——应对战争的国际性共识联盟 ····························· 37
    1.2.6 小结 ·· 38
  1.3 欧洲时期的运行特征 ··· 40

2 全球时期：城镇文化遗产保护的成型 ··· 41
  2.1 解构的反思 ·· 41

2.1.1 价值的解构:文化史观萌芽中的二元局限 …… 41
　　2.1.2 遗产的激增:人文地理导向下的时空拓展 …… 43
　　2.1.3 技术的探索:时空膨胀需求下的系统规划 …… 48
　　2.1.4 权利的变迁:有限政府框架下的公共管理 …… 54
　　2.1.5 共同的遗产:普世价值理念下的联合行动 …… 59
　　2.1.6 小结 …… 63
　2.2 文化的建构 …… 64
　　2.2.1 价值的凝练:核心内涵明确的开放性架构 …… 64
　　2.2.2 遗产的网络:时空消解下的人类文化产物 …… 67
　　2.2.3 系统的保护:文化语境中的基于价值保护 …… 69
　　2.2.4 权力的协作:整体政府模式下的决策组织 …… 73
　　2.2.5 普世的价值:全球战略视角下的持续发展 …… 74
　　2.2.6 小结 …… 77
　2.3 全球时期的运行特征 …… 77

3 国际城镇文化遗产保护的原型结构 …… 79
　3.1 国际文化遗产保护演化规律 …… 79
　　3.1.1 时空维度的演化规律 …… 79
　　3.1.2 要素因子的演化规律 …… 80
　3.2 原型结构的形态结论 …… 84
　　3.2.1 结论1:一种网络化的关联系统 …… 84
　　3.2.2 结论2:一种聚核式的运行结构 …… 85

第二部分　中国城镇文化遗产保护的衍化

4 主导形态——制度保护路径 …… 89
　4.1 遗产保护路径的历史特性 …… 89
　　4.1.1 中国城镇文化遗产保护历程简述 …… 89
　　4.1.2 中国城镇文化遗产保护路径特性 …… 99
　　4.1.3 小结 …… 104
　4.2 制度保护路径的现实形态 …… 106
　　4.2.1 城镇文化遗产保护的技术形态 …… 106
　　4.2.2 城镇文化遗产保护的运行形态 …… 122
　　4.2.3 小结 …… 133
　4.3 小结:历史发展的惯性 …… 134

5 分歧形态——非规范保护路径 ... 135
5.1 精英式保护路径——南京老城南危机 ... 135
5.1.1 事件历程 ... 135
5.1.2 矛盾解析 ... 141
5.1.3 小结:制度的合理性缺失 ... 146
5.2 大众式保护路径——梧桐树事件 ... 147
5.2.1 事件概述 ... 147
5.2.2 逻辑解析 ... 150
5.2.3 小结:价值的不可公度性 ... 155
5.3 小结:两条非规范性路径 ... 156

6 分歧本源之一:文化原型的冲突 ... 158
6.1 中国传统文化的原型形态 ... 158
6.1.1 传统的社会意识 ... 158
6.1.2 传统的社会形态 ... 163
6.2 文化原型对遗产保护的异化 ... 170
6.2.1 价值取向的异化 ... 170
6.2.2 运行模式的异化 ... 172
6.3 小结:文化原型的冲突 ... 174

7 分歧本源之二:城市范式的冲突 ... 176
7.1 中国城市演进的范式转换 ... 176
7.1.1 传统城市的范式解析 ... 176
7.1.2 近代城市的范式嬗变 ... 181
7.1.3 现代城市的范式反思 ... 187
7.2 城市范式对遗产保护的异化 ... 191
7.2.1 成效共识的异化 ... 191
7.2.2 成效结果的异化 ... 194
7.3 小结:城市范式的冲突 ... 198

8 中国城镇文化遗产保护的衍化形态 ... 200
8.1 中国文化遗产保护衍化特征 ... 200
8.1.1 保护路径的运动特征 ... 200
8.1.2 保护路径的形态特征 ... 201
8.2 中国文化遗产保护衍化结构 ... 202
8.2.1 结论1:一种突进式的整合系统 ... 202

8.2.2　结论2:一种断裂式的分叉结构 ……………………………………………… 203

第三部分　城镇文化遗产保护的模型

9　城镇文化遗产保护行为的辨析 …………………………………………………… 207
9.1　保护行为的系统运行特征 ……………………………………………………… 207
　　9.1.1　基于干预模式的耗散结构判定 ………………………………………… 207
　　9.1.2　基于衍化趋势的混沌状态判定 ………………………………………… 208
　　9.1.3　小结:耗散结构下的混沌运动假设 ……………………………………… 209
9.2　混沌视角下的保护运行机制 …………………………………………………… 209
　　9.2.1　运行机制:维度运动 …………………………………………………… 209
　　9.2.2　运行特征:随机遍历 …………………………………………………… 212
9.3　混沌映射下的保护行为辨析 …………………………………………………… 215
　　9.3.1　技术干预的思维陷阱 …………………………………………………… 215
　　9.3.2　遗产价值的溢出机制 …………………………………………………… 218
9.4　小结 …………………………………………………………………………… 220

10　保护模式:一种混沌范式的初构 ………………………………………………… 221
10.1　中国城镇文化遗产保护的路径反思 …………………………………………… 221
　　10.1.1　反思一:权宜 ………………………………………………………… 221
　　10.1.2　反思二:脱嵌 ………………………………………………………… 222
　　10.1.3　反思三:涵化 ………………………………………………………… 223
10.2　混沌范式的初构 ……………………………………………………………… 224
　　10.2.1　城镇文化遗产保护的目标态 …………………………………………… 224
　　10.2.2　城镇文化遗产保护的结构式 …………………………………………… 231

11　路径优化的技术措施 …………………………………………………………… 239
11.1　技术路径的优化 ……………………………………………………………… 239
　　11.1.1　技术路径的优化目标 …………………………………………………… 239
　　11.1.2　技术路径的优化对策 …………………………………………………… 240
11.2　优化措施一:基于本体价值的遗产框架 ………………………………………… 242
　　11.2.1　遗产价值的双向判定 …………………………………………………… 242
　　11.2.2　遗产框架的双向建构 …………………………………………………… 246
　　11.2.3　遗产构成的主题框架 …………………………………………………… 255
11.3　优化措施二:基于濡化目标的保护措施 ………………………………………… 259
　　11.3.1　保护价值的双重评估 …………………………………………………… 260

		11.3.2 保护措施的参比选取	264
	11.4	优化措施三：基于价值监控的发展模式	268
		11.4.1 资源价值的发展评估	268
		11.4.2 监控反馈的模式初构	275

附录　城镇文化遗产保护发展历程 ……………………………………………… 281
  1　转型铺垫——从"纪念物（monument）"向"突出普遍价值（OUV）"的行动展开 …… 282
  2　转型实现——国际文化遗产保护文件的理念转变 …………………………… 285
  3　转型深化——理念转型下的学术探索与保护研究 …………………………… 302

参考文献 ……………………………………………………………………………… 309
  外文专著与学位论文 ……………………………………………………………… 309
  外文学术文章 ……………………………………………………………………… 311
  译著 ………………………………………………………………………………… 312
  中文专著与学位论文 ……………………………………………………………… 313
  中文学术文章 ……………………………………………………………………… 314
  网络文献资源 ……………………………………………………………………… 315

后记 …………………………………………………………………………………… 316

图片目录

图 0-1　2010—2016 年 GDP 增速一览表 1
图 0-2　研究框架结构图 10
图 1-1　《圣塞巴斯蒂安》(Saint Sebastian)中的古罗马废墟 15
图 1-2　君士坦丁凯旋门 18
图 1-3　刻有古罗马铭文的建筑残件 18
图 1-4　拉奥孔群像(Laocoon Group) 20
图 1-5　罗马竞技场 1806 年修复工程 26
图 1-6　16 世纪的圣马可广场绘画(左)和 1730 年的圣马可广场绘画(右) 27
图 1-7　1902 年 7 月 14 日倒塌(下)、1909 年原样重建中(左上)和重建后的威尼斯圣马可广场钟楼(右上) 27
图 1-8　勒·杜克的巴黎圣母院修复设计图(南立面与东立面) 29
图 1-9　勒·杜克绘制的卡尔卡索纳(Carcassonne)西界面景观(下)和按中世纪风貌修复后的界面景观(上) 30
图 1-10　1905 年罗马的马雷大道(Via del Mare)地区(左)和 1934 年拆除中的马雷大道地区(右) 32
图 1-11　失去整体风貌特色的罗马马雷大道地区 32
图 2-1　1978 年首个被列入世界遗产名录的历史城镇——基多古城(City of Quito, Ecuador) 44
图 2-2　1979 年被列入《世界遗产名录》的开罗古城(Historic Cairo, Egypt) 45
图 2-3　1979 年被列入《世界遗产名录》的杜布罗夫尼克老城(Old City of Dubrovnik, Croatia) 45
图 2-4　1979 年被列入《世界遗产名录》的大马士革古城(Ancient City of Damascus, Syrian Arab Republic) 46
图 2-5　伊利诺伊与密歇根运河国家遗产廊道(Illinois and Michigan Canal Nation-al Heritage Corridor)区位图(上)与历史照片(下) 47
图 2-6　巴黎老城 126 hm² 的马莱区(le Marais)保护规划 51
图 2-7　博洛尼亚(Bologna)1969 年建筑容量改造计划 53
图 2-8　法国文化遗产保护的地方机构分布图：大区文化事务厅(左)、省级建筑与遗产局(右) 56
图 2-9　2004 年世界遗产地在区域(上)、类型(上)、主题(下)的统计数据 62
图 2-10　传统文化遗产保护模式 72
图 2-11　保护规划中的价值评估流程 72
图 3-1　文化遗产保护原型结构形态示意图 85
图 4-1　中国城镇文化遗产保护管理体制示意图 93
图 4-2　2001—2008 年国家文化遗产保护法规文件数量折线图 96
图 4-3　南京泾县会馆的两级文物保护单位边界 117
图 4-4　中央大学工艺实习场建筑保护范围示意图 117
图 4-5　金陵机械制造局与大报恩寺遗址保护区化的叠压关系与调整示意 118

图 4-6	1927年（左）、1934年（中）和 1946年（右）南京京市铁路两侧民国重要建筑分布图	119
图 4-7	南京老城（左）、主城（右）文化景观空间网络	122
图 4-8	老城南门西地区的用地与建筑现状（上）和规划设计（下）对比	123
图 4-9	1986年由南京市人大批准通过的《莫愁分区规划》	123
图 4-10	万科地产开发后消失的金陵四十八景"莫愁旷览"	124
图 4-11	南京龙江宝船厂遗址保护范围调整方案	124
图 4-12	1991年10月南京建工学院《南京城南民居保护》划定的城南保护区范围	125
图 4-13	1992版（左）和 2002版（右）《南京历史文化名城保护规划》中的城南历史文化街区与风貌区范围	125
图 5-1	宁拆公字（2006）28号、宁拆公字（2006）29号、宁拆公字（2006）30号地块相关规划审批文件	136
图 5-2	宁拆公字（2006）29号（上）、宁拆公字（2006）29号（中）、宁拆公字（2006）29号（下）项目拆迁前（左）后（右）对比	136
图 5-3	南京老城南历史城区保护与整治城市设计重点地块规划设计方案	139
图 5-4	南京市政府的移树行为	148
图 5-5	南京市民的护树行为	149
图 7-1	新中国成立初期工业城市马鞍山市的人口变化	183
图 7-2	1957—1958年马鞍山市人口增长率比较	183
图 7-3	1927年南京传统城市空间形态	184
图 7-4	1934年中山路和京市铁路重构的南京城市空间形态	184
图 7-5	1946年新路网格局下的南京城市空间形态	184
图 8-1	城镇文化遗产保护衍化结构形态示意图	202
图 10-1	文化遗产保护的目标态模式：文化濡化社会模式（左）和社会涵化文化模式（右）	225
图 10-2	基于时间维度的城镇文化遗产保护二维控制结构示意图	235
图 10-3	WPCA 的管理成效评估框架	237
图 11-1	武汉历史文脉网络空间示意图	246
图 11-2	南京城南历史街巷与现状街巷叠合分析	248
图 11-3	武汉历史文脉空间网络体系构成示意图	249
图 11-4	武汉历史文化片区分布示意图	250
图 11-5	社区的意识地图——城西干道手绘图	254
图 11-6	街巷命名原因分析图（1931年）	254
图 11-7	街巷肌理走势分析图（1951年）	255
图 11-8	文化资源价值体系结构	269
图 1	UNESCO 各年代文化遗产保护文件数量、比例示意图	289
图 2	ICOMOS 各年代文化遗产保护文件数量、比例示意图	295

表格目录

表 1-1	二战前法国文化遗产保护相关法令一览表	34
表 2-1	联合国教科文组织(UNESCO)跨文化工程(Intercultural Project)：对话之路(Roads of Dialogue)项目一览表	47
表 2-2	联合国教科文组织提供专业的咨询服务的三大非政府专业机构	60
表 2-3	真实性来源的多样性	70
表 3-1	国际文化遗产保护历程及演化规律简表	81
表 4-1	1949—1982年中国文化遗产保护文件类别与数量一览表	92
表 4-2	2006年以前苏州市城镇文化遗产保护法规、条例、办法一览表	95
表 4-3	中国文化遗产保护两种"后发外生"发展路径的形态比较	100
表 4-4	中国城镇文化遗产保护相关法律法规一览表	108
表 4-5	不同层面的城镇文化遗产概念比较一览表	110
表 4-6	各地区古建筑保护管理文件一览表	111
表 4-7	南京《荷花塘历史文化街区保护规划》中的遗产概念划分	112
表 4-8	南京与世界历史性城市保护历程比较分析	127
表 4-9	南京钓鱼台历史文化风貌区建筑风貌评估一览表	130
表 5-1	2009年南京江南八区危旧房改造一览表	138
表 5-2	南京老城南二次社会事件过程对比一览表	140
表 5-3	南京护树行动事件过程对比一览表	149
表 5-4	政府与市民逻辑下保护概念与民生意识的差异性比较	156
表 7-1	2005年世界主要国家和地区城市能源使用状况	188
表 10-1	两种文化遗产保护目标态比较一览表	230
表 11-1	美国洛杉矶历史资源调查方法：MPS	247
表 11-2	武汉历史文化片区空间价值一览表	250
表 11-3	REAP研究方法一览表	253
表 11-4	大运河无锡段保护价值及价值主题一览表	257
表 11-5	大运河无锡段价值主题框架及保护对象统计表	257
表 11-6	南京城镇文化遗产价值主题框架及资源例证一览表	258
表 11-7	标准化系统保护价值评估的双重结构一览表	261
表 11-8	遗产保护价值的要素评估指标一览表	262
表 11-9	遗产保护价值的系统评估要素一览表	263
表 11-10	城镇文化遗产保护措施选取的目标原则	265
表 11-11	城镇文化遗产保护措施办法一览表	266
表 11-12	遗产的系统保护价值及相应系统濡化措施选取	267
表 11-13	遗产的要素保护价值及相应要素处置措施选取	267

表 11-14	基于遗产双重保护价值的保护措施选取	267
表 11-15	大运河无锡段遗产河道航运功能一览表	271
表 11-16	南京城镇文化遗产公共资源化的适应性评估指标体系	273
表 11-17	发展协同度指标	274
表 11-18	价值同构度指标	274
表 11-19	监控等级的确定	277
表 11-20	大运河无锡段航运价值保护的干预措施	280
表 1	UNESCO 颁布的文化遗产保护文件一览表	286
表 2	UNESCO 各年代文化遗产保护文件数量统计表	288
表 3	ICOMOS 各年代文化遗产保护文件统计一览表	294
表 4	ICOMOS 颁布的文化遗产保护文件一览表	295
表 5	传统与可持续的遗产管理框架比较	305

0 绪论

0.1 我们的时代与我们的社会

转型变革成为全球城镇发展的普遍议题。全球化和信息化、大规模的城镇化、能源危机和文明冲突等一系列新挑战,迫使人们不得不改变无限扩张型的传统城镇发展路径,寻求可持续发展的新模式。在国内,经济进入从高速增长期向中高速平稳增长期过渡的"新常态"(图0-1),"走中国特色新型城镇化道路"已成为"新常态"转型期的时代使命[①]。可以说,转型变革是21世纪所面对的全球性课题。

转型变革背景下,城镇文化遗产及其保护运动的内涵和作用正发生着前所未有的改变,由此:

(1)"价值内生化"的挑战,促使学术界探索转型期的"适应性"保护机制,以应对转型背景下的价值离散危机

在文化人类学的文化多样性视野下,城镇文化遗产的价值判定,依赖于不同文化群体对文化遗产的选择和理解;其保护行为的合理与合法性建构,也依赖于文化群体内部的主体文化意识和不断变化的社会时势状态[②]。

图0-1 2010—2016年GDP增速一览表
资料来源:国家统计局

---

① 见国务院2014年印发的《国家新型城镇化规划(2014—2020)》。
② 文化人类学的文化多样性视野重构了历史城镇遗产保护的基本结构,保护被视为将当前社会对传统文化的重塑、筛选与创新的时代信息,以及文化遗产的历史信息一并传递给后人的文化群体行为,由此产生了一种非欧洲的遗产定义方式——遗产并不是某一理念或模型的杰出性代表,而是某种或某类文化的独特性(创造性)象征。世界遗产委员会(World Heritage Committee, WHC)提出"全球战略",将文化遗产保护的"纪念物(monument)"视角,转向"人类文化学"倡导的多样性——"世界不同文化的物质证据"概念。2011年,国际古迹遗址理事会(International Council on Monuments and Sites, ICOMOS)的17届全体大会通过的《关于历史城镇和城区维护与管理的瓦莱塔原则》(The Valletta Principles for the Safeguarding and Management of Historic Cities, Towns and Urban Areas)指出"历史城镇和城区是表现一个社会及其文化身份沿革的空间结构",保护的"原则和策略旨在保护历史城镇及其背景的价值,以及它们与当今时代的社会、文化和经济生活的融合"。

自此,源自理性主义和欧洲保护实践的纲领性文件及其代表的文化遗产保护理念,被视为保护运动中的历史性和阶段性成果[①]。基于"文化群体内部的主体文化意识选择"——"价值内生化"的保护机制与方法探索,成为世界遗产委员会(World Heritage Committee,WHC)和各国文化遗产保护学术团体聚焦的前沿性研究课题。国际古迹遗址理事会(International Council on Monuments and Sites,ICOMOS)基于"突出普遍价值(Outstanding Universal Value,OUV)"的形成和概念展开遗产价值评估体系研究,盖蒂保护所(The Getty Conservation Institute,GCI)提出"基于价值的文化遗产保护规划"方法。相应的,构建中国特色文化遗产保护传承体系也成为国内学术界的研究热点与前沿问题。建设系统方面,1982年建立的中国历史文化名城保护体系已经初步形成具有中国特色的"三个层次"保护体系;文物系统方面,2015年,国际古迹遗址理事会和国家文物局共同制定了结合中国遗产特点的《中国文物古迹保护准则》。

实践中,随着政府执政理念从"管理"到"治理"转型,原本掩盖在政府权威价值观下的遗产保护多元价值碎片从隐性转向显性。对城镇文化遗产保护行为的合理性质疑,尤其是对抗式公众参与导致的社会公共事件及其持续的"多米诺效应"不断发生。"老城南拆保之争""延陵悲歌""三坊七巷拆迁"等公共事件中的抗拆拒迁、联名上书等非规范、非理性公众参与行为,在增加了社会风险和制度成本的同时凸显了保护行为的价值离散危机。

可以说,价值离散是"后发外生"背景下中国城镇文化遗产保护的问题根源。"后发外生"背景下的[②]历史城镇遗产保护,作为一种外植异质性因素,引发了本土文化原型与制度保护范式之间的长期博弈和冲突,城

---

① 2004年,佩策特(Michael Petzet)在国际古迹遗址理事会(ICOMOS)研究报告中,总结了《威尼斯宪章》(International Charter for the Conservation and Restoration of Monuments and Sites)颁布40年后是否应该废除或重新制定一个《威尼斯宪章》的质疑和争论,指出了《威尼斯宪章》及其代表的文化遗产保护理念的历史性和阶段性,明确了文化遗产保护发展的时代转向,指出在未来影响文化遗产保护的新纲领性文件是1972年《保护世界文化和自然遗产公约》(Convention Concerning the Protection of the World Cultural and Natural Heritage),现在的文化遗产概念已经大大超出了40年前《威尼斯宪章》所定义的"monument"概念,因而,在任何一个保护案例中都不应有关于保护行为的"教条战争(dogmatic wars)","延续性(continuity)"较之"真实性(authenticity)"更为重要。

② 所谓的"后发外生",指非按自身发展逻辑,而是在特定环境下,以成功范式为蓝本、在外力干预下的目标发展模式。中国历史城镇遗产的保护与中国的现代化进程一样,都是属于"后发外生"性质,是历史城镇遗产保护不可回避的历史逻辑起点。

从概念来源看,文化遗产保护是"植入"而不是"内生"概念。文化遗产保护并不是源自社会、经济、文化的内在发展逻辑,虽然与传统金石学有相似之处,但建立于公共领域的公共财产或公共物品概念之上的文化遗产及其保护,难以在缺乏公共领域传统的社会、文化结构模式中萌发并成长。

从发展方式看,文化遗产保护是"自觉"而不是"自发"行为。文化遗产保护并不是自下而上的循序渐进的过程,而是一个自上而下的推广普及过程。由知识分子或政府主导推动的保护理念,源自西学东渐或与国际接轨的文化交流与碰撞过程,是以外部范式而非内生涵构为目标的、基于工具理性的自觉行为。

镇文化遗产保护的多元价值碎片，呈现为保护与发展矛盾的长期痼疾①。因此需要在既有社会文化群体广泛认同的基础上建立价值内核，尊重"后发外生"的现实条件以建立保护行为的合理性基础，探索具有"适应性"的保护理论。

（2）"系统复杂化"的挑战，迫使决策层寻求转型期的"适应性"规划对策，应对转型背景下的底线保护局限

在可持续发展的框架下，城镇文化遗产的重要性从主要强调建筑遗迹转向在更广泛的社会、文化和经济进程中维护城镇价值。其保护行为被视为城镇可持续发展的一种战略行动，不但意味着保存、保护、强化和管理，而且意味着协同发展、和谐地融入现代生活②。

自此，社会、文化、经济和道德等早期影响保护行为的外在发展因素被内化为文化遗产保护的内在价值。基于"可持续发展的战略行动"——"系统复杂化"的保护模式与技术探索，成为基本人权和全球公共政策的重要议题。2011年联合国教科文组织（UNESCO）通过了《历史城市景观建议书》（Recommendation on the Historic Urban Landscape）——首个国际道德法规层面、以公共政策形式进行保护的建议性文件，以更好地设计城镇遗产保护战略并将其纳入整体可持续发展的更广泛目标。相应的，在"记得住乡愁"的新型城镇化转型目标下，应对城镇发展瓶颈，促进城镇转型和可持续发展的保护模式和技术成为国家战略课题。2016年12月，《国家"十三五"文化遗产保护与公共文化服务科技创新规划》中指出，加强文化遗产保护与传承，不仅"是满足人民群众日益增长的精神文化需求、推动产业结构战略调整的重要保障"，更"对'四个全面'和'五位一体'的中国特色社会主义建设事业以及实现中华民族伟大复兴的中国梦具有重要作用"。

当前，简化了复杂、多变环境的"底线式"历史城镇遗产保护规划技术，难以应对将遗产保护建设纳入城镇发展框架并驱动城镇转型的现实需求，引发了新的保护性破坏，"再造大同""重现汴京""台儿庄古城"等为城市转型而展开的重建古城运动，以及"孤岛化""绅士化"分异，"博物馆式""戏台式"保护和"经营性""功能性"破坏等因过度利用历史资源导致了价值损耗、扭曲，甚至断裂的诸多案例，要求立足历史城镇可持续发展的时代背景，内

---

① 1982年国家为应对文化遗产的建设性破坏而提出"历史文化名城"的概念，1993年，建设部副部长叶如棠指出越来越严重的"建设性"破坏是历史文化名城保护工作存在的突出问题，已经到了必须严加制止的地步。近几年，又有朱铁臻（2004年）、单霁翔（2006年）、吴良镛先生（2007年）等官员和学者陆续指出"建设与保护的矛盾仍然存在，形势依然严峻"。

② ICOMOS历史村镇科学委员会（International Committee on Historic Towns and Villages，CIVVIH）《关于历史城镇和城区维护与管理的瓦莱塔原则》和《关于遗产作为发展驱动力的巴黎宣言》（The Paris Declaration on Heritage as a Driver of Development）均指出：文化遗产是城镇发展进程中的核心要素。

在于城市的发展过程,探索具有"适应性"的保护规划对策。

可以说,底线保护是"发展危机"背景下中国城镇文化遗产保护的应对策略。诱致式制度变迁背景下的保护目标是在单方面突进的非均衡城镇发展格局中实现文化遗产的生存,采用对象→范围→措施→保障的"底线式"规划技术过程,使之成为外在和滞后于城市发展的特殊空间。

0.2 我们的学术与我们的思考

城镇文化遗产保护处于转型期,已经基本达成了理念上的共识。围绕这一主题,城镇文化遗产保护的研究重点转向基于文化多元性框架下的保护框架的完善和实践方法研究,不但包括了基本概念的文化转向以及由此带来的保护标准变化,还包括了保护政策的发展转向以及由此带来的管理模式变化。

文化多样性重构了城镇文化遗产保护的概念体系。内涵概念方面,从人类历史和文明的代表性遗迹转向人类文化多样性以及人类文化交流的重要遗存;价值取向方面,从18世纪文艺复兴时期的"人性"见证转向21世纪世界格局重构时期的社会职责;学科范畴方面,从专业技术领域转向社会、经济、政治、文化交织的综合性领域。

在文化多样性的重构过程中,西方文化遗产保护原型模型(Prototype Model)与非欧陆地区文化遗产保护实践之间的差异度被广泛认知。因此,出现了以下现象:

(1) 国际文化遗产保护方面

首先,对全球文化遗产保护的普适性标准进行了调整,如1994年的《奈良真实性文件》(又称《关于原真性的奈良文件》,The Nara Document on Authenticity)对真实性标准重诠和2007年的《北京文件》的进一步阐释。

其次,全球不同地域还陆续颁布了针对地域文化特征的文化遗产保护文件,如1981年澳大利亚的《巴拉宪章》(The Burra Charter:The Australia ICOMOS Charter for the Conservation of Places of Cultural Significance)、1999年美洲的《圣安东尼奥宣言》(The Declaration of San Antonio:InterAmerican Symposium on Authenticity in the Conservation and Management of the Cultural Heritage)、2005年亚洲的《会安草案——亚洲最佳保护案例》(The Hoi An Protocols for Best Conservation Practice in Asia)以及2000年中国的《中国文物古迹保护标准》等。

(2) 中国文化遗产保护方面

首先,对具体实践经验进行总结和提炼,建立了本土文化遗产保护的准则体系。2000年,由国际古迹遗址理事会中国国家委员会制定的《中国文物古迹保护准则》中,确定了"把对文物价值的评估放在了首位,以价值取向决定保护方法"的保护模式,延续了自1950年《中央人民政府政务院关于保护古文物、建筑的指示》提出的"具有历史价值和革命意义"的文化遗产保护准则。

其次,通过对文化、考古与历史的研究,提出了本土文化遗产保护的结构体系。一方面,基于中国的历史性城市与西方的历史性城市具有截然不同的规划理念与营建模式的理论认识,2008年,以此为依据的新型城镇文化遗产类型——历史文化名街提出并展开申报。另一方面,基于中国城市化发展道路的独特性以及面临的发展趋势与政策导向的时代特征,2008年7月1日开始实施的《历史文化名城名镇名村保护条例》构建了保护文物古迹,历史文化街区、村、镇,历史文化名城的区域整体化的文化遗产保护体系。

可见,城镇文化遗产的保护已经突破了原型范式及其实践环境的调适性范畴,原型模型与衍化模型的差异性问题已经成为国内外文化遗产保护的重要议题。

中国30多年的名城开发建设历程,就是在快速城市化的背景下,借助西方文化遗产保护模式进行的制度与实践摸索的过程。在周期性政治压力下的价值转换中,本土发展背景和外来保护模式的冲突使得城镇文化遗产在各时期、各层面问题层出不穷,成为中国城市化发展的重要问题之一。除了全球历史城市共同面对的过高人口密度与过度旅游开发、高层建筑与房地产开发、无序的交通与衰退的基础设施和现代化建设与各种发展的压力外,中国的历史城市还面对规划低效、督导乏力、特色危机和文化失落等诸多问题。全国约90%的历史文化名城保护得不好,其中相当一部分已经名存实亡。

虽然我国已经形成了三个层次的城镇文化遗产保护体系,具有较完整的保护理念、方针、政策和举措,但方法理论上的缺失,使得保护与建设的痼疾依然存在且益发凸显。如曹昌智先生在历史文化名城保护30年的总结中说:"我们在古城保护的思想理论中存在诸多缺失,往往重专业技术,轻公共政策;重形态保护,轻文脉传承;重个案运作,轻理论研究。因此近些年来当城市决策者面对过度建设开发、旅游开发和商业开发带来的大拆大建,及其造成的大量历史文化街区、历史建筑毁坏和灭失时,缺乏辨别力和判断力,在对古城、古村、古镇的保护上,思想认识存在偏差,以致保护监管效果不佳。"

以保护制度建立为初始媒介的中国城镇文化遗产保护研究,通常以

"规范而非实证"①的规划本质为其理论基础,限定于目标及其行为的规范性论证。在这一思维模式下,城镇文化遗产保护注重研究保护目标及其实践方法。强调社会、经济、文化、政治等多种因素,城市或遗产的演化历程与发展趋势等,以及对保护目标及其方法的影响与作用,而很少对"保护"本身的结构与形态演化机制进行研究,甚至默认了原型"保护"结构与形态的普适性。

而实际上,城镇文化遗产"保护"本身也是一种发展的、演进的动态过程,相同影响因素在不同的社会、经济与文化框架下,呈现不同的结构形态与作用成效。可以说,城镇文化遗产保护尚未解决其运作模式的合理性与合法性问题,当前,城镇文化遗产保护已经难以从问题—方法的传统研究模式中获得突破,甚至从方法体系本身看,已经基本完善。

因而,本书希望追本溯源,以对国际城镇文化遗产保护的原型研究为基础,分析中国文化遗产保护的衍化过程,分析衍化过程中的分岔及其产生原因,进而提出一种理想状态的范式模型。

0.3 我们的构想与我们的尝试

所以,本书希望回答以下问题:
- 城镇文化遗产保护"原型"的运动衍化过程是什么?作用要素及其衍化结构是什么?
- 中国城镇文化遗产保护的迭代特征与衍化结构是什么?其深层影响因素与作用机制是什么?
- 是否可以推导出一种城镇文化遗产保护的模型?

为了回答以上的问题,本书对城镇文化遗产保护涉及的概念以及保护行为运动的模式做出了界定。

0.3.1 概念界定

0.3.1.1 保护的价值

保护,是一种行为,促成这种行为发生、发展的价值取向,被视为保护的价值。保护的价值往往来自遗产的外部环境,甚至可以说,主要来自相关人群,不仅是利益人群的主体意识和需求。需要区分几个概念:

(1) 保护价值与遗产价值

遗产价值是根植于遗产内部的,是遗产对于外部环境产生的作用,是

---

① 即以"未来事件或状态(目标)作为组织现在和今后一段时间内的行动和过程的原因和依据,并将成为现实目标过程中所有行为发生或过程演进的规范"。(孙施文. 现代城市规划理论[M]. 北京:中国建筑工业出版社,2009.)

对"遗产的作用"问题。如文物保护价值中的艺术价值、科学价值和历史价值，都是指遗产自身具有价值的外化成果，尤其典型的是社会价值与经济价值，是完全基于遗产的有用性而言的。

保护价值则不同，它是指外部环境对遗产行为的价值，是"保护行为发生"的意义问题。某一个保护行为的发生，并非是直接基于保护对象，而更可能是为了实现某种其他的政治、经济、环境或文化需求。由此，文化只是形成保护价值的因素之一，而保护价值的直接来源则是其外部环境诸多因素作用的结果。

这样的区分是为了避免本书陷入对遗产价值的罗列之中，能够更专注于行为意义，而不是历史或文化视角的探讨。当然，历史与文化的探讨依然是本书不可避免的内容，但困于有限的知识和浩瀚的历史，只能说是尽力而为。

（2）保护价值与保护动机

保护的价值是一种长期的、固有的、相对稳定的行为意义，而保护的动机则包含了一些瞬时的、偶发的因素。

两者的区分在于，保护价值作为促成保护行为的稳定因素，是构成行为约束（正式与非正式制度）的合理性来源，而保护动机却并不能提供合理性的需求。

0.3.1.2 遗产的边界

什么是遗产？从遗产外延的角度看，要界定出遗产边界是几乎不可能的事情，它不仅涉及对文化或文明的深刻理解，而且涉及对多元理念的哲学认识。作为一种文化内涵中的遗产外延边界，需要整个文化人类学的知识框架。

但从发生学的视角看，文化遗产具有两个方面的来源，一种来自基于现有知识体系的判断，依据历史、考古、文化的知识进行价值认定，从而判断出遗产的边界。这是最为传统的遗产界定方式。

本书则提出了另一种源自基于行为结果判断的界定方式。这一界定方式来源于荣格的集体无意识概念。集体无意识是代代相传的无数同类经验在某一种族全体成员心理上的沉淀物，即文化的基因，它通过对特定现象的共同的、非约定行为表现出来。因而，基于群体普遍、非约定行为的文化或历史的保护物（包括物质与非物质），都可以被视为文化遗产。

0.3.1.3 城镇文化遗产

这个定义采纳《关于历史城镇和城区维护与管理的瓦莱塔原则》中的定义，历史城镇和城市地区由物质与非物质要素构成，物质要素除了包括城镇内部与周边的城市结构、建筑元素、景观外，还包括全景、天际线、实现廊道和标志性场所。非物质要素则由活动、象征性与历史性功能、文化实践、传统、记忆和文化参照物等构成其历史价值的要素。

0.3.2 行为假设

城镇文化遗产保护的假设前提是全书展开研究的方法论工具。本书的研究框架与结论都建立在以下两种假设之上。

0.3.2.1 系统性假设

从研究综述中可见,城镇文化遗产的保护已经是一个综合复杂的体系,这一体系中的各个部分相互作用,构成运行系统。因而,城镇文化遗产的保护是一个系统性的工程,具有系统特性。

这意味着基于经典物理学、主张把高级运动形式还原为低级运动形式的一种哲学观点的还原论方法,不适用于城镇文化遗产保护的研究与操作体系,必须基于整体的视角,进行城镇文化遗产保护规律的研究。

系统方法主要包括三个步骤:

首先,系统的分析和综合。先通过对城镇文化遗产保护原型及衍化形态的研究,识别出保护系统的构成要素及其环境,并研究要素之间、要素与环境之间的相互关系与结构特性,再综合分析它们如何组合成有机的整体。

其次,建立系统的模型。通过对城镇文化遗产保护行为的最简构成单元的研究,建立系统的构成和行为的数学方程和物理形式,确定设计参数和各种制约条件。根据文化遗产保护实践的结果,建立模型结构。

最后,系统的择优化。城镇文化遗产保护作为结构复杂、因素众多、功能综合的系统,不仅评价目标有很多,甚至彼此还有矛盾,所以不可能选择一个对所有指标都是最优的系统。而局部优化的办法不但难以总体优化,而且会导致总体性能恶化。因此,需要采用分解和协调方法,通过对文化遗产保护既有模式的运行成效分析,在大系统与子系统之间反复交换若干次信息,得出文化遗产保护系统的优化解。

本书基于系统性的假设,一方面,运用系统方法的工具,展开一般规律的研究,建构本书的整体框架。另一方面,在此基础上探讨城镇文化遗产保护系统的运行特征,并建立模型,提出保护的混沌范式。

0.3.2.2 行为性假设

保护,是一种人类的行为性价值事物。所谓的行为性价值事物是指用以影响人类行为有序化过程的事物,包括行为和行为规范两个部分。行为规范在整体上决定着机体对行为的引导、制约、调节,是行为得以形成和发展的内因。城镇文化遗产保护的目标是在社会整体环境中,有序化涉及文化遗产的各类行为,实现避免破坏和延续保存的目标。因而,保护作为行为性价值事物,包括了行为(保护的干预、实施等)与行为规范(准则、条例、法规等)的全部内容。国际与国内文化遗产保护的研究,均集中在行为规范框架之内,其目标则是有序化文化遗产的保护行为和涉及文化遗产的其他行为。

这意味着保护自身,可以作为一种特定的现象进行研究,并可能具有行为学意义上的一般性规律。从而可以不必依赖于历史、艺术、空间或管理政策等相关学科的方法或理论,从而建立城镇文化遗产保护的研究本体。

城镇文化遗产保护是一种组织行为,它是在理性分析基础上建立的,具有特定目标、程序、方法的行为组织形式。在行为学理论中,衡量行为理性有两条基本标准——合法性与合理性。合法性指行为符合正式的法律和规范标准,合理性则侧重于对约定俗成的非正式规范的符合。依据新制度经济学理论,非正式制度是正式制度的基础和前提,也是正式制度运行有效性的保障和权威性的基础。故而,对城镇文化遗产保护的认识必须从合法性和合理性两个方面展开。

作为解决问题的机制,论证言语必须基于行为语境。合法性与合理性的"论证场域"(Felder der Argumentation)则在行为产生的社会运行之中。故而对于城镇文化遗产保护的探讨,从行为的社会成效展开,以合法性和合理性作为评判标准。

行为规范,是社会群体或个人在参与社会活动中所遵循的规则、准则的总称,是社会认可和人们普遍接受的具有一般约束力的行为标准。道格拉斯·C. 诺斯(Douglass C. North)在《制度、制度变迁与经济绩效》(*Institutions, Institutional Change and Economic Performance*)中,认为制度(即行为规范)是一种结构性事物,是社会中相对稳定的因素。这一结构可以分为正式和非正式两个方面的内容:

正式制度(Formal Institutions)是指一些成文的规定,包括国家中央和地方的法律、法规、合同等,包括企事业部门的规则规定。法令、政府命令、公司章程、商业合同等,一般要靠法律、权力等刚性手段的强制来保证。在本书中,特指城镇文化遗产保护相关的法律、法规等。

非正式制度(Informal Institutions)又称非正式约束、非正式规则,是指人们在长期社会交往过程中逐步形成,并得到社会认可的约定成俗、共同恪守的行为准则,包括价值信念、风俗习惯、文化传统、道德伦理、意识形态等。在本书中特指文化中的集体无意识部分,也探讨公认的普遍行为准则。

本书基于行为性价值事物的假设,从行为规范的角度,引入新制度经济学中的正式与非正式制度概念,建立对"原型"及其衍化形态的研究框架,并以此为基础展开一般规律的研究。

0.3.3 本书内容

本书正文分为原型研究、衍化形态研究和保护范式初构三个部分(图0-2):

第一部分 国际城镇文化遗产保护的原型(第1～3章)

原型结构研究共分为3章。第1、2两章针对国际文化遗产保护的两个阶段,采用历史逻辑的方法,进行了分析和解剖,然后在第3章中,对整个原型发展过程的规律进行了总结。

第二部分 中国城镇文化遗产保护的衍化(第4～8章)

衍化形态研究共分为5章。第4章通过对保护历程的研究,分析了

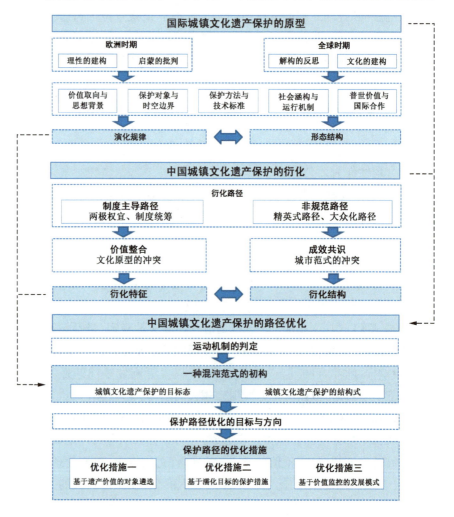

图0-2 研究框架结构图*

---

* 书中未注资料来源的图表均为作者自制。

衍化主导路径的特征与结构。第5章通过两次公共事件的爆发,提出了中国城镇文化遗产保护中存在的两种非规范的路径。此后的第6、7两章,从价值整合和成效共识两个层面,分析了中国城镇文化遗产保护衍化的深层影响因素与"原型"异化机制。在比较总结之后,本书的第8章提出了中国城镇文化遗产保护的衍化形态。

第三部分　城镇文化遗产保护的模型(第9~11章)

路径优化研究共分为3章。第9章综合原型与衍化结构的一般规律,利用系统运动理论,得出城镇文化遗产保护行为是一种混沌运动形态的基本判断。第10章基于对文化遗产保护行为的运动模式判断,建构了保护的理想模式——一种混沌范式。第11章依据混沌范式模型,提出了中国城镇文化遗产保护路径的技术优化目标和对策。

第一部分
国际城镇文化遗产保护的原型

1 欧洲时期：城镇文化遗产保护的萌芽

1.1 启蒙的批判

1.1.1 价值的雏形——最初的客观精神与客观存在

（1）艺术价值——"拟态"的真理

中世纪末期，意大利作为西欧与拜占庭和伊斯兰帝国贸易的中介而繁荣起来。当自身的繁荣与古罗马世界文明中心的地位相呼应时，罗马复兴的情绪以及相应的政治诉求，促使艺术与文化的世俗主义和人文主义转向。由此，古罗马从缺乏基督教信仰的"黑暗时期"进入文化和艺术，尤其是古典拉丁语文学的"光明时期"[①]。

在历史记录相当匮乏的情形下，彼特拉克（Francesco Petrarch）将重振古罗马"至圣精神"的渴望，引向对经历"时间和野蛮"却依然存在的古罗马纪念物的保护与关注，随后的相关研究逐渐展开[②]。随着私人收藏在宅邸和别墅展示的流行，保护行为被视为社会地位的象征。在文学和艺术领域里，古罗马废墟甚至成为拉丁文学和风景绘画的时尚主题[③]（图1-1）。

这拉开了意大利，或可说是世界文化遗产保护的帷幕，而且奠定了文化遗产保护最初的、最基本的价值取向——艺术价值。

在哲学层面，从柏拉图（Plato）、亚里士多德（Aristotle）到黑格尔（Georg Wilhelm Friedrich Hegel），艺术的本质就是某种客观"宇宙精神"

图1-1 《圣塞巴斯蒂安》（*Saint Sebastian*）中的古罗马废墟
资料来源：安德烈亚·曼泰尼亚（Andrea Mantegna，1456—1459），巴黎罗浮宫

---

① Mommsen, Theodore E. Petrarch's Conception of the 'Dark Ages'. Cambridge MA: Medieval Academy of America. 1942, 17(2): 226-242.

② 1337年，彼特拉克（Francesco Petrarch）的罗马之旅，拉开了意大利，或可说是世界文化遗产保护的帷幕。一方面，是古罗马遗迹的研究，涉及建筑、历史、艺术等多个领域。如吉安·弗朗切斯科（Gian Francesco）、波焦·布拉乔利尼（Poggio Bracciolini）的《关于罗马故城及其废墟之记述》（*De fortunae varietate urbis Romae et de ruina eiusdem description*）（1431—1448）、弗拉维奥·比翁多（Flavio Biondo）的《再现的罗马》（De Roma instaurata）（1444—1446），莱昂·巴蒂斯塔·阿尔贝蒂（Leon Battista Alberti）的《罗马城的描述》（*Descriptio urbis Romae*）（1450）《建筑四书》（*I Quattro Libri dell' Architettura*）等；另一方面，对古代文献的发现也发生在这一时期，最著名的是1414年，波焦·布拉乔利尼在蒙蒂（Montecasino）图书馆发现了维特鲁威（Marcus Vitruvius Pollio）的《建筑十书》（*De Architectura*）。引自：A History of Architecture Conservation: 21.

③ 在古罗马的遗迹上，保存有大量的拉丁铭文，弗拉维奥·比翁多献给罗马教皇埃内亚·西尔维奥·皮科洛米尼（Enea Silvio Piccolomini）的拉丁诗歌《罗马胜利》（Roma triumphans）即是其中之一。而在地景绘画中，遗迹成为一个基本元素被用于拉斐尔（Raffaello Sanzio）、佩鲁齐（Peruzzi）、克洛维奥（Giulio Clovio）和萨尔维亚蒂（Francesco Salviati）等人的绘画中，一些准确的线图和绘画甚至成为古典纪念物的图示档案和纪录。

的体现,艺术"拟态"的创作方式是从现实世界的外形或现象,通往内在的本质和规律的途径。映射"绝对真理"艺术作品自身具有引导社会进步的教育作用。这些哲学上的"艺术"定义,直接影响了保护行为及其价值的发展。

延展至古罗马纪念物的保护,保护行为的艺术价值不仅意指器物存在及其所具有的艺术形式,更意味着其"拟态"(mimesis)的形而上"真理"。由此,当源于罗马的文化遗产保护进入了更广阔的空间——欧洲,面对宗教改革与反宗教改革瓦解的西欧基督教世界时,古罗马纪念物不再仅仅意味着拉斐尔时期罗马"至圣精神"的信息或记忆,更成为与宗教神权相抗衡的人权"真理"——"人文精神"之象征。保护行为从而具有政治和社会含义,教堂建筑中哥特与古典风格艺术形式的冲突,如在意大利和英格兰对中世纪教堂的重建,即是此取向的极端表现。

(2) 历史价值——"人性"的科学

除了艺术作品中蕴含的"真理"外,古罗马纪念物所携带的古典文化与艺术信息,如铭文、诗歌和美学等,也促使古物研究的展开。最初的研究集中在剔除中世纪历史编撰学中关于神的计划的推测,重新考证人的行为创造历史事实[1],但这些研究很快引发了对中世纪历史文献的批判与怀疑[2],如笛卡尔对历史文本的怀疑主义态度[3]。当文献成为需考证的历史,非文献的古典纪念物和遗址作为可以考证和研究人性"真实"历史的资料和证据开始得到重视,并被有意识地加以保存[4],并在以后的时光内,逐渐发展为考古学和校勘学。

从"历史的语言替代了诸神的语言"开始,为"人性的科学"而进行的保护工作意味着文化遗产保护的另一个价值取向——历史价值的萌芽。所谓历史,就是为了人类的"自我"认识,通过历史证据对人类过去行为的研究。最初的历史"考证"直接指向客观行为事实,而不是某种形而上的"真理",即历史文献价值。启蒙时期,对过去行为的研究指向永恒"人性"下的人类社会的组织行为,以颠覆"神的世界",重建合乎"人的本性"的理

---

[1] 弗朗西斯·鲍杜安(Francoois Buudouin,1520—1573)的《世界史的结构》(*The Structure of World History*)(1561年);博丁(J. Bodin,1530—1596)的《易于理解历史的方法》(*Method for the Easy Comprehension of History*)(1566年);此外还有,弗吉尔(Polydore Virgil,1470—1555)、勒罗伊(Louis Le Roy,1510—1573)、弗朗西斯·培根(Francis Bacon,1561—1626)"所谓记忆主宰着历史学,也就是说历史学的主要工作是以其具体事实(就像它们实际上所发生的那样)在追忆和记录过去"的观点可以视为对于批判的总结。

[2] 对历史文献批判的主要依据是对历史文本的哲学辨析。

[3] 参见《历史的观念》(*The Idea of History*):"何况,这些著述所说的事情是不可能像它们实际所发生的那样发生的,因而也就在怂恿着我们去尝试超乎我们能力之外的东西,或者去希求超乎我们命运之外的东西。即使历史书籍是真实的,既不夸张又没有改变事物的价值,也还是略去了较猥琐和很少尊严的那类情况,以便更值得读者去注意。因此,它们描述的那些事情从来都不是恰好像它们所描述的那样,而那些想要以它们为自己榜样的人,就倾向于浪漫的骑士狂并琢磨着铺张扬厉的业绩了。"

[4] 参见《历史的观念》中笛卡尔的历史研究方法和《西方史学史》(张广智,2010)罗宾·乔治·科林伍德(Robin George Collingwood)关于铭文、徽章、钱币的章节。

想社会,实现人权代替神权、国家代替教会的社会目标。

（3）二元结构的不均衡萌芽

可见,萌芽时期的文化遗产保护价值,具有两种倾向:一种是基于主体在文化或社会中产生的客观需求,促使遗产保护萌芽并传播的价值,如社会地位象征、艺术品收藏、社会变革的思想"武器"等,或更高层面上的"人文精神""至圣精神""真理"等,指向主体意识的精神范畴;另一种是基于客体在历史或自然过程中获得的客观存在,蕴含于遗产自身的价值,如历史、拉丁文或艺术的研究资料和见证等,或之后在更高层面上的客观规律、法则等,指向客体存在的物质范畴。

由此,与主、客二分哲学认识模式一致的二元结构的保护价值模式开始萌芽,即①"拟态"客观"宇宙精神"的艺术价值;②"考证"客观"行为事实"的"人性科学"价值（包括形态方面的艺术内容）,尚指文献价值。

但在当时,怀疑主义的态度并不意味着古物研究及其萌发的历史意识的独立。如同17、18世纪的古物研究主要指的是古物中的美术品,到了19世纪才泛指一切古物和古迹一样,在价值目标——"人性"永恒不变的前提下,古物研究的形而上学问依然被视为艺术形态所指的"真理"或"绝对精神"。

必须承认,萌芽时期的两种倾向,是相互依赖而不可分割的整体,前一种"客观"需要存在的支持才能"满足",后一种"客观"需要意识的翻译才能"祛魅"。

1.1.2 古物的身份——政治需求限定下的时空边界

罗马复兴的政治诉求决定了文艺复兴时期的古物保护的时空边界。时间边界局限在罗马作为世界中心的古罗马时期,而其空间边界则是罗马城中的全部遗存。在罗马的正式法令中,古典建筑遗迹只要含有铭文（图1-2、3）,即被视为过去"至圣"精神的信息或记忆的"承载物",就要加以保护。而在研究领域,雕塑、壁画、广场、神庙、废墟等的古代艺术品和建（构）筑物的古典纪念物,均被视为古典时代精神和荣耀的见证而需加以保护,甚至古罗马最卑微的遗物也被视为"一个消失世界的零碎线索"（Cassiano dal Pozzo,1588—1657）①。

古迹类型的泛化并不意味着文化遗产保护观念已经具有了某些现代意义。早期的人文学者并没有意识到时间的历程意义。刚从循环的基督史观中解放出来的时间过程,还局限在黑暗时期的探索。人文主义者们从时间历程中提炼出来某些具有内在的优越性的形态,赋予其人文主义

---

① 转引自 Jukka Jokilehto. A History of Architectural Conservation[M]. Oxford:Butterworth-Heinemann,1999:49。

图 1-2 君士坦丁凯旋门

图 1-3 刻有古罗马铭文的建筑残件
资料来源：奇维达莱(Cividale)国家考古博物馆

的价值观念，并以此作为古典作品或者被模仿的永恒模式。因而，文化遗产的边界虽然已涉及关乎价值意义的整个空间领域，不论是"杰出"的还是"卑微"的，但并没有在时间维度上获得其价值意义。

随着宗教改革的神权与人权之争，古物保护的时间边界拓展到整个古典时期，相应的空间边界也借由英国的"知识旅行"扩大到同是文明中心的东方希腊。随着"人权"的广泛认可，欧洲各国基于对自身身份的重塑需求，也开始关注本土文化遗产。文化遗产的时空边界又有所调整，瑞典1666年签署的《文物法令》(Antiquities Ordinance)中，只要是具有被认定的杰出价值，包括可移动和不可移动的、纪念性的或是一般（非显著）遗存，均纳入保护。

可见，在现代主义的萌芽时期，时空观念还没有完全从神意的设定中解放出来，获得其特定属性。从文化遗产的萌芽过程来看，在特定政治需求下的文化遗产的空间与时间边界均局限在人文主义者所选择的特定范畴之内。

1.1.3 修复的本源——艺术作品的拟态和创造之争

公共与私人领域的收藏与展示是此时文化遗产保护的主要方式。随着1683年第一个现代博物馆——英国牛津大学的阿什莫林艺术与考古博物馆(The Ashmolean Museum of Art & Archaeology)成立，古物的保护进入社会公共性领域。此后，"博物馆式"保护，包括私人与公共的博物馆，成为一种重要的保护方法。艺术品被从其产生的场所搬离，储存于特定的专业空间,并向公众展示以传播理念和展开教育。由此,文化遗产的修复技术成为"博物馆式"收藏保护的重要手段。

作为艺术品的古典纪念物,虽然还没有形成自己的技术语言,但其保护思想的源头已经出现。一些通过艺术的表达形式获得共识,如蕴含"真实性"思想的"古锈"(patina of age)①和蕴含"完整性"思想的"如画"(picturesque)②;而另一些则被埋没,直到法国大革命之后才被认可,如温克尔曼(Johann Joachim Winckelmann)的"考古式修复"。

基于美学重整的艺术品保护技术,也产生了类似现代保护的二元性争论。但是其争论的焦点不同于后期的议题,主要探讨"是保存作品的破碎状态,还是修复到艺术品可能的原始形式?"在"人性精神"至上的时代背景下,修复到艺术品的原始形式是主流思想。而争议的焦点,则是"应采用'创造性'修复? 还是'拟态式'修复?"

拉奥孔群像(Laocoon Group)的修复(图1-4),确立了基于艺术品创作线索的研究,通过再创作以超越古物艺术品位的时尚做法。米开朗琪罗(Michelangelo di Lodovico Buonarroti Simoni)、朱利亚诺·达·桑迦洛(Giuliano da Sangallo)、拉斐尔、蒙托索利(Fra Giovanni Angiolo Montorsoli)等人均参与其中。这次修复工程引发了广泛的辩论,温克尔曼等反对者要求尊重原有艺术意图,而不是用再创造的方式进行修复。如卡瓦切皮(Bartolomeo Cavaceppi)认为"修复者的工作不应包括如何创造一只美丽的手臂、一个美丽的头、一条美丽的腿,而应该包括知道如何模仿,以及在新增部分延续古代雕刻师的方法和技艺"。并且提出区别原物与添加物、不可改动原物以及采用相似的材料等的保护思想。③

虽然,这一时期的保护依据局限于艺术品,但其保护的基本原则却是文化遗产保护技术标准的最初源头,深刻影响了后期的文化遗产保护路径。此时已经可以看到社会公共领域的遗产保护中的二元性争论,艺术和历史之间的冲突已经产生。

---

① 1753年,威廉·贺加斯(William Hogarth)在《美的分析》(*The Analysis of Beauty*)中认为:"时光是优秀画作最伟大的改进者。"时间的"sottilissime velature"(薄釉料,实际意思是指画面上的一层修饰,时间久了会泛出光泽)被克雷斯皮(Luigi Crespi)视为画作的收尾,而且"在一双智慧的眼睛里,还有其他什么能作为此画的价值?"在1903年发表的《古迹的现代崇拜:其特征与起源》(*The Modern Cult of Monuments:its Character and its Origin*)中李格尔(Alois Riegl)将"古锈"视为"年代价值"最重要的构成元素。

② 在英国风景园林的概念中,废墟与其环境视为具有"崇高"意义的历史场所,文化遗产本体与其环境的关系被视为一体。约翰·范布勒(John Vanbrugh)宣称,庄园"是风景园林画家所能创造出的最和谐的物品。如果拿掉这个建筑物,那里除了不规律性的、杂乱无章的小山外就一无所有,其残缺是哪怕花费大量金钱也是无法治愈的"。

③ 相关内容参见Jukka Jokilehto. A History of Architectural Conservation[M]. Oxford:Butterworth-Heinemann,1999。

图1-4 拉奥孔群像
(Laocoon Group)
资料来源：梵蒂冈(Vantican)博物馆

但应该看到，"考古式修复"是被归结在艺术的"拟态"思想之下的，甚至对温克尔曼本人而言，艺术品保护的主要原则也是"理想美"，而不是"真实"。因此这一时期依然处在艺术和历史二元分化的过程之中，"考古式修复"思想尚不具有科学意义上保护的概念。但这无疑深刻地影响了下一时期法国维奥莱-勒-杜克(Eugene Emmanuel Viollet-le-Duc)的"风格修复"。

1.1.4 体制的草创——教会集权政体下的制度建构

（1）教会政体下的保护体制

罗马时期，保护行为的上层社会属性，影响了罗马教会对保护的态度。人文主义者们对教会在保护遗迹方面无所作为的批评，促使教宗政体下的保护行为展开，成为现代文化遗产保护制度的开端。

首先，一系列敕令被颁布。如马丁五世(Martin V)建立专门维护和修理街道、桥梁、门、墙以及特定区域建筑物的道路管理部门(Magistri viarum)，派厄斯二世(Pius II)发布专门保护古代遗存的公告《有关我们城市（罗马）》("Cum almam nostram urbem")等。

其次,专门的保护官员被任命。1515年,莱奥十世(Leo X Pope)提名拉斐尔为罗马古物保护专员(Commissario delle Antichita),这是第一个被官方正式任命的古代纪念物保护官员。此后,贝洛里(Bellori)、温克尔曼、卡诺瓦(Canova)等罗马重要的文化界人士被任命为古典纪念物的保护委员。

最后,相关的保护标准与名录被制定。古典建筑遗迹,只要含有铭文,即被视为过去"至圣"精神的信息或记忆的"承载物",就要加以保护。为支持保护的实施,1521年,马佐基乌斯(Iacopus Mazochius)出版了历时三年的委托研究成果——《古代城市碑文》(*Epigrammata Antiquae Urbis*),包括所有重要的古典纪念物,类型涉及建筑物(神庙、金字塔、城堡)、构筑物(拱门、柱子、城门、桥梁、方尖碑、水渠)和广场,成为罗马第一份古典纪念物保护名录。

然而,教会政体下的保护是低效的。在多元权力制衡的格局下,教会自身没有实施保护的能力,被任命的保护委员也缺乏相应行政结构的支持。如下令保护罗马竞技场(the Colosseum)的欧根纽斯四世(Eugenius IV)依然将其当成建材的"采石场",石块拆除后用于新建筑或铺路,甚至烧成石灰,精美的装饰雕像被教皇及贵族用于装饰新的宫殿、教堂及府邸,或者拿去国外。为了迎接查理五世(Charles V)皇帝的进城仪式而拆除约200栋房屋和教堂。教皇们因清除异端或"污秽"而签署拆除古代建筑物的命令。正如保罗三世(Paul III)所说,除了蛮族、自然和时间之外,大部分罗马建筑遗迹的毁坏是教皇的责任。

(2)国家政体下的保护体制

随着宗教改革与反宗教改革而拓展到欧洲的文化遗产保护出现了两种不同的运行模式。

一种是和罗马相似的国家行政组织体系。如瑞典,遗产保护的行政与研究两个层面的方案被提出并实施。1630年提出建立国家古迹保护机构,1666年签署《古物规范》,成为意大利之外最早颁布法令的国家。1668年,成立研究机构——古物学院。

另一种则是私人团体的保护行为。如英国,自阿伦德尔勋爵(Lord Arundel)和琼斯(Inigo Jones)收集古物和建筑研习的罗马之旅,"知识旅行"便成为绅士教育的重要内容,古典纪念物也因此被分散到欧洲各国。此外,文化遗产保护研究与收藏的非政府组织也已出现,如1717年成立的古物收藏家协会以及1734年成立的业余爱好者协会。

1.1.5 小结

现代意识的形成带来城镇文化遗产保护的萌芽,形成了公共博物馆的保护模式,并在教宗政体下,构建了文化遗产保护最初的行政组织制度。

(1) 上层社会、人文主义者的自觉行为是文化遗产保护的萌发动力

最初的文化遗产保护,是一种有意识的自觉行为。彼得拉克及其后的人文主义者,都将文化遗产的保护行为,视为某种精神理念的映射加以推广并宣扬。上层社会的思潮很快带来政治上的行动,影响到更为广泛的罗马公民和政府人员。随着宗教改革和反宗教改革的社会运动,文化遗产保护行为被进一步地推广,成为欧洲现代意识传播的重要标志。

(2) 柏拉图的"拟态"哲学是文化遗产保护技术的逻辑起点

"拟态"是以"原本假定"为其逻辑前提的思维模式。人文主义者所选取的具有优化形态的保护对象,是"符合"其所宣扬的"真理"精神的"圣物"。这一行为与单个艺术品(圣物)作为教宗"真理"的外在表现具有相类似的结构层次与意识范畴。

因此,虽然引发彼得拉克关注的是古罗马全城和城市的整体内涵(古罗马的荣光),却没有带动对整体结构或者形态的保护和研究,而是萌发了对"真理"精神的优化形态——建筑或构筑物的保护,并被迅速、广泛地接受。而这些具有优化形态的建筑物与构筑物,就成为城镇文化遗产最初的内涵所在。

为了呈现"拟态"的人文主义"真理",艺术品收藏与修复的技术就成为指导建筑和构筑物保护的基本方法。早期的建筑遗产保护沿袭了艺术品的收藏与修复传统,在方法上与艺术品的收藏与修复保持一致,并用艺术修复的原则进行城镇文化遗产保护,建立"风格修复"的思想,引发进一步的争论。

(3) 教会政体下的保护体制是文化遗产保护管理与实施制度的雏形

保护行为的上层社会属性及其行为逻辑的"拟态"模式,使得罗马教宗政体很快建立了相应的行政制度,成为现代文化遗产保护的源头并影响至今。然而,两种不同的"真理"指向,难以在一元主义"真理"的文化环境中和谐共存,不同政治价值观念之间的博弈影响了城镇文化遗产保护的行政绩效。可以说,在民族国家建立之前的保护制度建构,并没有实现其保护的初衷。

1.2 理性的建构

1.2.1 科学的价值——工具理性统治下的二元体系

法国大革命及民族国家的建立被视为"人性"对宗教"神权"的最终胜利。自我认同及对当下社会的优越感，使得从时间片断中提炼的某种"人性精神"失去其作为社会"理念"的价值意义。随着第二次工业革命将整个社会思想带入物理科学所支配的理性规则、秩序和绝对价值之中，科学为"人性"提供了新的模型。

"进化论"取代"创世说"改变了启蒙时期"人性永恒"的静止观念，如同基督教史观中以"道成肉身"为其顶峰的黑暗时期一样，社会进步史观认为，"人性"是从野蛮状态开始而以一个完全理性的和文明的社会告终的线性发展过程，当下的社会是"人性"发展的最高阶段。这隐含了现在是过去全部的总结和过去全部是由低级到高级单向演进的终极化和过程化的观念。"人性"科学的过程化和终极化重塑了二元结构价值模式的构成方式。

在科学理性主义占据主导地位的时期，二元价值之间的关系变化意味着文化遗产保护工具理性的强势与价值理性的衰退。马克斯·韦伯（Max Weber）坚信西方的现代化过程就是工具理性全面征服社会生活各个领域的过程，是"合理化"和"除魅"的必然后果。因而，文化遗产保护的价值体系，从早期以价值理性为主导被科学重塑为以工具理性为主导的新形态。

（1）价值理性的工具化

终极化意味着过去与现代的鸿沟被明确标识，单向线性的进步观割裂了主体社会与文化意识的连续性，文化遗产所映射的社会与文化意识被纳入历史范畴。由此，艺术的"拟态"不再指向普遍"真理"，而被定位于其发展历程之中，见证某种存在于创造之初、现在已经消逝的文明或价值，是低阶社会与文化中"人性"状态的映射。其意义回归其存在本体所具有的特征，并以此所映射的"人性"证明民族国家历史成就和共同体意识的优越性。由此，历史杰出性成为对文化遗产进行保护的重要标准。

这意味着文化遗产保护价值理性的消褪。当主体的客观需求不再指向一种人文"理念"，文化遗产就成了一种人文"资产"。从过去的文明中寻找出一种满足社会需求的积极价值和趣味，并加以巩固和强化的进化史观①，催生了文化遗产保护的社会"资产"价值，即"活的"纪念物的社会、经济、文化等"功能"价值——发展（使用）价值。

在意大利，文化遗产保护不仅是城市象征和研究档案，而且意味着吸引旅游、提供工作机会和推动商业和产业活动②。法国文化遗产保护的目标除了国家的荣耀和人民的认同外，也明确要以其教育作用维护"法国在商业和工业上的领先地位"。

（2）工具理性的价值化

意识的断裂并不意味着存在的消亡。过程化意味着全部历史范畴的整体存在蕴含了"人性"科学的客观规律和法则，这是历史时间流动中永恒"真理"。由此，历史意识从艺术观念中独立出来，建立自身的形而上思想，并以科学理性的"真理"取代艺术经验的"真理"，证实当下的意义。

历史思想的范畴被大大拓展，"考证"的目标从"行为事实"转向"行为规律"，并由此产生时间整体的思想。这一整体思想赋予文化遗产新的价值取向——年代价值（Age Value）。古代纪念物"曾一个世纪接一个世纪地被修改和添加，常是美丽的，总是历史的，它们有一大部分的真正价值就在于此"，莫里斯（William Morris）的这一观点经过罗斯金（John Ruskin）发展，被李格尔总结。经历1790年的英格兰，1830年的法兰西和19世纪下半叶的浪漫主义和历史主义之争而被广泛接受。

虽然，年代价值是从功能、物质与技术的工具理性角度提出，但是其内涵不但涉及社会文化演替过程中的改变，还在某种程度上涉及自然过程及其产生的心理意识，与"如画"的"崇高"意味和"古锈"的"时光"概念相呼应。

综上所述，第二次世界大战以前，文化遗产二元结构的价值模式的内

---

① 进化的历史观中，各个历史阶段之间具有一种逻辑上的进步关系，前一个时代本身所具有的永久价值之中具有进步意义的部分，直接引导或被继承于后一阶段的价值涵构之中。

② These precious remains of antiquity give to the city of Rome an ornament that distinguishes her among all the most famous cities of Europe.
这些珍贵的古代遗迹为罗马城增添了一件装饰品，使她在欧洲最著名的城市中脱颖而出。
They provide important subjects for the meditation of scholars as well as most valuable models for artists to inspire them with ideas of the beautiful and the sublime.
它们为学者们的思考提供了重要的课题，也为艺术家们提供了最有价值的榜样，以启发他们关于美和崇高的思想。
They attract to this city foreigners who delight in studying these unique rarities.
他们吸引了这个城市中喜欢研究这些独特珍品的外国人。
They will give employment to many occupied in the field of fine arts, and finally the new products that come from their hands will promote a branch of commercial and industrial activities.
他们将为许多在美术领域工作的人提供就业机会，最终来自他们手中的新产品将促进商业和工业活动的一个分支。
More than anything, this last will be useful to the public and to the state.
最重要的是，这最后一点对公众和国家都是有用的。

涵被进一步地丰富与完善①：① 蕴含客观存在"真理"的历史价值与年代价值；②满足主体社会"需求"的艺术价值与使用价值。

1.2.2 过去的古迹——社会进步史观下的时空压缩

社会进步史观使时间过程从消极变得积极，时间整体的观念形成，文化遗产保护的时间边界发生重大变化：

一方面，启蒙运动仅仅关怀着现在和最近的过去的倾向被彻底改变，过去的全部组成因其所展示的客观规律而具有整体的意义。古典时期之外的所有历史阶段的遗存，甚至在宗教改革和启蒙时期被反对并破坏的中世纪遗产，如哥特建筑，也被视为人性演化的一环而具有被保护的价值②。

另一方面是对于特定纪念物而言，时间在文化遗产本体上的全部真实表现被视为年代价值的证词，将历史的时刻与现实的意识联系在一起，因而具有整体的意义，"甚至涉及不必然具备特殊、历史性价值的废墟或者残片"。在特定时期的历史形态与经历时间过程的自然形态都被视为整体而进行保护(图1-5)。

然而，时间的边界依然存在。社会进步史观下的时间整体性概念是以当下为基点的历史性整体，过去与现代的鸿沟切断了时间在当下和未来的连续性，因而，文化遗产的时间边界被限定在历史范畴之内。

相对于时间边界的拓展，文化遗产的空间边界却被压缩。如米歇尔·福柯(Michel Foucault)所说，空间和时间的观念在西方人文、社会学科中的发展是极不平衡的，时间是丰裕性的、辩证性的和具有生命活力的，而空间则被看成是固定的、非辩证的和静止的③。对现代主义而言，

---

① 李格尔的纪念性价值中，还增加了蓄意的纪念性价值，以区分现代的非蓄意纪念物，而笔者以为这一价值是可以归入历史价值的范畴。至于现实价值中的新意价值或可对应于发展价值，相对艺术价值可归为艺术价值。

此外，现有国家法律法规以及国家法规中，文化遗产价值一般分为三大类：艺术、历史与科技。科技又可分为科学与技术两方面的价值，对这一价值的解释一般是用科学方法的创造物或者采用某种创造性技术方法的成就。由于科技价值必然是在一定历史环境下，即属于时间维度的价值涵构，故而将其纳入历史价值。如秦汉的科技在当下看来是简陋、落后的，但在当时的历史条件下，确是进步的。这一判断就需要依赖于时间。

艺术价值则不然，其在一定历史环境中创造，但是却不必然依赖于历史环境来判断价值意义。不同时代有不同的审美取向，但是不同的取向都属于艺术，没有先后、优劣之分。

② 英国把保护的范围扩展到了与历史有关的多种类型的建筑物，1882年颁布的法令中，文物建筑不仅包括上古的石栏、中世纪的堡垒，还包括府邸、庄园、住宅，具有历史意义或与历史时间有关的小建筑物、桥梁、商场、农舍和谷仓、畜棚。法国把文艺复兴时期的建筑、近代的建筑都纳入文物建筑之中，同时文物建筑的类型也逐渐变得多样化，从以前的以宗教建筑为主扩展到与普通民众生活相关的国民建筑。这样文物建筑就不再仅仅被看作是从艺术和审美的角度出发的、可供观赏的艺术作品了。

③ 米歇尔·福柯《关于地理问题》，载《权力/知识：访谈精选与其他著述，1972—1977年》，纽约：万神殿丛书出版公司，1980年版，第63-77页。

图 1-5　罗马竞技场 1806 年修复工程
资料来源：Lucia Mato

社会进步是在理论上的目标，历史时间是主要的尺度①。进步必须征服空间，拆毁一切空间障碍，最终"使时间空间化"或"通过时间消灭空间"，即大卫·哈维（David Harvey）的"时空压缩"。空间成为一个附带的范畴，隐含在进步概念的本身之中。

思想上重视短暂性、"形成"的过程，而不是在空间和场所中的"存在"的观念影响了文化遗产的空间界定。保护对象的空间边界被限制在最小范围，只限于能"使时间与永恒联系起来"，在流动之中保存永恒的"纪念性"意义的、某个时期的卓越作品，而不是现代意义上代表某种价值的全部物品的界定标准。

但是，对于空间的认识并没有因此而停止。最初的认识是关于纪念物及其环境的不可分割。纪念物从属于其文化和地理脉络的强烈意识，即纪念物必须保留在其建筑脉络里的观点可以追溯到考特梅尔·德昆西（Antoine Chrysostome Quatremere de Quincy）②，这一观点得到诸多文化遗产保护人士的支持③（图 1-6、7），并被《雅典宪章》接纳。但在此，环境自身并没有获得尊重，而是被要求进行调适以配合纪念物的保护。

随后，历史空间的自身价值被认识。空间不再被视为单个文化遗产价值的附属环境，而成为具有特定内涵的、并能将全部类型文化遗产的某

---

① 这一时期社会研究的焦点是社会变化、现代化和革命（技术的、社会的、政治的革命）的过程。
② 他认为艺术品应保留在原地，博物馆意味着艺术的结束"如同活着的人出席自己的葬礼；它为了由艺术创造历史而残害了艺术，它不是真正的历史而是墓志铭"，如希腊作品如果脱离了他的国家，就缺乏了希腊的人性和宁静；意大利的作品如果到了别处就失去了其特别的意义。
③ 格雷瓜尔（Abbe Henri Gregoire）神父认为构造物则应与它们的铭文一同被保存，并坚持纪念物应原地保留，只能因维护的需要而移动；意大利的费亚（Carlo Fea）也在 1802 年的教皇法令中要求原地维护纪念物和在教堂中保留绘画。而意大利的贝尔托（Louis-Martin Berthault）则继续在如画的概念上实践将纪念物联系到一般环境中的综合办法。

1　欧洲时期：城镇文化遗产保护的萌芽

图1-6　16世纪的圣马可广场绘画(左)和1730年的圣马可广场绘画(右)
资料来源：切萨雷·韦切利奥(Cesare Vecellio，1521—1601)(左)；乔瓦尼·安东尼奥·卡纳尔(Giovanni Antonio Canal，1697—1768)(右)

图1-7　1902年7月14日倒塌(下)、1909年原样重建中(左上)和重建后的威尼斯圣马可广场钟楼(右上)
资料来源：https://en.wikipedia.org/wiki/St_Mark%27s_Campanile

种特征联系起来的特定场所。在某个特定的地域里保护文化遗产的全体类型，被视为某种民族精神的集中体现①。考特梅尔·德昆西将整个罗马视为博物馆，除了各类文化遗产外，各类场所与地理环境，甚至传统、风俗等非物质文化以及仅在此国家产生的匹配物和关联物②都代表了某种属于意大利的特殊价值，不可分割且不可迁移。这包括一般与杰出、要素与肌理、物质与非物质内容，可视为第一个关于历史城市整体保护概念的表述。

文化遗产的空间研究带来学术观念上的边界改变：一是凡具有特定价值的全部物品，而不仅是代表性的纪念性建筑物，均被纳入保护范畴；③二是空间自身被视为保护的对象，具有历史与艺术价值的遗产。④如1904年，李格尔在克罗地亚斯普利特（Split）的戴克里先宫殿（Diocletian's palace）修复中认为，斯普利特的历史中心区作为一个历史性整体，不应因罗马宫殿遗址的修复而被牺牲。

虽然历史空间整体作为文化遗产的必要性已被认识，第一次世界大战之后的城市规划领域也关注到文化遗产保护的内容。如G.乔凡诺尼

---

① 如格雷瓜尔神父强调了所有时期纪念物的文献价值，要求整体保护。并在其1794年提交给临时性的法国艺术委员会，在国家代表大会上提交的3份报告中，将遗产视为包含人类智慧的全部内容，遗产范围从自然科学和医学到古物、艺术和建筑，涉及人类活动所有的、相互关联的领域。

② But, it was also composed of places, sites, hills, quarries, ancient tales, respective positions of ruined towns, geographical relationships, mutual relations of all objects, memories, local traditions, still existing customs, parallels and connections which can be made only in the country itself.
但是，它也包括了宫殿、遗址、山丘、采石场、古代神话、各处的废墟、地理的联系、所有对象的相互关系、记忆、地方传统、依然存在的习俗、类似的事物以及那些仅在本国产生的匹配物和关联物。

③ 乔凡诺尼（Gustavo Giovannoni）将"次要建筑"与重要的宫室相比照，提出"次要建筑"比起重要的宫室更能代表大众及他们的雄心。这一广义的定义在1890年意大利成立的文物古迹艺术委员会（Associazione artistica fra I cultori di architettura）提议中确定为"显示重要艺术特性或重要历史记忆的，任何时期的任何建筑物——公有或私有——或者任何废墟，以及具有如此特性的建筑物的任何部分、任何可移动与不可移动的物件和任何残片"。而在其定义的三大类别纪念物中，甚至包括了"有艺术史趣味的建筑物"。罗斯金也不再局限于单一的国家纪念物，而关注包括住宅建筑，甚至历史性城镇的国家建筑遗产。这无疑呼应了二战以后的文化遗产内涵与外延拓展趋势。

④ 历史空间不但包括具有历史价值的物质遗存，还包括与主观发生联系的各类特征。这些特征，如历史城市景观，不但具有特定精神价值，而且通过主体的研究和推衍，被意识到具有历史档案的见证意义。这样的研究在意大利和德国分别展开，成为城市形态学的重要源头和理论基础。
在意大利，乔凡诺尼从城市历史角度分析了不同时期不同风格建筑的区域位置，探究城市景观结构延续变化的内在法则，强调城市景观的历史性和艺术性价值，在二战以后发展成为历史城镇及区域、历史城市景观的保护思想。帕加诺（G. Pagano）则对乡村聚居区的建筑物演化的内在法则进行了研究，发现住宅与聚居区的演化受限于其初始形态与本土环境，每次的调整都维持之前形态结构状态的记忆。这些研究发展促使当今主流城市形态学派之一的意大利穆拉托里—卡尼贾（Muratori-Caniggia）学派的形成。
在德国，里彻尔（S. Rietschel）认为古镇的形成是受某种规划思想影响的产物，促使人们认识到现存的城市历史景观可能具有历史档案的意义。以后的历史学家更进一步地发展了这一思想，斯特拉姆（H. Strahm）认为"在缺乏书面资料的情况下，城镇平面图本身就是法律的一座纪念碑，也可以说，是一份刻在石头上的文件"。甚至有观点认为"城市形态可推断出城市聚居区的起源。其中街道走向和规模变化、建筑街区的形状都可作为城镇不同发展阶段的指示器，建筑材料和风格的变化也异曲同工"。这一研究成为英国城市形态康岑（Conzen）学派的理论基础。在这一涵构中发展出文化景观、历史城市景观等诸多概念。

在1913年的著作①中拓展"纪念物"概念,将整个历史城市纳入其中,第一个提出"城市遗产"这个新词汇,并在由其主导的《意大利宪章》中较博伊托(Camillo Boito)引入更为宽泛的文化遗产空间,如建筑景观、历史涵构、空间环境和遗产利用等。但这些思想并没有获得广泛的认可,甚至可以说,在二战以前,对历史空间保护是一种不被广泛接受的思想。因而,斯普利特依然拆除了历史中心重建了古罗马宫殿的遗址;G.乔凡诺尼的城市肌理保护思想则孤立无援,在罗马的实施更举步维艰。

1.2.3 修复的独立——历史古迹的修复争论与突破

这一时期的保护方法依然以"博物馆"模式为主,因而相应的技术标准也主要局限在修复领域。

科学理性主义将艺术领域的保护技术标准在历史维度下进行了重构。在对艺术品"创造性"与"拟态式"修复的批判中,指向空间与时间的双重内容的"科学"文化遗产保护原则自贝洛里、温克尔曼萌芽,经过欧洲范围内的"风格修复"与"反修复"争论的展开,由卡特(Carter)、罗斯金、莫里斯发展,被博伊托和乔凡诺尼总结为"文献性修复"和"科学性修复"的思想。

法国大革命以后,文化遗产的保护成为具有国家意义的公共利益行为,标志着国家历史成就的重要性。在总结之前的艺术品保护路线,结合进步史观对文化遗产社会"资产"价值的认识之后,勒-杜克提出基于价值理性"风格修复"的思想,并成为重要的维护方法与技术标准。

这一方法延续了启蒙时期"拟态式"修复的基本思想。基于"活的"纪念物的传统连续性,用一种批判的方法,以基本原理为开端,"从最初的想法到最后的建筑接触"都遵循内在法则——"通常是真理"的规定,复原建筑物到它可能从来未曾存在过的完整状态②(图1-8、9)。

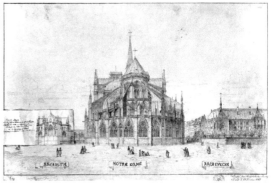

图1-8 勒·杜克的巴黎圣母院修复设计图(南立面与东立面)
资料来源:巴黎历史纪念物及场所基金会(Paris-CNMHS),转引自"A history of Architectural Conservation":145-146

---

① In his 1913 seminal publication Vecchie città ed edilizia nuova: Il quartiere del Rinascimento in Roma (Historic Cities and New Construction: The Renaissance Quarter in Rome)

② 翻译引用 6.2 The conception of 'stylistic restoration', Jukka Jokilehto. A History of Architectural Conservation [M]. Oxford:Butterworth-Heinemann,1999:149。

图1-9 勒·杜克绘制的卡尔卡索纳（Carcassonne）西界面景观（下）和按中世纪风貌修复后的界面景观（上）
资料来源：巴黎历史纪念物及场所基金会（Paris-CNMHS），转引自"A history of Architectural Conservation"：148

同时，"风格修复"又接受了进步史观影响下的人文"资产"价值。强调"活的"纪念物的传统连续性，用批判的方法①，认为"保护建筑的最好方法是发现它的使用价值，并且彻底满足此使用价值的要求，以至于无法做任何的改变"。②

"风格修复"思想获得了国家的支持，由文物建筑总监梅里美（Prosper Mérimée）全面推广。具有相似社会背景的日耳曼国家与希腊，甚至是英格兰的部分历史建筑物，都为了某种特殊的理念信息，以风格统一的方式被修复。

客观地说，"风格修复"的思想是文化遗产保护历程中的重要一环，虽然其以艺术形式为"真理"的保护理念受到普遍批判，但其基于现实和未来语境，提出的"活的"与"死的"问题，依然存在于文化遗产保护之中，"使用中保护"的思想延续至今。但进步史观中的二元对立——历史与现代之间历时性的割裂关系，和"博物馆"模式的局限性——限于空间艺术语言的修复行为，导致"风格修复"在进行主观创造的同时抹杀了遗存的历史客观性，文化遗产保护的合理性基础也由此消亡，最终的结果与启蒙时期的"创造式"修复殊途同归。

---

① 翻译引用 6.2 The conception of 'stylistic restoration'，Jukka Jokilehto，*A History of Architectural Conservation*：149"对勒-杜克而言，建筑不是模仿的艺术而是人类的产物，形式和比例存在于宇宙，人的任务是发现并根据其文脉要求推衍出建构的原则"，而"人的建构也是依据内在原则或法则，在某一基础形式上进行逻辑推衍的结果"，通过这一系列推理，建筑物的"风格（被认为）是基于一个原则理念的证明"，从而具有价值意义。

② 这一修复思想中的前提——"活的"纪念物，认为"保护建筑的最好方法是发现它的使用价值，并且彻底满足此使用价值的要求，以至于无法做任何的改变"，依然是现代文化遗产保护中的重要问题。其提出的具有真理意义的内在法则，也符合进化的历史观中——各个历史阶段之间具有一种逻辑上的进步关系，前一个时代本身所具有的永久价值之中具有进步意义的部分，直接引导或被继承于后一阶段的价值涵构之中——的思想。

基于价值理性的保护方式——"风格修复",对于"王在议会"的工具理性者——英国而言,显然是缺乏相应社会意识的支撑。工业革命的客观理性传统,促使其将"科学"的历史与年代价值作为保护的基础,建立了"古代建筑物……和其在历史上经历的变动与增建,应被视为一个整体,以在物质上进行维护,并有教益地和庄严地传递给后人"[①]的维护思想,严格区分原件和添加物。此观念从考古学之父——温克尔曼而来,经过法国格雷瓜尔神父传递,由英国的罗斯金和莫里斯进一步阐述,认为结构物保存应给予其真实性,历史建筑物的整个生命过程,而不仅是其第一阶段都应受到尊重。"反修复"思想由莫里斯建立的古建筑保护协会(The Society for the Protection of Ancient Buildings,SPAB)在欧洲推动传播。

以上两项技术标准,分别指向二元的价值维度。在保护方法与技术标准的实践中,两者的关系尺度被意大利的博伊托和乔凡诺尼确定,形成"文献性修复(Restauro filologico)"和"科学性修复(Restauro scientifico)"的观点。价值理性的表达被限定于"最小干预",且以对历史与艺术特征的尊重为前提。维护以保存与延续全部历史档案的信息,而不以艺术风格的统一为标准。

"文献性修复"和"科学性修复"思想体现在1931年的《雅典宪章》中。但《雅典宪章》没有涉及发展(使用)价值,即人文"资产"价值的问题。或者说,《雅典宪章》更像是工具理性批判价值理性的最终成果,而不是保护技术与方法理念的总结。

此时的保护技术原则已经具有了"真实性"的思想,指向物质实体在历史范畴的时间与空间形态两个方面。时间形态上的"真实性"包括设计、形式、材料、结构等历史形态和风化、斑痕、残缺、色泽等自然形态,空间形态上的"真实性"则指区位和场域,即不可移动遗产的"原地保护",相对于"博物馆式"的保护模式。"真实性"形成标志文化遗产的保护从艺术领域走出来,成为具有独有的研究对象、专门的研究方法或范式、独特的理论体系的独立领域。

虽然没有被广泛认可且缺乏实践,但突破"博物馆"保护模式,涉及更大空间的保护方法也已实践。1905年,德国慕尼黑市在进行城市建成区的扩展建设时制定了一份所有值得保护的住宅建筑的清单,率先提出了"整体风貌"的概念。采取了高度控制、保护视线景观和城市特色的措施。1931年英国政府授权地方政府通过编制古建筑保护规划来保护古建筑

---

① The SPAB Manifesto: The Principals of the Society for the Protection of Ancient Buildings as Set Forth upon its Foundation (1877).
古建筑保护协会宣言:建立古建筑保护协会的原则(1877)。

图 1-10 1905 年罗马的马雷大道（Via del Mare）地区（左）和 1934 年拆除中的马雷大道地区（右）

资料来源：阿尔瓦罗·德·阿尔瓦里斯"昨天的罗马，今天的罗马"相册（Roma ieri, Roma oggi di Alvaro de Alvariis）

本身及其相邻地区。同时，首次以政府法律条文的形式提出了文物建筑的"群体保护"概念。尤其值得重视的是，1931 年，G. 乔凡诺尼在其著作《历史城市与新的建构：罗马复兴》（Historic Cities and New Construction: The Renaissance Quarter in Rome）中，提出了"城市肌理稀释（'thinning-out' of urban fabric）"的历史性空间保护的原则和方法：进行交通管制、避免道路穿行、改善社会及卫生条件、有选择地拆除不重要的建筑物以建设必要的公共服务设施等。这一方法无疑与现代历史街区保护的思想高度一致。

但以上理念并没有在实践中获得成功，罗马的马雷大道（Via del Mare）建设中，"中世纪"的贫民窟被拆除（图 1-10、11），古典纪念物被有选择地修复，道路被拓宽，整个地区却因此失去了独特的历史风貌。实践的失败不应归咎于资金或政策的缺失，墨索里尼政府在这两方面都给予了充分的保障。是与未来主义和功能主义规划理念相妥协的保护思路，牺牲了街区的历史风貌。

应该认识到，虽然"原地保护"已被提出，但公共领域的遗产保护依

图 1-11 失去整体风貌特色的罗马马雷大道地区

资料来源：阿尔瓦罗·德·阿尔瓦里斯"昨天的罗马，今天的罗马"相册（Roma ieri, Roma oggi di Alvaro de Alvariis）

然以"博物馆"模式为主。第一个国际性的文化遗产保护组织就是博物馆的联合性组织——国际博物馆理事会(International Council of Museums)。

1.2.4 国家的制度——社会契约模式下的运行体制

自法国大革命建立民族国家开始,西方社会的发展就形成了市民社会与政治国家的二元结构。作为人类社会的最基本组织体,二者代表了不同的价值导向,分属两个完全不同的领域。市民社会是生产、交换的自由场所,是自下而上的组织体系。国家则是垄断了的自上而下强制性权力的公共权威。

这两个领域影响了文化遗产保护的运行机制。与二元的社会涵构相对应,国家政府和私人组织两种不同的社会组织体,分别采用公共行政和资本运作两种不同的方式,产生了国家政府的公共行政和私人组织的资本运作两种保护运行模式。

(1) 国家政府保护的公共行政模式

法国大革命以后,文化遗产保护由私人转向公共领域,成为国家的资产和荣耀的象征,其组织体系也成为欧洲社会组织与公共行政行为的组成部分。1887年,美国学者威尔逊(Woodrow Wilson)在《行政学研究》(The Study of Administration)中提出"政治与行政二分"的行政学思想,经过古德诺(Frank J. Goodnow)的系统化阐释和马克斯·韦伯的深化补充,形成了①行政行为以正式的政府组织机构为主,强调行政体系内部法律法规的制定和行政机构的建设;②政府是基于"经济人"假设的完全理性人,由此行政行为和行政程序也不受政治观念的影响,是价值中立的理性行为的主要观点。这些观点影响了文化遗产保护运行机制的建构。

如同文化遗产的保护思想首先在上层社会中萌芽,文化遗产的保护运行体系也首先是自上而下,通过行政模式实现在整个社会中的运行。这一模式源自文艺复兴的教会政体,其行政结构与法律准则也在文艺复兴的雏形基础上进一步完善[①]。

现代行政保护管理系统的形成则是在具有高度中央集权的法国。这一体系建立开始于1830年代,包括了法律法规和行政机构两个部分的内容。

法律法规——这一时期的保护政策多为控制性政策,也可称为强制

---

① 文化遗产保护的基本法规是1802年的教皇法令(The Papal Chirograph);行政结构由负责经费控制、保护督导和执行的教廷中央财政局和负责保护政策和评估的美术督察(Ispettore delle Belle Arti)与文物专员(Commissario delle Antichità)两大部门构成。

性政策,是指保护法律和其他有关文化遗产保护的法规、政策中明确规定的、必须严格执行的内容,和对违反法规的行为、活动的处罚规定。如1840年开始的纪念物保护名录、1887年制定了《建筑保护规则》进行分级保护、1930年有关自然遗产保护的立法保护天然纪念物及富有艺术、历史科学、传奇和画境特色的地点等,私人的财产也被纳入保护范畴,并被要求服从公共利益的需求(表1-1)。

表1-1 二战前法国文化遗产保护相关法令一览表

序号	年份	文化遗产保护法令
1	1789	国有财产收购:全民的共有财产 Confiscation des biens nationaux:Patrimoine commun de la nation
2	1840	第一个拥有1034个历史建筑的普查清单 Première liste de 1 034 monuments historiques
3	1887	第一部有关保护历史建筑的法律 Première loi de protection des monuments historiques
4	1893	第一次招收历史建筑建筑师——夏乐课程 Premier recrutement des architectes des monuments historiques;Cours de Chaillot
5	1913	建立至今有效的历史建筑保护法律 Actuelle loi de protection des monuments historiques
6	1906	建立自然景观的保护法律 Loi de protection des monuments naturels
7	1930	景观地保护法律 Loi de protection des sites
8	1943 (1946修正)	建立历史建筑周边地带(500 m半径的圆周)的法律 Loi instituant les abords de monuments historiques (cercle de 500m. de rayon)
9	1946	设立由法国建筑师指导的法国建筑机构的法令 Décret créant les agences des bâtiments de France dirigées par les architectes des bâtiments de France

资料来源:法国文化部历史委员会(Ministère de la Culture)

行政机构——受历史影响,早期的行政机构分散于教会、教育部和地方辅助性机构[①]。但随后,这些组织向中央政府集中,形成独立的组织体系,如1830年代设立的法国文物建筑总监(即现在的建筑与遗产总监)、

---

① 如隶属教育部的历史工作委员会(Comité des travaux historiques),辅助地方行政部门进行保护的历史纪念物委员会(Commission des monuments historiques),负责大教堂宗教建造物委员会(Commission des édifices religieux)和历史性纪念物服务部(Service des monuments historiques)等。
确定了文物建筑保护管理的两个级别:列为保护单位的建筑(CHM)和列入建筑遗产清查单上的建筑(ISMH)。这是法国文物建筑的分级,现在仍在使用。

1907—1913 年专门负责文物建筑保护的国家建筑师团、1914 年国家建筑保护单位财政处等。维护的经费由国家全部或者部分赞助。各个国家的行政组织方式并不完全相同,但是基本上以层级式的组织方式为主,也有横向部门间的协作形式参与。

保护的公共行政模式对欧洲国家产生了广泛的影响。1834 年,希腊颁布了历史纪念物的保护法,成为欧洲最早颁布法律进行保护的地区之一。甚至英国,也在 1882 年获得通过第一个《古迹保护法》(The Ancient Monuments Protection Act)。1913 年英国政府颁布第一个保护技术条例《古代纪念物加固与修缮法案》(The Ancient Monuments Consolidation and Amendment Act)。其余的欧洲国家也陆续设立专门的行政与研究机构、制定保护名录并颁布保护法规。在 1931 年的《关于历史性纪念物修复的雅典宪章》(The Athens Charter for the Restoration of Historic Monuments)中,由法律法规和行政机构构成的运行体系被视为重要的保护措施[1]。

然而,如同"政治—行政"二分法所受到的批判一样,在自上而下的保护实践中,社会与政治的取向不可避免地影响到保护运行体系。如在"对神权的批判和人民公意需要启蒙和教导"的政治思想下,文化遗产对民众的教育作用成为最具社会意义和国家团结的工具,形成保护过程中强调教育价值的倾向,并试图以此唤起民众的保护责任。1793 年,法国大革命之后建立的临时艺术委员会(Commission temporaire des arts)的文件中[2],纪念物的教育价值被突出强调[3],每个公民被要求对保护负起责任[4]。《雅典宪章》中也特别写入关于教育的专门条款。

(2) 私人组织保护的资本运作方法

在英国,经过文化遗产保护思想的普及,以私人资本为支撑的自下而上的非政府组织也已出现。其中最为著名的是 1877 年由莫里斯创建的英国古建筑保护协会(SPAB)。

---

[1] 详见关于纪念物修复的《雅典宪章》第二条保护纪念物的行政和立法措施与第七条(三)国际文献的价值第一款。
[2] 公共委员会批准的关于具有艺术、科学和教育价值物品名录和保护的文件。
[3] The people will not forget that intellect is strengthened through solid and real education.
人们不会忘记,才智是通过坚实和真实的教育得到强化的。
Already, education has become for the people the best means toward rebirth and glory.
教育已经成为人们走向新生和光荣的最佳途径。
It places within their grasp a lever of great force which they use to uplift their nations, to overthrow thrones and to reject for ever the monuments to error.
这让他们的手中掌握了一个拥有巨大力量的工具,他们可以用它来推动国家的进步,推翻王位,并永远对抗邪恶的纪念碑。
[4] Each one of you should be have as though he was truly responsible for these treasures the nation has entrusted to him.
你们每个人都应对国家赋予的宝藏负有真正的责任。

英国的历史建筑保护与法国最重大的区别在于长期依赖于私人资金赞助,这促使非官方的民间保护组织兴起。启蒙时期就有古物收藏家协会(Society of Antiquaries)、业余爱好者协会(Society of Dilettanti)参与本土的文化遗产保护。至19世纪中叶,古代纪念物协会(Ancient Monuments Society)、乔治小组(the Georgian Group)、维多利亚协会(Victorian Society)和英国考古协会(Council for British Archaeology)等非政府的协会和组织纷纷成立。之后,在法国和意大利也建立了相似的非政府组织①。

英国古建筑保护协会联合专业人士反对"风格修复",并通过与欧洲其他国家保持密切联系,在更广泛的范围内推进文化遗产的保护。这些协会成员包括政府官员、地方代表、委员、教授以及建筑师,涉及管理、法律、历史研究和建筑维护等领域,对政府公共行政模式下的保护运行产生重要影响。

非政府组织通过市场运作建立资金保障制度。如在英国,大部分的保护协会都建立起公民信托制度。1895年英国国家信托的建立,进一步推进了民间保护组织的发展,并陆续影响到苏格兰、美国、澳大利亚、印度等国家。

需要明确的是,在欧洲,资本运作的保护模式与国家政府公共行政模式并不是相对等的保护机制,在很大程度上,资本运作只是公共行政的补充。尤其是随着"国家主义"的传播和日益壮大,凯恩斯主义占据主流机构话语权,国家控制渗透社会、经济全部领域。由此,政府的公共行政模式逐渐占据了文化遗产保护的主导地位,《雅典宪章》要求所有国家都通过立法来解决历史古迹的保存问题,并在第二条专门讨论了行政和立法措施的问题,而没有涉及私人组织的问题。

然而,不同的社会背景对公共行政的保护模式的接受程度不同。在中央集权下的法国,私人所有的纪念性建筑物都被要求由政府照管或按要求修复。而在私人资本主义社会相对成熟的英国,保护法律则因为涉及私人权利而几经讨论,迟迟不能通过。不同社会涵构中的公共权力与私有权之间的矛盾及其对保护运行体系的影响被《雅典宪章》所关注,并被指向法律条文的适应性及私人利益与公共利益的协调问题。

与此同时,在新兴国家——美国,社会组织的资本运作却完全占据了主导地位,并形成一种与欧洲文化遗产保护不同的、完全自下而上的保护运作模式。1853年,为保护乔治·华盛顿故居,美国第一个建筑遗产保

---

① 1890年,罗马成立文物古迹艺术委员会(Associazione artistica fra i cultori di architettura),法国类似的组织有法国纪念物之友(Amis des monuments)。

护组织——弗农冈女士协会(Mount Vernon Ladies' Association)成立,通过广泛的社会活动,筹措资金以进行保护行动。这场运动没有政府的法规、资金和机构支持,也缺乏主流人群的关注与参与,完全依赖于个人和社会团体的推动。1926年的威廉斯堡(Williamsburg)保护则意味着地方主流人群开始关注并参与保护。直到1931年的查尔斯顿(Charleston)保护,国家力量才以保护区划的方式参与到文化遗产的保护之中。1935年的《历史古迹法》(Historic Sites Act of 1935)的颁布意味着政府正式介入文化遗产的保护。这成为美国文化遗产的特有模式,并且在以后影响了文化遗产保护的运作格局。

这一模式的形成归功于清教的个人主义和自由主义所奠定的美国市民社会的公共伦理基础,以此构建的组织模式成为"市场和政府"之外的第三部门,构成美国社会所特有的众多社会组织,而注重地方自治权的政治架构也鼓励了这一模式的发展。但从运作模式上看,私人组织保护的运作方式和英国基本一致,通过信托基金、社会活动、专业研究等方式进行运作,而国家权力也最终参与其中。

1.2.5 普遍的遗产——应对战争的国际性共识联盟

"普世"是基督教史观中的重要概念①。18世纪起,罗马重要艺术品和历史性纪念物的"普世价值"就被意识到。英国的沃波尔(Horace Walpole),意大利的拉斐尔,法国的阿尔让斯(Boyer d'Argens)都对罗马文化遗产的毁坏表示出共同的责任感。18世纪末,温克尔曼、诺瓦利斯(Novalis)和歌德(Johann Wolfgang von Goethe)进一步发展了"普世"概念,科学、艺术和文学被视为超越其所在的国家边界而属于全人类,文化遗产亦包括其中。

第一次世界大战爆发后,政治和平与安全的要求促使文化遗产保护国际性平台的建立,文化遗产因其对于和平与安全的意义——某种共同价值观念所指向的"协作"对于战争破坏行为的抵制而成为超越民族、国家边界的国际性行为。

由此,在战争中保护文化遗产的建议被不断提出。如1857年瓦特尔(Emmerich de Vattel)在《国家间的法律》(Le droit des gens)中的建议,1863年美国南北战争中的法规,1874年的关于战争法律和惯例的国际宣言项目(A Project of an International Declaration Concerning the Laws and Customs of War)以及1899与1907年的《海牙公约》(Hague Con-

---

① 对基督教来说,所有的人和所有的民族都包罗在上帝的规划之中,因此历史过程在任何地方和一切时间都属于同样的性质,它的每一部分都是同一个整体的一部分。历史是上帝对人生目的普遍展开的"普世"史,而神意则是"普世价值"。

vention)等。而对各成员国做出明确约束的公约,则直到1935年才在泛美国际联盟(Union of Panamerican States)的《保护艺术、科学机构及历史性纪念建筑的协定》(Treaty on the Protection of Artistic and Scientific Institutions and Historic Monuments)中实现。

文化遗产保护国际性组织开始建立并运行。1919年的巴黎和会(Paris Peace Conference)和国际联盟(League of Nations)的诞生标志着国际合作的展开,1922年,其下属的国际知识合作委员会(International Committee on Intellectual Cooperation)在日内瓦举行了第一次会议。1926年成立了国际博物馆办事处(International Museums Office),总部设在巴黎。1931年,组织召开第一届历史性纪念物建筑师与技师国际会议。

同时,随着欧洲文化遗产保护思想共识的形成,遗产保护的国际性文件陆续出台[①]。其中1931年的《关于历史性纪念物修复的雅典宪章》成为此后的现代文化遗产保护所承认的第一份国际文件。同年12月,在此指导下的意大利宪章——《纪念物修复准则》(Norme per il restauro dei monumenti)颁布。

然而,如同国际联盟缺乏自身的组织架构和行为能力一样,国际文化遗产的保护更多停留在价值与理念共识的达成以及对战争行动的非强制性规范。此时的普世价值依赖于国家之间自发交流合作形成的普遍共识,其规范作用也依赖于社会意识的自发程度,故而可以说,"普世价值"是一种普遍遗产的概念。保护建构尚未形成,国际合作也未展开,国际保护的操作实施框架尚未形成。

1.2.6 小结

这是城镇文化遗产保护确立现代文化内核,并在此基础上建立保护体系的建构时期。现代社会意识受到现代社会形态建设的鼓舞,形成理性主义至上的价值观念,发展完善了技术、方法、标准、制度、组织等各个方面。

(1) 科学理性主义完善并强化了文化遗产保护的形态特征

科学理性主义占据优势地位的时候,文化遗产保护已经具有了文艺复兴哲学塑造的雏形。因而,科学理性主义的任务,如同其发展而不是颠覆了文艺复兴主义一样,进一步完善与强化了文化遗产保护的内涵与外延。

[①] 如1904年第六届国际建筑师大会的《马德里会议建议》(Recommendations of the Madrid Conference),1931年第一届历史古迹建筑师及技师国际大会的《关于历史性纪念物修复的雅典宪章》,1933年国际现代建筑协会第四届现代建筑大会的《雅典宪章》。

在价值取向上,二元结构被继承下来,而二元对象的内涵结构与比重关系却不尽相同。在对象构成上,人文主义观念中的优越艺术形态,被理性主义思想下的历史科学所深化,时空观念初次独立,并在这两个维度上重塑了城镇文化遗产保护的价值、内容、对象、范畴等;在技术标准上,理性主义在"博物馆"保护模式的框架内,首先扬弃了"创造性"修复的技术原则,并发展了"拟态式"修复的观念,继而用历史科学的时间观念批判了与"拟态式"修复近似的"风格修复",从而彻底摆脱了依附于艺术品保护的技术标准,形成遗产保护的最初原则——真实性,和"最小干预"。

(2) 委托—代理的社会契约模式界定了文化遗产保护管理与实施机制

随着民族国家的建立,中世纪教会与国家的二元关系模式,转变为市民社会与政治国家的二元格局。民主国家的建立,无疑解决了不同政治价值观念在行政行为上的冲突。因而,虽然在行政管理的制度形态上并没有截然的差异,但民族国家的公共行政模式无疑绩效更高。

卢梭(Jean-Jacques Rousseau)《社会契约论》(*Du contrat social*)基于人性建设建立的政治国家和公民社会之间的二元关系,促使了国家与社会的分离。这导致形成政府和私人两种泾渭分明的文化遗产保护管理与实施模式。两种模式各自运行,相互博弈(风格修复与反修复运动)。

然而,私人模式并不是文化遗产保护的主导力量,甚至没有成为监督行政管理的第三方力量,公权力依然占据主导地位。1931年《关于历史性纪念物修复的雅典宪章》,依然认可了公权力对私有权的干预。[①]

国际文化遗产保护运动在此时仍处探索阶段,既没有有效的行政架构,也缺乏对政府行为的约束力。

以上两个方面的演化并不均衡,科学理性主义虽然改变了文化遗产保护的形态特征,但依然保留了二元结构。而委托—代理的社会契约模式,则将教宗政治下一元的行政管理模式,演化为民族国家中国家公共行政和社会资本运作的二元结构。

虽然,科学理性主义并没有改变文艺复兴时期形成的保护价值结构,但新的构想已经开始萌芽。对空间场所的价值认识带来一种整体保护的意识,基于空间场所意义的研究和实践,尤其是城市类型学的发展,无疑为下一阶段新的保护观念形成铺筑了道路。反之,刚建立的二元管理与实施机制,则成为下一时期演化的约束性框架。

---

① 《关于历史性纪念物修复的雅典宪章》第二条保护历史性纪念物的行政和立法措施中写道:"在尊重私有权的同时,还要认可某些公权力的存在"。

1.3 欧洲时期的运行特征

欧洲的文化遗产保护运动,是城镇文化遗产保护的前身。这一时期的"城镇文化遗产"概念已萌芽但尚未成型。然而,建筑遗产,尤其是具有代表性和杰出意义的宫殿、教堂、纪念物等最早受到关注的建筑遗产多位于城市空间,对这些遗产的保护意识源自城市复兴思潮,并在独立与自主的城市管理系统中发展壮大(古罗马历史古迹的保护)。

可以说,城市是文化遗产最初概念形成的思想起点,是文化遗产保护与发展初期不可缺少的历史和人文背景,经过广泛传播和保护实践,随着历史古迹保护空间认识的完善,城镇文化遗产概念逐渐明晰。

这演化过程,是文化遗产保护原型结构判定的重要参考坐标。这一时期演化是自上而下的发生过程,具有稳定与变化共存的运动形态特征。

(1) 相对稳定的技术框架

毕达哥拉斯—柏拉图主义的自然哲学贯穿了整个欧洲时期的文化遗产保护技术领域。对"真理"原定假设的内涵认识发生改变:科学理性主义取代"神意",成为"人权"世界的"绝对理念",但一元主义的"真理"框架并没有被改变。

由此,价值取向中的二元结构没有改变,只是价值理性被工具化、工具理性被价值化;对象遴选中的优越标准没有改变,只是从主观选择的优越对象演化为时间维度上的优越对象;技术标准中的博物馆模式没有改变,只是修复标准从艺术作品转向历史古迹。

(2) 剧烈嬗变的运行结构

从"神"向"人"的转变,带来运行结构的彻底改变。教宗政治下的法律法规、行政机构、技术标准、保护名录等措施被民族国家继承,并加以完善,但整个运行结构却从一元走向二元。虽然,国家在文化遗产保护中的主导地位依然牢固,但变化已经发生,尤其是欧洲之外的新兴国家已经开始了全新的保护运行路径,并在下一时期获得长足的发展。

2 全球时期：城镇文化遗产保护的成型

2.1 解构的反思

2.1.1 价值的解构：文化史观萌芽中的二元局限

20世纪上半叶的动荡，带来对现实社会的进步性和优越性的质疑。理性主义的终极化（不是过程化）倾向受到非理性主义的质疑和批判，被进步史观压抑的主体意识与价值理性再度回归思想领域，并实现主、客体统一的哲学探索。

主、客体统一的思想趋势，使得科学思维中的历史"客观性"融入主体意识的"祛魅"过程之中，即真理的本质（Wesen）是它作为过程的本质化。"特别—当下的"历史意识获得尊重，主体观念对历史信息的解析，即遗产本体被意识到的历史形态，与遗产本体在时间过程中获得的客观历史性，均视为一种历史化过程。

历史观的改变影响着文化遗产保护价值体系的形态，一是"艺术"与"历史"的关系被重新审定，二是被《雅典宪章》忽略的"活的"和"死的"遗产成为重要的议题。但新的历史观念并没有改变二元结构的价值模式。布兰迪（Cesare Brandi）的"批判性修复"在探讨艺术与历史的新的关系，以此为思想基础的《威尼斯宪章》继续将文化遗产的价值局限在美学和历史领域。《威尼斯宪章》中，"使用"已被承认为一种有利于保护的因素，但以不改变建筑布局与装饰为前提。总之，不论是艺术还是使用价值的回归，都陷入与工具理性价值关系的争论中。

文化史观的转向[①]不但动摇了欧洲中心主义，而且还为文化遗产二元结构的统一提供了思路。1960年代，文化成为替代欧洲历史涵构中"历史古迹"的世界性文化遗产概念，是见证"过去时代不同传统和精神成就"，以及"人类个性特征的基本要素"的文化财产（Cultural Property）[②]。进入1970年代，文化的价值取向开始形成，1975年的《阿姆斯特丹宣言》（The Declaration of Amsterdam）中，"文化意义"已经成为包括单体建筑

---

① 史学理论中对于文化多样性以及不可公度性的讨论，尤其是汤因比（Arnold Joseph Toynbee）等的人类文明史对黑格尔与韦伯等传统学者所主张的"欧洲中心论"的批判，使得人类价值的普遍性不再以政治或者宗教，而是以多元的文明或文化为基础。这一思想随着欧洲霸权主义的瓦解和殖民地革命获得发展，在包括欧洲的更广泛区域内获得支持。

② 《关于保护受公共或私人工程危害的文化财产的建议》（Recommendation Concerning the Preservation of Cultural Property Endangered by Public or Private Works），联合国教科文组织第十五届大会1968年11月19日，巴黎。

及其周边环境以及包括城镇或乡村的所有具有历史和文化意义的地区的建筑遗产的重要价值。但早期的文化意义是《威尼斯宪章》中艺术价值的替代,是与历史意义相对应的价值取向。

随着文化遗产保护超出欧洲的边界,局限于欧洲的传统语境与思维惯性被突破,文化意义获得其完整的价值内涵。新兴国家兴起后,如美国、澳大利亚,渴望脱离附属欧洲文化的地位,亟待形成自身的文化身份。

然而,一方面,在多元文化背景下的新兴国家缺少欧洲遗产定义范畴内的保护对象,其短暂的历史也无法提供足够的人文资源以建立新的精神。另一方面,本土虽然具有深厚积淀的历史资源,但文化的不可公度性导致欧洲语境下的文化遗产保护原则存在不合理之处。在美国,文化意义促使自然遗产的出现①;而在澳大利亚,文化意义在"场所"中正式实现。

1979年的《巴拉宪章》是首部以遗产的文化价值为基础的系统性保护文件,它超越了古迹和遗址的物质实体价值集成的局限,转向"场所"这一普遍价值的核心——"文化意义",即"对过去、现代和将来世代的人具有美学、历史、科学、社会或精神方面的价值"。改变了之前属于单个物质的各项价值,不论是历史的还是艺术的,都难以准确描述多种类型、多个时期以及持续变迁的地区特征的状况。同时,改变了具有历史意义的地理区域的综合性价值②被局限在建筑遗产的二元价值框架中的状况。

这已经不能单纯归功于史观的改变,人文地理学的"场所"及其意义的研究也成为其重要的理论基础③。从某种意义上说,《巴拉宪章》不但意味着文化遗产保护的价值取向首次突破欧洲语境与思维惯性,而且标志着文化遗产领域突破历史范畴,进入多学科综合之路。

---

① 在多元文化背景下的新兴国家缺少欧洲遗产定义范畴内的保护对象,其短暂的历史也无法提供足够的人文资源以建立新的精神。如同文艺复兴时期商业繁荣的意大利一样,当经济快速发展的美国也开始寻找自身身份的象征的时候,开发和拓荒的经历成为从时间历程中提炼出来的、具有内在的优越性的价值。在缺乏历史资源的前提下,这一价值的空间载体,由自然环境资源承担。由此,自然景观及其保护成为美国等新兴国家的人文需求下,可以与欧洲的城堡、教堂等遗产相比较的、代表全新的人文精神的类型遗产。1872年,黄石国家公园的建立标志着美国国家公园体系和国际自然遗产保护的发端。新兴国家自然遗产的保护历程与欧洲的文化遗产保护历程非常相似。如文化遗产保护与利用关系的争论也在自然遗产的保护发展中产生。随着赫奇赫奇事件(Hetch Hetchy struggle),诞生了相似的结果——综合性措施被采纳,国家公园的自然生态价值和其社会经济价值被同样纳入考虑。

② 1978年的《国际古迹遗址理事会章程》确定了具有历史意义的地理区域——"建筑群"和"遗址"具有历史、艺术、科学、社会或人类学的多重价值标准。

③ 文化遗产与"地方"——从《巴拉宪章》谈起"上世纪50年代,人文地理学家开始研究'地方'概念,并向现象学、存在主义哲学等欧陆哲学取经,把'地方'概念的根源回溯到意义哲学,至70年代晚期,'地方'概念俨然成为北美地理学的核心术语。在人文地理学中,'地方'作为'有意义的区位',原本就是一个饱含意义的概念,涉及价值与归属,既有社会关系的物质环境(场所),也有人类对地方的主观和情感依附(地方感),所以'地方'既是存在论,也是认识论,除了着眼于实体,也是一种观看、认识和理解世界的方式,如人文地理学家段义孚和林顿(Ralph Linton)都主张,'地方'观念发展了人类生活的核心意义,构成了人类互动基础的意义核心和关照领域。这种解读方式明显受到现象学影响。在人文地理研究中,大部分的地方书都把重点放在意义和经验上,同样说明'地方'是人们使世界变得有意义以及人们改造世界的方式。所以,'地方'研究牵涉了多重的理解,要认识包含自然与文化两方面的物理世界、意义生产的过程,以及在地方当中社会群体之间的人际关联和权力实践。归纳上述对'地方'的理解,可以分析出'地方'研究有三个层次的理解取向:描述取向、社会建构论取向和现象学取向。在这些取向中,'寻找地方真正的意义'的目的贯穿所有研究过程,其中一个重要的手段即透过发掘遗产,以回应人们追求稳定性和认同感的欲望"。

应当认识到,如同文化史观虽然承认了文化的相对性和历史的多线进化,但并没有摆脱欧洲中心主义一样,此时的文化意义只是一种更具宽泛边界的价值理性标准,它并没有改变或突破欧洲理性主义的框架。一方面,理性主义"过去—现在"鸿沟依然存在。文化意义作为内在的永恒价值,被孤立于现代社会的价值体系之外,"不考虑包括法律的、管理的、经济的、技术的等一切实施保护的外在条件和因素"[①]。另一方面,历史与艺术二元结构的影响依然存在。如真实性依然在科学的视角下进行阐述;在世界文化遗产中,"(艺术)创造力"被视为文化意义的首要标准;世界遗产仍限于理性主义历史观的"拟态"思想,是人类文明和历史的伟大里程碑,而不是属于人类的、某种文化特性的典型代表。

就价值的发展而言,这是一个转型时期。一方面,二元价值的结构模式依然在发挥作用,两者之间的关系调整与重塑是此时的主要议题;另一方面,反思和批判已经萌芽了新的思想。文化意义的出现可以视为某种信号,虽然在欧洲它主要被限定在价值理性的边界内,但在欧洲之外的地区,它已经成为独立存在,而不是某种替代品的价值取向。

2.1.2 遗产的激增:人文地理导向下的时空拓展

这是时间与空间关系的转型时期,空间冲破了时间的羁绊,从启蒙时期的"自然化"状态中苏醒,在人文地理学的发展中首次获得自身的价值。19世纪后半叶以来,随着西方资本主义现代化进程的推进,尤其是伴随着文化地理学(Cultural geography)的兴起,对空间问题的关注开始压倒了对时间问题的关注。爱德华·索雅(Edward Soja)、米歇尔·福柯、亨利·勒菲弗(Henri Lefebvre)、吉尔·德勒兹(Giles Deleuze)、弗雷德里克·詹姆森(Fredric Jameson)以及大卫·哈维等理论家从不同角度介入[②],向启蒙运动以来把空间当作物质实体或空洞容器的空间观念发起了挑战。时间与空间边界及两者关系的调整与完善,而不是1990年之后的变革与重塑是这一时期的主题。

主体意识和价值理性的回归解放了被压缩的文化遗产空间边界。1964年《威尼斯宪章》对1931年的《雅典宪章》做了重要修正,历史古迹的概念从"过去的历史性与艺术性作品"演变为"不仅包含个别的建筑作品,而且包含能够见证某种文明、某种有意义的发展或某种历史事件的城市或乡村环境,这不仅适用于伟大的艺术品,也适用于由于时光流逝而获

---

① 王世仁.保护文物的古迹的新视角:简评澳大利亚《巴拉宪章》[J].世界建筑,1999(5),21-22。
② 他们或者从殖民和后殖民研究的角度,把焦点集中在欧洲人支配空间和移民的后果以及不同文化与人群的相互影响之上;或者从女性主义和性别研究的角度,集中关注身体、性别和主体的具体化等问题;或者从通俗文化和风格研究的角度,聚焦于非经典的文化形式的特定实践;或者在更加广泛的其他学科的范围内对空间与时间问题及其对话进行研究。

得文化意义的在过去比较不重要的作品"。

随后,保护对象的空间边界在纪念物和历史空间两个层面上进行了类型拓展。在历史空间上,增加历史地区(包括历史中心区)、历史园林、历史城镇等遗产类型(图2-1~4)。一系列针对历史空间层面遗产对象的专门文件陆续出台①。在纪念物层面,宫室之外的住宅建筑、乡土建筑和工业建筑也被关注,相关的组织和研究已在欧洲、美洲等地展开,但没有形成国际文化遗产文件。

以法国为例,1970年代法国开始保护一批重要的法国现代主义建筑师们的作品,包括赫克托·吉马尔(Hector Guimard,1867—1942)、奥古斯特·佩雷(Auguste Perret,1874—1954)、夏尔·加尼耶(Jean Louis Charles Garnier,1825—1898)、勒·柯布西耶(Le Corbusier,1887—1965)等。1975年文化部发起了对19—20世纪建筑遗产的系统化保护。进入80年代,法国开展了对近现代建筑遗产的保护工作。受到保护的建筑遗产的类型更加丰富,增加了工业建筑、铁路建筑、纪念性场所(如艺术家、作家故居)、城市交往建筑(如咖啡馆)。

图2-1 1978年首个被列入世界遗产名录的历史城镇——基多古城(City of Quito,Ecuador)
资料来源:联合国教科文组织世界遗产中心

---

① 1975年《阿姆斯特丹宣言》中区域层面的对象被表述为"历史城镇、城市老街区、具有传统特性的城镇和村庄以及历史性公园和园林",1976年《内罗毕建议》(Recommendation Concerning the Safegarding and Contemporary Role of Historic Areas)与1981年《佛罗伦萨宪章》(Florence Charter on Historic Gardens,Florence Charter)进一步补充历史区域和历史园林的保护概念。而在1972年的《保护世界文化和自然遗产公约》(Convention Concerning the Protection of the World Cultural and Natural Heritage,简称《公约》)首次提出自然遗产的概念。1987年《华盛顿宪章》又加入历史城镇。

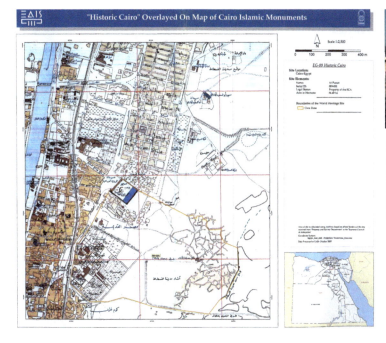

图 2-2 1979 年被列入《世界遗产名录》的开罗古城（Historic Cairo, Egypt）
资料来源：联合国教科文组织世界遗产中心

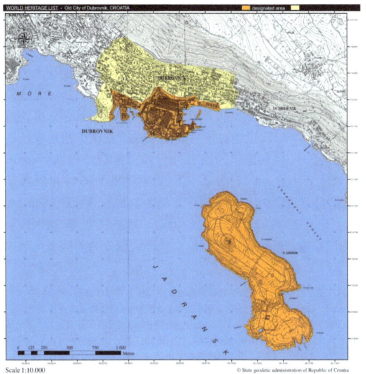

图 2-3 1979 年被列入《世界遗产名录》的杜布罗夫尼克老城（Old City of Dubrovnik, Croatia）
资料来源：联合国教科文组织世界遗产中心

图2-4 1979年被列入《世界遗产名录》的大马士革古城（Ancient City of Damascus, Syrian Arab Republic）
资料来源：联合国教科文组织世界遗产中心

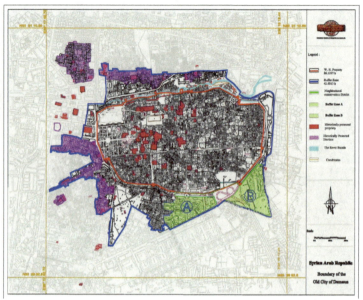

更具宽泛意义的文化取向则进一步拓宽了文化遗产的空间边界。首先，纪念物边界超出了法定标准。1968年的《关于保护受公共或私人工程危害的文化财产的建议》中，具有文化价值的文化财产"不仅包括已经确定的和列入目录的建筑、考古及历史遗址和建筑，而且也包括未列入目录的或尚未分类的古代遗迹，以及具有艺术或历史价值的近代遗址和建筑"。

其次，遗产空间拓展到区域范畴。空间的区域化始于自然遗产。美国自然遗产——"遗产公园"的价值相似性和广泛的社会效应，如经济复兴和社区团结，使得具有共同人文价值基础的遗产空间联系起来成为遗产区域。1984年8月24日，里根总统签署法令在伊利诺伊州构建了第一个国家遗产区域——伊利诺伊与密歇根运河国家遗产廊道（Illinois and Michigan Canal National Heritage Corridor）（图2-5），并颁布了《1984年伊利诺伊和密歇根运河国家遗产廊道法》（Illinois and Michigan Canal National Heritage Corridor Act of 1984）。截至2009年，美国国会共指定了40个国家遗产区域[①]。由此，国家遗产区域成为美国文化遗产

---

① 其中有的是以历史运河及其他历史交通廊道进行空间构架，如伊利诺伊和密歇根运河国家遗产廊道、黑石河谷国家遗产廊道（Blackstone River Valley National Heritage Corridor）等；有的是以美国历史工业发展为主题，如国家煤矿遗产区域（National Coal Heritage Area）、汽车国家遗产区域（Automobile National Heritage Area）等；有的则反映了美国近300年的战争历史，如谢南多厄河谷战场国家历史区域（Shenandoah Valley Battlefields National Historic District）、田纳西南北战争遗产区域（Tennessee Civil War Heritage Area）等；还有的是用来保护美国非主流遗产文化，如凯恩河国家遗产区域（Cane River National Heritage Area）、古拉/吉奇文化遗产廊道（Gullah/Geechee Cultural Heritage Corridor）等；此外还有以历史农业和海运类型为主题，如美国农业遗产伙伴（America's Agricultural Heritage Partnership）等。

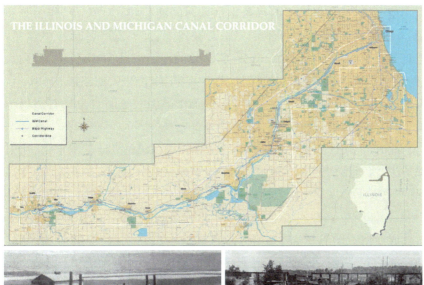

图 2-5 伊利诺伊与密歇根运河国家遗产廊道（Illinois and Michigan Canal Nation-al Heritage Corridor）区位图（上）与历史照片（下）
资料来源：https://iandmcanal.org/wp-content/uploads/2015/10/IMCNHC-Governance.pdf

保护体系的重要组成部分，其区域性协作的保护体制与方法也渐趋成熟。

1988 年 UNESCO 在世界文化发展十年（1988—1997）展开的跨文化项目（Intercultural Project）"对话之路（Roads of Dialogue）"项目（表 2-1）标志区域性文化遗产空间保护的国际化起步。由此，《巴拉宪章》所提出的"场所"的"文化意义"，超越了单个"场所"、单个"主题"的局限，进入更大的区域和复合的价值范畴。

表 2-1 联合国教科文组织（UNESCO）跨文化工程（Intercultural Project）：
对话之路（Roads of Dialogue）项目一览表

年代	主题	地域
1988	丝绸之路 Silk Roads	欧洲—亚洲
1991	钢铁之路 Iron Road（African metallurgy）	非洲
	信仰之路 Roads of Faith（Jerusalem）	欧洲
1992	海洋之路 Vaka Moana-Ocean Roads（South Pacific）	欧洲—大洋洲
1994	奴隶之路 Slave Route	非洲—美洲
1995	穆斯林之路 Routes of Al-Andalus（Muslim Spain）	欧洲

资料来源：https://unesdoc.unesco.org/ark:/48223/pf0000114539

文化意义下的时间也突破了历史的边界，从人类发展的可持续过程识别遗产的价值,将未来的视角也纳入时间的范畴。1979年,作为第一个20世纪遗产,波兰奥斯威辛集中营被列入《世界遗产名录》;1984年,建筑师安东尼奥·高迪(Antonio Gaudi)的作品以其"杰出价值"被列入《世界遗产名录》。然而,对时间边界的突破依然在探索之中。1981年,悉尼歌剧院被以"竣工不足10年的建筑作品无法证明自身具有杰出价值"为由被阻挡在《世界遗产名录》之外。

此时,消解时空边界的趋势也开始萌芽。1950年日本颁布《文化财保护法》将有形文化遗产和无形文化遗产同时作为并列的保护对象,重点保护"重要无形文化财持有者"(即代表性传承人),并建立"人间国宝认证制度"。韩国在1964年借鉴并采纳了这一举措。1982年,国际教科文组织就成立保护民俗专家委员会,并在其机构中建立起"非物质遗产处"(Section for the Non-Physical Heritage)。虽然此后十几年,非物质文化遗产一直在与版权问题相纠结,但"非物质文化遗产"及其两大基本类别——"文化表现形式"和"文化空间"——作为一个框架性的概念体系已经完备。这意味着时间与空间不再成为文化遗产的界定标准,而成为受其主题界定的要素。

2.1.3 技术的探索:时空膨胀需求下的系统规划

(1) 真实性与完整性

二次大战以后的废墟重建工作,动摇了"文献性修复"和"科学性修复"的原则。新华沙的"卓越的普世价值"不再仅是历史档案信息,而是群体共识和情感下的一种国家纪念物。民众的群体共识而不是专业意见成为"重建"的重要价值基础,历史形式复制的同时针对现代生活的适应性改变被认可。

这意味着价值理性的回归,呼应了非理性主义对理性完全支配下的单一机械过程的批判。克罗奇"直觉主义"哲学思想影响下的意大利,开始关注日耳曼哲学和史学。在海德格尔的"存在主义"的影响下,意大利的古迹保护理论延续了意大利学派综合价值理性与工具理性的传统思路,在文化遗产的修复技术上,提出了"批判性修复"的观点[①],并成为1964年《威尼斯宪章》的思想基础。

"批判性修复"标志着文化遗产的保护中美学标准的回归,但美学的原则不是对某个外在目标的"拟态",而是基于主体内在意识的"创造"。

---

① 朱利奥·卡洛·阿尔甘(Giulio Carlo Argan)首先在艺术角度扩大了保护的理论基础,然后罗伯托·帕内(Roberto Pane)在其论文中首次提出"批判性修复"的原则,雷纳托·博内利(Renato Bonelli)、皮耶罗·加佐拉(Piero Gazzola)和德安杰利斯(G. De Angelis)延续发展了这一思想,并由布兰迪总结。

这也可视为新的历史观中,关于主体意识"祛魅"部分的表达。修复本身被视为一个历史性过程,主体意识在批判性评估历史意向的构成状况后,完成现代意识对历史的阐释过程——修复。"历史"和"艺术"的原则在批判性的基础上获得统一,并在《威尼斯宪章》中形成了文化遗产保护的第一个正式原则——"真实性"原则。1977 年的《实施〈世界遗产公约〉操作指南》(*Operational Guidelines for the Implementation of the World Heritage Convention*,以下简称《操作指南》)将"真实性"原则定义为"设计、材料、工艺或环境(Design, Materials, Workmanship or Setting)"四个方面的内容。

"完整性"概念虽然也在《威尼斯宪章》中出现,但在早期的《操作指南》中被指向自然遗产。UNESCO 在 1972 年世界遗产大会上建立的《世界遗产名录》,提出了自然和人造遗产融合的重要性。名录弥补了自然和文化遗产保护之间的空缺,认为相似的标准和方法能够确保保存和促进两者的可持续发展。自然与文化遗产概念的扩大在 1979 年的《巴拉宪章》的具体管理标准中得到充实,并且体现在 1994 年关于原真性的《奈良真实性文件》之中。但直到 1996 年,完整性原则才在"关于提名世界自然遗产的总体评价原则和标准"的专家会议上被讨论并应用于自然和文化遗产上,成为一种通用的原则。此时,"承载某一功能或相关意义的全部要素"的完整性原则及整体性保护的方法体系均已成形。

经过上一阶段的争论和这一阶段的技术变革,文化遗产保护的两大基本原则——"真实性""完整性"正式形成。如果从二元价值体系的标准来看,这两种原则分别指向时间与空间,似乎是技术标准与方法上的二元结构,但是由于相对价值和时空演变的滞后,两者之间的关系多呈现"纵横"两个方向的交叉与融合,没有相对的面域,故而可以认为"源于",但不能认定"亦然"。

(2) 城镇文化遗产系统规划

从总体上说,"批判性修复"是单向、终极产品式的单体纪念物的保护模式①。因而,虽然社会层面的问题也被意识到,如以此为基础的《威尼斯宪章》表述为"为社会公用之目的的利用古迹永远有利于古迹的保护"。而且,不可否认的是它已关注到了"历史中心",承认各种类型的遗产具有不同的保护方法,并提出了某种"整体性"的概念②。但是,以延续"博物馆式"保护思路展开的"批判性修复"方法,作为全部类型的通用性标准,无疑忽略了现实问题的复杂性。

---

① 主要涉及"历史"和"美学"方面的调整,延续了欧洲语境的终极式修复方法,而且其中很大一部分来自对单体保护方法的总结。
② 在"批判性修复"中认为历史性纪念物的空间条件、历史性纪念物构件的几何整体性、创造者观念的表达(如艺术形式)及其构造方式应被视为一个整体进行保护。

文化遗产范围的扩大，尤其是历史空间概念的出现，使得保护成为一种多元要素和多维视角下的综合性行为。保护不但指向价值本体，还包括文化遗产与周围环境——包括物质的硬环境与社会、经济、文化、政治等软环境——关联度的增加与关联面的拓展。这意味着保护行为不仅是受外部条件的单向影响，而且不可避免地影响到与之关联的各个领域。维护空间环境的延续，尤其是区位、交通、经济、功能、生活等非实体环境，需要对社会、经济等多重要素进行干预，避免各类直接与间接影响。因此，城镇文化遗产的保护走出了"博物馆"的领域，开始使用城市规划的工具，从城市发展与建设的视角展开系统、综合的保护干预。

二次大战以后，革新者和保护者之间关于城市的争论爆发。革新者宣称应引入现代建筑和调整城市结构，保护者则排斥现代建筑属性，并且指出它与传统城市肌理的不适应。战后城市中心地区的现代化转型导致了席卷欧洲的亲保护趋势。由此，欧洲城市开始关注文化遗产的保护，并在城市规划的编制中加以体现。这一时期的城镇文化遗产保护可以分为两个阶段：

① 1950—1960 年代，以历史城市景观保护为核心的城市规划。

这基本延续了乔万诺尼的城市形态学思想，而城市规划的方法为整体环境的维护与控制，尤其是物质环境的维护与控制，提供了一个有效的工具。这一脱离社会、经济范畴，局限于形体环境设计的保护规划主要对一般历史建筑的维护进行规定，从颜色、景观、高度、结构等方面进行历史空间的形态设计，针对历史空间的形态进行专门化管理。

1955 年，由阿斯滕戈（Giovanni Astengo，1915—1990）编制的阿西西（Assisi）城市规划是历史城市环境保护的起点。阿斯滕戈认为需要复兴阿西西（Assisi），但不应引入新的道路和现代建筑。与乔万诺尼的思想相一致，阿斯滕戈认为复兴应基于历史地区是自成体系的整体。阿西西城市规划包括了两个方面的革新：一是突出了从周边环境入手，通过限制与城市景观相冲突的扩张行为来保护城市景观的重要性；二是建立了一个当地的公共行政机构来制定和实施规划。

在法国，历史街区的保护在实现物质空间保护的同时，却带来社会环境的剧烈变动。1959—1969 年间任法国文化总监的安德烈·马尔罗（André Malraux），在综合性的保护规划基础上，于 1962 年颁布了第一个历史街区保护的法规——《马尔罗法》（Malraux Act），创立了"建筑修缮范围（Périmètre de Restauration Immobilière）"制度，针对具有"历史、美学或自然特征的地区"进行"整体或局部的保护，修缮和恢复历史价值"。

最初，《马尔罗法》不仅被解释为整体保护历史区域和判定、保护、管理城市地区的工具，而且被认为是允许保护和现代化建设相结合的法规。

这使得在有效实行物质保护目标的同时产生了一系列的衍生问题。如地区房地产的投机行为和"绅士化"改变;中央政府对"建筑修缮范围"内的私人财产补偿和购买导致巨额的制度成本;国家建筑师专业指导引发自由裁量权过大等弊端。

其中,著名案例是巴黎老城 126 hm² 的马莱区(Le Marais)(图 2-6)保护,城市肌理被"调整"与大量拆迁、新建和激烈的社会变动相适应。这导致了与奥斯曼城市清除计划相似的结果:由于失去住所和提高租金,低收入群体和传统手工业再次被赶到城市边缘。自保护计划实施起,共有 2 万居民迁出,而仅有少量的居民迁入。历史悠久的城市中心市场大厅(Les Halles)被拆除。一连串的修复、租金提高情况,产生了剧烈的社会结构变动。

在法国,这一改造模式的影响广泛而持久。以此为范本,在许多城市的中心区域,中产阶级取代了低收入居民和商业,城市社会结构"绅士化"产生社会隔离和对立。

图 2-6 巴黎老城 126 hm² 的马莱区(le Marais)保护规划
资料来源:法国文化部历史委员会(Ministère de la Culture)

在英国,相似的发展经历促使了对历史地区的价值认识和 1967 年《城市宜人环境法》(Civic Amenities Act)中保护区制度(system of conservation area)政策的出台。四个历史城市,巴斯(Bath)、切斯特(Chester)、奇切斯特(Chichester)和约克(York)作为试点项目来验证保护区域规划方法和保护措施的可行性。其中,最成功的是 1968 年由唐纳德·英索尔联合公司(Donald Insall Associates)编制的切斯特城市规划。该规划最大的贡献是深化了对城镇景观价值的认识[1],并且认识到保护政策需要促进衰败的城市中心的复兴。

② 1960 年代末起的整体保护的规划概念

1960 年代规划范式的转变,使得保护行为通过城市规划工具与社会、经济、文化等多维因素构成系统,向公共管理与政策转变[2]。1960 年代开始,欧洲国家积累了大量的历史空间保护实践,除上文所提到的地区外,意大利的博洛尼亚(Bologna)、米兰、都灵、热那亚、罗马等历史性城市保护也为历史空间保护方法的完善提供了实践依据和经验。尤其是意大利的博洛尼亚保护规划提出了整体保护的观点,并且这一观点成为新的保护范式。

整体保护要点:①将文化遗产保护与城市发展政策结合,如博洛尼亚(Bologna)城市拒绝理性主义的进步模式——"反发展",即"博洛尼亚(Bologna)不适合速度过快的发展,应充分利用现存的各项服务设施,无需进行新的、造价较高的城市建设"。②通过规划维护整体形态,并控制各类环境要素的影响,如在博洛尼亚的保护中,通过规划制定对策,控制房地产开发,反对"绅士化"的思想,维护区位、交通、经济等环境。③通过制度安排,如登录制度,对一般遗产进行管理和控制,如意大利颁布了新的国家法律法规,界定了历史城市地区干预的详细程序[3]。

---

[1] 切斯特报告中的城镇景观价值分析是戈登·卡伦(Gordon Cullen,1914—1994)早期研究的结论,他的研究和出版物为重新认识历史城市景观起到了重要作用。

[2] 一次大战之后,文化遗产的保护在城市规划中得到关注,最早的文化遗产保护规划可追溯到 1931 年的英国。1960 年代,城市规划的理论范式从艺术向科学取向转变,蓝图式的"物质空间设计"转向系统规划和理性过程。城市规划的"决策"模式满足了文化遗产保护的新需求。规划行为与保护行为的不同发展历程导致不同的发展趋向。文化遗产保护从现代社会涵构中产生,具有完善的实践体系,如行政政策、法律法规、技术措施等,规划是建立在乌托邦理想的蓝图之上,缺乏社会实践的成效的检验。如约翰·弗里德曼(John Friedmann)所说,理性过程规划的决策模式中的规划和实施阶段的分离将形成"规划编制有余,而规划实施不足"的危险。此后的规划理论都在探讨如何避免这一危险,如 1980 年代"以行动为中心"的规划观,1990 年代"沟通行动"的规划观,这些进展都为文化遗产保护行为带来新的进展,但没有发生根本性的变化。甚至,对于提倡在实施前颁布政策的"以行动为中心"的规划观而言,文化遗产保护早在文艺复兴时期的教皇政体下,就已完成了这一任务。而博洛尼亚的保护中,"沟通行动"规划观中良性沟通与公众参与的理想,也在对抗房地产和"绅士化"的过程中得以实现。

[3] 这些法规参考了萨韦里奥·穆拉托里(Saverio Muratori,1910—1973)和詹弗兰科·卡尼贾(Gianfranco Caniggia,1933—1987)在 1950 年代和 1960 年代期间以威尼斯和罗马为例进行的理论研究。这些研究为 1970 年代的莱昂纳尔多·贝内沃洛(Leonardo Benevolo)提供了一个可操作规划方法,这一方法依然以其操作方法的视野清晰、重建场所氛围的努力和以每个地区所独有的历史积淀作为规划基础,而成为范例。

1969年，朱塞佩·坎波斯·韦努蒂（Giuseppe Campos Venuti）和 P. L. 切尔韦拉蒂（P. L. Cervellati）在意大利的博洛尼亚城市中心规划中引入了整体保护的概念，提出"人与房子"共同保护的目标。这一概念的基本目标是保护历史地段不应局限在保存视觉和美学特征，不仅仅保存历史建筑，而且应充分考虑相关的物质、社会和经济结构和更大的城市系统，更要保留居住其中的生活者及其生活风貌。博洛尼亚规划在两个方面进行了创新：一是强调城市的类型与形态特征的重要性并以此作为未来干预的基础，意大利的建筑类型分析的穆拉托里-卡尼贾学派和英国地理类型分析的康岑学派为此提供了类型学的方法工具。以文化表象为基础进行归纳和演绎，界定出物质空间保护与利用的边界，以此确定功能、用途、容量、改造等一系列保护措施、建设指标以及政策导向①。以划分物质空间边界的方法实现保护和利用的统一。二是采取由市政府出资的房屋修缮规程和改造纪念物及历史性建筑满足公众生活需求的措施，来努力保存现有居民。在保护前提下，延续传统建筑居住功能、适应生活需求进行改善等功能延续以及再利用，从《威尼斯宪章》中有利于保护的外在条款，成为保护的重要方法。"利用"的方式不再限于以教育功能为主的公共领域，私人的使用功能也受到尊重②（图2-7）。

博洛尼亚的规划改变了终极产品式的传统保护思路，将文化遗产的

图 2-7　博洛尼亚（Bologna）1969 年建筑容量改造计划
资料来源：博洛尼亚市议会（Bologna City Council）

---

① 如以建筑类型为核心，1969 年博洛尼亚保护规划中划分了严格修复、部分修复、保护性再生、有限制条件的重建、拆除重建以及拆除不重建等多种类型。此后，源自人文地理学的类型学方法也被采用，分析空间形态过程以确定整体区域要素的构造方式中的文化意义和建设指标。

② "使用"是文化遗产的重要功能，最早的"风格修复"就把使用作为保护的重要内容，但直到《威尼斯宪章》"使用"对保护的积极作用才得到肯定。在整体性的保护方法中，《威尼斯宪章》"为社会公用之目的的利用古迹永远有利于古迹的保护"的思想深化为《巴拉宪章》中"谨慎地利用可以成为一种保护方式"的说法。

形成视作一个过程而不是终极目标的概念。1970年,柴菲拉提(P. L. Cervellati)首次提出过程式保护的思想,经过广泛讨论,在1974年的欧洲议会上得到正式肯定。

这一整体的、具有社会意识的保护思想促进了《阿姆斯特丹宣言》、1975年欧洲理事会《关于建筑遗产的欧洲宪章》(European Charter of the Architecture Heritage)和1976年UNESCO《内罗毕建议》的出台。这些国际宪章不单指向历史城市地区,而且包括了城镇、乡村和周边环境。1975年《阿姆斯特丹宣言》首次正式提出"整体保护"方法,社会功能成为与空间结构同样重要的保护因素。1976年,在《欧洲建筑遗产宪章》的基础上,联合国教科文组织颁布了《内罗毕建议》,认为防止社会结构崩溃已经成为重要的保护目标,并指出"每一历史地区及其周围环境,应从整体上被视为一个相互联系的统一体,其协调及特性取决于它的各组成部分的联合。这些组成部分包括人类活动、建筑物、空间结构及周围环境。因此一切有效的组成部分,包括人类活动,无论多么微不足道,都对整体具有不可忽视的意义",这也成为文化遗产"完整性"保护原则的源头之一。

③ 此外,1970年代末,新兴国家提出了基于场所文化意义的保护规划(Conservation Plan)概念

保护规划是解释场所重要性与未来的使用、改造、发展与修复中如何保持场所重要特征的文件。可以被用来编制历史园林、景观、建筑、考古遗址、纪念品甚至一艘船,并且特别适用于一种以上遗产类型的场所保护。

保护规划的概念最早由澳大利亚的詹姆斯·森普尔·克尔(James Semple Kerr)提出,并成为1979年《巴拉宪章》的基础支撑之一(《威尼斯宪章》也是其基础支撑之一)。《巴拉宪章》建立了一套程序来识别场所的价值,并将此作为以保持"文化重要性的全部内容"为目标的管理依据。场所的遗产价值是多样的和变化的,因而遗产保护的参与者应当成为倡导者、推动者和保护者,尤其是要认同社区的场所价值。这一思想随着文化遗产保护的文化意义转向,在1990年代以后成为城镇文化遗产保护的主要方法。

2.1.4 权利的变迁:有限政府框架下的公共管理

从战后到1960年代是"国家主义"的巅峰时期。在"大政府、小社会"模式下的福利国家和社会主义成为主要模式,国家对整个社会、经济的全面干预加强了国家政治的权威。随着文化遗产价值取向的转变,文化遗

产的公共行政体系进一步完善①,非政府组织的力量被相对削弱。

然而,凯恩斯主义的失灵,福利国家制度的危机,苏联解体,东欧铁幕消失以及拉丁美洲、非洲、中东、东亚和南亚等第三世界国家"政府主导型"现代化模式的困境促发了对凯恩斯主义、传统社会主义理论、现代化理论进行反思和批判,对主张单纯依靠国家力量来解决社会和经济问题的理论和政策的有效性产生了怀疑。1960—1970年代,"国家主义"受到广泛的批评,聚焦于内部建构的组织模式和价值中立的公共行政思想受到行为主义的影响,罗伯特·A. 达尔(Robert A. Dahl)将行政行为建构和规范价值、人类行为及社会环境等外部条件相联系,行政行为趋向外部管理而不是内部组织,赫伯特·A. 西蒙(Herbert A. Simon)则提出政府的有限理性理论。

与此同时,西方国家的新社会运动、苏联东欧和第三世界国家争取民主的社会运动的兴起,使得18世纪以后曾流行于西方的近代市民社会理论作为制衡和调和"国家主义"的工具而复兴。新制度经济学理论对非正式制度与正式制度的关系探讨,促使人们认识到遗产保护的政策与规划的实施最终取决于包括价值信念、风俗习惯、文化传统、道德伦理、意识形态等,在长期社会交往过程中逐步形成,并得到社会认可的约定成俗,共同恪守的行为准则。正式制度建立于非正式制度基础之上,才能有效节约制度成本,否则将面临诸多的社会问题。由此,以政府为主导,单纯依赖于政策、法规、行政等的保护管理行为转向强调市民社会自主参与并管理公共事务。"小政府、大社会"的管理为遗产保护带来新的局面:

(1) 政府保护从公共行政向公共管理的模式转变

行政思想的转变使得凯恩斯主义以前的自由主义思想重新复萌,市场化和民主化成为行政管理的潮流。1970年代起,源起于英国撒切尔夫人的政府改革引发了波及英联邦国家和美国的"新公共管理"改革。政府

---

① 在法国,1943年法国《历史建筑周边地带的法律》(Loi instituant les abords de monuments historiques)规定建筑物一旦被列入保护名录,其半径500 m范围内的环境就立即受到保护,任何建设都有视线通廊要求,并由国家建筑师批准。同时规定对文物建筑周边环境的四种保护方式:严格控制该环境中的所有建设,修复与文物建筑紧临的建筑物,保护文物建筑周边的街道、广场的空间特性(地面铺装、设施与小品等),保护周围的自然环境。1962年《历史性街区保存法》又称《马尔罗法》,规定依据法律划定建筑遗产保护区,确定历史区域和历史环境保护的两个原则:一是文物建筑及其周围环境应一起加以保护;二是保护要从城市发展的角度出发促进保护区的生存发展,保护与利用要为保护区恢复生机活力提供有效的途径,所以保护、改造、利用都是可以采用的方式。具体的实施是通过编制保护区的"保护与价值重现规划"。

1967年,英国政府颁布了《城市宜人环境法》,要求各地方政府列出具有特殊建筑或历史意义的区域并命名为古建筑保护区,同样以法律的形式明确提出了区域保护的概念。1968年英国政府对《城乡规划法》(Town and Country Planning Act)中有关保护的条款进行补充和修改,规定任何对受保护的古建筑所做的改动都必须征得城乡规划部门的批准。同时加重了对破坏及违反保护法规的行为的处罚,包括监禁、没有上限的罚款,通过加重刑罚来保证条例应有的法律威慑力。修改完善的《城乡规划法》(Town and Country Planning Act)成为英国政府制定一系列保护程序的基础,是保护活动强有力的法律保障。1971年英国开始建立"保护官员"制度,古城切斯特市有了历史上第一个保护官员。

在美国,1935年,联邦通过了《历史古迹法》。1937年,国家公园组织出版了美国历史上第一部专业的历史建筑保护和修复导则,1966年,联邦通过了《国家历史保护法》(National Historic Preservation Act)。

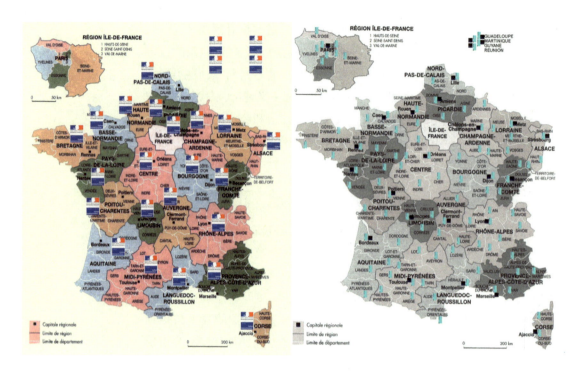

图 2-8 法国文化遗产保护的地方机构分布图:大区文化事务厅(左)、省级建筑与遗产局(右)

资料来源:法国文化部历史委员会(Ministère de la Culture)

重回古典自由主义者倡导的"最小政府角色",用市场或准市场的方法来改造政府业务部门的运作,并由此带来两个维度的改革实践:一是分权,强调效率和政府回退,以优化政府职能;二是竞争,通过市场化的途径用私营部门精神改革公共部门,建立"三 E"①理念的企业型政府。这两个维度改革影响了文化遗产保护的运行机制。

分权思想产生了内部纵向分权和外部横向分权两种方式,对文化遗产的保护产生不同的作用:内部纵向分权促使地方政府参与到遗产保护过程中。如法国 1983 年颁布的《地方分权法》(Le Droit de la Decentralisation)促使地方性遗产保护制度的起步,1983 年法国开始实行建筑遗产保护的新方法——建筑、城市和风景遗产保护区(ZPPAUP)制度(图 2-8);1984 年,英国成立了历史—考古—人种学的文物建筑遗产的地方委员会。外部的横向分权则促使非营利组织、私人企业的公共事务部分参与到遗产保护之中。在保护的公共行政行为中引入市场机制,促成公共服务职能运行的市场化。改变了由政府完全承担保护职责的思路,私人资本被鼓励参与文化遗产保护。

然而,在更广泛的范围产生影响的,则是外部管理行为的市场化趋势。这改变了文化遗产保护行为的价值取向、政策内容。保护的公共行政模式下的价值中立观点,被公共管理中的目标价值所取代。

---

① 采用 3E 标准考核政府绩效,3E 是指经济(Economy)、效率(Efficiency)、效果(Effectiveness)。

一方面,企业型政府和市场主体的价值取向影响到文化遗产保护行为的价值构成。文化遗产被视为经济"资源",价值等同于事物或物品的用途,以及生产该事物或物品所需要的劳力。评估遗产价值采用经济学方法,展示、利用成为重要的内容[①]。

另一方面,行政控制为主的文化遗产保护政策中引入市场调节的内容,形成控制性政策与引导性政策互补的政策体系。引导性政策,即优惠性政策,指国家制定的旨在鼓励、推进保护工作的各项优惠政策。常见的有减免税、低息贷款、政府给予的各种形式的补贴、基金及奖励、可转移的开发权、某些优先权等。

然而,"市场中心主义"抹杀了公共行政的主张公平、平等的特质,市场本身并不具有公共意识,从而衍生了新的社会问题,如绅士化、居住隔离、社会结构变化等,管理的目标与保护的目标之间的价值矛盾也逐渐显露。如博洛尼亚保护中,以"反发展"的思路阻止房地产的发展,将保护的市场价值与社会价值相对立。这隐含了文化遗产保护作为绝对理念的"乌托邦"思想,用以取代未来主义和理性主义的"乌托邦"[②],形成与公共管理的市场化趋势相反的逆流。再如旅游业,一方面,承认"旅游业是一个不可逆转的社会、人文、经济和文化的事实"[③],提出旅游业及其机构在文化遗产教育和保护方面的重要作用[④];另一方面,提出审慎制订旅游发展计划的建议[⑤],针对旅游业的过度发展提出防范措施[⑥]。

---

① 文化遗产的教育意义被转换为展示利用价值。1964年《威尼斯宪章》提到:"为社会公用之目的使用古迹永远有利于古迹的保护。" 1967年,《基多准则》(The Norms of Quito, Final Report of the Meeting on the Preservation and Utilization of Monuments and Site of Artistic and Historical Value)从经济的角度讨论了遗产的价值,1972年的《世界遗产公约》则明确"展示"利用的国家责任,1981年《佛罗伦萨宪章》首次把"利用"作为保护的重要措施进行具体的阐述。

② 这两个乌托邦是不一样的,一个是基于现实的不改变,另一个是基于现实的快速改变。之所以都是乌托邦,在于它们都符合柏拉图《理想国》和莫尔《乌托邦》的特征:它试图借由将若干可欲的价值和实践呈现于一理想的国家或社会,而促成这些价值和实践。
乌托邦这个词有脱离现实的含义,但是对于文化遗产保护而言,它存在的理想状态是其诞生之初的强烈社会需求,这样的社会需求促使"人与房屋一起保护"的理想的提出,其目标是将社会与文化遗产放在同一过程中,不是文化遗产保护行为随着时势发展而调整,而是干预社会进程以维护保护行为的合理性与合法性。

③ 1976年《国际文化旅游宪章》(International Cultural Tourism Charter)。

④ 1962年的《关于保护景观和遗址的风貌和特性的建议》和1968年的《关于保护受公共或私人工程危害的文化财产的建议》。

⑤ 1972年通过的《世界遗产公约》首次提到展示、利用给文化遗产地所带来的负面影响,"……文化和自然遗产中受到下述严重特殊危险威胁……这些危险是蜕变加剧、大规模公共或私人工程、城市或旅游业迅速发展计划造成的消失威胁……";1972年《关于在国家层面保护文化和自然遗产的建议》(Recommendation Concerning the Protection, at National Level, of Cultural and National Heritage)则进一步指出了这一点。

⑥ 《关于在国家层面保护文化和自然遗产的建议》针对"旅游业迅速发展计划"问题继而提出"涉及文化和自然遗产的旅游发展计划的制订应审慎进行,以便不影响该遗产的内在特征和重要性,并应采取步骤在有关部门间建立适当的联系"(第十五条)。1976年通过的《关于历史地区的保护及其当代作用的建议》(Recommendation Concerning the Safeguarding and Contemporary Role of Historic Areas,即《内罗毕建议》)同样提到要防止旅游业的过分开发而造成的危害,"各成员国及有关团体……还应做出规定,采取措施消除因旅游业的过分开发而造成的危害"(第三十一条)。

由于政府的公共作用被削弱,因而,对两者矛盾的处理,主要是让具有专业知识的人员承担整个运行过程,或者对保护人员的进行专业教育,以遗产专业的价值观影响保护运行的价值观。这很快导致保护运行在公共管理体系中的孤立化、边缘化和特殊化。

(2) 私人保护从资本运作向公众参与模式的转变

美国与欧洲不同,没有一贯的国家概念,民间社会组织发育充足,并形成独立于政府和企业的"第三部门"——"通过志愿提供公益"的 NGO 或 NPO。从弗农冈女士协会建立开始,美国文化遗产保护都是由私人团体发起并组织。国家的保护政策首先关注的是代表独立精神的自然遗产,而文化遗产的保护依然以私人组织为主要力量。

与欧洲国家不同,美国的国家政府并不直接介入文化遗产保护的过程,而是通过鼓励民间保护力量展开保护行为。1949 年,公民的自发保护文化遗产运动促使美国国家历史保护基金会(National Trust for Historic Preservation)成立,这是由美国国会主导成立的市场组织,并接受国会资助。这一组织的成立源于文化遗产保护的民间力量的崛起,并很快成为美国最大的历史保护组织。它推动了 1966 年《国家历史保护法》的建立和一系列配套法律法规制定,如 1976《税改法案》(Tax Reform Act)的一些税法条款激励历史财产再利用,同时消除了建筑拆除的一切利益补偿,1981 年的《经济复兴税法》(Economic Recovery Tax Act)则进一步加强了对历史建筑再利用的经济激励等,标志着美国文化遗产保护的市场化、专业化和制度化。1999 年以后,该基金会自主运营。

美国文化遗产的保护运作方式与其社会形态与行政运作方式完全一致,围绕区划编制展开公众参与,保护的价值对抗在决策形成过程中,而不是管理实施过程中解决。因而,没有产生欧洲与英联邦国家公共管理改革中的孤立化、边缘化和特殊化困境,形成了不同于欧洲"乌托邦"的自下而上的保护运行模式。

对于文化遗产保护运行制度而言,最有影响力的是 1946 年制定的《行政程序法》(Administrative Procedural Act),该法正式确定了公众得到政府信息的权利和公众参与的程序:①政府或公民、社会组织向政府部门提出立法动议后,政府部门在《联邦登记》(Federal Register,日报)《州登记》(State Register,各州的相关刊物)等相应刊物和政府网站上通告相关信息(如立法依据和目的、成本效益分析等);②公民或社会组织,特别是利益相关人在一定的期限内对立法议题发表评论;③评论结束后,政府部门应公众或社会组织要求,依照法律规定举行听证会;④整理分析公众的意见后,政府部门起草法案草案,并报送给政府立法审查协调主管机构(联邦政府是行政管理和预算委员会);⑤立法审查协调主管机构进行审查和协调,并提交签署或表决;⑥在《联邦登记》《州登记》和政府的网站上公开发布法规及相关信息(法规的依据和目的、公众评论采纳的情况等)。

2.1.5 共同的遗产:普世价值理念下的联合行动

二战以后,老的国际联盟在1945年被重组为联合国组织,组织机构及行动程序完善,国际间的合作逐渐展开。此时,知识合作国际委员会(Committee on Intellectual Cooperation)被UNESCO取代,UNESCO的伦理使命是公平、正义和自由,它通过对"渴望生活在一起的基础"即共同价值的探寻和建构,找到所有人都接受和按照其生活的定义,以规范国际社会的秩序,探求当今世界新的鉴别标准和寻找共同的社会准则,促使全球范围在生态、社会和文化方面的共存。由此,在1964年的《威尼斯宪章》中,全人类的共同遗产取代了普遍遗产的概念。这一改变影响了文化遗产保护的格局。

这一改变从国际文化遗产的保护合作开始。1951年UNESCO首次派遣专家代表团,分别协助当地政府修复秘鲁的库斯科城(Cuzco)和南斯拉夫奥赫里德(Ohrid)的壁画。而对于文化遗产保护的全球化具有重大意义的事件,则是1960年代,因阿斯旺大坝的建设而受到威胁,因而发起的保护尼罗河河谷地区努比亚遗址(Nubian Monuments)的国际行动。受制于经济、技术等条件无法保存的阿布辛贝勒神庙(The Great Temple of Abu-Simbel),最终在国际援助下易地迁移成功,使国际合作进行遗产保护的可行性及重要性被广泛认可,促成了《保护世界文化和自然遗产公约》(以下简称《公约》)草案的形成,为"普世"概念建立了合理性与合法性基础,即这些文化遗址是全人类的文化遗产,应受到整个国际社会和联合国教科文组织的关注。

1972年11月16日,UNESCO在巴黎召开第17届大会。大会为了组织和促进各国政府及公众在世界范围内采取联合的保护行动,通过了《保护世界文化和自然遗产公约》。《公约》以国际协作、支持和援助的方式把现代遗产保护运动扩展到更多的地区、更多的国家,并强调了国家作为遗产保护工作的行为主体所具有的地位和作用,各国的保护实践与理论成果是实施遗产保护的国际合作的基础。此后关于遗产保护的国际文件陆续出台推动了各国的遗产保护与管理水平以及国家间的合作。

世界遗产委员会(WHC)是政府间组织,领导世界遗产保护的具体工作。WHC依据各缔约国提交的文化、自然遗产的清单,遴选形成《世界遗产名录》(World Heritage List),并根据各缔约国的申请每年增加新的世界遗产项目。同时制订《濒危世界遗产名录》(List of World Heritage in Danger),用于保护《世界遗产名录》中那些受到特殊危险威胁的项目。

世界遗产委员会设立"世界遗产基金"(World Heritage fund)用于各种方式的国际合作和援助项目。1992年在WHC下又成立了"世界遗产中心(World Heritage Center)"负责日常的管理工作。三大非政府的专业咨询机构为其提供服务(表2-2)。

表2-2 联合国教科文组织提供专业咨询服务的三大非政府专业机构

成立时间	机构名称		机构职能
1964年	ICOMOS (ICOM)	国际古迹遗址理事会(国际古迹理事会)	协助世界遗产委员会评价和选择可以列入《世界遗产名录》的文化遗产地
1948年	IUCN	国际自然及自然资源保护联盟(International Union for Conservation of Nature and Natural Resources)	负责提出有关自然遗产地的选择和保护的建议,并和ICOMOS共同负责文化景观的评定工作
1965年	ICCROM	国际文物保护与修复研究中心(International Centre for the Study of the Preservation and Restoration of Cultural Property)	负责提供有关文物保护和技术培训的专业建议

资料来源:联合国教科文组织世界遗产中心

在此基础上,文化遗产保护的普世价值的概念被提出。1972年的《保护世界文化和自然遗产公约》中首次突出"突出普遍价值"的概念。普世价值在其初期受到《威尼斯宪章》中"历史建筑类文物"思想的影响,以欧洲传统的文物(Monument)概念为基础,限于艺术品的范畴。狭隘的文化定义无法满足UNESCO促进人类团结与和平的目标需求。很快,"文化"的定义被扩大为对政治、经济、社会生活的各方面都起作用,且是决定性作用的概念[①]。由此,世界遗产的普世价值成为UNESCO实现"人类理性和道德上的团结"的重要组成,随着UNESCO普世价值的客观需求而调整,是被赋予的、相对的以及可变的。

进入1960年代,在战争中保护文化遗产的共识开始转向社会发展的视角。UNESCO于1962年在巴黎通过《关于保护景观和遗址的风貌与特性的建议》(Recommendations Concerning the Safeguarding of Beauty

---

① 1978年UNESCO大会决议指出,"意识到文化的决定性作用,文化是每个人类社会的灵感和命脉,它赋予社会特性,保持社会历史延续,并为社会的未来奠定基础。文化包含了思想、艺术表现、传统和生活方式等领域的固有价值准则,人们发觉文化把个人和社会进步所需的许多条件结合在一起"。1989年教科文组织在亚穆苏克罗(Yamoussoukro)召开的"在人的思想中建立和平国际大会"上提出和平文化,在1994年国际教育会议第44届会议上得到深化和明确。"和平文化"被定义为价值观、态度、行为、生活方式和行动方式的综合,源于对生命、对人、对人的尊严和权利的尊重,和自由、正义、团结、宽容、相互了解的原则,建立一种符合人类尊严的生活环境。

and Character of Landscape and Sites)，该文件最早注意到随着战后经济快速增长，工业化、城市化以及旧城更新给文化遗产带来的"建设性破坏"，并就此提出积极保护景观与特征、保护历史地区等相关措施建议。1978年，ICOMOS在俄罗斯"当代社会中的历史与文化古迹"专题座谈会中的一个子论题，即为"历史古迹作为社会经济发展的支柱"。探讨遗产与发展之间的关系，提出了遗产保护在不断提高的生活质量中发挥的作用、遗产的社会层面以及如何将遗产问题与城乡规划相融合等问题。在ICOMOS第六届全体大会上，名为"没有过去就没有未来"的科学研讨会认为保护自然和文化遗产"等于为人类造福"。1999年在墨西哥召开的关于"在发展中合理利用遗产"的科学研讨会进一步就该问题进行了反思。除了文化遗产的研究之外，1977年，联合国教科文组织颁布《国际文化旅游宪章》(1999年修订)标志着文化遗产保护正式从战争和平转向社会发展。此后，工业化、城市化进程给文化遗产带来的威胁成为保护宪章、国际法规着重关注的问题①。

在理性主义的影响下，普世价值以历史的"杰出性"作为重要的衡量标准。1976年的UNESCO专家会议上，世界遗产的"普世(universal)"被定义为"代表或象征了被普遍认为重要的，或者影响某时代或下一时期人类整体的发展的观念和价值"，"人类发展(the Evolution of Mankind)"的概念指向欧洲中心主义的进化范式。1977年，《操作指南》草案中引入文化的相对性和历史多线进化的文化史观，提出《公约》对有突出的普遍价值的文化和自然项目提供保护。不倾向于提供保护给所有具有伟大影响、重要性或价值的项目，而只是针对选出来的从国际视角看最突出的那些"(1977年修订)。所谓的"国际视角"指全球历史发展不同阶段中具有代表性的文明中心，而不仅是以欧洲作为人类发展的线索。

然而，这也隐含了两个方面的意识：一是"杰出性"的精英文化由历史过程中的主要文明所代表，忽视次要文明或代表性并不突出的文化，即主导性对整体性的抹杀；二是"国际视角"抹杀了"对一个文化的内部理解和外来理解的差异"，以某种文化标准评估他文化的价值，造成对他文化意识的侵蚀，即普遍性对特殊性的抹杀。

这两个方面的意识导致《世界遗产名录》在地域上和类型上的不均衡

---

① 如UNESCO于1968年在巴黎通过的《关于保护受公共或私人工程危害的文化财产的建议》、于1972年在巴黎通过的《世界遗产公约》和《关于保护国家级文化与自然遗产的建议》(Recommendation Concerning the Protection, at National Level, of Cultural and National Heritage)、于1976年在内罗毕通过的《关于历史地区的保护及其当代作用的建议》，即《内罗毕建议》等，都是在世界各地重要文化遗产正遭受迅猛的现代化进程带来的巨大压力和破坏威胁的背景下形成的。其中，《世界遗产公约》最具有深远意义。《世界遗产公约》旨在"建立一个依现代科学方法制定的永久有效的制度，共同保护具有突出普遍价值的文化和自然遗产"。自其1975年12月17日生效以来，保护文化遗产和自然遗产问题，才受到世界各国政府和公众的普遍关注和逐步重视。

（图 2-9）。从 1978 年在华盛顿召开的第二届世界遗产大会上第一批 12 个遗产地进入《世界遗产名录》，到 1991 年，缔约国达到了 121 个国家，遗产名录达到了 358 项。虽然在世界各地均有遗产地进入名录，但其中欧美 163 项，约占有名录的 46%。纪念碑式和建筑类遗产成为主流，遗址以及与人类生活依然相关的遗产没有得到足够的重视。如 1994 年世界遗产委员会的《促进世界遗产名录代表性、均衡性和可信性总体战略》(The Implementation of the Global Strategy for a Representative, Balanced and Credible World Heritage List) 中指出，欧洲、历史城镇和宗教建筑、天主教、历史时期、精英建筑都在其分类中被过度重视，而活态文化遗产的部分则几乎没有。

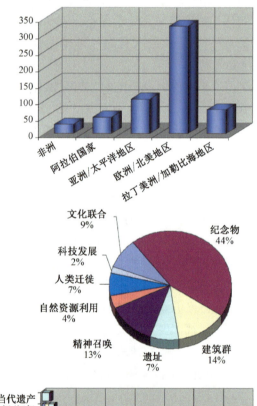

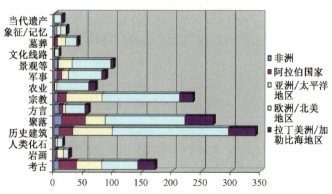

图 2-9 2004 年世界遗产地在区域（上）、类型（上）、主题（下）的统计数据

资料来源：ICOMOS，2004

对全球价值理念的代表《世界遗产名录》而言，不均衡无疑违背了联合国教科文组织的基本伦理目标，也影响了其建构全球秩序的基本责任，因而，对于均衡性的调整很快改变了普世价值及相关技术标准的取向。

2.1.6 小结

这是一个发展与变革并存的时期。一方面，欧洲的理性主义在其逻辑框架内不断修正自己的结构；另一方面，新兴国家开始寻找新的概念来突破隶属于欧洲的文化身份约束。两个方面的作用下，真正意义上的城镇文化遗产保护开始起步。

（1）社会现实问题的反思是促发文化遗产保护嬗变的基本动力

文化遗产保护嬗变的动力，不再是某种思想上的变革。现实社会的危机反馈，使得文化遗产保护改变了欧洲时期"从上而下"的传播方式。

社会实践及由此产生的遗产和保护意识，尤其是欧洲历史城市的保护实践——整体保护思想，和新兴国家文化身份的代表选择——自然遗产和文化意义的提出，首先带来了保护方法的多样化探索和运行机制的根本性转变。继而在之后的时间里，"自下而上"地影响文化遗产保护的核心思想。相应的，文化遗产保护的运行机制，也自觉（欧洲）或自发（新兴国家）地改变了"自上而下"的政府主导模式，探索"自下而上"的社会（市场）运行路径。

（2）现代主义被解构，是文化遗产保护理念与技术变迁的思想基础

理性主义的被解构，一方面，将空间从时间概念中释放，使城镇文化遗产不单局限于单体建筑遗产，还包括了具有群体空间性质的历史城镇、历史园林和历史地段的综合体系。而时间概念的趋于完整也拓展了文化遗产保护的范畴和类型。另一方面，为新思想的出现，提供了发展空间。在欧洲，随着现代主义被解构和文化取向的萌芽，时间与空间交织，城镇文化遗产的概念体系正式形成。整体保护的方法以规划为中介，建立了技术与制度的联系平台，技术求"真"的终极化被涵盖于"制度"过程化的系统运行中。在新兴国家，自然遗产、文化意义等概念的提出，突破了"历史古迹"的欧洲局限，将城镇文化遗产的保护带入更广泛的"全球"视野。

（3）公民社会理论引导了文化遗产保护管理与实施制度的变迁趋势

民族国家及其理念的象征——理性主义的被诟病，使得二元对立格局中的另一方——公民社会，再度获得重视。

在欧洲，平等、自由的公民社会理念，促使政府主动将市场机制引入行政管理程序，并不可避免地改变了以政府为主导的欧洲文化遗产保护运行机制，形成"自下而上"的自觉改革。而在国家主义历史浅薄的新兴国家——美国，政府与企业之外的第三部门，却以"自下而上"的模式，开

始自发实践社会、企业和政府多方合作的运行机制。

2.2 文化的建构

2.2.1 价值的凝练：核心内涵明确的开放性架构

19世纪90年代对于世界遗产保护而言是一个重要的时期。经过1960年代的产业时代结束，1989年的欧洲铁幕破灭；战后持续的经济、能源危机，尤其是1989年苏联解体后，现代主义的普遍"真理"受到怀疑。自1968年的"五月风暴"开始的后现代主义运动中，福柯、德里达（Jacques Derrida）、罗蒂（Richard Rorty）、海登·怀特（Hayden White）等学者完成了对形而上的质疑和解构，基于科学分析方法的、哲学还原论下的现代机械论世界观被批判，现代主义建构的唯一性和绝对性被突破。

二战后，"文化意识"的价值标准在历史框架中萌芽，以更具内涵的复合价值标准取代传统的历史与艺术价值，并在实践中不断获得新的认识。1990年代之后，在建设性后现代主义重构人与人、人与社会、人与自然关系的思想下，文化意识进一步从历史的语言中独立出来。文化遗产从社会进步发展的见证，演变为文化多样性的见证。复杂、多元的社会文化体被视为内在价值平等的整体构成而获得尊重[1]。具有文化代表性，而不是伟大的文明的遗产成为世界遗产的重要标准。

如同解构式后现代主义从构成关系开始的批判一样，新的建构也是从构成关系开始，文化人类学的思想为此做出了贡献。在文化人类学的观点中，文化是人类用以解决生存问题的手段，人类通过文化的调适，修正自己的社会行为系统以适应环境，也修正自然环境以适合自己的生存需要，在此过程中，文化自身由于创新、传播和遗失而不断演化[2]。这就引发对人类已有的文明中不同社会、文化构成关系的兴趣，并以此作为对

---

[1] 斯宾格勒（Oswald Arnold Gottfried Spengler）、汤因比乃至亨廷顿（Samuel P. Huntington）等人构建的文化体系虽然承认了文化的相对性和历史的多线进化，但对文化体系的构建却极为偏狭，体现出强烈的欧洲中心主义。

[2] In 1972 the idea of cultural heritage had been to a very large extent embodied in and confined to architectural monuments.
1972，文化遗产的概念在很大程度上体现并限于建筑纪念物中。
Since that time, however, the history of art and architecture, archaeology, anthropology, and ethnology no longer concentrated on single monuments in isolation but rather on considering cultural groupings that were complex and multidimensional, which demonstrated in spatial terms the social structures, ways of life, beliefs, systems of knowledge, and representations of different past and present cultures in the entire world.
然而，从那时起，艺术和建筑学、考古学、人类学及民族学的历史不再是孤立地集中在单个纪念物上，而是更加关注那些存在于空间中的复杂和多维文化群组，它们以空间术语演示了社会结构、生活方式、信仰、知识体系以及表现整个世界中不同过去和现存文化的事物。

未来新世界整体建构的依据。

　　这样的兴趣很快赋予文化遗产以现实的社会责任。如同文艺复兴时期，文化遗产在应对神权时的角色一样，文化遗产再次被要求为社会的转型提供支撑，不同的是，那时所提供的是的"人性"，而这时所提供的是"构成"——持续与和平。1998 年，斯德哥尔摩会议提出文化促进发展的政策；2000 年的约翰内斯堡峰会认为文化多样性是可持续发展的四大支柱之一；2001 年，联合国教科文组织的《联合国教科文组织世界文化多样性宣言》(UNESCO Universal Declaration on Cultural Diversity)探讨了遗产（包括古迹、建筑遗产、活态遗产和非物质遗产以及文化景观）在发展过程中扮演的角色；同年，在世界遗产委员会第二十五届会议上，联合国教科文组织总干事提出《世界遗产公约》也可以成为可持续发展的工具；2011 年 2 月，联合国大会通过了关于"文化与发展"的 65/166 号决议，联合国教科文组织总干事通过认定"文化（建成遗产是其物理表现）有助于推动经济增长和掌控发展进程"。

　　文化遗产保护的价值取向由此发生了重大改变。从 1994 年世界遗产全球战略会议提出人类历史不仅是"单独的文物(Single Monument)"，而是通过存在于空间中的复杂多维的文化组群来证明，它们见证了社会结构、生活方法、信仰、知识系统和表现全世界中不同过去和现存文化的事物①，到 2008 年的《什么是突出普遍价值》(What is OUV)明确遗产价值认定标准、类型概念和评估方法，二元结构的价值模式被彻底消解，文化的多元的、相对的概念扩大了之前文化意义的内涵。

　　(1) 文化意义的多元、相对取向

　　之前所认识到的各类价值并没有遭到否定，但被视为欧洲社会与文化涵构中的产物。价值之间的关系，即各类价值的构成方式被从"拟态"模式中解放出来，成为受各自文化的结构所决定的多元、相对的形态。2003 年 ICOMOS 在津巴布韦通过的《ICOMOS 宪章-建筑遗产分析、保护与结构修复的原则》(ICOMOS Charter-Principles for the Analysis,

---

① It was apparent to all the participants that from its inception the World Heritage List had been based on an almost exclusively "monumental" concept of the cultural heritage, ignoring the fact that not only scientific knowledge but also intellectual attitudes towards the extent of the notion of cultural heritage, together with the perception and understanding of the history of human societies, had developed considerably in the past twenty years.

所有与会者都清楚地看到，《世界遗产名录》从一开始就以文化遗产几乎完全是"纪念性的"概念为基础，忽略了这样一个事实，在过去的二十年里，随着人类社会历史的认识和理解，文化遗产的概念不仅在科学知识领域，而且在认知倾向方面，有了长足的发展。

Even the way in which different societies looked at themselves-their values, history, and the relations that they maintained or had maintained with other societies-had developed significantly.

甚至不同社会看待自己的方式——他们的价值观、历史，以及他们与其他社会保持或曾经保持的关系——也得到了显著发展。

Conservation and Structural Restoration of Architectural Heritage)中强调"建筑遗产的价值和真实性不能基于固定的标准。出于对所有文化的尊重,其物质遗产要放在它们所属的文化文脉中考虑"。

从有机整体的人类世界的视角,各种社会、文化之间的关系,不论是冲突、融合、交流都被视为人类世界建构的历史探索。多样的文明和相互的交流构成人类世界的整体系统,由此《UNESO 文化多样性宣言》提出"文化多样性是人类的共同遗产,应当从当代人和子孙后代的利益考虑予以承认和肯定"。

多元、相对取向导致文化遗产价值类型的多样化与复杂化。李格尔在 1902 年建构的文化遗产价值体系被丰富和重构,不同的视角产生不同的价值分类体系。如英国学者费尔登(Bernand M. Feilden)的价值体系由三大类和十七小类构成;俄国学者普鲁金(O. и. Prustin)的价值体系由内外两大类六小类构成;而美国学者利佩(William D. Lipe)则将文化遗产的价值概括为四大类;美国盖蒂中心梅森(Randall Mason)的价值体系则是二大类七小类(非市场价值下还包括了存在、遗赠和选择三类)。遗产价值体系不但涉及其内在价值,面对社会、经济、文化所产生的价值也被同等重视。

(2) 社会发展的可持续取向

文化改变了时间的概念,将过去的历史、当下的社会与未来的世界联系为一体,保护行为对历史信息的处理,被视为文化发展过程中的一环,是将当前社会对传统文化的重塑、筛选与创新的时代信息与文化遗产的历史信息一并传递给之后的人类。文化是社会发展的因素,也是被其塑造的对象。由此,文化遗产保护被作为一项社会文化行动,要求主动吸纳其他领域与公众的参与,回应不断变化的时势状态,避免因专业领域的局限导致边缘化危险,丧失保护行为的合理性基础。

2011 年 11 月 30 日,《关于遗产作为发展驱动力的巴黎宣言》正式通过,指出文化遗产是发展进程中的核心要素。"只有将遗产作为推动发展的宝贵财富,促进社会团结、经济优势以及民族间相互理解的契机,它才能为社会经济、文化或旅游发展以及遗产的长期保护提供解决方案。只有给遗产赋予新的精神功能和日常用途,以此应对社会生活以及发展的负面影响,我们才能通过财政自足的方式找到可持续保护的方法。"相似的观点在 2010 年,国际古迹遗址理事会历史村镇科学委员会(CIVVIH)的《关于历史城镇和城区维护与管理的瓦莱塔原则》,简称《瓦莱塔原则》中也有阐述。可见,社会、文化、经济和道德等早期影响保护行为的外在发展因素被内化为文化遗产保护的内在价值。

总之,这一时期文化遗产保护的合理性基础已经从欧洲社会涵构转变为人类世界的构成,其价值取向已不再具化为特定的模式或者结构,文化与社会取向为基础的相对多元、系统持续模式表明,保护不但应基于不同文化群体对文化遗产选择和理解的不同价值基础,而且其价值实现也依赖于文化群体内部的主体文化意识。由此,文化遗产的价值从边界明确界定的封闭体系,走向核心内涵明确的开放架构。

2.2.2 遗产的网络:时空消解下的人类文化产物

以文化与社会为核心的开放价值体系打破了传统保护对象以及时空边界构成的边界。1994年世界遗产委员会第十八届会议通过了《促进世界遗产名录代表性、均衡性和可信性总体战略》(以下简称《战略》)奠定了至今为止的文化遗产的界定标准。

《战略》提议通过人类学主题考虑文化的产物:土地和空间占有的模式、游牧和迁徙、工业技术、可持续的战略、水资源管理、人和货物的线路、传统居住区及其环境等。并提出二类具有填补空白的潜力的方向:一是人类与土地的共存关系下的人类的运动(游牧迁移)、居住区、生计模式、技术革新等主题,二是社会中的人关系下的人类互动、文化共存、精神性和创造力表达等主题。由此,以文化为基础的时间与空间构成关系,而不是时间与空间的边界成为文化遗产保护对象的界定标准,形成以"关系"为纽带的系统,甚至多层级关系的巨系统。

(1) 城镇文化遗产,不但包括城市自身发展中积淀的文化遗存,而且包括了更广泛意义的文化环境遗存

人类学对文化的普遍性与特殊性的观点、跨文化的方法、对文化与自然关系的认识,拓展了遗产概念。欧洲中心、人类对自然的单向维度被拓展为文化圈之间、人类与自然的相互作用价值。文化与外部环境的时空关系,包括文化之间以及文化与自然之间的相互作用及其影响成为遗产保护的对象。

从1987年丝绸之路研究开始的UNESCO"跨文化对话之路"研究项目,涉及丝绸之路、佛教之路、耶路撒冷信仰之路、奴隶之路、非洲钢铁之路及"两个世界接触500年"等诸多主题,推动了世界遗产中文化线路类型的产生。文化线路类型的提出,则促进了人们思考文化交流、对话、融合对世界文明发展的意义,有助于建立一个超越国界的世界遗产网络和文化交流对话的网络体系。

此外,在"可持续发展"议题下的人与自然之间的关系,促成了文化景观遗产类型的形成。所谓"文化景观"是指人类的活动赋予特定的自然环境以文化的意义,它是一种人类与自然共同作用而形成的独特景观。作为世界遗产的文化景观则是具有突出普遍价值的有特定文化意义的景观

遗产。2001年《保护水下文化遗产公约》(Convention on the Protection of Underwater Culture Heritage)中的水下文化遗产和近期农业文化遗产①类型都成为研究的议题。

由此，城镇文化遗产，不再是乔万诺尼观念中的独立、封闭且自成体系的系统。城镇文化遗产的整体被包含在更广阔的文化环境网络之中，其与外界发生持续交互，贡献其独特文化意义，并被更广泛的地域赋予特定的价值。

（2）城镇文化遗产，不但包括全部空间物质要素，而且包括涉及社会、经济、文化的全部非物质内容

随着文化的体系建构从早期侧重优势文化的倾向转向多样性的视角，文化发展因素在时空上的过程与积淀，不论是物质的还是精神的，都因其文化意义而获得重视，促成新的文化遗产保护类型。

一类是文化发展过程中具有代表意义的遗产。

首先，近代甚至当代的遗产正式纳入保护范围。1995年法国对20世纪的建筑遗产保护工作进行总结，认为积极的保护是赋予文物建筑新的用途。并提出此后新的工作重点——清查1945—1975年间的建筑遗产，对建筑遗产的界定标准的时间差值已经缩小到了20年。1996年ICOMOS提出应当特别关注20世纪建筑遗产类型。

其次，具有人类学意义的遗产获得重视。如2000年以后的圣山、圣地类型遗产，2003年《关于工业遗产的下塔吉尔宪章》(The Nizhny Tagil Charter for the Industrial Heritage)从人类历史的生产方式变革视角，提出工业遗产的保护。2010年太平洋马绍尔群岛比基尼环礁核试验场旧址和澳大利亚罪犯流放地遗址，加上日本广岛原爆圆顶馆和南非罗本岛等，作为"警世遗产"进入《世界遗产名录》。此外，还有已开展相关保护项目的文献遗产②等。

另一类则是文化传统演替在时空中积淀下的（物质与非物质）遗产及其系统。如1990年代通过的《关于人类口头和非物质文化遗产杰作公告》(Proclamation of Masterpieces of the Oral and Intangible Heritage of Humanity，1997)中的"人类口传与非物质遗产"，《乡土建筑遗产宪章》(Charter on the Built Vernacular Heritage，1999)中的"乡土建筑"。

对于城镇文化遗产而言，最具变革意义的是2005年《维也纳保护具

---

① 目前主要为"全球重要农业遗产系统"保护项目，英文缩写为全球重要农业文化遗产(Globally Important Agricultural Heritage Systems，GIAHS)，其定义为"农村与其所处环境长期协同进化和动态适应下所形成的独特的土地利用系统和农业景观，这些系统与景观具有丰富的生物多样性，而且可以满足当地社会经济与文化发展的需要，有利于促进区域可持续发展"。

② 以"世界记忆工程"项目开展，该项目由UNESCO于1992年发起，性质为"世界遗产名录"项目的延伸，关注内容包括手稿、图书馆和档案馆保存的任何介质的珍贵文件，以及口述历史的记录等。

有历史意义的城市景观备忘录》(Vienna Memorandum on World Heritage and Contemporary Architecture, Managing the Historic Urban Landscape)提出的"历史城市景观"。与物质与非物质遗产最大的不同在于,它并不指向遗产是什么,而意味着某种物质与精神的互动,即物质——视觉——感受的历史意识的产生过程。

"历史城市景观"将城镇文化遗产的内容拓展为一个完整的系统。在2011年《历史城市景观建议书》中,历史城市景观被定义为"文化和自然价值及属性在历史上层层积淀而产生的城市区域,其超越了'历史中心'或'整体'的概念,包括更广泛的城市背景及其地理环境"。具体包括:①"遗址的地形、地貌、水文和自然特征;其建成环境,不论是历史上的还是当代的;其地上地下的基础设施;其空地和花园、其土地使用模式和空间安排;感觉和视觉联系;以及城市结构的所有其他要素。"②"社会和文化方面的做法和价值观、经济进程以及与多样性和同一性有关的遗产的无形方面。"

2.2.3　系统的保护:文化语境中的基于价值保护

(1) 真实性和完整性

这一时期的讨论重点是将真实性与完整性的议题纳入相对、多元、系统的文化领域,真实性与完整性都被放置在指向社会文化的系统关系中进行调整。

世界文化遗产保护实践证明,真实性概念是欧洲科学语境下的保护标准,缺乏多样文化的适用性。1994年的《奈良真实性文件》中,局限于科学视角的真实性原则被重新定义。文化及其脉络成为评判及价值的重要标准,相对的文化真实性取代了绝对的科学真实性概念[①],时间初始的历史形态与时间过程的自然形态被视为欧洲文化语境中的真实性表达。而在文化视角中,遗产所属文化群落认识与理解其价值的方式——社会文化,决定了真实性的指向,而真实性体现在信息源的可信性与真实性。

尤卡·尤基莱托(Jukka Jokilehto)在《什么是突出普遍价值》中给出真实性较完整的定义:"从遗产类型的角度看,信息来源可以指多种不同的属性,比如形式与设计、材料与物质、使用与功能、传统、科技和管理系统,区位和场域,语言和其他形式的非物质文化遗产、精神与感受及其他内在与外在因素。""原则上说,这些属性应优先考虑三个主要的内容:艺术创造的真实性、历史材料的真实性和社会文化的真实性。"

---

① "在不同文化,甚至同一文化中,对文化遗产的价值特性及其相关信息源可信性的评判标准可能会不一致。因而,将文化遗产的价值和真实性置于固定的评价标准中是不可能的。"——《奈良真实性文件》

技术标准的相对、多元与系统的文化取向带来了不同文化针对自身内涵的保护标准的出台（表2-3）。如《巴拉宪章》之后，1982墨西哥ICOMOS《国家委员会关于小聚落再生的特拉斯卡拉宣言》(Declaration of Tlaxcala on the Revitalization of Small Settlements)，1992美国ICOMOS《美国历史城镇保护宪章》(A Preservation Charter for the Historic Towns and Areas of the US)和新西兰ICOMOS《保护具有文化遗产价值的地点的宪章》(Charter for the Conservation of Places of Cultural Heritage Value)，1996《圣安东尼奥宣言：美洲国家间关于文化遗产保护与管理中的原真性研讨会》(The Declaration of San Antonio: InterAmerican Symposium on Authenticity in the Conservation and Management of the Cultural Heritage)，2000年《中国文物古迹保护准则》(Principles for the Conservation of Heritage sites in China)，2005年《会安草案——亚洲最佳保护案例》等。

表2-3 真实性来源的多样性

位置与场所	形式与设计	用途与功能	本质特性
场所	空间规划	用途	艺术表达
场域	设计	使用者	价值
地方感	材质	关联性	精神
环境中的定位	工艺	功能变迁	情感影响
地形和景观	建筑技术	功能布局	宗教文脉
周边环境	工程	利用影响	历史关联性
生活要素	区域地层	因地制宜的举措	声音、气味、味道
对场所的依赖程度	与其他特性或遗产地的联系	传承历史脉络的用途	创造性过程

资料来源：联合国教科文组织，《会安草案——亚洲最佳保护范例》，2005

不同文化的独立保护标准并不意味文化遗产真实性的"碎片化"，社会文化人类学的"阐释"成为真实性技术标准制定的通用性原则[①]。文化遗产保护是一个消解、重构的动态的"文化的解释"——不断阐释的过程。在阐释过程中，人得知曾何以为人，继而建构自我之为人。文化遗产的真实性意味着对所继承的存在（如材料形态）与价值（如社会文化）的阐释过程。由此，不同文化对真实性阐释的多重面向被统筹到文化阐释的平台

---

① "阐释"的概念从索绪尔(Ferdinand de Saussure)和涂尔干(Émile Durkheim)的格尔茨(Clifford Geertz)——个体多样化的阐释性语言依附并来源于集体授权的语言——转向个体依据其自身的经历、经验、观念以及实践来消费集体的意义象征，并重构集体的语言。

之上,避免因文化的相对性所导致的相对主义对真实性的价值消解。

"阐释"一词首次出现在《考古遗产保护与管理宪章》(Charter for the Protection and Management of the Archaeological Heritage,1990)中①,在1999年的《国际文化旅游宪章》中得到了进一步的扩展②。《巴拉宪章》再进一步扩展了"阐释"的内容,"阐释"意指表达一个地方的文化价值的所有方式。阐释可以是对构造的处理(例如维护、修复、重建)、此地的利用和活动、被介绍的解释材料的利用三者的一种。2008年《阐述与展示文化遗产地的宪章》(The ICOMOS Charter for the Interpretation and Presentation of Cultural Heritage Sites)则对"阐释"的概念与范围做了最为详细的解释。简单来说,"阐释"就是指一切有潜力提高文化遗产地的公众意识与理解的活动,阐释进程的本身也是阐释内容的一部分。

相较于真实性而言,完整性概念在"承载某一功能或相关意义的全部要素"的基础上被进一步深化,或者说,完整性的面向因保护对象的外延拓展而进一步扩大,其定义是识别场所意义和界定财产边界的最重要因素。1991年在对文化景观的讨论中曾提出将完整性用于文化景观评估,但没有得到实施③。2000年的标准修订草案中,将真实性检验和完整性条件并列。2002年的修订草案中文化遗产的完整性条件被首次定义④。2005年,尤卡·尤基莱托对此总结为"简而言之,'完整性'可以被定义为要素和属性之间以及与其构成整体之间的互动关系",包括社会功能的完整性、区域历史结构的完整性和场所视觉/美学完整性。

(2)基于价值的文化遗产保护

由此,保护运行方法也发生了变革。进入21世纪,一种新的保护方法的概念被提出——基于价值的文化遗产保护。这一保护方法是针对之前保护过程中对社会因素的忽略与脱节状况而提出的。传统保护程序的单向线性过程被修改为围绕"价值"核心展开的系统工作(图2-10、11)。2000年,盖蒂中心的报告《价值和遗产保护》(Values and Heritage Conservation)中,提出以价值为核心的保护方法的概念。2002年的报告《文

---

① "展示和资料信息应被看作是对当前知识状况的通俗解释(interpretation),因此,必须经常予以修改。它应考虑到了解过去的其他多种方法。"(第七条)。
② "向游客或东道主社区解释并展示东道主社区历史遗址、物品、收藏或活动有形和无形的价值和特点,包括研究工作。"
③ "在文化景观的例子中,有在未来演变中维持其完整性的潜力。也就是要保护充分的有代表性的实例,关于地形、土地使用和传统生活方式的范式,这些是对于'在变化的、演变的文脉中维持文化景观的重要价值'的完整性。"
④ "完整性是对于文化和自然遗产以及它的品质的全体和完整无缺的一种量度。检查完整性条件,因此要求评估是否:包括所有表达其突出的普遍价值的必须的元素;有足够的尺度来确保传达项目的意义的面貌和过程能够完全表现出来;受到发展和/或忽视的不利影响。"这时的完整性概念专门针对文化遗产提出:"其物理结构和/或重要面貌应该处在良好条件下,并且毁坏过程的影响应该是可控的。用来传递项目的全部价值的必要的元素重要部分应该被包括。与他们特有性质有本质联系的文化景观、历史城镇或其他活着的财产中表现出来的各种关系和变化的功能也应被维持。"

图 2-10 传统文化遗产保护模式
资料来源：美国盖蒂保护所（GCI），《价值和遗产保护》，2000

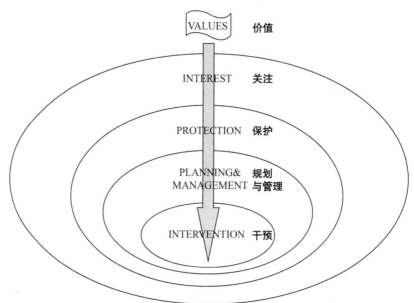

图 2-11 保护规划中的价值评估流程
资料来源：美国盖蒂保护所（GCI），文化遗产价值评估，2002

化遗产价值评估》（*Assessing the Values of Cultural Heritage*）中，梅森将此深化为一套系统的规划与价值评估方法。

这一方法有以下特点：①新的保护方法将核心放在遗产评估之中，评估的目标是为规划和政策的制定提供基础。②评估由价值、物质和管理三个部分构成，价值是核心，在现实的物质条件和管理条件制约下，整合为最适合的保护。③价值的概念不仅包括源自遗产本体的客观存在价值，如艺术、历史、科学等，还包括源自社会涵构的客观需求价值，如经济、社会等。④多重价值及其相互关系的判断是一个复杂的系统工程，因而通过一种清晰、中立、合作协商的方式，比如利益相关者共同的保护努力或者多学科合作，来实现价值体系的建构。⑤评估结果是过程性的，需要监控、再审和持续的修正，和保护规划与政策成效互动。

这一方法统一了技术与运行体系的全部价值，构建了技术与实施的运行系统，而不仅是技术运作程序。经过加拿大、比利时、美国等地的多类型规划实践，如查科文化国家历史公园（Chaco Culture National Historical Park）、格罗斯法兰西岛和爱尔兰纪念国家历史遗址（Grosse Île and the Irish Memorial National Historic Site)、亚瑟港历史遗址(Port Arthur Historic Site)和哈德良长城世界遗产(Hadrian's Wall World Heritage Site),已经形成一定的影响,并被 WHC 列入培训计划。

2.2.4　权力的协作:整体政府模式下的决策组织

新公共管理过分强调分权与市场化衍生出"权力碎片化""职能悬浮""政府空心化"等问题。针对其弊端,1999 年,英国布莱尔政府颁布《现代化政府白皮书》(White Paper of Modernising Government)推出"整体政府"改革的十年规划。随后,澳大利亚、新西兰、荷兰、瑞典等国相继展开公共服务改革,加拿大、美国等国的地方政府也进行了类似改革。新的公共管理文化与哲学的基本思想是把政府的整体价值观纳入主流文化,信息共享和协同管理,协调解决自上而下的政策与自下而上的问题。

这意味着政府行政模式从经济学向社会学的转向。政府与社会的二元对立格局被改变,"在新的环境之下,政府的作用既不是在社会之'上'的管制、命令、指挥,也不是在市场之'外'的制定规则、奖惩激励,而是作为平等的参与者与社会和市场共同发挥作用;其角色不再是'掌舵'或'划桨',更多的是作为社会、市场和公民之间的协商者、调停者和合作者而发挥作用"。国家调节社会与市场力量,政府为提高人们的"自助"和"自理"能力而行动,在国家和个人之间形成新的分工。

对文化遗产保护的改变:一是市民社会的组织形式,如 NGO、NPO 或者社区,成为公共事务管理中的重要一员。1987 年的《历史文化城镇地区保护宪章》(《华盛顿宪章》)(Charter for the Conservation of Historic Towns and Urban Areas, Washington Charter)中,社区的参与意义得到承认与重视[①],此后社区参与成为遗产保护和利用的重要组成部分[②]。2012 年在日本京都举办的《联合国教科文组织世界遗产公约》(UNESCO World Heritage Convention)颁布 40 周年纪念活动的主题为"世界遗产与可持续发展:当地社区的角色"。二是决策形式的改变,多方价值观点,

---

① 《华盛顿宪章》提出:居民的参与(participation)对保护计划的成功起着重大的作用,应加以鼓励(原则与目标);历史城镇和城区的保护首先关系到他们周围的居民(第三条)。在宪章的保护"方法与手段"中,它还强调"保护规划应得到该历史地区居民的支持"(第五条),"为了鼓励全体居民参与保护,应为他们制订一项普通信息计划,从学龄儿童开始"(第十五条)。

② 继《华盛顿宪章》之后,ICOMOS 起草通过的各种文化遗产保护和管理宪章均把居民的参与作为遗产保护和利用的重要组成部分。如其随后制定的《考古遗产保护与管理宪章》(1990 年)开篇即申明:考古遗产的其他构成部分是当地人民生活习惯的组成部分,对于这类遗址和古迹,当地文化团体参与其保护和保存具有重要意义。在宪章的整体性保护政策条例中,它还进一步要求:一般民众的积极参与必须构成考古遗产政策的组成部分。涉及当地人民的遗产时这点显得尤其重要(第二条)。另外,"在某些情况下,把保护和管理古迹和遗址的责任委托给当地人民也许是适当的"(第六条)。澳大利亚的《巴拉宪章》同样肯定了当地居民的参与需要。"应该提供给人们参与一个地方的保护、阐释和管理的机会。这个地方对于他们具有特殊的关联,而他们对这个地方也具有社会的、精神的或其他文化的责任"(第十二条)。

如政府、社区、市民等的经济、文化与社会取向,都被作为遗产保护的价值取向,而不是外部影响因素被纳入价值评估体系。用协商,而不是"管理主义"的方式组织决策。

场所视觉/美学完整性原则源于文化景观的发展,促使遗产保护方法的系统化与开放化。2011年《历史城市景观建议书》提出一种针对"超越了'历史中心'或'整体'的概念"的遗产保护方法——城市历史景观方法①。从《建议书》的建议步骤看,作为一种保存遗产和管理历史名城的创新方式,它包括三大部分:

(1) 确定资源　包括对城市的自然、文化和人类资源展开全面的调查和制图;通过参与性规划以及与利益攸关方磋商,就哪些是需要保护以传之后代的价值达成共识,并查明承载这些价值的特征。

(2) 预警分析　包括评估这些特征面对社会经济压力和气候变化影响的脆弱性;将城市遗产价值和它们的脆弱性纳入更广泛的城市发展框架,这一框架应指明在规划、设计和实施发展项目时需要特别注意的遗产敏感区域。

(3) 合作管理　包括使保护和发展行动成为优先事项;为每个确认的保护和发展项目建立合适的合作伙伴关系和当地管理框架,为公共和私营部门不同主体间的各种活动制定协调机制等。

在每一个步骤中,最关键的问题是"关系"探讨,如确定资源中的不同利益相关者的意见,预警分析中与自然与城市发展的关系,合作管理中的不同行为主体的合作关系等。为此《建议书》还建议应使用一系列适应当地环境的传统手段和创新手段,包括公众参与、知识和规划、监管制度、财务等。

这意味着保护不再是某种"乌托邦"的建构或控制,系统化的开放体系成为保护的重要手段。尊重不断变化的社会时势,从文脉传承与演替的视角将文化遗产保护纳入社会文化物质与精神发展的双重进程之中,而不是将其以某种方式特殊化与孤立化,保护运行和技术过程趋于整合。

值得注意的是,2011年12月《关于遗产作为发展驱动力的巴黎宣言》中,文化遗产将真实性、完整性和"地方精神"三个要素并列提及,这预示了新的保护趋势。

2.2.5　普世的价值:全球战略视角下的持续发展

进入1990年代,文化多样性和可持续发展成为UNESCO新的政策

---

① "城市历史景观是文化和自然价值及属性在历史上层层积淀而产生的城市区域,其超越了'历史中心'或'整体'的概念,包括更广泛的城市背景及其地理环境。""上述更广泛的背景主要包括遗址的地形、地貌、水文和自然特征;其建成环境,不论是历史上的还是当代的;其地上地下的基础设施;其空地和花园,其土地使用模式和空间安排;感觉和视觉联系;以及城市结构的所有其他要素。背景还包括社会和文化方面的做法和价值观、经济进程以及与多样性和同一性有关的遗产的无形方面。"

取向。冷战结束,变化的世界秩序带来了支配国际体系的政治力量及其政治主张的变化,同时也修改了国际体系的价值观念。两极体系瓦解后的多极世界面对变革的价值危机,UNESCO 试图在社会变革中建立新的标准和调节方式。随着哲学、宗教、人类学领域的研究深入,UNESCO 吸纳了人类学理论。文化政策转向文化平等——每个民族文化对全人类文化发展都有重要的价值,都是人类总体精神遗产的一部分,以及可持续发展——和平不仅是不打仗,还包括个人之间、个人与社会文化和自然环境之间和谐的关系。由此,文化遗产保护的价值基础变为文化多样性、相对性,行动目标指向人类社会的可持续发展。

普世价值从历史的"杰出性"转向文化的"代表性"。虽然标准中对突出的普遍价值的阐释没有发生变化,但遗产名录的不均衡性及其思想背景被认识。为此教科文组织提出"特性是各自的,遗产是共享的",因而"全人类的遗产包括每个文化的遗产"的基本观点。这暗示了"文化的普遍性寓于多样性之中"以及没有文化能孤立存在,错综复杂的相互促进将人类构建成一个整体的观点,调整了"主导性"与"整体性""普遍性"与"特殊性"的关系,消解造成《世界遗产名录》不均衡的思想因素。

由此,1994 年,世界遗产委员会在对早期"全球战略研究"的基础上提出关于世界遗产保护的 4C(Creditability, Conservation, Capacity Building, Communication)(2008 年增加了"Community",即社区参与)全球战略,为建立代表性的、平衡的、可信的《世界遗产名录》提出了世界遗产的评估框架。

2004 年 ICOMOS 的《填补空白——未来行动计划》(*Filling the Gaps：An Action Plan for the Future*)和 2009 年 ICOMOS 发表了由尤卡·尤基莱托主笔的文件《什么是突出普遍价值》等研究改变了文化遗产普世价值的阐释和标准,认为突出普遍价值的核心并非是否为人类所共知,而是当人类文化面对相同的问题时是否能够提出一个独特的解决方案[①]。

---

① One of the key questions in defining OUV is the issue of "universal".
定义"突出普遍价值"的关键问题之一是"普遍性"问题。
The two definitions, referred to above, both I interpret this as something being "common" to all humanity or all human cultures.
上面提到的两个定义,我都解释为全人类或者所有人类文化"共有"的东西。
It is not feasible to think that this should mean, for example, that a particular property would be known to all, which would be a temporary judgement.
如果就此认为,例如一个特定资产应该众所周知是不可行,那将是一个暂时的意见。
Instead, the idea of being common should be referred to issues or themes that are shared by human cultures and to which each culture and/or period will respond in a way that is characteristic or specific to it.
相反,"共同"的概念应指人类文化共有的问题或主题,并且每个文化和/或时期将以其特有或特定的方式对此做出反应。

1998年，阿姆斯特丹的全球战略会议上，"突出普遍价值"为"所有人类文化普遍本质的突出体现"在2005年的《操作指南》中被修改，遗产"是具有罕见的文化和/或自然价值，它超越了国家界限，对全人类的现在和未来均具有普遍的重要意义"。文化景观、文化线路、与科技有关的遗址、乡土建筑和20世纪遗产成为《世界遗产名录》特别关注的议题。

此外，对于世界文化遗产的管理体系进一步完善，保护监测也最终落实。1982年世界遗产委员会与世界遗产委员会主席团开始讨论各缔约国的世界遗产场所保存与经营管理的维护状态，是否应该针对世界遗产作定期的报告以掌握管理状况。1984年世界遗产委员会的咨询团体IUCN首次提出"反应式"（Reactive）的世界自然遗产监测报告；同时，在1984年版的《实施〈世界遗产公约〉操作指南》第45～59条中，首次建立了"世界遗产濒危名单"的基本概念与架构。1987年世界遗产委员会开始建立"系统监测与报告"机制，但尚未做出决议放在《实施〈世界遗产公约〉操作指南》中。

直到1991年ICOMOS开始制作监测报告提供受到威胁的世界遗产场所给世界遗产委员会参考，接着在1996年版的《实施〈世界遗产公约〉操作指南》中第68～75条以"世界遗产名录中被登录资产的维护状态监测"，特别将"系统监测与报告"与"反应式监测（Reactive Monitoring）"两大监测工作纳入。1999年则更进一步地将"反应式监测""定期报告（Periodic Reporting）"以及"定期报告的格式与内容（Format and Content of Periodic Reports）"纳入"反应式监测与定期报告"的范畴之中。

2002年世界遗产中心在意大利维琴察（Vicenza）举办了首次关于"世界遗产监测（Monitoring World Heritage）"的国际研讨会。2002年11月，ICCROM和UNESCO世界遗产中心出版《世界遗产监测》（2002）总结了世界遗产监测的总体概况。2005年版的《实施〈世界遗产公约〉操作指南》将监测工作列为最重要的管理项目，同时不仅在第四章与第五章分别规范"世界遗产其资产维护状态的监测过程"与"执行世界遗产公约的定期报告"，甚至在申报世界遗产的文本格式中要求缔约国纳入该遗产现况的监测状态，世界遗产的监测机制至此也进入新的阶段。

在世界遗产监测推广之初，遗产监测仍局限于一项技术活动。近年来，由于遗产保护的社会责任倾向，通过加强遗产保护的论证来影响政治领导（politic-leader）和决策者（decision-maker）的技术和方法也开始获得关注。适合本国遗产地发展现状的监测技术和方法，建立监测指标的方法方案亦随即被提出。

随着保护监测不断进展和日益被重视，相应的反馈工作也随之展开。2007年，阿曼的阿拉伯羚羊保护区被《世界遗产名录》除名，2009年第33

届世界遗产大会上,德国的德累斯顿易北河谷被除名。这意味着世界文化遗产的保护不再以列入《世界遗产名录》为目标,而必须是一个持续的过程,也意味着《保护世界文化和自然遗产公约》规定的对于保护不力的遗产地可以剔除出《世界遗产名录》的措施得以最终实施。

2.2.6 小结

这是城镇文化遗产保护的内核重构时期,后现代主义思想的影响以及无形文化遗产的提出,极大地改变了城镇文化遗产保护旧有范式的思想基础,新的保护方法和保护模式在不断探索之中,新的范式正在形成。

（1）文化和社会的双重取向重构了文化遗产保护的形态结构

横向看,思想上的二元结构被文化、社会取向所取代,时间和空间形成相互依赖关系,保护技术和制度运行也建立了以价值为核心的一体化运行模式。从纵向看,遗产价值成为整个文化遗产保护体系的重要核心。保护对象、时空边界、技术标准、运行制度都以此重塑,并形成关联网络。尤其是文化遗产监测体系的提出和建立,将保护模式从单向的运动模式发展为循环演进的过程。

（2）协商-合作的社会治理模式发展了文化遗产保护管理与实施机制

自下而上和自上而下的管理运行模式相互配合、共同协作,成为这一时期文化遗产保护运行的基本策略。随着城镇文化遗产保护成为全球公共政策,在技术过程中引入协商、沟通、博弈的决策机制成为一种发展趋势。不论是技术领域基于价值的文化遗产保护方法,还是运行领域的城市历史景观方法,都试图将遗产的技术过程和决策过程纳入统一的价值框架之中,建构关联互动的保护运行模式。

2.3 全球时期的运行特征

这一时期是城镇文化遗产保护从建筑遗产的聚焦中解放出来,形成自身特征并建立自我体系的重要时期。全球时期,城镇文化遗产保护从多元走向系统。早期依据各自特性、独立发展形成的各部分,如时间与空间、技术与运行、国家与社会等因素,开始从其外部相关因素的角度进行调整,形成协同运行的整体系统。城镇文化遗产被纳入更广泛的文化内涵之中,其价值内核的评判标准日益清晰,而其外延构成的形态边界益发多元,表现出遗产价值凝聚并贯穿于整个保护过程,遗产形态趋于多元复杂并突破时间与空间边界束缚。

这一演化过程,是城镇文化遗产原型结构形成的主要内容。这一时期的演化是一种自下而上的过程,依然具有稳定和变化共存的运行特征。

(1) 剧烈嬗变的技术框架

文化遗产保护从"历史古迹"向"文化意义"的转变,不但彻底改变了二元结构的价值体系,突破了一元主义的真理观念,而且在文化人类学的影响下重构了多元、相对的文化遗产保护技术体系。原有的保护范式,成为新框架体系中的构成部分。二元结构的价值取向凝聚为文化传承与社会发展一体化趋势,保护对象清晰的时空边界被不断扩大的文化外延所模糊,指向一元主义"真理观"的真实性技术标准趋向多元和相对。总之,这是旧保护范式消亡、新保护范式形成的变革时期。

(2) 相对稳定的运行结构

民族国家成立以后,国家和社会二元结构的关系始终是文化遗产保护运行机制中的核心问题。上一阶段中形成以国家为主导的保护运行机制,在整个社会环境发生改变的背景下,经过本阶段的保护实践,调整为国家和社会协作的公共管理模式。但是国家和社会的二元模式并没有发生变化,公民社会的复兴调整、发展而不是革新了保护运行结构。

3 国际城镇文化遗产保护的原型结构

3.1 国际文化遗产保护演化规律

3.1.1 时空维度的演化规律
3.1.1.1 批判—建构的往复过程
从影响范围和思想观念上看,文化遗产的保护历程可以划分为欧洲和全球两个时期。两个时期文化遗产保护的思想观念和结构体系都迥然不同,但发展过程却极为相似,均从对前期的批判开始,最终实现新的建构。

欧洲时期是文化遗产保护的萌芽及发展阶段。人性的复苏在与神权的斗争中,借用时间工具,通过历史研究确立自身的身份,实现对神权的批判以及"人性"观念的建构。文化遗产为社会转型提供了启蒙工具。

全球时期是文化遗产保护的反思与重塑阶段。社会动荡以及经济、能源危机引发对理性主义的反思与批判,人性的解缚通过对现代哲学理论的解构,借用空间意识,通过文化研究重塑自身身份,实现社会、经济的观念转型。文化遗产为社会的二次转型提供了思想支撑。

然而,两个时期批判和建构的内涵是完全不同的。

欧洲时期是从思想起步,继而传播、拓展的扩散过程,是自上而下的涵化行程。批判是基于对自身身份的确认,保护是作为身份的证明;由此的建构也以身份的确认和彰显为准,科学理性主义、委托—代理的契约模式贯穿整个保护过程。

全球时期则是从现实起步,继而整合、协同的凝聚过程,是自下而上的濡化行程。批判是基于对社会现实的反思,用保护作为转型的工具。由此的建构也以文化和社会的持续发展为准,用文化和社会的相对主义、协商—合作的治理模式重塑了遗产保护程序。

3.1.1.2 稳定—嬗变的共生运动
欧洲和全球时期,保护思想观念和运行模式都发生了一定的变化。但是两者并不是同步、同幅地进行变迁。

欧洲时期的思想观念变迁先于运行模式,但运行模式的变迁幅度却远远大于思想观念。虽然人文主义者推动了保护意识的萌芽,并以一元主义"真理观"的逻辑结构完成了最初的建构,而此时的运行模式依然是在教宗政体下展开的。但很快,运行模式就发生了重大的变化,从早期的教宗政体的一元制度模式,发展为政府行政和社会组织共同构成的二元结构。

全球时期运行模式变迁先于思想观念,但思想观念的变迁幅度却超出了运行模式。文化遗产保护的运行模式,随着国家和社会关系从对立向协作的变化,不断丰富并完善,提出并实践了"整体性保护"模式,而与此同时的保护观念还依然在"历史古迹"的概念中前进。但思想观念在此后的变化却是结构性的,一元主义的"真理观"被后现代的多元主义所取代,文化和社会构成中的相对价值,被视为文化遗产保护新的立足点。

然而,以上的内涵与结构变化中,依然存在着不变的内容。思想观念并没有突破"求真"的思维框架,只是将"求真"的过程放入不同的文化与社会关系网络中,认可"原本假定"的相对和多元性。运行模式也因循了二元的社会基本结构,只是将二元的对象及其相互关系进行了调整。

3.1.2 要素因子的演化规律

从文化遗产保护的各个组成部分看,国际文化遗产的保护呈现了以下的规律与发展趋势(表3-1)。

3.1.2.1 价值体系:从"二元对立"到"内核明确"

文化遗产价值体系由两个方面内容构成:一个是价值基本要素,另一个则是价值要素的构成关系。前者受所涉及的专业领域受价值观念的影响,而后者则受到哲学思想结构的制约。

文化遗产保护价值基本要素的变化多取决于价值主题的变化。在历史学科尚未成熟与独立之前,文化遗产保护的基本价值要素来自艺术领域,并且受到艺术观念的影响,形成以"拟态"为核心的价值评价标准。伴随历史观念的成熟与发展,文化遗产保护的价值取向及其标准也从艺术概念中独立,在科学胚胎中的历史观念影响下,建立了真实性的保护原则。就价值基本要素而言,历史拓展而不是新建了文化遗产保护的价值边界,艺术和历史共同构成了二元结构的价值基础。随着工具理性的批判,历史的观念和视角也从政治、经济史的角度转向文明与社会的多元化角度,文化遗产保护的价值要素也由此大范围的拓展,并形成系统性的价值网络。价值的多元化是源自共同的基础平台——文化,或可认为文化是文化遗产保护价值网络的核心主题,并实现真实性、完整性的保护基本原则。

文化遗产保护价值结构的变化,则应归咎于哲学思想方法上的演变,使得文化遗产保护的价值结构从二元对立的模式向相对、多元模式的转

表 3-1　国际文化遗产保护历程及演化规律简表

			启蒙批判	理性建构	解构反思	文化建构
价值体系	价值结构		主体需求价值 : 客体存在价值	二元对立 主体的需求价值 : 客体的存在价值	相对统一 → 二元结构统一	多元、相对、系统文化
	价值要素		艺术 文献价值 艺术价值	历史 艺术、使用	年代、历史	以多元价值要素有构成形态为核心（文化）的开放架构
内容构成	保护对象		古典艺术品 代表"人文精神"的古典艺术作品	一般意义的历史作品 永恒"纪念性"意义的历史作品	作品 → 历史 代表人类整体发展观念和价值简释的历史作品	文化产物 人类文化学主题下的文化产物
	时空界定	科学理性的发展与壮大	时间：古典时期 空间：罗马、希腊以及部分欧洲民族国家	时间：历史时期 空间：历史形态与自然形态	现代理性的解构与批判 价值阐释 时间：包括历史、现代、未来的完全范畴 空间：历史场所以及文化区域	后现代思想形成 时间、空间边界消弭文化和社会的价值阐释
技术方法	保护模式		收藏式保护	博物馆式保护	整体式保护	系统化保护
	技术标准		保留自然形态 修复历史形态 ——创造性修复 ——拟态式修复	保留自然形态 反修复 修复历史形态 ——风格式修复 绝对、拟态 科学性修复	相对、多元 批判性修复 真实性原则 完整性原则	真实性原则 完整性原则 （地方精神）
运行体系	国家职能	启蒙神权的批判	教宗政体下的行政组织模式 私人团体保护	二元博弈模式 国家政府保护的公共行政模式 私人组织保护的社会运作方法	协商合作模式 政府保护向公共管理的模式转变 私人保护向公众参与的模式转变	政府与私人保护的协商合作模式转变
	国际准则		—	普遍遗产 维护世界和平	共同遗产 展开国际合作	人类社会可持续发展
	普世价值		—	绝对理念	突出普遍 历史的"杰出性"	文化的"代表性"
			欧洲时期			全球时期

变。物质与意识、经验与理性、主体与客体的二元对立是西方现代哲学思想的基本结构,如黑格尔在《哲学史讲演录》(*Vorlesungen über die Geschichte der Philosophie*)中所指出的"思维与存在的对立是哲学的起点"一般,它统领一切学科以及社会、经济、文化等全部学术领域的方法论。二元结构模式暗示了文化遗产保护艺术、历史的不同思想立足点以及两者相对统一的关系模式。后现代主义对传统哲学的批判改变了哲学思想的立足点,二元关系模式被解构,以人性解缚为基础的后现代哲学建构了系统、动态的要素关系模式。文化遗产保护也由此走出了二元模式的局限,重建以文化为核心的多元、相对、系统的价值体系。

虽然受到不同的因素影响,但是两者的变化过程并没有出现时序上的错位,可以说,两者是同步变化的。启蒙时期,二元结构体系就已萌芽,相应的价值要素虽不完善,但也已出现。理性时期,二元结构和价值要素在保护实践与理论的争论中,均完善成型,此后的解构阶段,两者又同时面对专业观念和思想结构的转型,由此,当后现代主义用文化来重新建构新的体系时,两者又能相应进行发展。

3.1.2.2 对象构成:从"时空界定"到"文化产物"

文化遗产保护的对象构成包括保护对象及其界定两方面的内容。两者可以视为对同一内涵的定性与定量描述。

保护对象的变化受到保护主题的影响,在艺术主题下的文化遗产保护强调古典艺术品,历史主题下则转向历史作品,而文化主题下则提出文化产物的概念。就保护对象的价值内涵来看,艺术主题下价值尚在发现"人性",历史主题下的价值内核在探索、佐证"人性"的规律,文化主题下的价值内核则明确了"人性"的定位,其价值内核日益明确。内核凝聚的表达则是对要素构成关系的重视,如时间与空间、价值与对象、局部与整体等。

从艺术—历史—文化的变化过程中,保护界定标准基本上是在时间与空间的界定中进行的。在艺术与历史主题下的时间与空间边界是明确的,是完整时间与空间概念的组成部分。如艺术主题下的古典时期,历史主题下的历史范畴。然而,当文化成为价值主题,时间和空间均获得其完整意义。时间与空间的边界界定自然消弭,在特定主题下的时空构成关系,成为表达价值内核的主要方式,即文化价值。

文化的价值在某种程度上意味着价值内核的凝聚和形态外延的拓展。内核凝聚、外延拓展两者反向互动,从时间与空间的维度而言,保护对象的范畴不断扩大,可视为文化遗产外延拓展的过程,相比较的则是对于文化遗产价值的重视,文化主题框架、价值核心方法等相应措施的出台表明保护对象的价值内核愈加凝聚。

3.1.2.3 方法技术：从"终极目标"到"持续发展"

文化遗产保护技术方法的演变可以视为与上述两方面变化相适应的方法论变化。保护模式从（私人与公共）收藏的终极产品式向整体、系统的过程式转变，文化遗产保护标准从绝对、拟态向相对、系统转变。

在艺术与历史主题下，人性是被"神化"或"科学化"的绝对存在，由此产生的保护模式与标准采取"拟态"的方式以实现某种终极的目标，并重视维护文化遗产的终极状态。

文化主题无疑导致了终极目标的消亡，持续发展的过程促使了保护的过程化与历史化。整体性保护与系统化保护的概念明确了保护行为是一种文化产物，它延续保护对象的发展历程，而不是使其消亡、终止。

当延续成为文化遗产保护的基本定位，相应的技术手段也从依赖于综合性的建设控制转向以价值为核心的保护技术和运行方法，表明保护是一种历史过程，映射当代人对于文化的理解，用当代的方式进行文化的阐释。

3.1.2.4 运行模式：从"二元博弈"到"协商合作"

文化遗产保护的运行模式的变化，来自社会结构及其变动。政治国家与市民社会的二元对立结构，是西方社会运行的基本特征。在二元对立的发展过程中，作为两方进行协商、合作的平台，公共领域逐渐健全与完善。

文化遗产保护作为一种公共领域内的治理行为，与整体社会运行结构，尤其是公共领域的发展变化密切相关。从公共行政到公共管理、再到新公共管理的转变，公共领域在经历"大政府、小社会""小政府、大社会"的实践后，发展成为政府与社会的协同管理模式，政治价值与社会价值在公共领域的范畴内获得统一。与之相应的是，文化遗产保护模式也由政府、市民的二元运作模式转变为两者协同的管理模式，政府制定相应的政策，市民在既定程序下有序参与。

然而值得注意的是，文化遗产保护的行政管理模式并非源自民族国家，而是从教宗政体中萌芽，并延续发展而来。在教宗政体的管理模式下，文化遗产并没有受到有效的保护。这一方面可以归咎于制度供给的不足，如配套行政结构的不完善。但是从教皇一面签署保护敕令、一面破坏古迹的现象来看，除了制度供给的不足，保护的制度失效还可归咎于文化遗产保护价值与政治价值的分歧。和建立于人性实现的民族国家形态不同，教宗政体是建立在"神性"而不是"人性"基础之上，两者的分歧导致文化遗产的不断破坏。此外，文化遗产保护属于公共领域范畴虽然已经获得肯定，但是公共领域的不成熟使得教皇的破坏行为并没有受到相应制约，虽然学者与普通民众的反对屡见不鲜，但是对文化遗产的破坏现象并没有停止。

3.1.2.5　普世价值：从"绝对理念"到"普世价值"

普世价值的概念来自基督教，指模仿以接近"神圣"模式或理念，是一种拥有绝对目标的价值模式。在尼采、海德格尔、布兰迪等人的定义及推动之下，普世价值从绝对理念向相对文化转变。这一变化与欧洲之外的新兴国家兴起有密切的关系，从某种程度而言，人文地理学以及自然遗产的概念，是促使文化遗产普世价值转向的现实动力。

文化遗产的普世价值源自在社会涵构中的创造性及独特表达，这一表达与文化相关，而无"杰出""卓越"的含义，它因其独有的品质与对某种文化的代表性而获得普世意义。人类文化学的兴起为普世价值的重新建构提供了思想基础，人类社会的发展理念向可持续、生态的转向为普世价值的转向运行提供了支撑。

3.2　原型结构的形态结论

3.2.1　结论1：一种网络化的关联系统

从上述表象规律的总结，可以发现一种网络化的关联体系（表3-1）。一方面，价值体系、对象构成、技术方法、运行模式、普世价值等各个方面都在不同主导因素的影响下产生各自的演化规律，如受到历史观和文化观影响的价值体系，受到公共行政理论影响的运行模式等。另一方面，在时空维度下，以上的诸多要素不但形成整体变化特征，而且在彼此之间建立了相互关联的演化关系。这表明相关因素的演化并不是相对独立的，而是受系统结构作用的整体过程。

在系统结构中，保护的各方面之间并没有明显的主导与被动之分，也并不共享同一价值观念。如运行机制中的市场化趋势，并没有使得经济取向成为文化遗产保护的主导价值，甚至在"整体式保护"的实践中受到抵制。

但毫无疑问的是，保护的各个方面都受到某个特定的、外在的主导因素影响。如价值体系主要受到历史背景的影响，方法技术主要受"真理"观念的影响，而运行模式则更受公共行政的影响。但全部的主导影响因素，最终都可归结为特定历史时期的社会思潮（如人文主义、科学理性主义和后现代主义等）或社会组织形态（如民族国家、国家主义和公民社会等）的作用结果。

外在因素的制约和作用并不导致同步或同幅的变迁成效。最先变化的部分，往往是变迁成本最小的部分，其变迁幅度也较小。而滞后变化的

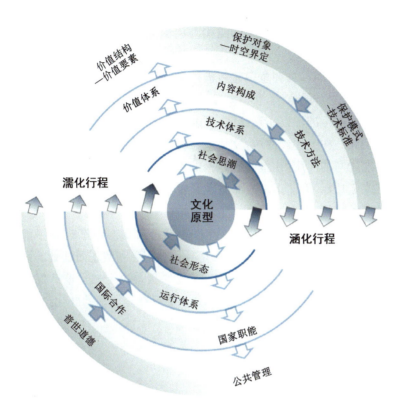

图 3-1 文化遗产保护原型结构形态示意图

部分,往往变迁成本较大,但其变化幅度,往往是结构性或根本性的,如欧洲时期运行机制的变迁和全球时期思想观念的变迁。

但保护的演化是一个整体联动的过程,无法划分为更小的、相对独立的子系统。价值体系、对象构成、技术方法、运行模式、普世价值等各个方面的相互配合、协同运动,每一次的系统变迁都引发各个部分变迁的产生,并成为各部分变迁的累积结果。

3.2.2 结论 2:一种聚核式的运行结构

在文化遗产保护系统演化过程中,"求真"的思维模式和二元的社会结构是稳定不变的因素,这两个因素是西方文化结构中的宇宙观——"真理"和现代社会观念——"人性"的映射。它以一种集体无意识方式渗入政治、艺术、科学以及日常习俗、心理底层等各个领域,成为西方文明的最深层"原型"。

文化原型界定了群体的文化身份。在不同历史发展时期,群体对文化身份"是什么"的回答形成了最基本的社会意识(集体意识);对"如何实现"的回答,则形成了群体存在的社会形态。由此,文化原型衍生出意识与存在两个不同的世界。对于以"人性"为核心的西方现代社会观而言,意识世界是探索和定义人性,并以此引导存在世界的建构。存在世界在其自发运行中,形成日趋完整的结构与内涵体系,验证、重塑和反馈人性的思想。

从发展历程看,社会意识先后借用艺术、历史与人类学工具,利用科学理性、哲学思辨的方法,获得阶段性的身份解答,并通过社会存在,对人性实现程度的标准加以实践验证,并以此批判、消解与重构社会意识中的"人性"定义。在上述过程中,文化遗产保护的各个方面随着社会意识和社会存在之间的作用,在批判—建构的往复中演化嬗变。并因文化原型的稳定终极目标,而使诸多方面关联形成网络化的体系,呈现稳定—嬗变共存的运动特征(图3-1)。

可见,文化遗产保护的原型结构,并不是独立的静态或有序稳态结构,而是在社会历史过程中,围绕文化身份的阐释和实现而展开的系统运动结构。在这个系统运行的过程中,文化原型是决定文化遗产保护系统各个方面协同运行的聚核;社会意识和社会存在是聚核的外化形态,并带动外围要素的相应变迁。

第二部分

中国城镇文化遗产保护的衍化

4 主导形态——制度保护路径

4.1 遗产保护路径的历史特性

4.1.1 中国城镇文化遗产保护历程简述

中国文化遗产的保护与中国的现代化进程一样,都是属于"后发外生"性质。所谓"后发外生",指非按自身发展逻辑,而是在特定环境下,以成功范式为蓝本,在外力干预下的目标发展模式。

从概念来源看,文化遗产保护是"植入"而不是"内生"概念。文化遗产保护并不是源自社会、经济、文化的内在发展逻辑,虽然与传统金石学有相似之处,但建立于公共领域的公共财产或公共物品概念之上的文化遗产及其保护,难以在缺乏公共领域的传统社会、文化结构模式中萌发并成长。

从发展方式看,文化遗产保护是"自觉"而不是"自发"行为。文化遗产保护并不是自下而上的循序渐进的过程,而是一个自上而下的推广普及过程。由知识分子或政府主导推动的保护理念,源自西学东渐或与国际接轨的文化交流与碰撞过程,是以外部范式而非内生涵构为目标的、基于工具理性的自觉行为。

"后发外生"的基本特征,决定了城镇文化遗产保护具有高度的环境敏感性,文化遗产保护格局的每次改变与发展,都是在社会、政治、经济的发展背景变革中,而不是人文、学术思想的进步中发生的。

从这一角度分析,可将整个遗产保护的历程分为四个阶段。

4.1.1.1 文化兴国时期

19世纪末20世纪初,救亡图存的民族危机促使古物保护的社会意识萌芽,并产生了早期的文化遗产保护法规[①]。1928年民国政府成立之

---

① 19世纪下半叶到20世纪上半叶是中国民族危机最深重的时期。一方面,"国粹派"为代表的有识之士试图从中国传统文化中探索救亡图存的道路,并类比欧洲文艺复兴,从复兴"古学"入手实现中华民族的复兴,以保国家、救民族。另一方面,外国人对中国本土的掠夺性考察和考古发掘以及古物的严重流失、劫掠和毁坏,激发了维护古物的民族情绪。这一社会思潮反映在早期的文化遗产保护立法上,1909年,清政府颁布《保存古迹推广办法》,1916年中华民国北京政府制定《保存古物暂行办法》。然而,社会的动荡并没有给这些法规以实施的机会。

后,现代文化遗产保护体系正式形成。法律法规体系进一步完善①、行政管理体制建立②、保护研究及实践展开③。

随着西学东渐而发展起来的西方现代考古学和历史学思想为中国文化遗产保护的萌芽提供了思想与方法基础。章太炎将西方现代考古学介绍入中国之后,考古学通过对中国传统史学的批判④,与传统金石学结合,建立了以文物实证历史的研究路线,带来古物保护意识的现代转向,提供了"取地下之实物与纸上之遗文互相释证"的史学研究理念和手段。

文化兴国的社会思潮和结合西方科学方法与中国传统手法的考证方法,通过"营造学社"的古建筑保护与修复实践,影响了文化遗产保护的早期思想。"依科学之眼光作系统之研究"的文化遗产保护思想及方法基本成型。

首先,以"全部文化史"界定遗产之边界。虽然营造学社只以古建筑为主要对象,但在"全部文化史"的视野中,古建筑所导向的全部系统因素,包括物质与非物质两大范畴,都被纳入研究范围⑤。如朱启钤所言"凡彩绘、雕塑、染织、髹漆、铸冶、搏埴,一切考工之事,皆本社所有之事。推而极之,凡信仰、传说、仪文、乐歌,一切无形之思想背景,属于民俗学家之事,亦皆本社所应旁搜远绍者"。由此,1948年梁思成的《全国重要文物简目》中,"北京城全部"都被视为文物。

其次,以传统文化作为研究与保护的目标。营造的研究并不局限在"匠作之事"的整理,也不局限于对文物价值的评判。在传统金石学的考证方法和王国维提倡的"二重证据法"的影响下,形成遗产价值与文献考据的互动式研究模式。不但古物对文献有"证史"与"补史"作用,文献也赋予古物更深刻的文化涵构。如《论中国建筑之几个特征》一文,从原始的宗教思想和形式、社会组织制度、人民习俗等来分析中国传统建筑平面布置特征形成的主要原因。由此,古建筑保护成为"透物见人"的文

---

① 1930年的《古物保存法》、1931年的《古物保存法实施细则》、1935年的《暂定古物范围及种类大纲》以及立法研究资料《各国古物保管法规汇编》及其续编。

② 文化遗产保护相关机构的建立。包括文物博物馆(1912年的国立历史博物馆、1925年的故宫博物院)、行政管理机构(1934年的中央古物保管委员会)以及技术工程机构(1935年的旧都文物整理委员会及其执行机构北平文物整理实施事务处)。

③ 1930年朱启钤在北平(现北京)创立"中国营造学社",用现代科学方法调查、记录、研究中国传统建筑,探索中国建筑遗产的保护与修复,创立了中国古建筑保护研究学科。一些学术研究成果陆续出版,如1925年商务印书馆的《营造法式》及以后的《营造学社汇刊》《清式营造则例》等。

④ 1919年"五四运动"所倡导的"民主、科学、理性"思潮下,以顾颉刚为代表的"古史辨派"对中国历史,尤其是"三皇五帝时代"的历史提出质疑,批判了片面基于文献考据的中国传统史学。1922年北京大学研究所国学门成立,融合传统金石学训诂考证与现代考古学实地发掘和田野调查的方法,并促成传统金石学向现代考古学的转变。

⑤ "居今日而治建筑历史,则难举门寝而忘全局……自应上溯原始居住之状,以穷其源;下及两汉宅第,以观其变;旁证典章器物,以求其会。而实物之印证,尤有俟乎考古发掘之进展。"

化延续与维护行为,而不仅是关于"匠作之事"的历史文献保存的技术行为。

再次,形成"辩证"的古迹保护与修缮的技术思想。1932年,梁思成《蓟县独乐寺观音阁山门考》中提出修复的主要手段有"即修和复原"两大类,而后者"非有绝对把握,不可轻易实施"。但在之后的《杭州六和塔复原状计划》中,梁思成则强调六和塔作为钱塘胜迹其外观的美学价值和景观价值,认为现有的比例"肥矮"的塔"实在是名塔莫大的委屈",因而赞成恢复初建时的原状。可见,保护方法不是一个静态的永恒模式,而是依据环境、景观、历史等多重要素综合考量后的结果,故而不同的古迹应有不尽相同的方法选择。

最后,提出以社会之关注为文化遗产保护治本之法。梁思诚在《蓟县独乐寺观音阁山门考》提及"保护之法,首需引起社会之注意,使知建筑在文化上之价值,使知阁门在中国文化史上及中国建筑史上之价值,是为保护之治本办法",并在文末,呼吁社会及学术团体监督政府颁布法律、支出经费以及任命技术官员。这意味着文化遗产保护行为其文化取向独立于政治、社会的价值立场,而彼此的关系则是争取社会支持、监督政府行政。

从官方颁布的文件看,文化取向已获得明确认可,1930年的《古物保存法》确定古物的范围为"与考古学、历史学、古生物学及其他文化有关之一切古物"。文化古物隐含的价值取向不同于同期西方的历史古迹含义,但相关评价标准却更表现出国际思路而非文化取向。如1935年的《暂定古物范围及种类大纲》将古物分为12类,明确了古物的评价标准为"时代久远""数罕少"以及"古物本身具有科学的、历史的或艺术的价值"。

4.1.1.2 政治为纲时期

新中国成立以后,文物保护从"救亡图存"的民族情感寄托变为爱国主义教育的教材,以政治价值为核心的主流价值体系取代了文化遗产保护的早期文化理念,并萌发了保护与发展的最初对立。

早期文化遗产保护政策文件中最主要的议题之一,就是在基本建设和社会运动中破坏文化遗产的现象。依据国家文物局2009年出版的《中国文化遗产事业法规文件汇编(1949—2009)》目录统计(表4-1),在1982年《文物法》颁布以前,共有相关文化遗产保护的文件56件,分为文物流通及出口管理、保护管理办法和政策以及针对基本建设和社会运动中加强文物保护的文件三大类别,其比重大体相当,第一类18件、第二类18件、第三类20件。可见,从新中国成立初期到《文物法》颁布以前,保护与发展的关系已经成为文化遗产保护的三大重点内容之一。

不论是基本建设还是社会运动,都是中央政府主导与控制的主流思

表 4-1 1949—1982 年中国文化遗产保护文件类别与数量一览表

文件内容	数量(件)	比例(%)
文物流通及出口管理	18	32.1
保护管理办法和政策	18	32.1
基本建设和社会运动中加强文物保护	20	35.7
总计	56	100

资料来源:国家文物局,《中国文化遗产事业法规文件汇编(1949—2009)》,2009

潮产物。这一思潮以其新世界的观念,遏制了在"营造学社"的古建筑保护和现代考古学的基础上萌发的、平等独立于政治与社会的价值基础。政治取代了文化遗产的文化取向,形成新的范式。文化遗产保护被阐释为价值中立的客观技术工具,由侧重文化延续转向强调历史教育,以配合政治需求为本。如1953年《关于在基本建设工程中保护历史及革命文物的指示》中提出"文物与建筑,不但是研究我国历史与文化的最可靠的实物例证,也是对广大人民进行爱国主义教育的最具体的材料"。可见,保护自身被局限于"匠作之事"的考证范畴,政治属性的工具化倾向使保护丧失价值标准——文化延续与维护。

但文化的取向依然存在,政治史观下的革命纪念建筑被作为重要的教育素材而得到保护。1961年的首批全国重点文物保护单位名单中,33处革命遗址及革命纪念建筑物中历史最短的人民英雄纪念碑建成仅2年,其次的中苏友谊纪念塔建成仅3年。虽然此举可视为政治对遗产保护的过度干预,但亦可说是人类社会发展历程中具有重大意义的近现代遗产。对比悉尼歌剧院建成32年后才被列入澳大利亚国家文化遗产,可以明晰区分出学术观念和政治观念主导下,遗产保护的概念差异。

4.1.1.3 市场中心时期

1979年改革开放以后的大规模城市建设,可以被视为政治运动对文化遗产保护的新一轮挑战与冲击。"以经济建设为中心"的政府市场化取向,赋予文化遗产经济"资本"的价值。同时,市场化意味着保护与发展的矛盾冲突无法再以行政指令直接干预经济行为的模式进行调和。为应对保护与发展之间新的矛盾形态,1982年,借鉴意大利、法国、美国、日本和苏联共同的文化遗产保护制度与梁思成的北京城市保护思想,国家基本建设委员会、国家文物事业管理局、国家城市建设总局联合提出历史文化名城的保护制度,并写入第一部文化遗产保护法律——1982年版的《文物保护法》。自此,中国的城镇文化遗产保护不再是由文物部门独立管辖,而成为建设部门和文物部门共同管理(图4-1)。两大职能部门从中央到地方形成完整的垂直序列,各自依法律和部门政策对遗产地资源进行管理,形成"条"的组织格局。

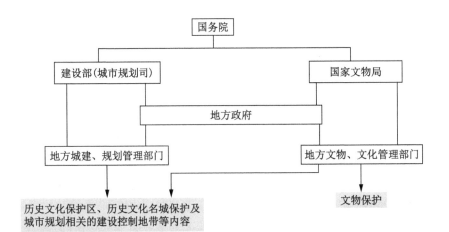

图 4-1 中国城镇文化遗产保护管理体制示意图
资料来源：阮仪三等，《历史文化名城保护理论与规划》，1998

但文化遗产保护自身的工具化地位并没有改变，经济价值取代政治教育成为新的文化遗产保护的合理性基础。从 CNKI 的文献检索可见，以政治为核心的思想惯性使得大量历史文化名城的研究聚焦于保护与发展的关系，并倾向文化遗产的利用优先，即政治主张下的市场核心观。直到 1987 年《国务院批转国家基本建设委员会等部门关于保护我国历史文化名城的请示的通知》才在法律层面明确了保护优先的思想，但 1990 年代的北京"危旧房改造"依然成为文化遗产保护的滑铁卢。

这导致历史文化名城制度陷入只有"说法"而无"做法"的尴尬局面，与西学东渐后，为融会贯通而进行了大量实际研究的模式不同，超越单体范畴的保护并没有相应的技术方法支撑。作为中国独有的文化遗产保护概念，也缺乏可借鉴的国际经验。"摸石头过河"的被动保护方式，暗示了破坏先行的保护局面。

由此，历史文化名城的保护重点转向吸纳成熟的方法体系。1980 年代，中国的文化遗产保护开始与世界全面接轨[①]，1986 年国务院批转建设部、文化部《关于请公布第二批国家历史文化名城名单报告》中提出了与国际历史街区相一致的历史文化保护区概念[②]。随着立足国际街区保护经验和方法的本土保护实践取得成效，如北京什刹海、安徽屯溪老街、西安北院门保护区，历史文化名城保护的重心转向历史文化保护区[③]，建立

---

① 1985 年，中国正式加入《保护世界文化与自然遗产公约》，1987 年，周口店"北京人"遗址、秦始皇陵、莫高窟、故宫、长城被列入《世界遗产名录》。

② 对一些文物古迹比较集中，或能较完整地体现出某一历史时期的传统风貌和民族地方特色的街区、建筑群、小镇、村寨等，也应予以保护。各省、自治区、直辖市或市、县人民政府可根据它们的历史、科学、艺术价值，核定公布为当地各级"历史文化保护区"。对"历史文化保护区"的保护措施可参照文物保护单位的做法，着重保护整体风貌、特色。

③ 1993 年全国历史文化名城保护工作会议明确指出历史文化保护区是我国文化遗产的重要一环，是保护单体文物、历史文化保护区、历史文化名城这一完整体系中不可缺少的一个层次。1996 年在黄山屯溪召开了历史街区（国际）研讨会，同年国家设立了历史文化名城保护专项资金，1997 年建设部转发《黄山市屯溪老街历史文化保护区保护管理暂行办法》，提出了历史文化保护区保护的审定标准、保护原则和保护方法等。

了三个层次的不可移动文化遗产保护体系,并揭开了持续至今的、"取外来之观念,以固有之材料互相参证"的文化遗产保护序幕。

在现代主义规划思想下,新的城镇文化遗产保护范式建立。以类型学为基础、以指标控制为手段、以时空边界划分为前提的保护规划方法形成,三个层次的文化遗产保护体系形成,"建立一个根据现代科学方法制定的永久性的有效制度"的保护思想与方法体系全面展开。

然而,方法体系的借鉴和引入缓解了但并没有实现城镇文化遗产的有效保护。1990—2000年的10年间,城市化高速发展的冲击使得城镇文化遗产面对了严重的生存危机,保护与发展的矛盾依然是争论的焦点。文物的生存状态如谢辰生所说,"对文物最大的破坏是在(20世纪)90年代,最大的出口量也是在(20世纪)90年代,问题严重程度超过以往各个年代。"城镇文化遗产的状况则更加严重,如建设部副部长叶如棠指出越来越严重的"建设性"破坏已经到了必须严加制止的地步。

随着实践深入,围绕文物保护单位展开的"就保护论保护"的观点被意识到不符合市场机制下的社会运行模式。在行政—政治两分的公共行政思想影响下,法制化和规范化被视为长久控制政治与市场行为的有效手段。由此,保护的法律法规、组织机构、资金筹措等行政管理体系进一步规范化、法制化,文化遗产保护成为具有规范性和广泛共识的公共行为。与规划管理相关的运行环境,包括立法、行政、资金等制度层面,旅游、复兴、开发等经济层面,公众参与、社区结构维护、居住隔离等社会层面,也逐渐成为"借鉴"的焦点。以苏州为例(表4-2),2001—2006年5年间,文化遗产保护的法规文件达18件,涉及技术、管理、资金、相关配套措施等多个层面,而1980—1990年仅有《苏州园林保护和管理条例》和《苏州市文物保护管理办法》。

4.1.1.4 社会和谐时期

对文化遗产保护危机的反思,以及文化遗产保护背景环境的变化——国际文化遗产保护概念的内涵深化与外延拓展以及1990年代中后期对改革的反思和争论——促使文化遗产保护进入新的转型期。

1990年代中后期的改革失利激发了广泛的社会反思和争论,在"改革的共识基本破裂,改革的动力基本丧失"的危机意识下,"社会重构"成为进一步深化改革与经济、社会发展的重要因素之一。

进入21世纪以后,随着城市发展基础条件的变化(如经济发展进入新的阶段、资源和环境约束加大以及技术进步和居民消费需求变化)和对高增长、高消耗、高排放、高扩张为特征的粗放型城市发展模式造成的城市问题的反思(如城市空间的无序或低效开发、城乡发展失调、社会发展失衡、大城市迅速蔓延等诸多弊端),促使城市发展模式的全面、自觉转

表4-2　2006年以前苏州市城镇文化遗产保护法规、条例、办法一览表

颁布时间	法规、条例、办法名称
1996年	苏州园林保护和管理条例
1997年	苏州市文物保护管理办法（2005年废止）
2001年	苏州市古树名木保护管理条例
2002年	苏州市古建筑保护条例
2003年	苏州市古建筑抢修保护实施细则
2003年	苏州市历史文化名城名镇保护办法
2003年	苏州市城市紫线管理办法（试行）
2003年	关于进一步加强历史文化名城名镇和文物保护工作的意见的通知
2003年	苏州市城市规划若干强制性内容的暂行规定
2004年	苏州市城市规划条例（2004年修订）
2004年	苏州市河道管理条例
2004年	苏州市民族民间传统文化保护专项资金管理办法
2004年	苏州市民族民间传统文化保护办法
2004年	苏州市市区依靠社会力量抢修保护直管公房古民居实施意见
2004年	苏州市历史文化保护区保护性修复整治消防管理办法
2004年	苏州市区古建筑抢修贷款贴息和奖励办法
2005年	苏州市文物保护单位和控制保护建筑完好率测评办法（试行）
2005年	苏州市古村落保护办法
2006年	苏州市地下文物保护办法
2006年	苏州市昆曲保护条例

资料来源：国家文物局，《中国文化遗产事业法规文件汇编(1949—2009)》，2009

型。市场带来的高速建设压力得到缓解，社会转型的基础条件开始成熟。

2003年，十六届三中全会《中共中央关于完善社会主义市场经济体制若干问题的决定》提出政府职能从"全能型"转向"服务型"，政府决策建设突出规范化，增强透明度和公众参与度。自此，政府职能被重新定位于公共服务与公共管理。以经济建设为中心的政府向以社会服务和治理为中心转变意味着文化遗产保护运行体系的价值导向从经济转向社会。

伴随社会转型趋势而来的，是文化对社会整合作用的重视，文化遗产保护也因其社会凝聚力而受到空前重视。2005年，《国务院关于加强文化遗产保护的通知》强调了文化遗产保护的重要社会意义，提出"到2010年，初步建立比较完备的文化遗产保护制度，文化遗产保护状况得到明显改善。到2015年，基本形成较为完善的文化遗产保护体系，具有历史、文

化和科学价值的文化遗产得到全面有效保护;保护文化遗产深入人心,成为全社会的自觉行动"的总体目标,自此,在国际文化遗产保护的理念影响下,文化遗产保护模式开始向制度化、社会化转型,文化导向下的遗产保护思想也开始萌芽。

(1)保护模式的制度化建构

据住房和城乡建设部相关数据统计显示,我国共确立国家级历史文化名城118处、省级历史文化名城157处、省级历史文化名镇名村725处。

从保护横向体系看,建立了全方位保护文化遗产的法律制度。其一,针对特定保护对象的配套性法规,如《长城保护条例》《历史文化名城、街区、村镇保护办法》《博物馆条例》《世界遗产保护条例》等。其二,制定未被纳入《文物保护法》范围内的文化遗产项目保护制度,如《非物质文化遗产法》确定国家保护、继承和发展非物质文化遗产的基本原则和相关制度,明确管理责任、资金保障、调查建档、名录体制、传承传播等。其三,与社会经济的配套性法规,如文化知识产权制度,民间文学艺术作品著作权等。

从保护纵向层次看,建立了国家与地方的多层次文化遗产保护法规。首先,在国家层面法律法规不断完善,《城乡规划法》《文物保护法》对于历史文化名城的保护均有专门规定,《城市紫线管理办法》《历史文化名城保护规划规范》《全国重点文物保护单位保护规划编制审批办法》《中国历史文化名镇(村)评价指标体系》《历史文化名城保护评估标准(试行)》《历史文化名城名镇名村保护条例》《历史文化街区保护管理办法》《历史文化名城名镇名村街区保护规划编制审批办法》等一系列配套法律法规相继出台。据统计,从2006—2008年期间,国家文化遗产保护的相关文件共颁布50件(图4-2),多于此前5年的总和。其次,地方性文化遗产保护法规的制定与颁布也全面展开。如山东(1997)、浙江(1999)、江苏(2002)、河南(2005)、云南(2008)、北京(2005)、上海(2002)、天津(2005)等颁布了省级历史文化名城保护条例,目前,已经有11个省、市、自治区颁布了16项省级历史文化遗产的保护法规,73个城市颁布了178项历史文化名城的保护法规。

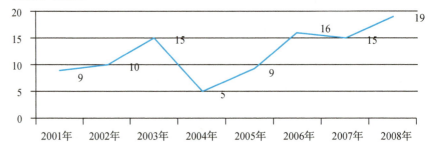

图4-2 2001—2008年国家文化遗产保护法规文件数量折线图
资料来源:国家文物局,《中国文化遗产事业法规文件汇编(1949—2009)》,2009

（2）保护模式社会化趋势

首先，保护技术标准的社会化，以"生活延续性"标准为标志。2002年的《文物保护法》中，历史文化保护区被历史文化街区、镇村的概念所取代。2005年《历史文化名镇（村）评价指标体系（试行）》提出历史真实性、风貌完整性和生活延续性的核心区保护标准，对比同年《历史文化名城保护规划规范》，两者最大的差异在后者"合理利用、永续利用"的原则被前者的"生活延续性"所取代，此后的历史文化街区保护的规划实务基本延续了《评价指标体系》的说法。2010年，住建部组织编制的《历史文化街区保护管理办法（征求意见稿）》正式采用历史真实性、风貌完整性和生活延续性的说法。由此，原住民回迁、社区结构维护等相关社会问题成为文化遗产保护的基本措施。

其次，公众参与的法定化，标志文化遗产保护法定运行模式的社会化。除了继续完善规范化与法制化之外，在2004年的《城市紫线管理办法》中，首次明确了政务公开以及征询公众意见、组织专家论证的规划审批程序①。2008年的《历史文化名城名镇名村保护条例》则将这一程序拓展到核心保护区范围内的相关建设活动的审批程序，并赋予利害关系人以听证权②。这源于城市规划的变革，是自1990年代规划领域提出并实施公众参与办法成果基础上的引鉴，标志文化遗产保护运行体系的社会化趋势。而在此基础上，鼓励社会力量参与文化遗产保护的主张也成为主流。

（3）保护模式的国际化接轨

保护模式的国际化接轨是这一时期文化遗产保护的重要特征，甚至从某种程度上说，上述制度化与社会化倾向都是国际化接轨的重要表现之一。但如果仅从遗产保护来看，国际化接轨在价值和管理两个方面，较大地改变了原有的保护模式：

首先，管理上的突破——监察制度的建立。上文已经提及，中国城镇文化遗产保护管理体制是由文物部门和建设部门共同管理。因而，在文化遗产保护管理上的突破在两个部门内分别展开。

对于文物保护部门而言，管理上的重要突破在于文化遗产监测制度的建立。当前世界文化遗产的监测依然处于探索和发展阶段，我国的文化遗产监测工作也刚刚起步。一方面针对世界遗产，建立与国际文化遗产监测发展相衔接的法规和体制。如2006年国家文物局颁布的《中国世

---

① 第五条与第七条。
② 第二十九条　审批本条例第二十八条规定的建设活动，审批机关应当组织专家论证，并将审批事项予以公示，征求公众意见，告知利害关系人有要求举行听证的权利。公示时间不得少于20日。利害关系人要求听证的，应当在公示期间提出，审批机关应当在公示期满后及时举行听证。

界文化遗产监测巡视管理办法》和《中国世界文化遗产专家咨询管理办法》，2008年完成的《世界文化遗产监测规程》初稿。另一方面，国内文化遗产地的监测实践也陆续展开。目前已在敦煌莫高窟、周口店北京人遗址、颐和园、苏州古典园林以及武夷山、龙门石窟等展开监测工作。但以上的监测工作所针对的是文物性质的遗产类型，且在文化遗产地较大差异性的前提下，数据共享、挖掘和集成程度不高，加之监测实践中专业的经验性手段，使得监测机制难以借鉴和推广。

对于建设部门而言，管理上的重要突破在于城乡规划督察员制度的建立。20世纪初，英国、法国、德国等欧洲国家为了解决城市规划管理的"失控"问题，相继建立了规划督察员制度。2006年，借鉴国外经验，经过贵州、四川两省试行城乡规划督察员的试点和相关办法和配套政策研究，建设部在南京、杭州、西安、郑州、昆明、桂林六个试点城市派驻城乡规划督察员。至2012年，由国务院审批总体规划的107个城市将全部派驻规划督察员。虽然这是针对城市规划而不仅是历史文化名城保护而建立的监督机制，但历史文化名城保护规划及实施是城乡规划督察员展开督察工作的三大重点内容之一。因而，这一制度的建立，可以认为是继历史文化名城保护规划之后的又一重要的相关保护制度。然而，这一制度面对非文物性质的、多样化的遗产类型，但其职能只能确保城镇文化遗产保护行为的有效授权，而无法有效规范精细化的保护行为。

其次，价值上的突破——文化涵构的内省。1990年代以后国际文化遗产保护内涵"文化"转向萌发了对自身文化的审视，带来了中国文化遗产保护理念的相应变化。2000年，国际古迹遗址理事会中国国家委员的《中国文物古迹保护准则》的制定，对中国文化的理解再度成为文化遗产保护的基本取向及价值基础。

自此，对源自欧洲涵构中的保护思想和方法反思与批判逐渐展开。2002年，徐苹芳在《论北京旧城的街道规划及其保护》一文中批评"历史街区的保护概念，完全是照搬欧洲古城保护的方式，是符合欧洲城市发展的历史的，但却完全不适合整体城市规划的中国古代城市的保护方式，致使我国历史文化名城的保护把最富有中国特色的文化传统弃之不顾，只见树木，不见森林，捡了芝麻，丢了西瓜，造成了不可挽回的损失"。在规划方法领域，对遗产价值评估、保护范围划定、建设控制指标等偏重物质空间的、理性主义规划思想与方法的批判也成为常态。

与国际文化遗产外延拓展相衔接的保护实践工程进一步深化了对中国文化遗产及其保护工程的认识。丝绸之路、大运河、长城等跨区域性的系统性遗产，乡土建筑、农业遗产、工业遗产、非物质文化遗产等具有文化人类学意义的传承性遗产等外延拓展型保护实践项目，均突破了欧洲语境中"真实性"与"完整性"科学理性标准和中国既有文化遗产保护模式的框架,表明中国的文化遗产具有源自其悠久历史与更迭社会涵构的文明特性,而这一文明特性所展示的文化内涵不但是具有文化人类学意义的、世界文化遗产的 OUV 所在,而且是中国社会持续发展的历史见证与灵感之源。

由此,基于本土社会与文化涵构的"真实性"与"完整性"标准,如整体、系统的传统文化涵构,带动了文化遗产保护体系建构的完善。2005年的《国务院关于加强文化遗产保护的通知》,"文物"被"文化遗产"一词所取代,实现了与国际文化遗产保护思想的对接。2008 年,《历史文化名城名镇名村保护条例》构建了保护文物古迹,历史文化街区、村、镇,历史文化名城的区域整体化的文化遗产保护体系;同年,基于中国传统城市形态特征的新型城镇文化遗产类型——历史文化名街提出并展开申报。

4.1.2 中国城镇文化遗产保护路径特性

从文化遗产保护的发展历程看,中国文化遗产保护曾出现文化主导和制度主导两种"后发外生"发展路径。这两种路径以新中国成立为分界线,之前倾向于文化,之后则是以制度取向为核心——从政治、市场到转型时期都是在制度取向从"以政治为纲""以经济为中心"到"社会和谐"等演替时序下的变迁过程。虽然两种路径都具有"后发外生"的基本性质,但在路径形态、运行逻辑、历史本源和保护实效等方面,具有截然不同的形态。

4.1.2.1 路径形态

从历史过程看,两种路径在产生背景、影响因素、直接动力、主要矛盾、价值取向、方法理念以及保护措施等多个方面有不同的表现形式(表4-3)。

产生背景:文化主导路径发生在内忧外患和文化兴国的思想背景下,形成于 1927—1938 年相对稳定的民国十年训政期间,各项制度筹备建构为宪政之需,可视为"西学东渐"思潮下的社会理想实践;制度主导路径是在国家独立以后产生的,伴随着现代化建设逐渐形成,社会理想被认为已经实现,现代化建设成为重心。

影响因素:文化主导路径受到本土文化观念和西方科学思想双重因素的影响,与文化兴国的思潮相关;制度主导路径受"强国"目标影响,以政治导向和国际范式为主要影响因素。

推动力量:文化主导路径由受传统文化熏陶,又熟知西方科学知识的学者倡导并建立,继而影响政府行为;制度主导路径则直接以政府行政的方式推广与实施。

表 4-3　中国文化遗产保护两种"后发外生"发展路径的形态比较

比较因素		文化主导路径	制度主导路径
形态特征	产生背景	内忧外患中的相对稳定期 现代化建设组织筹备	独立、稳定的国家成立 现代化建设依序展开
	影响因素	本土文化史观、外来科学方法(制度、技术、观念)	本土政治导向、国际保护观念与方法体系
	推动力量	知识分子	集权政府
	主要矛盾	流失、战争	建设与发展
	价值定位 导向	以传统文化为导向,囊括全部文化史之范畴	以保护制度为导向,并随之经历政治、市场、社会演替,并萌发文化导向
	价值定位 定位	平等、独立于社会、政治、经济	配合、附属于政治、经济、社会
	方法理念 思路	依科学之眼光作系统之研究	建立一个根据现代科学方法制定的永久性的有效制度
	方法理念 手段	取地下之实物与纸上之遗文互相释证	取外来之观念,以固有之材料互相参证
	保护措施 技术	田野调查和详细测绘研究	以类型学为基础、以指标控制为手段、以时空边界划分为前提的保护规划方法
	保护措施 实施	社会为本、敦促政府	政府主导、教育社会
思想逻辑	基础逻辑	价值理性建构是工具理性形成的前提和基础	工具理性完备是价值理性实现的导向和先决
	运行逻辑	价值理性→工具理性 实质建构→形式表现	工具理性→价值理性 形式完备→实质实现

主要矛盾:文化主导路径形成时期的主要矛盾是国家文物的大量流失和战争破坏,是主权危机下的保护矛盾;制度主导路径形成时期的主要矛盾是建设与发展的压力,是社会从传统向现代转型下的保护矛盾。

价值取向:文化主导路径是以传统文化为导向,囊括全部文化史之范畴,是学术意义上的目标,平等、独立于社会、政治、经济等各要素;制度主导路径则以保护制度为核心展开,受到与制度主导目标相关的政治、经济、社会影响并配合、附属于主导目标的实现。

方法理念:文化主导路径的目标是依科学之眼光做系统之研究,采用"取地下之实物与纸上之遗文互相释证"展开保护实践;制度主导路径的目标则是建立一个根据现代科学方法制定的永久性的有效制度,采用"取外来之观念,以固有之材料互相参证"展开实践。

保护措施:文化导向路径在基础资料匮乏的前提下,用田野调查和详细测绘研究的科学方法,为保护建立理论基础,在保护实施上强调以社会为本、敦促政府实施行政保障;制度主导路径则引入国际保护范式,建立了以类型学为基础、以指标控制为手段、以时空边界划分为前提的保护规划方法,强调政府主导、教育社会的实施模式。

4.1.2.2 运行逻辑

文化主导和制度主导的两种发展路径,共同具有从基点到终点的"后发外生"运行逻辑。而两者在上文中的诸多表象差异,则可追溯到文化遗产保护作为公共行为所具有的基本运行逻辑。

（1）文化主导的理性逻辑中,价值理性建构是工具理性形成的前提与基础

虽然因缺乏稳固的政治、社会环境而缺乏法制保障,但在知识分子的推动下,文化遗产保护已在中国的社会内生逻辑中获得肯定,建构起与政治、经济、社会取向相独立、平等的"文化"合理性。建构的完成应归功于传统文化的内生逻辑与植入文化遗产保护价值的相似性。如同中国考古学建立之初,不但吸取了西方现代考古学实地发掘和田野调查的科学思路,而且继承了传统金石学训诂考证的文化逻辑一样,源自对自身身份探寻的西方文化遗产保护能够在"透物见人"内生文化逻辑中获得关于自身身份的答案,并与之共鸣。

在现代化完全展开之前,研究领域中初步探讨了保护价值与其他衍生价值的关联体系,为合法性建构设计了蓝图。建构了通过融会贯通建构实质,再以实质建构来设计形式表现的运行逻辑,即先建构价值理性,再以此为基础导向工具理性形态。

（2）制度主导模式下的文化遗产保护则恰恰相反,工具理性完备是价值理性实现的导向与先决

随着政府主导的"后发外生"型现代化建设的展开,传统文化逐渐解体,文化遗产保护丧失了其基于文化延续的价值合理性和与政治、社会、经济取向相对独立和平等的地位。以政治为核心的价值体系重构了文化遗产保护的工具合理性,并随着外部范式和内部环境的改变而建构以政治、经济、社会价值为导向的合理性基础。

在现代化建设展开过程中,对既有发展逻辑的批判和自上而下的外力干预,建构了以外部范式为摹本,通过植入完备的形式来引导实质变革的发展路径,暗示了从工具理性导向价值理性的行为发展逻辑。如民主政治的实现可以通过形式民主(如投票)导向实质民主的路径实现,法学正义可以通过程序正义导向实质正义的路径实现。而在经济上,则可以通过效率追求导向公平追求,如先富后富理论。由此,工具理性不仅是价值理性实现的前提,而且成为价值理性获得的前提。对于文化遗产的保护而言,则意味着可以通过工具理性——形式合法性的建构,实现其价值理性——实质合理性。

4.1.2.3 历史本源

文化主导和制度主导的两种发展路径,都形成和发生于中国近现代历史发展过程中,故而,"后发外生"现代化模式成为两种路径发生的本源条件。然而,两种保护路径发生的历史条件并不相同,是针对不同社会历史环境与特定发展阶段的保护问题发展而来。

在中国文化遗产的保护历程中,任何导向都是在特定历史环境与时序中产生的。文化主导和制度主导的两种发展路径也因而具有承前启后的历时性关系,不具有借鉴或参考的共时性价值。

五千年的历史已经形成独立、强大的内生文化逻辑,这一逻辑在文化与社会密切联系的传统社会形态中,发展为民族所固有的意识形态。面对现代化进程,传统文化固有其落后保守的一面,亦有其能动调适的一面。

在政治、社会均没有实现其自身稳定的特定历史时期,尤其是在"后发外生"发展逻辑依然局限于上层社会,而未渗透整个社会运作体系的背景条件下,传统文化的内生逻辑才得以成为社会运作的基础,并由"营造学社"的知识分子,融汇中西,运用文化工具推动文化遗产保护。

经过现代化的全面转型,知识分子及其所代表的文化价值所立足的社会根基已明显式微。被动应对外部挑战尚需依赖政治力量,更勿论其能动性的发挥。当文化失去对社会的绝对影响力之后,因现代化进程而获得绝对社会权威的政府力量取而代之,以制度工具,主导文化遗产的保护。

因而,文化主导和制度主导的两种发展路径无疑具有截然不同的本质特性。外部范式反思与内生能动调试、政府强力保障与知识分子倡导、制度工具与文化工具,成为两者的根本区别。

4.1.2.4 保护实效

从现代城镇文化遗产保护的视角看,两种不同的保护路径具有不同的历史价值和意义。

(1) 从外化形式到内核涵构的制度主导模式是特定历史条件下的"危机模式"

制度主导模式是一种非均衡状态下的"危机模式"。中国的现代化发展是"后发外生"的模式,在这一背景下的社会发展是以集中优势力量进行单兵突破的方式进行的,经济发展对社会资源占有的绝对优势,使得公共领域的各个方面都处于经济发展带来的时空挤压状态。文化遗产保护采取相似的方法,是具有较强的可操作性的最佳选择。尤其是对于短期内建立并落实文化遗产保护的理念、方法和制度以预防高速工业化与城市化的冲击,无疑具有不可否认的功绩。

然而,在内核涵构缺失的前提下的制度主导路径,使得外植范式采用不断试错的方式调整与辨识其与文化内核的可适应度,并纠结于外植保护概念的"可译程度"。整个城镇文化遗产保护的路径呈现出脱离文化内核、依赖社会涵化目标的基本特征,并由此影响到基础动力、技术方法和运行模式等各个方面。这种从原有状态中脱离,并趋向目标态的过程无疑是一种单向的、线性的非均衡状态,并在各相关的保护领域都出现了碎片和分裂的现象,出现价值危机和治理危机。

① 价值危机

经过多年努力,我国历史文化遗产保护的理论、方法日趋完善,管理体制逐渐规范,各级各类法律法规也相继出台。城镇文化遗产的保护工作逐渐摆脱随意的无序状态,成为具有规范性的公共行为。然而,在实际操作中,城市历史文化遗产保护的价值异化,尤其是因对历史资源进行社会商品化生产导致价值损耗、扭曲甚至断裂的案例层出不穷,"孤岛化""绅士化"分异、"博物馆式""戏台式"保护和"经营性""功能性"破坏等价值危机不断发生。

② 治理危机

随着长期宣传,政府对历史文化街区的保护日益重视,民众的保护热情不断提升,财政、市场等多渠道资金相继投入。在以政府为主导进行遗产保护成为共识的前提下,这一改善无疑是具有决定意义的。然而,对城市历史文化保护与建设的质疑,尤其是因对抗式公众参与导致的社会公共事件及其持续的"多米诺效应"不断发生,"老城南拆保之争""延陵悲歌""三坊七巷拆迁"等公共事件中的抗拆拒迁、联名上书等非规范、非理性公众参与行为在增加了社会风险和制度成本的同时凸显出社会治理的危机。

(2) 从内核涵构到外化形式的文化主导模式是具有"内生性""前瞻性"特征的"长期模式"

文化的变迁是缓慢而长期的过程。面对高速发展的城市化,较之制度主导模式,无疑缺乏及时有效的应对能力。但其内生性和前瞻性特征,却使之能为文化遗产保护的持续发展提供支持。

① "内生性"特征

首先,营造学社通过理论研究,为"匠作之事"建立了与传统文化思想相一致的逻辑框架,将其纳入传统文化理念之中,为外化的建筑保护行为提供了价值合理性基础。并且能够使文化遗产保护获得本土文化的最大认同。此点已为公认,不再赘述。

其次,梁思成提出以社会为基本、以政治为保障、以文化为核心的保护运行结构并不是基于社会与政治二元模式下的外植范式,而是以文化的独立性为基础,争取社会、制约政治的内生模式。

在"国之本在家"和"积家而成国"的传统社会一体结构中,社会与政治的二元对立是不存在的,如梁漱溟先生在《中国传统文化要义》中引用严几道描述"闻西哲平等自由之说,常口呿舌矫,骇然不悟其意之所终"。之所以如此,盖因中国传统文化"家国一体"的社会结构,没有公共领域的存在,更罔论接纳公共领域的基本准则思想了。

但是中国传统文化的一个重要特色便是伦理本位,在伦理本位的社会结构中,与西方历史学科的新兴和文化身份的探索截然不同,文化和历史高度成熟,中国文化涵构中对于自身身份与意义的解答,在唐代就已至臻完善。文化与历史在伦理本位的社会中,不但拥有传统性权威、法理性权威,而且是具有独立思想与价值标准的均衡性力量,其性质如第三部门、公共领域等现代治理概念。

由此,虽然因为战乱环境,梁思成的运行模式构想并没有得以实施。但从传统社会结构进行分析,这无疑具有内生性特点。

② "前瞻性"特征

虽然文化主导的"后发外生"模式是特定社会背景下的产物,并随着中国现代化的全面展开而消亡,但从国际文化遗产保护的现状趋势,依然可以发现其思想、实践的前瞻性。

首先,保护意识的先进性。营造学社建立以全部文化史为基础的保护思想,这一思想与当前世界文化遗产保护的文化趋势不谋而合。营造学社的实践过程中,并没有强调外植范式的所谓"内化",而是在自身文化身份的基础上,建立一种批判性的思路。不论是当下争议焦点的原真性,还是"修旧如旧"的保护原则,都以文化身份为标准进行了修正。

其次,保护外延的丰富性。虽然营造学社立足于研究中国古建筑,但建立在文化史视野的保护外延却尤为丰富。在类型上,不但包括了代表性建筑,如宫殿、庙宇、衙署等,而且包括了一般建筑,如民居,甚至彩画、织染等相关内容都被仔细研究。在空间上,除了建筑单体,还包括了园林和城市。而且在其研究中,并未对这些内容的代表性进行区分,而是认为它们均反映了传统社会的伦理秩序,与文化人类学中的主题不谋而合。更值得关注的是,其提出的对"一切无形之思想背景"的保护,无疑与当前的非物质文化遗产保护具有高度一致性。

以上立足于中国文化特性而提出的思想观念,不但与同时期的欧洲思想比较具有先进性,即使与当下的文化遗产保护趋势也有高度的一致性。

4.1.3 小结

(1)后发外生的路径模式是城镇文化遗产保护不可回避的历史逻辑

起点

中国城镇文化遗产保护是在"后发外生"的现代化背景下发生、发展和形成的。因而,中国城镇文化遗产保护的衍化形态中,深刻地烙印了"后发外生"的基本特征:发展逻辑的外生性、政府的强势作用,以及从基点向范式的运动过程中产生的价值碎片、时空失衡与试错困境。

不论是文化主导路径还是制度主导路径,都是为了实现范式目标,依据特定历史条件而发生的路径模式。对西方的保护发展历程对比可以发现,欧洲时期的城镇文化遗产保护围绕文化的内生原型展开,发展逻辑与价值理念的发展是统一、恒定的同步过程,文化遗产保护行为始终具有自发或自觉合理性。中国的城镇文化遗产保护则不然,立足社会基点的发展逻辑与面向目标范式的价值理念是预设发展路径中的递进过程,因而,城镇文化遗产保护模式不但因目标范式的外植特征而缺乏自发的合理性,同时因社会基点的时空跨越而不具有完全自觉的合理性。

中国的城市化依然处于高速发展的阶段,"后发外生"的现代化模式及其影响,依然作用于城市发展,继而影响城镇文化遗产保护。社会力量的不成熟和政府主动地发展转型,都表明中国的总体社会背景依然处于"后发外生"的发展阶段。中国城镇文化遗产保护的文化导向发生,依然是政府决策的外部目标驱动,而不是社会文化的内生调试结果。

因而在今后的一段时期内,"后发外生"的城镇文化遗产保护模式依然存在并发挥作用。这是城镇文化遗产保护不可回避的历史逻辑起点,也是中国文化遗产衍化形态与原型的重要差异之一。

(2) 内化整合是城镇文化遗产保护必须且正在经历的历史衍化过程

城镇文化遗产保护,作为一种外植概念,意味着一种异质性因素引入既有的社会文化网络之中,不但其运作条件与社会环境发生了根本性变化,而且其被外部关联网络所赋予的内涵结构也将发生根本性改变。要实现保护在其原型结构中的运行成效,就必须取得既有社会文化网络的广泛认同以建立价值内核,就必须尊重"后发外生"的现实条件以建立合理性基础。因而,中国的城镇文化遗产保护较之原型结构,增加了"内化整合"的过程。而这一过程,只能在中国本土的社会文化背景中展开和实现。而这些过程中产生的问题,都是原型结构中不存在,或即使相似也不具可比照性的。但能否解决这些问题,则是城镇文化遗产保护能否实现其成效的关键。

与关注西方城镇文化遗产保护历程不同,中国城镇文化遗产保护30余年的发展历程,始终在处理价值理念与发展逻辑之间的矛盾。不论是文化导向还是制度导向,都是试图解决矛盾冲突、进行内化整合的方法手段。

历史经验表明,在"后发外生"背景下的"内化整合"不但是可能的,而且是可行的。虽然,文化导向的城镇文化遗产保护路径所提供的基于文化视野的保护理念和运行结构,至今仍具有先进性。但因"发展危机"而忽略"内化整合"过程,已造成难以控制的"试错"损失,并导致中国历史文化名城保护的30余年困境。

总之,保护概念"内化整合"过程,是城镇文化遗产保护从外植向内生衍化的必然阶段,是决定中国城镇文化遗产保护形态的关键历程。

4.2 制度保护路径的现实形态

"后发外生"的发展方式,贯穿了中国城镇文化遗产保护的整个历史过程,在当前的城镇文化遗产保护发展过程中,依然起着决定性的主导作用。

20世纪后期,中国完成了从计划经济向市场经济的转型,经济高速发展,城市化水平提高,居民收入增加。对比"休克疗法"和"激进主义",转型的成功获得了令人瞩目的成就。然而,这一诱致式的制度变迁是以集中力量、进行单方面突进的非均衡方式实现的,在其转型过程中积累了诸多社会、经济、政治、体制方面的发展问题,如城市人口、城乡迁移、土地制度改革、住房商品化的发展、郊区化以及城市行政体系的变革等。积累问题所带来的危机已经严重影响到整个社会的运行机制。

在以上发展背景下的城镇文化遗产保护技术体系,采用了制度主导的"危机"模式,即保护的目标是为了在单方面突进的非均衡城市发展格局中生存。

4.2.1 城镇文化遗产保护的技术形态

4.2.1.1 价值取向:两极理念

城镇文化遗产保护,具有发展附属价值和法理绝对价值两重属性。"后发外生"背景下,立足社会基点、由政府主导的非均衡发展逻辑,暗示了城市发展过程中,一切非经济因素的"次要"性与可替代性,即城镇文化遗产是城市发展逻辑中的附属因素。而城镇文化遗产,作为普世道德,受到政府法律法规条文保护而具有法理性权威,具有绝对价值。

如同不同时空的社会成分会造成社会断裂一样,以发展逻辑下的附属价值和法理权威保障的绝对价值,成为保护理念的两极。在双极拉力作用下,城镇文化遗产保护在不同时空条件,被异化为诸多相互独立、分裂、离异的价值碎片。

从经济发展层级看,不同城市发展阶段对文化遗产保护有不同的主导需求。对于面临从工业化向后工业化转型时期的长三角、珠三角地区，尤其是上海、北京等已经进入后工业化时期的城市而言，文化遗产保护是具有城市发展战略意义的行动，是保障城市经济转型有效性的首要因素；而对于仍处于工业化中期的中西部地区而言，文化遗产保护依然是现代化发展中的从属性因素，面对高速经济发展的多重压力，开封千亿"再造汴京"、大同百亿"古城恢复性保护工程"等大规模的"重建古城"行动都表明了遗产资源的经济附属特征。

从社会层级结构看，不同的社会层级对于文化遗产保护有不同的认知程度。虽然在相关国家文件与政府目标中，文化遗产保护已经被列入社会发展计划，获得高度重视，近现代优秀建筑、工业遗产以及非物质遗产等新型遗产类型被写入《文物保护法》或出台了专项法规。但 2011 年国家文物局公布的《2010 中国公众参与文化遗产保护意识及现状调查》报告显示，大多数受访公众认为文化遗产保护地位远不及环境保护，两者的认同比例分别为 17.1% 和 57.6%，同时，文化遗产仍然被等同于文物古迹，对文化遗产保护活动的认知度与参与度依然很低。在经济利益博弈下的文化遗产保护甚至被弃之如敝屣。

从学术概念阐释看，文化遗产保护概念也因不同的人文背景而出现分歧，如南京老城南事件中，文物、环境风貌、一般遗产、场所意义以及文化认同等概念差异，导致第二次座谈会上各领域，甚至是同一领域专家之间的激烈争论。单就文化遗产保护领域而言，对"真实性"概念多种阐释的绝对差异，也成为雷峰塔重建中不同领域、不同标准之间的不可协同的争论原因。这些争论甚至引发了推翻文化遗产保护存在基础价值的言论，如对"真实性"作为文化遗产保护普适标准的否定以及"抵抗欧洲国家所谓的遗产保护经典制度"，这无疑是一种谬论①。

可见，这些价值碎片因受不同外部环境条件的影响和支持，故而相对独立地共存且彼此不可通约。城镇文化遗产保护的价值取向，并不是简单的发展附属价值或法理绝对价值主导的状态。而是在不同环境背景下"被选择"，重组为特定条件下的价值取向。

由于这些特定的价值取向是以自身经济、社会、人文条件为尺度综合

---

① 首先，这一言论所指向的真实性概念是以历史，而不是文化为基础的，甚至将奈良文件中的"真实性"的相对性概念解释为"没有定义的定义"。对文化遗产保护的绝对科学历史标准的追求，无疑是源自社会进步史观的思想背景。

其次，这一言论所强调的中国社会现实的"真实性"，暗示了"存在即合理"的思想涵构。不但否认了任何一种现实都是在历史基础上的演进，更忽略了中国城市粗放的发展现实及其长期积累的弊端的反思，以及文化遗产保护所承担的社会责任。

最后，文化遗产保护的目标不是建立某种制度或者是实现某种行动，它所指向的是文化与社会的价值凝聚，或者说是建立价值基础与实现价值的整合。没有一种特定的制度可以被称为经典，甚至英国和法国的保护制度体系亦迥然不同。正式制度的成败在于成效，正式制度是建立在非正式制度基础之上的。由此，无所谓经典与抵抗，应批驳的是"拿来主义"和"表象规律"，应探究的是"经典"之所以成为"经典"的结构性原因。

选择的结果,故而彼此之间具有不可公度的差异。并由此产生诸如"空前重视、空前破坏","形成了一套较为完善且具有中国特色的理论方法"却"未能有效地指导实践"的矛盾局面。可以认为,文化遗产保护的自发存在,缺乏稳固的、坚实的、公认的合理性基础。法理绝对价值的实现依赖于其他因素的空间让渡,而非自身合理性基础的博弈能力。

4.2.1.2　保护尺度:双轨博弈

在上述价值取向的形成中有一个非常独特的现象就是价值两极均是政府主导、自上而下的产物。保护及其绝对价值是政府通过法律法规方式赋予法理性权威,并推动其实施运行;发展及其附属价值是在特定历史进程中,政府自觉选择的结果,不但具有价值理性,而且已成为一种实践模式。两种由政府主导的价值取向,在历史进程中,由两大职能部门——建设部门和文物部门分别承担,并且联合展开城镇文化遗产保护管理。

两大部门共同管理的城镇文化遗产保护基本制度,在《中华人民共和国文物法》《中华人民共和国城乡规划法》等法律,和《历史文化名城名镇名村保护条例》《中华人民共和国文物保护法实施条例》等法规文件中得到落实。而文物部门所秉持的绝对保护理念与建设部门所认同的附属发展职能,成为此类文件条目中的必然条款(表4-4)。

然而,在"摸石头过河"的发展理论下,两极价值取向之间的具体执行尺度并没得到明确。随着城镇文化遗产保护行动的展开,因两极拉力作用而产生的价值碎片及其之间的不可公度性开始凸显。为维护各自部门的主导理念,文物部门和建设部门分别在各自的职能范围内明确了具体价值尺度的标准。

表4-4　中国城镇文化遗产保护相关法律法规一览表

级别	名称	颁布机构
法律	《中华人民共和国文物保护法(修订)》(2002)	全国人民代表大会
	《中华人民共和国城乡规划法》(2008)	全国人民代表大会
行政法规	《历史文化名城名镇名村保护条例》(2008)	国务院
	《中华人民共和国文物保护法实施条例》(2003)	国务院
部门规章	《全国重点文物保护单位保护规划编制要求》(2004)	国家文物局
	《全国重点文物保护单位保护规划编制审批办法》(2004)	国家文物局
	《历史文化名城保护规划规范》(GB 50357—2005)	建设部
	《城市紫线管理办法》(2003)	建设部
其他文件	《中国文物古迹保护准则》(2002)	ICOMOS 中国

从技术角度看,建设部门一般采用城市规划的手段进行保护,即"规划的保护"。"规划最基本、也是最重要的特征是它的未来导向性",除了自身的完整性和逻辑性之外,城市规划最重要的评判标准在于是否与城市的发展相匹配、是否能内在于城市的发展①,其本质是"规范的而非实证的"。故而"规划的保护"更注重研究城镇文化遗产如何匹配以及如何内在于城市的发展,更注重价值上的臧否。

文物部门则相反,一般采用文物保护的方法进行规划,即"保护的规划"。文物保护的根本原则是"不改变文物原状"和"最小干预"。保护和干预是以"原状"为导向,其评判标准在于是否实现了"原状"存在的真实性、完整性和延续性,其保护是实证的,而非规范的。故而"保护的规划"更注重研究如何在既有的城市发展条件下延续"原状"条件,更注重实践上的证伪。

未来态的"规划保护"和原状态的"保护规划",虽然都关注城市发展和遗产保护的内容,但不同的目标导向性导致了迥异的价值尺度和技术标准,形成空间上的"原状态"与"未来态"的比重之争。虽然《中华人民共和国文物法》是城镇文化遗产保护所能依据的最高等级的法律,但是在实际操作中,不可回避地存在着针对同一对象的保护技术双轨制,两者之间呈现不合作博弈的现象。

(1) 概念的多维化

2002年颁布的《中华人民共和国文物保护法》中,用不可移动文物的概念,替换了文物保护单位的概念。不可移动文物不但包括了之前的文物保护单位概念,而且包括了尚未核定公布为文物保护单位的不可移动文物,即在文物普查中登记备案的全部历史资源,均应与文物保护单位同等对待,要求"必须遵守不改变文物原状的原则",其保护、迁移、拆除均由文物部门负责管理。

2008年颁布的《历史文化名城名镇名村保护条例》(以下简称《条例》)为历史建筑保护进行了规定。历史建筑是指经市、县人民政府确定公布的具有一定保护价值,能够反映历史风貌和地方特色,未公布为文物保护单位,也未登记为不可移动文物的建筑物、构筑物。《条例》首次对历史建筑提出了明确的保护措施,要求按照保护规划的要求执行,其保护、迁移、拆除由城乡规划主管部门会同同级文物主管部门负责管理。

不可移动文物和历史建筑概念的出现,在法理上大大挤压了未来态"规划保护"所能够操作的空间。此前,文物保护单位之外的文化遗产资源,均是用以匹配并试图内在于城市空间的发展需求,可以用未来态"规

---

① 孙施文. 现代城市规划理论[M]. 北京:中国建筑工业出版社,2007.

划保护"标准进行更新。

不可移动文物和历史建筑,尤其是尚未核定公布为文物保护单位的不可移动文物概念的提出,改变了原有价值两极之间的空间分界,较之前确定了更为明确的价值尺度。但是,法律法规层面的价值尺度明确并不意味着价值分歧的相应消弭。由建设部门主导的城镇文化遗产保护管理与实施过程中,依然存在着的多维价值,通过博弈争取话语权(表4-5)。

表4-5 不同层面的城镇文化遗产概念比较一览表

	南京历史文化街区保护规划编制的建筑遗产概念	各城镇文化遗产保护办法层面的建筑遗产概念	法律法规层面的建筑遗产概念
历史建筑	文物保护单位	—	《文物法》的不可移动文物
	区(县)级控制文物保护单位	历史性建筑/旧城房屋/优秀历史建筑/历史建筑/历史风貌建筑/古建筑	
	第三次全国文物普查新发现不可移动文物		
	南京市重要近现代建筑		《保护条例》的历史建筑
	本次规划新推荐的历史建筑		
	风貌建筑		
	一般建筑	—	—

注:灰色一般为建设部门主管,白色为文物部门主管。

从各城镇文化遗产保护办法来看,在《文物法》中规定由文物行政部门主管的、尚未核定公布为文物保护单位的不可移动文物和"必须遵守不改变文物原状的原则"的保护措施,在各城市的文化遗产管理办法中被调整。2002年《文物法》颁布以后、2008年《条例》颁布以前,北京、上海、杭州、天津、苏州、无锡等城市分别制定了城市历史性建筑的修缮技术规定或保护管理条例(表4-6)。这些条例均将文物保护单位排除在外,而将尚未核定公布为文物保护单位的不可移动文物纳入保护范畴,并采取以建设部门的"保护规划"而不是《文物法》为依据的保护措施,其主管单位也迥异于文物行政主管部门的法律规定(苏州除外),而多采用建设部门会同或联合相关部门管理的模式。2008年《条例》颁布以后,2009年的《厦门经济特区鼓浪屿历史风貌建筑保护条例》和2012年的《武汉市历史文化风貌街区和优秀历史建筑保护条例》依然采用了以文物保护单位而不是不可移动文物为标准的分类办法,并在管理与实施措施中,采用历史风貌建筑、优秀历史建筑等名词,区分于《条例》中的历史建筑,管理模式依然如前。

表 4-6　各地区古建筑保护管理文件一览表

颁布时间	条例办法	对象名称	适用对象	主管机构	维护和修缮
2002/2003 年	《上海市历史文化风貌区和优秀历史建筑保护条例》、上海市《优秀历史建筑修缮技术规程》	优秀历史建筑	30 年以上的非文物保护单位的优秀历史建筑①	市规划管理部门和市房屋土地管理部门	按照保护规划的要求
2003 年	《苏州市古建筑保护条例》	古建筑	建于 1911 年以前或建于 1949 年以前,非文物保护单位的古建筑②	市文物部门	按照古建筑保护要求
2004 年	《杭州市历史文化街区和历史建筑保护办法》	历史建筑	50 年以上的非文物保护单位的历史建筑③	市规划行政主管部门会同市房产、文物行政主管部门	按照保护规划的要求
2005 年	《天津历史风貌建筑保护条例》	历史风貌建筑	建成 50 年以上的建筑	市房地产行政管理部门	按照保护规划的要求
2007 年	《北京旧城房屋修缮与保护技术导则》	旧城房屋	北京市旧城除文物建筑以外古建筑,以及近现代建筑	区政府	按照保护规划的要求
2012 年	《武汉市历史文化风貌街区和优秀历史建筑保护条例》	优秀历史建筑	建成 50 年以上的、非文物保护单位的优秀历史建筑④	市房屋主管部门会同市规划、文物主管部门	按照保护图则的要求
2009 年	《厦门经济特区鼓浪屿历史风貌建筑保护条例》	历史风貌建筑	建于 1949 年以前,非文物保护单位的历史风貌建筑	市规划部门	按照保护规划的要求

① 建成 30 年以上,并有下列情形之一的建筑,可以确定为优秀历史建筑:
(一)建筑样式、施工工艺和工程技术具有建筑艺术特色和科学研究价值;
(二)反映上海地域建筑历史文化特点;
(三)著名建筑师的代表作品;
(四)在我国产业发展史上具有代表性的作坊、商铺、厂房和仓库;
(五)其他具有历史文化意义的优秀历史建筑。
② (一)建于 1911 年以前,具有历史、科学、艺术价值的民居、寺庙、祠堂、义庄、会馆、牌坊、桥梁、驳岸、城墙、古井等建筑物、构筑物;
(二)建于 1949 年以前,具有重要纪念意义、教育意义的优秀建筑和名人故居。
③ 建成 50 年以上,具有历史、科学、艺术价值,体现城市传统风貌和地方特色,或具有重要的纪念意义、教育意义,且尚未被公布为文物保护单位或文物保护点的建筑物。建成不满 50 年的建筑,具有特别的历史、科学、艺术价值或具有非常重要纪念意义、教育意义的,经批准也可被公布为历史建筑。
④ 建成 50 年以上并具备下列条件之一的建(构)筑物,可以确定为优秀历史建筑:
(一)反映本市历史文化和民俗传统,具有时代特色和地域特色;
(二)在近现代发展史上具有代表性或者纪念意义;
(三)在产业发展史上具有代表性的作坊、商铺、厂房和仓库等;
(四)建筑样式、结构、材料、施工工艺和工程技术具有建筑艺术特色和科学价值;
(五)著名建筑师的代表作品;
(六)历史名人故居;
(七)其他具有历史文化意义的建(构)筑物。
建成不满 50 年,具有特别的历史、科学、艺术价值或者具有非常重要纪念意义、教育意义的建(构)筑物,可以作为优秀历史建筑按照本条例的有关规定加以保护。

更为复杂的、迥异的遗产概念，出现在城镇文化遗产保护规划的编制中。在 2012 年公示并获得批准的南京市《荷花塘历史文化街区保护规划》中（表 4-7），提出了文物保护单位、历史建筑、风貌建筑和一般建筑等四个等级。其中，历史建筑包括区级控制文物保护单位、第三次全国文物普查新发现不可移动文物和本次规划新推荐的历史建筑。这一模式在随后展开的 16 片历史文化与风貌街区的保护中获得推广。

将各个层级中的建筑遗产概念体系加以比较，可以发现，除了文物保护单位和一般建筑（往往指破坏风貌，应整治或拆除的建筑）可以获得广泛的共识，两者之间的广泛的建筑遗产，在概念上及其相应的管理主体上，复杂而混乱。

建筑遗产概念体系中的错位现象，表明了城镇文化遗产保护在具体价值尺度上的争议。《文物法》中的"不改变文物原状"，在面对高速城市化的背景和现实时，是否具有可操作性和科学性？真正的矛盾或许在第三次文物普查公布之后发生。从 2007 年起，历时五年的第三次文物普查，全国共登记不可移动文物 766 722 处。新发现文物 536 001 处，占登记总量的 69.91%，较第二次文物普查数量增幅超过 200%。仅南京地区登记的不可移动文物点 2 871 处，其中新发现 1 813 处，占登记数量的 63.15%。一旦第三次文物普查新发现的对象由文物部门陆续公布，现有城镇文化遗产保护管理办法及相应保护规划与相应法律法规的冲突，将更加凸显。

表 4-7 南京《荷花塘历史文化街区保护规划》中的遗产概念划分

要素		文物保护单位	历史建筑		风貌建筑		一般建筑
			第三次全国文物普查非文保单位成果	本次规划拟推荐			
现状评价	年代		明清及以前、民国		不限		不限
	风貌		一类 二类		一类 二类 三类	四类	不限
	质量	不作评判	不作评判	一类 二类	三类	三类 一类 二类	一类 二类 三类	四类
	其他						与相关法定规划冲突
规划对策	对策	保护	保护	保护	保留	保留	拆除（保留有价值的建筑构件）
	措施	修缮	修缮	修缮	修复	修复	整治	整治	改建	拆除（价值高的可重建）

资料来源：南京市规划局
注：基本按照原址、原尺度、原风貌复建的价值较高的建筑可作为历史建筑进行保护。

（2）时空的碎片化

虽然《历史文化名城保护规划规范》(GB 50357—2005)中明确规定了历史文化街区与文物保护单位或保护建筑出现重叠时应服从的规划控制要求，但在实际的操作过程中，尤其是当历史文化街区与文物保护单位高度重叠时，未来态的"规划保护"和原状态的"保护规划"之间的冲突难以规避。

"南京中央大学历史风貌区"就是历史地段与文物保护单位高度重叠的典型案例。在该地段中，全国重点文物保护单位的保护范围占历史地段总面积的30.6%，占校园建筑数量的比例为25.3%，而且处于整个校区的功能核心区域。

在原状态"保护规划"作用的1/3校园核心地段，执行的"不改变文物原状"和"最小干预"原则，难以满足校园使用安全性和功能适应性两大要求。"最小干预"意味着进行人为干预的临界点是本体存在的安全性，而不是建筑本体使用的安全性。在国家建筑安全规范和文物保护单位的自然衰败的双重标准衡量下，校园建筑通常处于"带病"使用的不安全状态。"不改变文物原状"意味着正在使用中的校园建筑，不能也难以随着教学和校园功能的发展而更新，只能不断退出主体功能使用。

未来态"规划保护"生效的2/3校园空间，则将保护作为一项社会性工程，其中的重要原则就是要实现历史地段的可持续保护与发展。对于校园而言，可持续不但意味物质空间上的使用延续性，更意味着其人文精神、教育科研功能的延续性保护。使用延续性，意味着需大于"最小干预"原则的干预措施，而人文精神和教育科研功能的延续性则意味着需要对文物原状进行适应性更新。

原状态"保护规划"覆盖空间内的时间嬗变的程度是低于未来态"规划保护"覆盖空间的。当两种价值目标在中央大学历史风貌区内，按2∶1的空间比例各自执行相应的规划控制要求时，整个历史地段就被功能和使用分割开来，并随着时间的流逝而越发明显。由此，中央大学校园百余年形成过程中所产生的历史积淀性和空间层叠性的整体特征，因为不同的规划控制措施，在其后续的发展中产生时空上的分异。在文物保护单位保护范围内的时空变迁速率，较缓于文物保护单位之外、风貌区保护范围之内的时空变迁速率。

由此，从空间整体的角度看，"不改变文物原状"的保护原则不但没有实现，而且造成了时空整体性的断裂。不依据空间发展的脉络，而依据本体环境划定的文物保护单位保护范围，则使新的时空分异现象消融了空间历史积淀性和空间层叠性的可辨识度，进一步造成了整体性的破坏。中央大学历史风貌区内，规整严谨的，由教学、科研等大体量主体建筑构成的核心空间与零散杂乱的、由实验室、办公室等小体量附属建筑构成的附属空间的鲜明对比；外围新建大规模、大尺度建筑的相对独立的空间形态与内部中等规模体量建筑组群的围合呼应的空间形态的鲜明对比，都表明了街区空间延续的碎片化。

这并非只是一个特例，在《南京历史文化名城保护规划(2010—2020)》中确定的9片历史街区和22片历史风貌区中，文物保护单位的保护范围比重超过50%的有2片，20%~50%之间的有6片，占全部历史地段的25.8%。

整体空间的碎片化还产生于保护评估的双重标准。遗产评估并确立保护等级的重要目的是确定与之相对应的干预措施。一般而言，评估往往是依据遗产价值展开的，依据价值的高低采取对应的措施。但是，对于已经成为文物保护单位或历史建筑的而言，参与还是不参与评估，其结果已经被明确，故而遗产的评估是没有意义的。之前已经批准的保护规划的建筑遗产等级划分，因规划期限内的法规效应，其等级与对应的保护措施也难以调整。因而，对于整体历史空间内的建筑遗产保护评估而言，存在着价值评估与身份评估两种标准。

对遗产认识的过程性特点，使得判定为相似价值的遗产，可能因身份的不同而产生分异。如同一历史空间中的A、B两个相似建筑遗产，如果A处在"不改变文物原状"的控制措施中的时间大于B，那么A、B之间必将产生时空的差异。经历的评估次数越多，控制措施尺度差异越大，遗产的空间分异度越大。空间形态在时间维度上的整体性不可避免地呈现碎片化趋势。

4.2.1.3 技术方法：断裂重构

在保护标准的双轨不合作博弈条件下，技术方法一般采用"底线式"保护的技术方法，整个技术过程包括提出保护名录、划定保护范围、提出控制措施、制定保障政策四个步骤。对象→范围→措施→保障的"底线式"技术过程，简化了城镇文化遗产保护面临的复杂、多变的环境，成为经济高速发展模式下展开保护的最佳选择。

"底线式"保护方法首先预设了城镇文化遗产是有界和有限的。不但历史文化名城本身具有清晰的遗产与非遗产边界，而且每处历史资源，历史资源的每个构成组件，都可以科学地划定出遗产与非遗产的边界。边界内外，产生不同的保护措施，从而可以有效地满足两种不同价值取向以及保护双轨制的不同要求。

遗产空间界限，并不完全指历史空间界限。在缺乏如城墙、河流等明确历史空间界定的物质要素的情况下（通常状况），遗产空间界限更常指现有的城市空间界限、保护价值的空间分布界限或两者的综合。如现有行政区划、道路交通、河流山脉等城市空间界限；或具有一定规模且相对集中的历史建筑群、历史结构要素（如历史轴线、城墙城河等）及其地理相关（非历史相关）遗存等价值分布界限。由此，历史时空系统的保护被碎片化为多个现存空间完整、保护价值相当的遗产要素及其相邻空间的保护。

遗产界限内的"底线式"保护措施，重点在于确定每个空间要素的控制尺度。被确定的保护对象与外界发展环境的相对隔离，构成一种特殊的城市空间。这一空间的发展形态，采用了与"以经济建设为中心"相似的理念，奉行以保护为"绝对理念"的非均衡方式。而其外部，则往往受快速城市化和大规模建设支配，或衰败或湮灭。由此，界限内外具有原状态和未来态两种不同的发展导向，并带来时间标度上的差异。

保护措施预设了城镇文化遗产是具有等级性的，不同等级的遗产对应不同的保护措施。较高保护价值的遗产应"不改变原状"；而较低等级遗产是可以在容许尺度下，以较高保护价值的遗产或特定历史时期的形态为范本来"改变原状"；不符合"绝对理念"定义的建筑，则必须以"不影响"为原则进行整治或拆除。由此，保护区域内，只具有不同时代对历史文本阐释的时间标度，而无时代本身的印记。保护区域内外，将产生不同的空间历时性过程，两者在时间维度上的差异度将越来越大。

然而，空间发展的混叠性与相对历史性特征，使得"底线式"的界限与措施必须面对复杂的现实情况。一方面，中国城市化滞后于工业化，使得大量要素集中于有限空间，工业、交通、商业、市政等现代化功能的空间争夺，导致空间上的重重叠加，如城市道路的不断拓宽、城市空间的二次乃至三次开发、城市设施的屡屡重建等。另一方面，改革开放的巨大社会变迁，带来社会形态的复杂化。世居户、经租户、临租户、流动人口等多类型人群的存在导致其零散、混合程度较过去更有过之而无不及。此外，在同一城市空间中，因不同的产权、功能、环境等差异而呈现不同的建设时代的"拼贴"面貌，形成空间的相对历史性。如相对1990年代的建筑空间而言，1960—1970年代的城市空间无疑具有历史性，而较之同一空间范畴内的建国初期建构而言，那无疑又是一种现代特性的代表。更为复杂的是，不同历史空间并不呈现明显的区域分界，多呈相对历史性和绝对混叠性。哪怕在发展相对滞后的历史文化街区内，不同建筑风貌之间的时间跨度亦从十年到百年不等。单体建筑更在多次自发性现代改造中呈现出多种风貌、结构与材料的混杂状态。

因而，遗产的现实界限与保护的绝对理念，造成了城镇文化遗产原生境系统的断裂，并带来了城镇文化遗产系统的理性重构。

（1）时空系统的断裂

城市形成是地域自然、人文、经济等多重因素作用的结果，并影响到城市所在地域的自然、人文、经济等因素,是变迁的整体系统。中国历史城市价值,不单反映在城市或其内部的建设形态上,更反映在其受地域或历史网络的影响,以及对地域和历史网络的反作用。每一个城市建(构)筑物的产生、发展、更替都与历史背景或周边环境发生着密切的关系,形成交织、叠加的传统城市特征。在空间上,信息平铺无隙地,说"草木皆有史"亦不为过。在时间上,信息层叠无彼此,说"脚踏六朝土"亦有凭据。然而,时空交叠的遗产系统在"底线式"保护模式下产生了断裂。

① 空间系统性的断裂

城镇文化遗产系统空间共时性断裂的最典型表现是历史文化街区的"孤岛"化、"戏台"化现象。不论是从质量、环境、密度、安全等空间角度,还是从人口概况、社区组织等社会、经济角度,历史文化街区的内部与外部都形成了截然不同的物质和人文生态。这样的对比结果,被总结为结构性衰败、功能性衰败和物质性衰败,并成为历史文化街区的普遍问题。

当前城镇文化遗产保护的实践中,已经注意到了作为城市意义上的文化遗产所具有的社会、经济、功能多重属性。并提出了原住民回迁、保护非物质文化遗产等具体措施。然而,目前的技术措施中,过分强调特定保护价值的延续,而忽视遗产存在与发展的空间完整性与环境关联性。

首先,是空间功能系统的断裂。在原住民生活延续性的保护中,过分强调居住功能和由此衍生的产业形态、邻里组织、空间肌理,而忽视传统居住生活对书院、寺庙、会所、商铺、古井等各种传统生活和市政等传统配套设施的依赖。如南京城南门西的沿街挑卖、老虎灶房和收夜香等构成城南日常生活的成分,古井、火巷、镇宅缸、封火墙成为传统居住安全的保障,愚园是老人早锻炼、孩童嬉戏的重要空间。

当传统居住生活丧失了其依赖的传统配套设施,甚至如小百花巷的古井,因雨污分流导致井水污染而无法使用,而现代市政、交通等生活配套设施又难以适应传统空间形态,如钓鱼台地区因街巷过于狭窄而无法安装煤气管道,甚至发生火灾危险时,传统居住生活的系统就已经被破坏,简单地保护居住空间和居民,将不可避免地导致"皮之不存,毛将焉附"的原住民流失、"绅士化"、空心化等诸多"真实性"破坏现象。

其次,是空间人文系统的断裂。在非物质文化遗产保护中,将地域空间范畴内的非物质文化遗产局限于某个街区、某个地段之内,使得非物质文化遗产与其真实的地域人文环境相脱离。如福州三坊七巷将整个福州的非物质文化遗产项目填充其中。这些非物质文化遗产未必生于斯长于斯,甚至非遗传承人都不在此居住。再如南京云锦木机妆花手工织造技艺产生于南京老城南门西织锦作坊,其真实空间载体云锦行会"云章公所"以及云锦机房"吉公兴"旧址在2006年被拆除,创作、收藏和传播其工

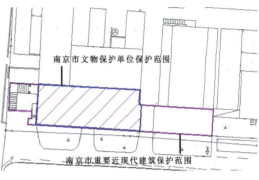

艺的河西云锦研究所和"中华织锦园"都不具有真实的空间归属意义。从某种程度上说，非物质文化成为"戏台"，传承人成为"演员"，人文的真实转变为戏剧的夸张与虚假，磨灭了人文心理上对传统文化的尊敬，代之以快餐式的消费。

最后，更为严重的割裂，则是因过分强调遗产保护价值，而造成空间构成体系的断裂。如南京泾县会馆中保护价值较高的主体部分大百花巷15、13号，2006年被纳入南京市文物保护单位，而保护价值较差的附属部分小百花巷1~3号，则是秦淮区文物控制单位（图4-3）。而中央大学工艺实习场的初建部分被划为南京市文物保护单位，在南京市重要近现代建筑的保护范围中，初建及扩建部分均被纳入保护（图4-4）。针对同一对象的两种不同保护级别，意味着对空间历时性过程的两种干预力度，必然导致人为的、而非自然演化下的空间分异。

在更大的地域空间上，也存在明显的断裂。如历史文化名城保护中，往往重视罗列名城、名镇、名村和保护单位的名录，而忽视地域内的历史空间的延续与保护。如佐证南京为南北对峙时期，南方政权中心地位的物质空间——为都城建设和物资供给而建立的与太湖腹地联通的交通系统（如破岗渎、古驿道等）和随着南京历史建制变更而繁荣、衰败的古镇古村（如湖熟古镇、秣陵古镇等），或因行政区划而未纳入保护，或忽略历史城镇体系的结构，仅保留彼此分离的空间散点。

② 空间历时性的湮灭

城市历史空间保护的碎片化现象，已经引起了一定关注。《南京历史文化名城保护规划（2010—2020）》中提出的"历史城区"和2010年编制的《武汉市历史文化与风貌街区体系规划》都已经开始从整体和结构的角度研究城镇文化遗产。然而，目前的技术措施中，倾向于保护空间中具有典型意义的时间片断，而忽视空间发展的历时性。

首先，时空层叠性的湮灭。对遗存的保护中，往往过分强调某一个时期的形态完整性，而将保护价值相对较低的、风貌不一致的后期叠加建设

图4-3 南京泾县会馆的两级文物保护单位边界
资料来源：南京市规划局

图4-4 中央大学工艺实习场建筑保护范围示意图
资料来源：南京市规划局

图 4-5 金陵机械制造局与大报恩寺遗址保护区划的叠压关系与调整示意
资料来源：南京市规划局

保护区划叠压关系图　　　　　　建议调整后

加以改造或拆除，以特定历史时期的形态价值抹煞在历史过程中形成的历时性价值。如广州明城墙修复中的"弃楼保墙"之争，文物价值一般的民国建筑，在与省级文物保护单位明城墙发生空间重叠时被拆除。这一结果在保障明城墙的安全性的同时，磨灭了历史空间在时间维度上的层叠性——从明代到民国时间标记。再如南京金陵机械制造局的民国厂房建筑（省级文物保护单位），因叠加在全国重点文物保护单位明代大报恩寺遗址之上，而不得不向南搬移（图4-5）。

其次，时空标识性的湮灭。历史地段的保护措施中，常常因要素不具有文物价值或者因保护价值较低的理由进行整治或拆除，而不重视要素在整个历史地段中所具有的时间标度意义。如"南京老城南历史城区城市设计"改造单元的引导案例——"江苏电大建邺分院"更新策略。虽然建于1990年代的江苏电大建邺分院教学楼，被认为质量较好且具有一定的时代特征，但依然采用当代建筑手法，对其外立面进行了整治设计。虽然保留了原建筑的结构，但抹煞了1990年代的教学建筑特征。如果因循"城市设计"中"与历史风貌不协调的现代建筑"的判定结果，可以说设计的结果是在街区风貌上用2009年的不协调取代了1990年代的不协调，同时用2009年的时间标度取代了1999年的时间标度。更具有典型意义的是国立中央大学的保护，1910年代形成的、以操场为核心的三江学院格局被长期忽视，其格局要素工艺实习场被拆除过半，反之1930年代鼎盛时期的国立中央大学古典式校园格局则被高度重视，轴线两侧的建设被严格控制。

最后，时空延续性的湮灭。在南京老城南的保护中，时间发展的过程性被保护策略忽视。从1927年、1934年和1946年南京京市铁路两侧的

图 4-6 1927 年（左）、1934 年（中）和 1946 年（右）南京京市铁路两侧民国重要建筑分布图
资料来源：南京市规划局

重要民国建筑分布可以看出（图 4-6），在新中国成立前，民国建筑已经在老城南地区占有一定的比例，而现存统计表明南京老城南地区新中国成立后的建筑占据 63.8%，民国建筑占 13.5%，明清风貌建筑所占比重仅约 1/5。可以说，老城南是南京明清历史风貌留存最集中，但不是以明清风貌为主的地区。但在老城南历史城区和中华路南唐御道的保护措施中，除了控制高度、体量、风格、色彩等风貌外，要求新建建筑与传统建筑风貌协调，甚至以传统风貌为主，忽视了民国城市建设对中国传统城区渗透、蚕食的历史过程，以及新中国成立后现代化城市改造过程和对老城南的改造历史。

（2）空间系统的理性重构

从上述分析可知，"底线式"的文化遗产保护造成了城市的时空分异。为了实现城市整体、统筹和协调发展，避免城镇文化遗产保护区域的时空隔离，一种基于理性重构的保护思想被提出，其目的是建构历史文化的消费。

"要跳出'孤岛式'的保护模式，必须加强历史文化资源之间的联系及其整体的系统性，努力从断裂的结构、肌理、片断走向包含多样性和连续性的系统策略。"[①]理性重构的保护目标是将不同时空、不同发展政策下的碎片化空间整合到同一个平台上。从保护的视角看，是要解决文化遗产的延续性问题。

理性重构的措施往往采用理性主义的规划思想。通过充分的数据信息——如对社会价值体系（或社会需求）的充分了解、对传统肌理和空间

---

① 周岚. 历史文化名城的积极保护和整体创造[M]. 北京：科学出版社，2011：220.

构成的解析,运用系统评估的分析方法,进行量化预测(包括设计-规划预算制度,即 PPBS),确定适宜的历史空间整合与建构方案,制定相应的保障与实施措施。

在上述技术过程中,重构的历史文化网络方案不但是决策、实施行为的必然选择,而且可以有效利用资源或是达成既定社会价值观。这表明"重构"是现代意识观念中的理想历史"蓝图",是用新生境的范式阐释原生境系统而创造出一种新的网络系统。它① 假定遗产保护现实状况与未来变化,在条件充分的前提下,具有必然的一致性;② 假定全部可供选择的文化遗产保护"备选方案"和"策略"的可能结果都是已知的,而重构方案是其中的最适宜选择。

但在"有限理性"制约下的未来具有广泛的不确定性,质与量的变化均可能导致"最适宜"的转移,相同的保护策略可能导致完全不同的成效,如"新天地"模式在上海和杭州的不同结果。因而,规划结果只能实现一种发展策略的承诺,而不能也不应勾绘出具体的答案。

历史空间网络重构的结果是城市历史遗产"群体"结构形态的真实性死亡,和遗产价值的最终损失。

① 功能性重构的反思

早期的理性重构方法主要以使用功能等作为空间整合媒介,从功能结构和空间战略的角度,建构城镇文化遗产保护的系统网络。

首先,功能布局的重构。功能布局的重构主要指对城镇文化遗产保护所在的空间进行综合梳理,通过功能转移的方式,撤出因遗产保护与城市发展的对立而产生激烈空间冲突的焦点要素,缓解两者的矛盾并实现协同。如历史文化名城南京,在 2001 年底正式确立"一城三区"城市空间建设战略构想,是主动跳出 243 km^2 的"围城",在老城之外拓展新发展空间的策略。一方面为南京城市发展提供了空间,另一方面缓解了老城的压力,为老城区的保护提供可能。与这一战略构想相配套,提出了"一疏散三集中"(即疏散老城人口和功能、建设项目向新区集中、工业向工业园区集中、大学向大学城集中)的空间功能布局和"圈层式"(新街口内核 10 km 范围内发展文化相关产业、中圈层 10 km 范围内发展高新技术和先进制造业、外圈层 20 km 范围内发展农业和旅游业)的产业发展布局。

然而,城市的发展是一个系统性的工程。保护与发展矛盾焦点功能和产业的空间撤出,并没有使老城的城镇文化遗产保护获得理想中的发展空间,局部功能外溢导致了严重的交通钟摆潮汐现象。而从老城到外围的大规模交通建设,与城镇文化遗产的保护产生了严重的冲突,如 2006 年的地铁明故宫站事件、2011 年的南京梧桐树事件以及因地铁建设和道路拓宽而展开的民国建筑集中路段太平南路的整体拆迁改造。可以说,新一轮城市建设下的城镇文化遗产破坏现象,正逐渐展开。

其次,功能定位的重构。功能结构的重构主要指通过调整空间功能,实现保护与发展的相互融合共生。在遗产保护与城市发展两个方面,均采取调整措施:

一是调整城市功能定位。如历史文化名城南京,在城市总体规划中明确提出"现代化国际性人文绿都"的发展定位。继而在《中共南京市委关于坚持文化为魂、加强文化遗产保护的意见》中,明确南京老城"双控双提升"的发展战略,并提出限制发展房地产业、适度发展优质公共资源、鼓励发展文化产业的引导措施。新一轮城市总体规划将外围"三区"改成"三城",试图通过三片区域自身功能的完善,实现老城功能的完全疏解。

然而,城市功能定位的调整,尤其是优质公共资源的适度发展和外移,意味着老城空间内的居住生活配套水平的下降,以及既有人文氛围的改变。那么,何种程度的改变,可以在实现老城城镇文化遗产的保护的同时,避免南京老城重蹈欧洲古城人口老龄化、遗产乏人问津的全面衰败?在解决保护与发展空间争夺问题的同时,是否引发了人文资源被遗弃的危机?保护与发展之间的尺度问题始终不能避免。

二是调整城镇文化遗产的使用功能。最为典型的案例是近现代建筑遗产的功能调整,如南京1912街区、晨光1865创意产业园、光华东街创意东8区、板仓街江苏文化创意园等,利用老厂房、老住宅的历史风貌特色,引入创意文化、休闲娱乐等现代服务业,将外在的历史风貌,作为承载适宜的、城市新功能的容器。

然而,符合城市发展定位并保持城镇文化遗产价值的功能调整措施,更适应近现代城镇文化遗产,而难以在传统文化遗产的保护中展开。中国近现代城镇文化遗产的尺度、体量、功能是大规模工业化生产的产物,与城市现代化发展的现实环境源流相承,故而较易实现价值的基本传承。而中国传统城镇文化遗产,由于其与城市现代化发展截然不同的生存环境,故而两者的兼容更为艰难。或是保留其价值而难以承载现代城市功能,如现代市政设施布局与历史文化街区空间的矛盾;或改造以承载现代城市功能但不可避免价值的损失,如历史文化街区肌理和人文氛围与现代居住模式的矛盾。强行嫁接,则广为诟病。

可以说,遗产保护与城市发展的功能结构调整在一定程度上缓和了保护与发展之间的矛盾,但并没有实现融合共生的目标,并且可能引发一系列的次生矛盾。

② 景观性重构的局限

新的尝试是用景观生态的方法建构文化生态的系统。通过串联、织补、延续、发展等手段,将片断的、被分离的历史要素组合起来,形成历史

 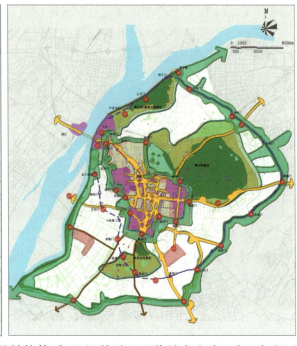

图 4-7 南京老城(左)、主城(右)文化景观空间网络
资料来源:南京市规划局

文化遗产保护与彰显的结构体系,组织其融入现代城市之中。如《南京历史文化名城保护规划(2010—2020)》建构的"一心、一环、三片、五带"历史文化网络空间体系(图 4-7)。这一网络体系的全部组织要素都是具有历史意义的,或者是历史上的重要组织性要素,如明城墙、历史轴线等。

但是,这些要素重构的网络体系,并不具有传统城市范式的结构性特点。从某种意义上说,这样的结构是现代观念下的城镇文化遗产系统"重构",而并不意味着遗产系统的"真实"。

更为激烈的做法,则是对门西地区凤凰台、杏花村的恢复。南京明城墙未建时期(唐代)的历史景观意向"凤凰三山""杏村沽酒",彻底颠覆了明清两代对城西南隅织户云集、屈曲幽深的历史景观意向。更为矛盾的是,这一措施与总体规划中要求保护明清风貌的举措明显相左(图 4-8)。

应该说,"底线式"保护造成的断裂,是人为形成的断裂,而不是真实存在的断裂。城镇文化遗产在其历史空间的演化界限内,依然维持了时间与空间维度上的系统真实性。系统真实性的替代,可以作为现代观念中的历史空间阐释与解读。但从保护的角度而言,这与保持外貌而改变功能,甚至仿古的保护手法一样,依然是遗产价值的损耗。

4.2.2 城镇文化遗产保护的运行形态

4.2.2.1 决策管理:政府终决

"后发外生"历史发展特点决定了政府是文化遗产保护的主要推动和保障力量。因而政府立足于自身发展基点和政治价值,超越了两极理念

图 4-8 老城南门西地区的用地与建筑现状（上）和规划设计（下）对比
资料来源：南京市规划局

的争端，对发展附属价值或法理绝对价值进行重组，成为保护执行中的最终价值尺度和决策方案。

（1）技术决策：行政性干预

政府通过行政干预的方式，影响技术层面的措施制定，以获得价值尺度的最终裁判权。

在早期的历史文化名城保护中，表现为对规划控制措施的随意变更。如南京莫愁湖地块在1984版《南京历史文化名城保护规划》中，就被划入为环境风貌区——石城风景区，1986年国内第一部经市人大批准、市政府正式颁布实施的分区规划中划定该地块为绿地，并要求严格保护该用地（图4-9）。但1990年代，政府为了实施莫愁湖地块（二道埂子）淹水片区改造，将该地块作为绑定用地出让给万科地产。万科将该用地开发为高层住宅用地，不但阻挡了清凉山和莫愁湖的视线，将石城风景区内部切割为两个个体，而且破坏了山水相依的历史环境风貌，直接造成金陵四十八景中"莫愁旷览"景观的消失（图4-10）。

随着城市规划法律地位的不断提升，上述随意更改规划控制要求的显性行政干预行为逐渐转为隐性。2001年，南京市政府正式启动宝船厂遗址综合整治，建设宝船遗址公园的计划。文物局最初划定的保护范围将六条作塘均纳入其中。后因南部宁工新寓所占三条作塘的既成现实，以及北部金浦公司"以地补路"的补偿用地情况，对该方案进行了第二次调整。2002年1月22日，市政府在上报的两个保护范围划定方案中批

图 4-9 1986年由南京市人大批准通过的《莫愁分区规划》
资料来源：南京市规划设计研究院

图 4-10 万科地产开发后消失的金陵四十八景"莫愁旷览"
资料来源:南京市规划设计研究院

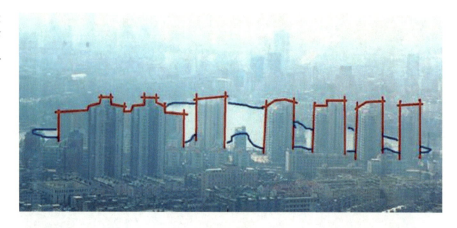

图 4-11 南京龙江宝船厂遗址保护范围调整方案
资料来源:南京市规划局

第一次方案　　　　　第二次方案　　　　　最终批准方案

示"为兼顾保护与开发,同意保留三条水道,公园用地控制在200亩的二号方案",保护范围进一步缩小(图4-11)。

相似的现象还存在于南京历史文化街区保护范围的演变中,从1988—1991年南京建工学院调查划出的9片保护区、2片控制区,到因城市建设实际需求缩小为1992版《历史文化名城保护规划》的5片城南民居(图4-12),再到经历了数年破坏与建设后,2002版《南京历史文化名城保护规划》保护范围的进一步缩小(图4-13)。

在以上决策过程中,文物部门和规划部门作为政府职能的一个组成部分,并没有或仅有有限话语权。政府的主导价值体系,成为评判技术结果可行性的绝对标准。

(2) 运行决策:政府间博弈

不同价值观念的持有者,通过参与政府间的部门或层级博弈,以实现最终裁判权。

地方政府价值对于保护运行的干预,则表现为以政绩为主要衡量标准的行政选择。如1980年代,南京市政府实行"以地补路"政策,借助开发商修路,给开发商划拨用地作为奖励,公共利益成为政府和开发商达成最终,位于南京"龙脉"之上的太平门明城墙遗址地块,被出让开发为最早

图4-12 1991年10月南京建工学院《南京城南民居保护》划定的城南保护区范围
资料来源：南京市规划局

协议的筹码。的商业居住小区之一——金陵御花园。

进入1990年代以后，公共利益的交易受到广泛的批评，地方政府主导的保护运行方式转为政绩性保护。以南京的明城墙保护和明故宫保护的鲜明差异为例：

明都城城墙，由于其规模宏大，具有世界性的影响，同时与旅游开发的热潮相契合，而成为政府改善城市形象的开发品牌。保护政策、资金得到充分保障，规划得到较好实施。1992年，市政府下达指令性任务，开展首次较为全面的南京明城墙保护规划，并携此规划赴日本名古屋争取友好城市及日本友人的维修资金。1996年，江苏省人大颁布了《南京城墙保护管理办法》，并纳入《南京城市总体规划》。1999年3月，市政府批准了《南京明城墙风光带规划》，现存23.15 km城墙段外侧，90%以上的环境整治工作已完成；2005年，南京明城墙保护项目获"中国人居环境范例奖"；2006年，南京市颁布了《南京城墙保护管理办法》。

图4-13 1992版（左）和2002版（右）《南京历史文化名城保护规划》中的城南历史文化街区与风貌区范围
资料来源：南京市规划设计研究院

与此同时,具有同等价值意义的明故宫地区(相似的还有外围的三重城廓、城市历史轴线、"龙蟠虎踞"自然风貌等),则因为涉及利益相关群体太多太广、投入资金成本庞大和开发利用难度过高而被长期搁置。2002年明故宫地区编制了第一份保护规划《南京明故宫保护与发展规划》,但随后展开的《南京老城控制性详细规划》并未将其要求纳入进行深化落实,也没有进一步地编制详细规划实施方案,明故宫地区的保护处于长期停滞状态。2006年,因地铁二号线明故宫站点的选址,文物部门和规划建设部门之间发生了激烈的争执。南京园林、建设、交通三部门都认同南京规划部门的意见,倾向于明故宫中轴线方案。同年4月,南京地铁明故宫站中轴线方案送江苏省有关部门批复,文物局也被迫展开考古勘察工作。直到5月25日,经国务院批准,南京明故宫从省级文物保护单位升级为国家级文物保护单位,这场风波才告一段落。

在这一过程中,持有不同价值观念的政府部门间博弈,演化为政府层级间博弈。这样的博弈形态已经成为中国文化遗产保护决策管理中的一个鲜明特点,2006—2008年,南京受到国务院对文化遗产保护的干预批示就有两次,常州、天津等地也出现相似情况。

4.2.2.2 施政过程:多维博弈

与国际文化遗产保护在争论—共识—批判—重构的演进中,形成适应其特定社会、文化、政治、经济涵构的范式模型不同。时空压缩的"后发外生"发展模式,促使中国必须在短暂的时间内实现范式模型的植入工作。

从遗产保护的角度看,概念启蒙是起始于14世纪彼特拉克的古罗马保护,迄今约600多年;保护体系是起始于法国大革命之后的公共行政体系,迄今约200多年;保护理念是起始于修复与反修复之争的尘埃落定——《雅典宪章》,迄今约80多年。而在中国,直到1874年,美国传教士丁韪良才在《中西闻见录》发表《古国遗迹》一文介绍作为古物保护萌芽的思想基础——西方现代考古学观念,迄今仅百余年。

从城市发展的角度看,世界性历史城市的发展历程大致分为四个阶段:一是高速城市化的城市结构扩张;二是伴随结构扩张的城市功能疏散;三是内城改造与更新,直接相关城市保护的建设;四是都市圈的协调①。一般而言,欧洲国家从二战之后,就开始了城市扩展和疏散的过程;在1970年代的现代城市建设反思期,开始内城的保护与更新;在

---

① 前两个问题一般同时出现,是面对现代化都市建设下城市发展的阶段(在少数城市,如罗马和伦敦,这一过程分成为现代化而进行扩张和为防止集聚而进行疏散两个部分)。

1990年代面对都市圈的协调发展问题,前后历经约50年的发展历程。而历史文化名城南京,在2001年,提出"一城三区"战略的同时,依然处于内城的保护与更新的阶段,即要在21世纪初同时面对50年发展积聚的矛盾(表4-8)。

要在短时间内完成树立保护观念、建构保护制度、完善保护技术的全部任务,就不得不采取时间跨越的发展方式,使得多重发展阶段的保护问题在短时间内集聚。最为典型的后果是保护观念尚未树立,保护体系就必须完善;保护模式尚未定型,保护理念已时过境迁;物质文化遗产保护还在探索中,非物质文化遗产保护就已迫在眉睫。

因而,中国的城镇文化遗产的施政过程,并非同一时空下、由两极拉伸下的多元化价值形态直接参与施政博弈过程的多元博弈形态,而是通过时间和空间维度的叠加,产生的多维博弈形态。

(1) 延时性博弈

延时性博弈一般发生在时间维度上,指不同时期政府行政行为之间的博弈。"后发外生"的社会发展背景暗示了时空压缩的发展逻辑,政府的发展目标是阶段性的,每一阶段的发展目标都较之上一阶段有所不同。当不同阶段的行政措施在同一空间中同时发生时,延时性博弈就开始发生。

以南京为例,1990年代中期,政府曾提出"在主城建设100栋高层建

表4-8 南京与世界历史性城市保护历程比较分析

		之前	30年代	40年代	50年代	60年代	70年代	80年代	90年代	21世纪
巴黎	①									
	②									
	③									
	④									
伦敦	①									
	②									
	③									
	④									
罗马	①									
	②									
	③									
	④									
南京	①									
	②									
	③									
	④									

注:①城市结构扩张,②城市功能疏散,③内城改造与更新,④都市圈协调发展。

筑,形成具有现代特征的城市面貌"的要求。随后城市建设主要方针是"以道路建设为重点的城市基础设施建设",并提出"一年初见成效,三年面貌大变"的要求,在此过程中通过"以地补路"政策取得的补偿地块建设对老城风貌产生巨大的影响。

虽然南京城镇文化遗产的保护已经成为城市发展的基本战略,中共南京市委也提出了《中共南京市委关于坚持文化为魂、加强文化遗产保护的意见》,但是,1990年代发展政策导致的历史遗存问题仍无法解决。补偿用地开发强度较高,分布遍布各区,规划建设缺乏老城历史风貌保护协调的控制要求等一系列的遗留问题,导致老城"见缝插针"和高层建筑的无序建设。

如虽然为了控制老城的历史风貌,进行了高度控制研究,并在老城控详规划中得到深化,但实施操作过程中仍然在不断突破。老城内4000多万 m^2 的建筑总量中,12米以上的建筑即占到1/5。2003年,老城内建成的8层以上的高层建筑956幢,12层以上的高层建筑620幢,30层以上的超高层建筑41幢。2003—2007年,老城核发高层建筑工程许可证274幢。截至2008年底,老城内12层以上高层建筑830幢。被戏称为"仙人掌"的高层建筑不断破坏老城内的视线景观。

再如虽然有新城对南京城市人口和功能的吸纳,老城内也不再新批建设用地。但2005年,老城批准的建设用地量106公顷,处于起步发展阶段的仙林新市区建设用地量(69公顷)低于老城37公顷,持续发展中的河西新城区建设用地量(152公顷)也仅高于老城46公顷。历史的"债务"和发展的"债务"进一步加重老城的集聚。

近年来,随着土地价格的快速上升,土地多次转手,成本越来越高,经济平衡压力大,解决补偿地块问题的难度越来越大。2005年,因土地出让条件中的建筑高度影响到明城墙的风貌保护,南京国土资源部门以1.80亿元的价格收回2003年以1.48亿元出让给南京新城创置房地产公司的玄武门地块。此外,像国际商城、长发中山东路项目等历史遗留问题无法解决。类似的现象并不局限于南京,2005年,福州为了实施"三坊七巷"保护工程,不得不中止1993年和福建闽长置业有限公司签订的"三坊七巷"保护改造项目合同,高价收回"三坊七巷"的土地使用权。

在城镇文化遗产保护的规划编制中,因用地审批程序完成,而难以对后续的建设行为,哪怕是尚未开始实施的行为,进行引导和调整。如2012年展开编制的南京双塘园历史文化街区调研中发现,已经依据2010年《南京老城南历史城区城市设计》展开的实施工程中,第三次文物普查新发现的7处不可移动文物,均以保留建筑墙体等历史信息的拆除重建方式展开修缮工程,与《文物法》的"不改变文物原状"的保护规定产生冲突。然而,《南京老城南历史城区城市设计》规划的公示审批和双塘园地块土地出让程序已经完成的前提下,哪怕建设工程尚未,或才将展开建设,后续规划依然只能承认既有事实,而无法对原有规划中的不适应状况进行调整。

(2) 时效性博弈

时效性博弈是指阶段性发展计划、城市事件背景下的规模行动,与城镇文化遗产保护之间的博弈。

发展计划与城市事件的共同特点,就是其时效性、目标性与行动资本的高投入。这是与"后发外生"发展模式相似的建设形态,即通过短时期内的高资本和高效率投入,实现特定的建设目标。然而,以"高成效"为目标的保护行为,目标性取代了逻辑性与规律性,往往带来一系列的次生问题。

以南京为例,2001年,南京提出"一城三区"的发展疏散战略,为老城的保护让渡空间。然而,通过政治手段推行的阶段性政策,不但面临了一系列的困境,而且使得老城保护的负担进一步加重。

从经济政策角度看,出于经济压力,老城企业和高校疏散往往需要根据其自身的债务情况,利用疏散契机偿还债务,实现资金的平衡。然而,随着国家土地宏观调控趋紧,城市外延扩张受到越来越严格的限制,用外围新区补偿用地的外延扩张方式展开老城保护的模式被国家政策控制。因此,局限于单个项目资金平衡展开的老城"三联动"企业用地和高校用地外迁,带来老城内原有土地的、远远超出既有规模的二次开发。如熊猫集团和515厂的土地调整项目,不但没有真正实现疏散的目标,而且在某种程度上加剧了老城人口、功能的集聚。

此外,由政府承担的老城改造也面对了巨大的资金压力。为进行资金平衡或者补偿资金缺口,只能集中在主城内部"见缝插针"进行。由此,一方面地铁建设、"秦淮河风光带""铁路沿线"等老城环境整治项目全面铺开,老城环境进一步得到改善;另一方面,侵占规划绿地的时光浩韵等楼盘建设导致南京老城南部的楔形绿地逐渐变更为绿带,"龙蟠虎踞"的格局被逐渐改变。如果说企业院所的建设是在原有土地上的密度增加,老城改造的建设平衡则是对老城空间的进一步挤压。

高速化、模式化的保护行为,如同建国初期,为了生产建设而不得不展开的抢救性考古挖掘一样,成为城镇文化遗产湮灭的重要因素。如在南京钓鱼台历史风貌区的保护规划调研发现,沿主要街巷建筑的出新整治工作,形成了较为完整和统一的伪历史风貌:"沿街的建筑外墙由砖墙改为统一的白墙;沿河的仿古建筑改变了历史上的进院式的河房形式,变成了大体量的独栋的仿古建筑;破坏了遗存的真实性和遗存在时间序列上的延续性乃至街区的整体肌理形态。"因而"针对在出新过程中被破坏了传统形式的建筑,纳入三类的建筑风貌"(表 4-9),而这一类型,在整个街区中占 50.7%。

表 4-9 南京钓鱼台历史文化风貌区建筑风貌评估一览表

风貌等级	一类风貌	二类风貌	三类风貌	四类风貌
基底面积(m^2)	4 957.7	22 576.9	37 407.7	8 876.6
比例(%)	6.7	30.6	50.7	12.0

资料来源:南京市规划局

(3) 预期性博弈

预期性博弈主要发生在政府与非政府之间,指政府主导下的保护结果与民众的保护预期之间的落差导致的博弈。其中最为典型的是城市公共事件的爆发。如 1990—2000 年,南京爆发了三次大规模的市民护树运动,以阻止道路拓宽建设。在激烈的交锋下,时任南京市副市长的周学柏批示"保留老树,至于影响到拓宽道路的宽窄问题,留待后人解决"。

政府的政治价值在城镇文化遗产保护中的主导作用,使得蕴含于社会运行机制中的文化内生逻辑被边缘化,并由此产生强政府而弱社会的现象。2005 年《国务院关于加强文化遗产保护的通知》中,首次为文化遗产保护制订了目标计划,是近 30 年来文化遗产保护首次纳入国家发展计划,标志文化遗产保护进入政治主导下的现代化价值体系核心。然而,目标计划并非来自社会与文化发展的自发需求,而是基于进一步现代化建设的自觉认识。在强有力政府及其现代化发展取向的目标模式下,政府提供、建构以及实施文化遗产保护平台,而文化遗产保护作为社会整合的工具,确保政府渗透力的拓展及权威性的延续。

这一过程中,文化被视为需要启蒙的对象,其发展路径被默认为从现有基点向目标范式的线性进步过程。立足于当前文化基础的创新是探索有效措施,以实现新目标对旧基础的替代,而不是通过传统文化的能动调适实现文化传承延续。文化能动性的缺失,促使学者化的技术官员而不是专家学者,成为政治取向引导社会文化的桥梁,官员学者化趋势建立了文化自觉而不是自发的发展模式,促使工具价值的迅速形成,实现快速的环境转型。

然而,社会对于文化遗产保护的意愿与力量并不是可忽视的边缘性因素,强政府和弱社会也不意味着两者在保护意愿或能力上的差异,而是指在保护行为权限上的区别。城镇文化遗产保护行为的公共属性,使得政府成为保护行为的合法代理人。而政府价值主导下的保护运行制度,难以反馈社会实质意愿。

以公众参与为例,虽然行政理论已经引入"小政府、大社会""有限政府"等公共管理及新公共管理学理论,但是政府社会责任的让渡与分权并没有产生相应的多元管理模式,公众参与依然是一种自觉而非自发的行为。

现有公众参与是一种"即时性"模式。由政府、媒体推动,促使某一问题在短期内得到高度关注,刺激公众的表达意愿,获得集中反馈意见。一旦政府或者媒体力量撤离,公众往往丧失表达的意愿。

这一被动现象并不能单纯归咎于公众参与意识或者意愿滞后。在政府、媒体强力推动、引导下的公众意见表达方式具有两个相对的特征:一方面,驱动公众对某一特定问题的必然或强制关注;另一方面,公众自身的共同意识和价值观念并不在社会调查、听证乃至决策的参考范畴之内。两者之间的错位,即公众趋向表达的意愿并不一定是公众参与的特定主题内容,常常在决策过程中被归结为社会保护或参与的意识不足和认识不足。

如上的公众形式意见与实质意愿之间的错位是造成当前文化遗产保护社会公共事件的重要原因。对于文化遗产保护而言,实质性公众参与的缺乏,意味着价值分歧未表达于决策过程。更可能在实施过程中或在既成事实后,因预期的落差而被激发,造成对抗式的社会公共事件,产生如"南京老城南拆保之争""延陵悲歌""三坊七巷拆迁"等抗拆拒迁、联名上书等非规范公众参与。

预期落差产生,还将导致更为深远的后果。自"南京老城南"事件之后,南京老城南地区的建设行为都被社会各界高度关注,保护技术形态中的价值争议被带入保护运行之中。基于任何一种价值理念或者价值博弈后确定的行为,都会重新面对新一轮的价值诘问。而价值诘问不再基于理性或规范的标准,而更表现为社会话语权的争夺,如以媒体的倾向性报道替代理性的决策过程。

4.2.2.3 操作模式:成效试点

中国城镇文化遗产保护价值尺度的多元化,使得保护行为无法从文化原型和社会基点中获得合理性基础。只能通过保护成效与发展逻辑的契合程度,来判断行为的合理性,即"摸石头过河"。

"后发外生"的社会发展背景暗示了时空跨越的非均衡发展逻辑。在相同时空内,不同因素时空跨越的实现程度并不一致,如正式制度建构、城市空间更替的速率(时空跨越程度)必定大大快于非正式制度与传统意识的转型速率。由此,时空跨越的现实路径并不是一种全方位的发展模式,而是从速度较快的发展因素入手,以其"扩展效应"实现全面、均衡的时空跨越。

不同因素的非均衡跨越模式,导致"扩散效应"展开与范式目标转换之间的错位现象——旧范式的"扩展效应"尚未或正在形成的时候,新范式已经引入并且被迅速应用于实践领域,并由此引发文化遗产保护模式的相对性困境。

首先,行为形态的相对性困境。所谓的时空跨越不再是从某一具有共同性的基础向另一共同目标点跨越的简单过程,而是具有差异性的基础条件、跨越尺度以及范式目标的行为过程。因而,相同保护行为在不同环境中的成效,具有绝对差异。

其次,理念形态的相对性矛盾。由于"扩散效应"的非同一性(即不同环境背景下的不同扩散速率及方向),往往产生多种范式的"扩散叠加",即这一过程尚未结束,下一过程甚至下下个过程就已经展开。因而,保护行为过程的合理性,具有不同甚至似乎相对的阐释结果。

最后,范式目标本身也是相对的,也是在动态的发展过程之中,对旧范式的延续、发展、批判可能产生新的范式,也可能成为矫枉过正的错误。对范式和错误的判断也需要一个稳定的时空秩序来进行检验。

保护模式的相对性,导致具体尺度的模糊,引发实践过程中的大规模试错行为,诸多问题只能通过大量的实践试错结果才能被意识到。然而,试错损耗难以控制:

一方面,试错损耗的范围无法控制。时空跨越的发展模式依赖于结果范式而不是过程逻辑,由此无法通过对过程逻辑的分析来辨识、预测范式的合理性,只能依据自身的基础条件判断范式植入的合理性与可能性,相对性的普遍存在又导致合理性与可能性的判断无法仅依赖于相似的经验结果。从而导致方法论效用的有限性,难以控制试错的行为结果。

另一方面,试错损耗的程度无法控制。文化遗产是不可再生的、不可恢复的、稀缺的社会资源,试错造成的后果是无法挽回的。在相对性前提下,试错后得到的经验结果也难以再次进入实践的循环以获得正确的方法,新的实践必然产生新的试错行为。由此,文化遗产保护的试错行为一旦产生,就意味着破坏,当前文化遗产保护中"高度重视、高度破坏"的表象矛盾即是保护发展模式下的必然结果。

为控制试错损耗,中国城镇文化遗产保护采用了"成效试点"的方法。即通过对某一试点项目的成效评估,来确定普遍的保护规范与方法,默认了特定方法与其成效的对应性。但十年的城镇文化遗产保护实践表明,这一方法,具有必然的局限性:

一方面,试点案例无法处理复杂问题,大规模的成效复制造成个性特征的抹杀。以历史文化街区为例,虽然有黄山屯溪老街的试点,但是在推广到全国时,依然产生各自不同或相似但未被试点到的诸多问题,南京的老城南保护事件也属其中之一。更为严重的是,对成效及其方法的整体克隆,往往抹杀了城市特性,导致"千城一面"。

另一方面,试点案例也因其试点特性而难以普遍复制,成功经验模式的克隆造成新的保护危机。如南京的1912、上海的新天地引发的大规模克隆行为并没有全部获得预期的成效,甚至导致历史文化遗产的永久性损耗。由同样的操作人马团队,同样的开发商背景,更大的政府支持和更好的地理环境,被视为要超越上海新天地的杭州西湖新天地却没有获得预期的成效。

4.2.3 小结

从上述分析可以看出,不同于西方文化遗产保护围绕文化原型的聚核过程,中国城镇文化遗产保护路径是从社会基点向发展范式的跨越过程,由此形成特有的技术和运行模式。

(1) 技术特征:两极权宜

西方城镇文化遗产保护技术嬗变的根本原因,是对城镇文化遗产本体认识的分歧。然而,这些价值分歧,并不是以时空共存方式展开的势均力敌的博弈,而是在批判—建构往复的演化过程中交替递进,并由此对整个保护体系产生全面影响。

而中国的城镇文化遗产保护则不然,发生博弈的两种理念的建构体系,均具有成熟、完备的合理性基础,彼此不构成递进的关系结构。两者按不同尺度共生于特定时空条件之下,并相应造成整体空间的碎片化,以及由此带来的重构。

如果说,价值分歧推动了西方城镇文化遗产保护运动的发展,那么,价值离散则导致了中国城镇文化遗产保护的长期困境。相同历史时期、不同地域背景下,博弈结果的差异性表明:博弈产生是与价值碎片在特定环境中的重构,而不是认识程度的必然关系。因而,只要价值环境的差异性存在,保护的合理性基础、价值的具体尺度就无法获得统一,就会形成城镇文化遗产保护领域不可调和的"百家争鸣"。

故而,中国城镇文化遗产保护的技术体系是建立于"两极权宜"之上,以解决"两极权宜"为准的保护方法体系。

(2) 运行特征:政府统筹

西方城镇文化遗产保护运行体系建立在国家政府和市民社会二元关系基础上。二元关系从对立到协同的变化,促成了保护运行体系从公共行政、公共管理到协同管理的完善,甚至促使保护理念从"绝对"到"相对"的转型。

而中国的城镇文化遗产保护运行体系中,政府和市民并不是两个对等的力量,两者之间存在分歧,但尚未形成对立格局。运行体系中的真正博弈存在于政府内部的各部门、各层级之间,这些博弈在"后发外生"的触媒作用下,形成以时间维度上的空间博弈为主的多维博弈形态,并在以政府为主导的文化遗产保护行为中普遍存在。

如果公众参与是协调二元博弈以达成合作的有效方式,那么,在以多维博弈为主的环境中,公众参与所能起到的作用将极为有限。只要时空压缩导致的范式转换速率大于运行管理周期,多维博弈就必然存在,并导致成效试点的失败。

4.3 小结:历史发展的惯性

从本章可知,在"后发外生"的发展背景下,中国城镇文化遗产保护与西方文化遗产保护的原型相比,具有完全不同的发生条件。如保护理念没有在中国自身的文化与社会背景中获得共识,价值的多元碎片化导致不可通约的阐释模式,保护对策、措施和制度也因缺乏相应的合理性基础而陷入长期困境。

"后发外生"的历史逻辑起点,决定了中国城镇文化遗产保护必然要经历"内化整合"的发展过程。而30年城镇文化遗产保护历程表明,外植范式与发展逻辑之间的权宜问题是中国城镇文化遗产保护迄今一直面对且尚未解决的"内化整合"的关键。从1982年国家为应对文化遗产的建设性破坏而提出"历史文化名城"的概念迄今30多年,保护与发展的关系始终是城镇文化遗产保护争议的焦点。不论是法律法规、技术规范,还是试点推广中,都认为保护应考虑发展需求,与发展相协调。

在内化过程中的城镇文化遗产保护路径,呈现出与原型截然相悖的形态结构。技术形态因发展逻辑与范式理念之间的跨越性差异,而产生发展附属价值和法理绝对价值的争端,并由此导致整个技术形态中的"两极权宜"特征。运行形态则因"后发外生"的发展特性而依赖于政府力量,对多元价值形态进行决策,并由此形成政府内部各部门和各层级展开的、基于时间维度的多维博弈形态。而多元化的价值基础,又使得"成效试点"成为政府制定保护政策、规范与办法的合理性与合法性基础。

从上述特征可以看出,与围绕文化原型展开的文化遗产保护原型路径不同,衍化路径是围绕发展范型展开,并由政府主导判断保护成效与发展逻辑的契合程度来探索并建立制度主导的保护路径。在这一过程中,范式与成效成为两大价值尺度,形成以政府主导的发展逻辑为多元价值导向,以成效试点的制度建构为规范实践工具的主导路径形态。

5 分歧形态——非规范保护路径

5.1 精英式保护路径——南京老城南危机

5.1.1 事件历程

南京老城南的保护行动具有文化—保护与社会—民政的双重公共职能。老城南不单是具有深厚底蕴的历史地区，而且面临着历史地区的普遍困境——物质空间、社会结构和地域功能的整体性衰败[①]。为解决"民生"问题，2006 年和 2008 年，政府两次承担并执行了针对衰败地区的老城改造，但 2006 年到 2009 年的三年时间内，"历史"环境中的"民生"行为引发了两次广泛的社会大讨论、时任总理温家宝的两度批示和南京老城南保护格局的重大改变。南京老城南地区的保护更新中关于历史文化遗产的"拆""保"之争，至今未落下帷幕。

5.1.1.1 第一次老城南危旧房改造和管理实施建议的提出(2006—2007 年)

2006 年，经过数年的人大代表提案呼吁，秦淮区政府决定对 20 公顷的老城南地区实施更新改造。6 月，南京市房产局发布拆迁公告宁拆公字(2006)7 号、宁拆公字(2006)28 号、宁拆公字(2006)29 号、宁拆公字(2006)30 号、宁拆公字(2006)41 号(图 5-1)。除宁拆公字(2006)29 号项目用地位位于的历史文化保护区范围和建设控制地带、宁拆公字(2006)7 号项目用地位于的环境风貌保护区外，其余用地均不属于历史文化保护区范围[②]。随后，安品街、颜料坊、门东南门老街、糖坊廊和船板巷 5 处整体性衰败[③]的历史地块开始拆迁(图 5-2)。

---

① 南京老城南的整体性衰败表现在物质空间、社会结构和地区功能三个方面：
物质空间——以颜料坊地块为例，建筑质量差及较差的比例分别为 29.5%和 58%。
社会结构——从职业构成看，门东地区居民主要为国企普通工人，占总人口的 47%，一般服务人员及外来务工人员、失业、待业居民近 10%，知识分子不足 10%；从居民收入看，门西地区 65%的家庭户均收入在 5 000～15 000 元之间，其中年收入在 1 万元以下的约占 47%。
地区功能——根据第五次人口普查资料，老城南人口密度高达 3.4 万人/km²。
② 依据《老城秦淮片区控制性详细规划》相关内容。
③ 据周岚《历史文化名城的积极保护与整体创造》第 4 页，引《南京市秦淮区人民政府调查报告(2006 年)》统计，5 处地块 1348 处公房中，危房占 69.1%，险房占 2.5%；90%住宅内无独立厨房；供电线路老化且超负荷运行，引发火灾数量占城南地区的 60%以上；无现代化市政设施。

图 5-1　宁拆公字(2006)28 号、宁拆公字(2006)29 号、宁拆公字(2006)30 号地块相关规划审批文件
资料来源：南京市规划局

图 5-2　宁拆公字(2006)29 号(上)、宁拆公字(2006)29 号(中)、宁拆公字(2006)29 号(下)项目拆迁前(左)后(右)对比
资料来源：谷歌地图

2006年8月,拆迁地块成为全社会关注的焦点,16位建筑历史、城市规划、历史考古及相关领域的专家学者①联名《关于保留南京历史旧城区的紧急呼吁》,批评基层区政府和职能部门"忽视相关法律法规和南京市的名城保护规划,对历史旧城区进行拆迁,令人遗憾,理应予以制止"。10月17日,温家宝总理在联名信上批示,随后建设部、国家文物局联合调查组来宁调查。建设部驻南京—杭州规划督察组对南京老城南地区保护更新情况进行跟踪督察,基本同意专家组的意见。

征集专家意见后形成的《关于南京历史文化名城保护规划及实施对策的调研报告》成为此次事件的一项重要结果。《报告》中总结的10类33条建议几乎涉及历史文化名城保护管理实施运行中的全部内容,成为职能部门对此次事件的应答②。在随后展开的《南京历史文化名城保护规划》编制工作及之后的历史文化名城保护实施工作中,这些建议被采纳并落实③,2010年12月实施的《南京市历史文化名城保护条例》标志着保护建议的最终法制化。

与保护实施管理的改善同步展开的是关于老城南保护的新一轮规划。2006年底"镶牙式"保护更新的概念作为重要的创新措施被提出。2007年7月,在江苏省建设厅、市人民政府联合组织的"南京老城南相关地块保护与更新"专家会上,"镶牙式织补传统城市肌理"的规划研究思路获得专家的基本认同。

5.1.1.2 第二次老城南危旧房改造与保护规划理念的争议(2008—2009年)

2008年,南京江南八区的旧城改造工作启动④,按"镶牙式"保护原则和规模拆迁、规模建设的方式实施的危旧房改造工作进展顺利。承担全市江南八区约1/3危旧房改造量⑤,其中69%涉及南京老城南地区⑥的秦

---

① 从专业划分的角度看,16位专家基本集中在建筑历史、文物考古、保护更新、文化艺术4个领域,而其中属于规划领域的只有保护更新专业的郑孝燮与吴良镛两位,历史相关领域的专家占了绝大多数:
(1) (建筑学)建筑历史:陈志华、傅熹年、潘谷西、罗哲文;
(2) (历史学)文物考古:徐苹芳、宿白、蒋赞初、梁白泉、谢辰生、侯仁之(历史地理);
(3) (城市规划)保护更新:郑孝燮、吴良镛;
(4) 文化艺术:叶兆言、舒乙、叶廷芳、李燕。
② 参见:《关于上报〈关于南京历史文化名城保护规划及实施对策的调研报告〉的请示》(宁规字〔2006〕347号)。
③ 目前,33条建议的内容基本得到落实,但在实际操作中,相关土地运作、拆迁制度的部分内容因产生歧义而未被采纳,如"腾迁"一词因缺乏明确概念而未能取代"拆迁"。
④ 南京江南8区3年约300万 m^2 的危旧房改造工作中,秦淮区的危旧房改造项目约105万 m^2,约占全部危旧房改造量的35%。
⑤ 2008年,南京完成102万 m^2 的改造任务,其中秦淮区完成6项约30万 m^2,约占总量的30%。其中包括"南捕厅三期""秦淮河西段""安品街地块开发"等涉及南京老城南历史风貌地区的项目,是全市江南八区中任务最重的两大地区之一(另一个是下关区)。
⑥ 依据南京市规划局《秦淮区发展及规划需求情况汇报》资料统计,2008年,城南历史城区内(秦淮区部分)已经完成或启动实施拆搬迁的建筑面积约20.7万 m^2,涉及居民约8000户,人口约3.2万人,约占2008年秦淮区30万 m^2 总拆迁数量的69%。包括"南捕厅三期""秦淮河西段""安品街地块开发"等项目。

淮区,启动量、完成量和工作进度位列各区之首①。2009 年危旧房改造工作全面展开并计划提前一年完成。

在剩下的约 221 万 m^2 的危旧房改造中,秦淮区承担了 13 项约 75 万 m^2 改造任务,约占改造总量的 33.9%,包括"南门老街二期""教敷巷地块"等涉及南京老城南历史风貌地区的项目;白下区占了约 8.1%,包括 4 项约 18 万 m^2,包括"南捕厅四期"和"三山街"等项目(表 5-1)。

表 5-1　2009 年南京江南八区危旧房改造一览表

序号	区属	项目数	改造面积(万 m^2)	所占比例(%)
1	玄武	5	8	3.6
2	白下	4	18	8.1
3	秦淮	13	75	33.9
4	建邺	2	18	8.1
5	鼓楼	3	3	1.4
6	下关	11	87	39.4
7	栖霞	2	2	1.0
8	雨花台	2	10	4.5
	小计	42	221	100

资料来源:南京市人民政府

截至 2010 年初,秦淮区涉及历史文化保护的危旧房改造项目约 137.5 公顷,约占城南历史城区总面积的 20%。已基本完成拆搬迁的项目 8 件,面积约 43.5 公顷,约占在办建设项目面积的 31.6%;未完成拆搬迁的项目 4 件,面积约 49.9 公顷,约占在办建设项目面积的 36.3%;尚未拆搬迁的项目 6 处,面积约 44.1 公顷,占历史城区面积的 32.1%。

质疑的声音紧随其后。2009 年 4 月,29 位专家联名发表公开信②认为"虽然改造者宣称采取了'镶牙式改造'的新模式,但从去年实施的'南捕厅三期''秦淮河西段''安品街地块开发'等项目的拆迁现场来看,事实是除了极个别省市级文物保护单位之外,根本没有留下一处明清古民居",进而对即将实施的南捕厅、安品街、门西、门东、教敷营等地区的改造更新工作提出质疑。5 月下旬,温家宝总理在谢辰生先生《关于呼吁加强南京、天津历史保护事宜》的来信上做出批示,6 月 5 日,建设部、国家文物局联合调查组再次来宁。

此次的关注焦点从管理实施转移到规划理念。一方面,建设部驻宁

---

① 引自:"南京市危旧房改造工作新闻发布会实录"(2009 年 2 月 17 日),南京市政府。
② 29 名学者联名《南京历史文化名城保护告急》。

杭甬规划督察组调查报告称"《告急》信中所提及的六处地点未发现有违法违规行为"①,使得管理实施不再成为问题的焦点。另一方面,国家文物局局长单霁翔对局限于文物保护单位的"牙"的保护理念持异议②,将矛头指向保护的标准。随后的座谈会上,专家们也就应纳入保护的资源标准展开激烈辩论③。

针对操作层面的《南京老城南历史城区保护与整治城市设计》成为此次事件的成果之一。2010 年 12 月 15 日,由清华大学张杰编制的新一轮《南京老城南历史城区保护与整治城市设计》进行公示,"应保尽保"成为此次规划的重要特点(图5-3)。在 6.9 km² 规划范围内,以"小规模""院落式""全谱式"为保护整治原则,确定了 98 条历史街巷、145 处文物古迹(96 处未列级)、175 处历史建筑、87 处文化资源(42 处可定位,其余为不可定位)以及 33 处非物质文化资源。同时,对已拆迁地块,依据 1937 年地籍图、1951 年地界图进行保留、恢复。此外,针对大规模展开的危旧房改造,规划提出"小规模、渐进式、一个院落一个院落恢复"的实施措施。

■门东历史文化街区、历史风貌区院落单元划分　　■门东历史文化街区、历史风貌区规划平面图

图5-3　南京老城南历史城区保护与整治城市设计重点地块规划设计方案

资料来源:南京市规划局

---

① 引自驻宁杭甬规划督察组《关于南京 29 位学人〈告急〉信所涉及相关问题的基本情况》(南京市政府 01 第 505 号,2009.6.3)。

② 2009 年 5 月 27 日国家文物局局长单霁翔考察老城南安品街,在下午举行的"中国近现代建筑遗产保护论坛"上,单霁翔明确:"历史文化街区的保护不同于文物建筑的保护,不能只留下一些孤零零的文物保护单位,认为它们才是'牙',其他的都可以拆掉。历史文化街区的保护,还要保护老民居、原住民及当地的非物质文化,不能只保护个体的文物建筑。可是我在现场看到,'镶'上去的多是'假牙','真牙'在哪儿呢?"并表示与当地官员在历史街区保护的一些基本概念上"沟通困难"。

③ 2009 年 6 月 6 日住房和城乡建设部、国家文物局调查组于南京召开的"南京历史建筑保护专家座谈会"上,专家们又针对这一问题展开了激烈争辩。例如,受政府委托研究论证的南京工业大学设计团队提出保留 68 处老建筑,而南京大学周学鹰教授通过有关媒体提出保留 111 处老建筑。

2010年11月,以"小规模""院落式""全谱式"为保护整治原则的规划在住建部城乡规划司主持召开的专家评审会以及"南京老城南历史城区保护规划专家咨询会"上,获得认可和肯定。虽然"全谱式"保护是"镶牙式"保护在实际操作层面的深化,但两者对待保护的理念是有差异的,最大不同是按图索骥的复原还是延续肌理的创造。

2010年1月,由南京市领导、职能部门及相关区政府部门等参加的历史文化名城保护领导小组成立。8月,"南京城南历史街区保护与复兴有限公司"筹备建设。自此,老城南保护的规划、实施、资金等均由政府统一运作。

事件暂告段落,但仍未平息。2011年1月17日,《中国文物报》刊发《南京老城南"拆"声再起》,除了继续讨论拆保之争,还批评与规划公示相左的拆迁行为。迄今为止,中国历史文化名街评选名录中,未有南京老城南的任何一条街巷。

5.1.1.3 小结:供给不足还是建构失效?

文化遗产作为人类共同遗产的性质决定了其保护行为的公共属性。在南京老城南的拆保之争中,这一特征通过广泛的社会关注而表现得更为突出。

将两次社会事件的发展过程相比较可以发现相同的爆发过程、不同的应对方式、相同的实施结果(表5-2)。似乎可以下一个结论,不论何种应对方式都是无效或低效的行为。

两次应对的思路都是通过合法性建构来处理保护事件。第一次应对方式是对文化遗产保护的行为方式进行法制规范,即建构形式合法性,所针对的是事件的结论——行为违规(法);而第二次的应对方式则是明确文化遗产保护行为,尤其是相对建设行为的法理性权威,即实质合法性,所针对的是事件的背景——旧城改造。

表5-2 南京老城南二次社会事件过程对比一览表

事件	爆发过程			应对方式				实施结果	
	背景	起因	影响	结论	举措	理念	运作	审议	成效
第一次社会事件	旧城改造的拆除行为	专家质疑	国务院批复、调查组来宁	行为违规(法)	保护行为制度化规范化	镶牙式延续创造	制度保障下的旧城改造模式	认可	引发第二次社会事件
第二次社会事件	旧城改造的拆除行为	专家质疑	国务院批复、调查组来宁	行为不违规(法)	保护理念权威化优先化	全谱式按图索骥	保护而非改造的模式	认可	仍未平息
比较	完全相同			完全不同				基本相同	

如果用调查结论将全部事件的应对及其结果联系起来分析,可以发现第一次应对方式所针对的违规(法)问题似乎已经在第二次的事件中获得完全解决,这意味着第二次专家们质疑的破坏行为——如果认同其是一种破坏行为的话——无法用法规进行规范,或者在现有法规的约束体系之外。这一现象似乎表明城镇文化遗产保护制度的供给不足。

然而,如认同事件仍未平息的结果分析,那么第二次应对方式的失败——保护行为合法性权威建构的失效——则意味着更为彻底的否定。在哈耶克(Friedrich August von Hayek)的理论中,合法性有两种状态:一是实质合法性,即基于实质性利益的合法性;二是形式合法性,即基于实现实质性利益所运用形式或手段的合法性。文化遗产保护管理中的权威性和正当性不但是合法性建构的基础,而且决定着形式合法性的成效。如果实质合法性缺失,那意味着文化遗产保护的合法性建构自身合理性就是值得探讨的问题。

那么,到底是制度供给不足,还是制度建构失效?

5.1.2 矛盾解析

南京老城南保护的公共管理行为承担了"民生"服务职能与"保护"文化职能的双重责任,而整个事件发展过程中最鲜明的特点,就是双重职能之间的表象冲突,即历史语境与民生语境之间的拆保之争。

两者之间的争论具体表现为以下两点:一是历史语境中的保护分歧,包括保护对象及适用办法,是争议的核心。质疑与调查都围绕这一主题展开,不但两次促使了事件的扩大,而且成为事件第二阶段中的焦点问题。二是民生语境中的拆除惯性,这是引发整个社会事件的根源。它超越了规划理念或是制度环境的变化影响,使得事件没有结束于第一阶段,而是持续并且仍处于关注之中。

在老城南拆保之争中,"历史"与"民生"是两种割裂、对立的语境。历史语境下的文化遗产在时间与空间上呈现扩张趋势,其界定依据已拓展到当下的历史情绪之中,但未形成统一的主导性意见;民生语境下的文化遗产则被严格限定在文物的有限范围内,其价值以当下的实用程度为准。而两者之间,民生语境强势制约了历史语境的话语表达方式。

5.1.2.1 历史语境下的保护分歧

保护标准是此次事件争议的焦点。传统的文化遗产保护标准取决于文物价值或环境价值,且文物价值比环境价值更具决定意义。而在此次的争议中,历史信息、文本价值,乃至主体的历史意识都成为保护的价值标准。

(1) 以是否为文物保护单位或已公布的历史建筑为保护标准，即文物标准

在以往的历史文化街区保护工作中，"绝大多数历史文化资源的价值判断和分级由市文物局负责"①，故文物价值因其权威性而成为保护的第一和唯一刚性标准。其他如"历史政治事件类（如原慰安所等）的历史遗存价值判断和保护对策提出的主管部门不明晰"，因而难以保护。如安品街"杨桂年故居""菩提律寺"，在文物部门以"真实性"和"完整性"为标准判断其"已失去保留价值"后，虽然有各方的呼吁，但因权威性的缺乏而最终被拆除。从相关报告来看，此标准无疑获得规划局与宁杭甬规划督察组的一致认同②。

(2) 以建筑是否成群分布或位于规划部门公布的历史文化街区或历史文化风貌区范围内为保护的标准，即规划标准

这一价值标准赋予文物保护单位之外的建筑以历史环境的意义，单独存在的历史建筑往往被拆除。但这并不是文化遗产拆保的刚性标准，而仅是一种参考指标。环境价值取决于建筑群体的历史形态及风貌，单体建筑及其历史信息是该价值的充分而非必要条件。如有观点认为街巷空间与院落格局比单体建筑更加重要，而"不受保护的建筑，我们（可以）再做回老肌理的样子"。③

可见，在此价值标准中，单体建筑与其历史信息不是价值核心要素，而是可被部分替代的构成成分。在"把没有价值的房子拆掉，把有保护价值的老房子，包括明清的、民国的分成各类等级，需要修缮的修缮，需要复建的复建"④的思路下，拆保标准依然指向建筑单体。

(3) 以是否承载历史信息为标准，其与文物的区别在于"一般"和"特殊"的区分，可视为一种泛化的文物标准，也是此次争议的关键

一方面，此价值标准与环境价值标准相结合，以辨别是否"真"的历史环境遗存，区别于拆后重建的"织补"或"仿造"。如不属于文保单位，但位于历史文化街区或历史文化风貌区内的"王炳钧公馆""北货果业公所"拆除所引发的争议；还有由此而来的"真牙""假牙"的感慨等。另一方面，该保护标准趋于独立化。如不具有文物"特殊"价值，也不位于历史文化及

---

① 《关于上报〈关于南京历史文化名城保护规划及实施对策的调研报告〉的请示》(宁规字〔2006〕347号，2006.10.19)。
② 宁杭甬规划督察组和南京市规划局对拆除"杨桂年故居""三山街老字号建筑"等情况调研中认为，因其环境价值(不在历史文化街区与历史文化风貌区范围)和文物价值(不属于文物保护单位，且由文物部门明确已失去保留价值)的双重缺失，故可拆除。引自驻宁杭甬规划督察组《关于南京29位学人〈告急〉信所涉及相关问题的基本情况》(南京市政府01第505号，2009.6.3)和南京市规划局《关于我市老城南地区历史保护工作相关背景情况的汇报》(2009.10.8)。
③ 赵辰认为"传统尺度的街巷空间，再加上院落式的住宅，就构成了传统空间感的城市肌理"，因而"街巷的保留比房子更重要，所以以前的街巷不能改变，要保护传统的街巷尺度和肌理，这不是几幢房子的问题"。
④ 引自王军《老南京最后的纠葛》(《瞭望新闻周刊》2006-10)

风貌保护区内的"杨桂年故居""菩提律寺""慰安所旧址"等建筑,因本体承载了"真实"历史信息,而被视为应保护对象。

在《南京老城南历史城区保护与整治城市设计》规划编制中,这一独立化的标准被接纳为历史建筑与建议历史建筑。

(4) 以是否能够通过对"多重证据"内在逻辑的文本解读而获得的空间历史涵构价值为标准,此标准融贯于整体性空间与单体建筑两个层面,即场所涵构标准

首先,主体意识在对空间内涉及的"多重证据"——实物证据和文献证据的内在逻辑进行文本解读的基础上,确定空间整体而不是单体建(构)筑物的历史涵构价值。如在此次拆保之争中,两次专家联名信涉及的9个地块中的7个位于历史文化与风貌街区之外[①]。这些地块内的民居,不论其空间集中程度,都被视为历史环境的构成。这与基于现实风貌条件的历史文化与风貌街区不同,是在先验知识结构和经验交流感知中获得的,是主体意识参与后获得的价值标准。在之后的《历史文化名城保护规划》中,此观点被接纳,表述为城南历史城区。

然后,在此基础上赋予空间内带有相关历史符号的全体要素。如黑簪巷因其内部要素的实物史料与相关文献史料的交相印证,而使其整体具有特定的历史意义和价值[②]。此价值被赋予黑簪巷6、6-1、8、9、12、13、14号,进而提出"凡是具有历史、文化特色的建筑都要保留下来"的拆保标准。这一标准也在《南京老城南历史城区保护与整治城市设计》规划编制中体现,规划研究范围为整个老城南历史城区,整合其中仍具有历史信息的要素[③]。

(5) 以建筑构件形态所具有的历史符号意义,是否能够引发具有历史意识的人文情感价值为标准

此标准已经脱离了佐证的具体证据,或由先验形态(断代意识或传统风貌)、或由经验累积(传承或感知)等主观意识结构结合局部历史性符号(如历史上的材料、构件、尺度、形制、结构等)演绎为具有人文情感的历史意识。这一观点广泛出现在各类媒体的报道中,作为非特定指向性的泛化历史意识。在犁头尖2号、4号的事例中,由传统符号(布局、形态等)

---

① 依据《南京老城区控制性详细规划秦淮片区2006》,门东南门老街地块部分用地属于历史文化及风貌街区,秦淮河西5华里地块和糖坊廊地块属于历史文化风貌区,其余用地均不在历史文化及风貌街区的保护范围。
② 蒋赞初认为"黑簪巷,不但是清代云锦业同业公会——云章公所的所在地,也是云锦机户和机工的聚居地之一,因而应整体保护"。
③ 《南京老城南历史城区保护与整治城市设计》研究范围是城南历史城区位于明城墙内的部分,总面积约5.56 km^2;城市设计整合范围是老城南地区内未进行现代风貌改造的地段,包括现有的文物地段、历史地段及其他一些未更新地段,总面积约1.62 km^2。

引发历史意识,进而被推衍为体现了南京的民风习俗、伦理的清末典型民居。此外,老宅后人积极保护祖宅的动力也是基于人生经验累积而来的人文情感,如黑簪巷6号的吉承叶,三条营92号的李氏祖宅后人李晨等。

5.1.2.2 民生语境下的拆迁惯性

拆迁的惯性是两次社会事件爆发的导火索。虽然可以明显地看到决策思路的调整以及相应政策的完善,但令人惊异的是不同决策思路与行政运作下的实施结果的一致性。这是民生语境下发生、决策与实施的公共行政行为,在这一语境下,虽然保护的标准已大大超出文物的边界,但在实践中,除了具有刚性标准、独立部门监管和能保证维护修缮的文物保护单位之外,其余"除非建筑保存很完整、精美、价值高、名气大"或集中分布①,即达到文物保护单位标准,否则难以幸免。拆除成为一种现实、客观的自然过程的结果,任何依附于其上的价值,都难以阻止这一客观过程的发生。

(1) 结构衰败的惯性,指因物质、社会等自然衰败而必需拆除

南京老城南地区的物质性衰败是非常明显的。传统木构建筑非常依赖于维护和管理,通常三五年一小修,十年八年一大修,三十年一翻修。然而,自1958年政府对私有的出租房屋进行社会主义改造以后,传统的私人维修模式变为由政府有关部门统一管理、修缮。在经历房屋维修资金长期投入不足、下乡知青集中返城、建设投资"重生产轻生活"的历史阶段之后,传统民居建筑在过度承载和最低维护的双重压力下,多属于危旧房、险房。如第一次事件讨论的5个地块中的公房,严重损坏的占69.1%,险房占2.5%。以上的现实情况,成为老城南地区大面积拆迁的重要依据。

由此,通过委托专业公司进行的建筑安全性现状鉴定评估显示,因"木结构大多腐朽,局部修缮或翻建会'牵一发而动全身'","传统传力体系改变为砌墙体为主要竖向承重体结构体系"②等理由进行拆除,成为小规模渐进式改造转变为大规模拆迁的重要民生语境之一。

除了物质性的自然衰败过程,社会的边缘化过程也导致地域人文情感的消逝,从而由保护的历史语境转化为拆除的民生语境,如钓鱼台的朱顺英支持拆迁的理由中就包括"邻居也搬得差不多了,大多租给外地人了"。"我们的根在这里"的情感只转化为"但真要搬走了,又有些舍不得"的情绪。

(2) 保护预警的惯性,指为保护历史信息不因时势与环境的延续变化而湮灭,在预判结果的基础上采取的抢救性措施之一

---

① 以厦门同安世居的百年老屋为例,"由于分布得比较零散,构不成特色,所以很难保护。如果房子是成群分布或者是名人故居,还有可能被列为文物保护点"。因此"如果面临拆迁,保住老房子的难度很大"。(引自《厦门商报》2011年1月11日"百年老屋没特色面临拆迁——专家说,由于不是成群分布和名人故居,因此很难得到保护")

② 张兵. 探索历史文化名城保护的中国道路——兼论"真实性"原则. 城市规划. 2011(35),增刊(1):48-53.

基于以上"民生"语境，改造更新被视为必然的趋势。在环境风貌、地域结构迅速改变的保护经验中，让渡发展空间，转移历史信息，将其纳入可控制的有限范围内，成为具有一定历史内涵与价值的建（构）筑物的预警性措施。如"研究南京云锦以及晚清丝织业和商业发展的极好佐证"——云章公所及其所在的黑簪巷建筑群，因建筑危旧和环境丧失，故"单纯谈'云章公所'的整体保护问题为时已晚"，原地保护已经没有任何现实意义，实事求是的现实态度是迁建至具有相似历史风貌的地区①。再如采用原貌复建方式②的"王炳钧公馆""北货果业公所"等。虽然将不可移动遗产简化为可移动遗产的保护模式将完全遗失空间环境的历史信息，但基于现实状况，这样的保护方式也受到部分专家的支持。但同样不可避免的则是作为违法行为的保护伞。

（3）潜在立场的惯性，指由政府当局的实际立场而非行政管理层面"规则"主导的非保护思路

政府部门潜在立场主导的公权力运作造成遗产保护的行政性不可治理，是小规模渐进式改造转变为大规模拆迁的另一重要民生语境。

在事件发生之前，政府当局为资金平衡、融资建设、土地出让或商业开发等客观需求③，通过行政干预，将文化遗产保护的范围限制在最小范围。如历版历史文化名城保护规划中，老城南历史文化与风貌街区范围不断缩小。再如文物保护领域的文物紫线范围调整，如龙江宝船厂。类似的行政干预还渗透于结构性拆除和保护性拆除的认定中。

在事件发生之后，为实现和谐稳定的需求，政府部门虽然调整行政管理层面的法规、办法和机制，但仍未超越其"实用主义"的价值立场，导致"镶牙式"保护提出的整体保护街巷肌理和局部更新的办法在实际操作中演变为"拔牙"式的大规模改造。而在新中国成立后建筑占 63.8%、民国建筑占 13.5% 的现实情况下，《南京老城南历史城区保护与整治城市设计》中关于"依据 1937 年地籍图、1951 年地界图进行保留、恢复"的观点，更无疑是权衡而不是理性分析的结果。如果依然要求并依赖于政府部门的自我超越，2011 年的"南京老城南'拆'声再起"是否意味着同样的大规模更新？

（4）权益预期的惯性，指拥有产权或居住权的私人为满足客观需求的拆迁主张

---

① 南京市文化广电新闻出版局关于"云章公所"保护问题的回复，http://serv.longhoo.net/ms/viewthread.php?tid=66498。2011 年 1 月，南京市文物局"云章公所"保护问题专家咨询会。

② 在官方发言中，王炳钧公馆是"落架重建"，然而，一方面该建筑是砖木建筑，不能采用落架方式修复，另一方面，重建将替换损坏材料，移除新中国成立后的添加，且恢复成中西式花园楼房，因而不能称之为落架重建，而是复建。

③ 从尊重的角度，本文未将政府的需求视为不负责任的行为，而将其当作一种客观的社会责任的表达，受时代与社会发展的客观局限，但腐败行为不在讨论之列。

对于居住于老城南民居中的私人而言,拆迁不但意味着生存条件的改善,还意味着从社会边缘向主流趋近的重要契机。改善"民生"的政府,不但要解决改善居住的初衷,还被要求负担起"住房、小孩上学、就业、看病等一揽子问题"[①]。历史文化遗产被视为与政府博弈的私人砝码,可以在交易成果中牺牲。由于老城南地区的"经租户"数量远远大于祖居于此的私房业主,因此,拆迁改善往往是老城南居民的主导性意见,如金沙井老太太的"我想搬走,我住够了"。此外,对于产权关系复杂或者拥有产权但不居住于此的居民而言,通过拆迁满足利益需求是更为现实的选择。

5.1.3 小结:制度的合理性缺失

将上述保护分歧与拆除惯性解析与合法性建构的应对措施相比照分析,可以得到如下结论。

(1) 价值的多元尺度导致法制化与规范化不能有效规范保护行为

历史语境下的争论,分别代表了文物、环境风貌、一般遗产、场所意义以及文化认同等不同的遗产概念,是当前文化遗产概念多元、复杂的表现[②]。不同的概念意味着不同的保护行为界定标准,如非文物的保护单位在文物标准下是非保护对象,而在其余的界定标准中则未必如此。同样,在不同保护视野中的同一行为亦有不同的判定,如文物标准下的可拆除或可移建行为,在其他标准中可能意味着严重破坏。

不同保护标准的同时存在,且在不同部门和不同专业、文化背景专家之间的不同取向,意味着保护行为执行标准的多重化,即保护行为制度化与规范化的价值尺度模糊。对相同法律规范的不同阐释与理解,导致实际执行结果的异议,并由此产生第二次事件中的专家质疑。可以说,制度化与规范化只有效界定了行为方式而没有有效界定行为边界,而所谓的行为不违

[①] 《瞭望》(2006年40期)新闻周刊王军:《老南京最后的纠葛》。
在白下区安品街负责63户居民拆迁的赵东林说,"南京90%到95%的老百姓都是通过拆迁改善居住条件的","这里的老百姓盼拆迁,但拆迁真正来了,他们又想把住房、小孩上学、就业、看病等一揽子问题都解决了,这怎么可能呢?""我们是不会让居民没有房子住的。拆迁政策分三个层次,被拆迁人得到拆迁补偿款后,可按标准分别购买经济适用房、中低价商品房和商品房。拆迁补偿款有最低保障价,不足的将补足,用这个钱可购得面积45 m² 的成套经济适用房,条件也可大大改善。"
安品街的拆迁始于今年6月,在赵东林负责的片区,有的被拆迁人以每平方米一万元要价,理由是周围的商品房已涨到这样的水平,而目前的拆迁补偿标准是每平方米五千元出头。

[②] 从概念成熟和认可程度来看,文物是最早形成,也是法律、行政保障最为完善的文化遗产概念。其次是环境风貌概念,从1982年形成之初侧重风景园林、空间结构到1996年以后聚焦城市历史性空间——历史文化保护区,再到2002年强调居住环境——历史文化街区的保护,这一概念始终在不断完善的建构过程之中。此外的一般遗产则是2002年之后,与国际文化遗产保护接轨后,逐渐获得重视的遗产概念,包括近现代优秀建筑等。而场所意义、文化认同等观念,则游离在主流遗产观念的边缘,即有国际文化遗产概念的影响,也有历史、文化、人类学等学科概念的引入。

规(法)更多意义上指行为被有效授权而不是指行为被有效规范。

(2) 价值的现实取向导致权威化与优先化并不能有效解决保护与发展的关系问题

民生语境下的拆迁由来已久,是文化遗产保护的痼疾①。它的存在本身就意味着任何一种专业价值取向,都必须经过相关利益人群的二次筛选。对于不同的人群而言,影响其价值运作逻辑的主导因素会因职业、文化、立场与经历而有所差异。但二次筛选的标准逻辑很大程度来自现有的政治、社会、经济与文化系统运行所主导的价值体系。

外部价值体系通过不同价值主体对保护行为的二次界定意味着某种非正式规范体系对正式制度的效用影响,即对保护行为权威性的强化或削弱。这一非正式规范并不受制度制约,故而并不完全承认保护的法理性权威,它可通过消极作为、潜规则或权力寻租等非制度路径实现自身的价值取向,并由此产生"仍未平息"的结果。可以说,法理性权威的建构只界定了限定条件下的保护与发展关系取向,而并没有也无法解决价值体系中的实质定位问题。

综上所述,不论价值尺度还是价值取向所指向的都是文化遗产保护的合理性,即保护行为的价值认同。合理性是合法性的基础,决定合法性成效与形式,是更具根源性的影响因素。可见,合法性建构失效是南京老城南文化遗产事件发生的重要原因。文化遗产破坏行为的合法性建构之所以无效或低效,不仅源自其内部建构,更关乎其建构基础,即文化遗产保护行为的合理性。在南京老城南事件中,合理性问题无疑更具关键意义。

5.2 大众式保护路径——梧桐树事件

5.2.1 事件概述

2011年3月初,南京市政府为建设南京地铁3号线以及10号线,将南京市主城区内许多于20世纪中期栽种的二球悬铃木等树木移栽。其行为引起了市民的强烈不满,市民发起活动要求保护南京市内的行道树,该事件被称为"梧桐树事件"。整个事件的发展过程分为舆论与行动两个阶段。

---

① 以经济建设为中心的1980—1990年代和高速城市化的1990—2000年代,不论是发展战略还是客观形势,都将高速发展作为城市建设的先决条件。尤其改革开放以后,受全球行政改革影响下的行政功能、行政结构与行政行为的设计与重组,虽然使文化遗产保护行为从政治束缚中释放,但很快陷入市场导向的发展困境之中。从1982年因建设性破坏而提出"历史文化名城"的概念,保护与发展的矛盾始终困扰着城镇文化遗产保护。2007年,吴良镛先生认为"建设与保护的矛盾依然存在,形势依然严峻"。在发展强势的前提下,物质性与结构性衰败成为政府与个人拆迁意向的充分依据,预警式迁移成为文化遗产保护用以应对或顺应主流意向的行为。

图 5-4 南京市政府的移树行为
资料来源:网络平台

5.2.1.1 第一阶段——舆论阶段

2010 年,在南京地铁 3 号线建设中,市政府计划在沿线除市政府站和浮桥站之外的 11 个站点处移走 600 多棵树木,其中 200 多棵是 1950 年代种植的悬铃木,其余还有樟、臭椿、高杆女贞、栾树等。2011 年 3 月初,南京地铁 3 号线开始大规模动工。大行宫站附近长江路、太平北路一带有 49 棵悬铃木被砍去枝干,移植到江宁区麒麟镇苗圃(图 5-4)。

长江路、太平北路等处的悬铃木遭到锯伐后,南京市民通过微博进行了关注并表示抗议。黄健翔、孟非等社会名流在微博上关注并遣责,希望立即停止此类行为,从而进一步扩大了舆论覆盖的范围。针对南京市民及网络舆论的指责,南京市政府发言人也通过微博表示悬铃木是被移植而非砍伐,对"民众的误解与愤怒表示理解"。

5.2.1.2 第二阶段——行动阶段

政府发言人的解释并没有平息事件。民众通过对南京地铁 2 号线在建设中移栽树木行为的追溯发现:①最初工程计划移栽树木在舆情压力下修改后,从 1065 棵降低至 190 棵,增加工程投资 5000 万元;②市园林局"190 棵迁走的大树确保不死一棵"的承诺,最终存活率仅 18%。

此后,对类似行政行为的追溯扩大到 1990 年代开始的全部护树历程。在以往的护树行动中,市民采取过舆论施压、行动抗议、专家联名等各种方式[①],甚至促使了相关保护条例的出台。但因道路拓宽、工程建设等因素而使树木大量遭砍伐或移植的形势并未改观。1928 年为迎接孙中山奉安大典,在中山码头、中山北路、中山路、中山东路、陵园路以及中央路、中山南路沿途栽种的 2 万棵悬铃木,仅剩 3 000 棵左右。这些历史

---

① 第一次舆论施压:1990 年代初,为沪宁高速公路从中山门进城进行大量砍树。南京市民纷纷提出来救树,公路工程停工,但城建部门连夜将市民营救的大树砍去,共约 3038 棵梧桐树。
第二次行动抗议:1990 年代中,南京为新建大厦而砍树,南京市民以行动抗议,建设部派专员调查。最后,砍树与护树双方达到了妥协:原定砍 4 排的树砍 2 排,就这样,约 200 棵大树幸存了下来。同时,南京各个区县还出台了"砍一种十或砍一种百"的条例,即每砍 1 棵树,就得在规定的地方重新种上 10 棵或 100 棵树苗。
第三次专家联名:1999 年 7 月 27 日,为拓宽道路而在瞻园路上砍伐树木 17 棵。东南大学黄伟康、潘谷西等 8 位教授据理力争,但被告知:"我这个树是砍定了,南京树多得很。"随后,黄伟康等 8 位教授向《人民日报·华东版》发表签名书,同时树木已开始砍伐。8 月 2 日 8 名教授联名文章刊出。第二天,时任南京市副市长的周学柏批示"保留老树,至于影响到拓宽道路的宽窄问题,留待后人解决"。

事件及其所带来的社会经验都指向对政府言论可信度的怀疑。

于是,舆论转向了行动。3月14日,市民自发发起"绿丝带行动",中山东路沿线的悬铃木被系上绿丝带以抗议被伐(图5-5)。3月15日,中国国民党"立委"邱毅在微博中表示"若南京市政府再不停止砍树,他会在国民党中常会提案护树"。次日,邱毅在国民党中常会中提案,希望透过海协会和海基会,协调南京市悬铃木砍伐事件。国台办在3月17日的新闻发布会中称相信南京市政府会妥善处理此事。3月19日下午,南京市民在南京图书馆前集会抗议政府砍伐迁移树木。

3月20日,南京市副市长陆冰称,地铁三号线的移树工作已全面停止。而政府将公开征集民意,以进一步优化地铁建设方案。2011年8月16日,南京市城管局网公布三号线地铁站的移树数量145棵。

5.2.1.3 小结:价值整合的失效

两个阶段相比较可以发现,市民对政府质疑的焦点从其行为转向其诚信、抗议方式从舆论到行动、产生影响从社会到政治的全面升级。政府在停止行动之前的各种应对措施不但没有缓解矛盾,反而在其自身行为的追溯下,促使了矛盾激化(表5-3)。

护树运动是价值冲突的产物,其行为属于合理性而不是合法性的范畴。虽然梧桐树因与迎梓大典的联系而被赋予了纪念性意义,但是其本身却游离在文化遗产保护的边缘,没有地方立法的保护,也没有相关立法提案,关于移植技术的规范①也无法涉及梧桐树的保护行为。在没有法定规范约束的前提下,对护树运动的认识只能从行为合理性而不是合法性的范畴展开讨论。

图5-5 南京市民的护树行为
资料来源:网络平台

表5-3 南京护树行动事件过程对比一览表

	质疑原因	抗议方式	产生影响	政府应对	措施成效
舆论阶段	基础建设的砍伐迁移行为	舆论传播质疑	社会名流推动	网络解释移植非砍伐	从舆论质疑到行动抗议
行动阶段	类似事件中的政府承诺失效	市民"绿丝带行动"	台湾"立委"提案协调	停止移树	暂告段落,规划调整

---

① 2000年11月28日颁布实施的《南京市大树移植操作规程(试行)》以及2005年配套技术性规范《大树移植法》。

从合理性的角度看,此次事件并没有表现出政府价值与市民价值的绝对对立。以浮桥至图书馆路段为例,该路段经过五套方案的比选,综合考虑河流、地质、历史建筑、古树名木等历史自然因素,以及站点设置、换乘等交通设施建设因素,才最终确认实施。严谨复杂的操作程序说明政府的行政行为与社会价值观念是相一致的,保护梧桐树是具有广泛价值认同的合理性行为。

但是,政府的价值观念与市民的价值观念是有差别的。首先,政府应对措施不但没有缓解矛盾,反而引发市民对政府诚信质疑的现象表明,市民并不认为政府的价值观念与市民的价值观念相一致。其次,建设行动停止和规划调整的最终结果不但意味着市民的价值观念最终影响了政府的建设实践,还进一步证明了市民的价值观念与政府价值观念的非完全一致。

一般认为,政府与市民的价值观念是保护理念一致下的保护方法分歧。因此,在相关事件总结中,沟通不畅被认为是事件爆发的重要原因。

然而,事件的关键点在于:当政府回应微博上的舆论质疑时,就意味着政府与市民价值观念的沟通就已经开始了。但是在外力干预之前,即台湾"立委"进行提案之前,沟通并没有改变行为性质,反而激化了矛盾的升级。并且,当市民采取更为激烈的护树行为时,政府采取了对市内各企业单位发布通告的方式,用行政权威限制行动规模。可见,内部自发沟通并没有促使事件的解决,反而引发双方的强硬行为。

外力干涉下的沟通实现和内部沟通的无效性现象不单出现在此次事件中,而且存在于历次护树事件之中,甚至出现无外力干涉下的市民行动失败例证。这表明,冲突行为产生的根本原因不能完全归咎于沟通不畅,而更因归咎于价值整合的失效。

5.2.2 逻辑解析

5.2.2.1 保护标准的逻辑差异

1872年,法国传教士在南京石鼓路种下了第一棵法国梧桐树,开创了南京行道树栽种历史。此后,南京梧桐树大规模种植基本分为两次。

第一次是民国十七年(1928年),为迎梓大典,南京第一任市长刘纪文确定沿灵柩所经道路——中山北路、中山路、中山东路、陵园大道两侧种植法国梧桐树,中山东路是两侧六排,其余道路则是四排。第二次则是1953年,南京的中心道路——长江路、太平南路、珠江路、中山路、中山东路两侧种植梧桐为行道树。至1960年代,南京市内的梧桐树约10万株。

每一次的历史事件都形成了意识、物质两大结构系统:

意识结构系统指要素之间的价值及其结构体系,指向价值层面。在第一次大规模梧桐种植中,梧桐、道路、迎梓三个历史概念共同形成意识结构系统;第二次大规模种植,由南京行道树、主干道共同构成意识结构系统。

物质结构系统指要素之间的形态及其结构体系,指向时空层面。第一次大规模梧桐树种植中梧桐、道路等物质要素构成时空形态系统。第二次大规模的梧桐种植也相应形成由梧桐、道路要素构成的时空形态。

从现象学①角度看,意识结构系统所产生的保护标准是先验的、整体的、概念的,是物质系统的构成前提,物质结构系统是经验的、解析的、细化的,是意识结构系统在时间、空间的表象。

这两大基本系统是确定文化遗产保护标准的基础。意识结构系统可以确定保护的价值标准,即保护对象的性质;物质结构系统则可以确定保护的时空边界,即保护对象的范围。两者的统一形成文化遗产的保护标准。

(1) 政府逻辑:物质与意识的历史对应

在政府逻辑过程中,假定了意识结构与物质结构完全相应,且恒定不变,即历史事件中形成的意识结构系统与在同一时空中形成的物质结构系统,互为充要条件且不随时空变化而改变。在这一逻辑标准下,迎梓、梧桐、道路所构成的物质结构系统在奉安大典中被赋予且映射完全的意识结构,而不符合这一标准的物质结构系统则不能对应于相应的意识结构系统。

首先,通过科学理性分析可明确,第二次移植的梧桐树并不是为迎梓大典而种植的,而是作为南京市的一种行道树种被广泛种植,其绿化意义远远大于其纪念意义,不符合历史"真实性"原则,即第二次种植的意识结构系统不同于第一次种植的意识结构系统。

其次,在时间上,移植的梧桐树并非种植于迎梓大典时期,而是新中国成立之后的1950年代;在空间上,移植的梧桐树并不位于迎梓路线上,而是与之相交的、正式形成于1969年的城市主干道两侧。将两者叠加可知第一次种植的物质结构系统与第二次种植的物质结构系统也完全不同。

基于物质结构与意识结构完全相应的假定条件,可知不同时期种植的梧桐树指向的是不同时期的历史意识。南京护树事件中被系上"绿丝带"的树木,并非是具有历史意义,而是作为整个老城历史环境的组成部

---

① 下文使用了先验、超验与经验等词汇,虽然先验(transzendental)与超验(transzendent)的关系依然存在争议,但是从海德格尔"存在"与"最高存在"的形而上学中两大存在问题的区分可以判断,先验作为普遍形式而超验作为最高本质的存在。因而在下文中,先验指康德所提出的"先于经验"的概念,是一种对对象的普遍认识方式的哲学概念,与之相对的应该是感性的经验。

分,具有环境价值。故而其保护标准不同于第一次种植的梧桐树,是以环境风貌而不是文化遗产为标准。故而,在不影响历史环境整体形态的前提下可以砍伐与迁移。

在以上的逻辑分析中,默认物质结构系统与意识结构系统的相对应过程是绝对的、客观的、永恒不变的,是一个封闭的保护运行系统。在这一标准下的文化遗产保护措施,只要维护物质结构系统的不变,就可以实现意识结构系统的保护。这也是当前城镇文化遗产保护的一般方法。

(2) 市民逻辑:物质与意识的文脉重构

但对于南京市民而言,具有历史内涵的梧桐树的时空边界却并非是如此界定的。如同邱毅所强调的,是"对共同历史、文化、记忆的尊重态度"(这共同"历史、文化、记忆"的观念不仅是政治意图下的表述)。将南京市民以及曾客居于此的南京人士联系在一起,为"共同历史、文化、记忆"情怀而保护梧桐树。由此,被保护的梧桐树,不论其第一次或第二次种植,均被认为具有相似的意识结构。

这一认定暗示了截然相反的结论:具有历史内涵的梧桐树超出了科学理性界定的特定群体范畴,整个南京老城区空间中的、主干道两侧的成年梧桐树都具有"共同历史、文化、记忆"意义,不能砍伐和迁移,即意识结构与物质结构并非完全相对应。

① 市民逻辑设定的前提条件

在市民逻辑中,认为意识结构、物质结构及其关系是随着时空演变而不断变化的过程,是基于主体意识的延续性嬗变和感知中的时空尺度变化,从而造成历史维度下的绝对物质结构和意识结构的相对变化。

首先,时空尺度的嬗变会改变对物质结构的认识。如296年的清代对现代人的先验而言是一个整体的时间概念,但对于清朝人的经验而言,296年意味着祖祖孙孙的数代繁衍,或许就被细细划分为先帝在世,或者是某某年间。如果以自身经验划分,则又可细分为"幼""弱""壮""强""艾""耆""老""耄""期"。再如江南,对于全国而言是一个特征相似的空间;对于居于其中的居民而言,江浙便是两个语言、风俗、饮食,乃至管理政策、经济形态、教育模式、文化生态等方面完全不同的地域,而宁波与杭州之间的秉性差异更是从未停止过的辩论,甚至两乡之间亦可细数其异。

其次,意识结构亦是一种时空维度上的嬗变产物。如启蒙理性与工具理性具有本质的不同,但工具理性是在启蒙理性基础上的演化结果,只有在动荡的社会背景下,理性主义被反思,价值与工具理性的区别才被认识到,可见每一个历史阶段中的意识结构都是累积嬗变的结果。

可以说,当与历史事件发生的时间距离较近时,意识结构与物质结构之间的关系更接近于原始的形态;但当与历史事件发生的时间距离较远时,意识结构与物质结构之间的关系则会因时间、空间尺度的变化而改变。

② 市民逻辑下的保护标准

首先,两次梧桐树种植在意识与物质结构之间建构了认知传承。虽然第二次大规模种植的主要目的不是迎梓而是绿化,但是之所以选择梧桐树作为行道树种,却是因为奉安大典奠定了以梧桐树为行道树栽种的基础,即第二次意识结构的产生与第一次意识结构具有因果关系。故而,第二次的大规模栽种,可以视为第一次历史意识形态的衍生。

其次,两次梧桐树种植在意识与物质结构之间的认知差距趋于消亡。在空间上,1928年和1953年之间的空间差异是绝对存在的,这一差异在1953年的梧桐树达到成熟以前可以通过两者的形态对比而显现。但在1953年种植的梧桐树进入成熟期以后,两者在功能、形态、价值、特性上趋于一致,树种年龄导致的外形差异随着成年而逐渐消失。同时,随着时代的变迁,南京老城在现代化视角中,成为整体性的历史空间,纪念性空间的尺度从奉安大典途经路线拓展到南京老城空间。由此,第一次种植和第二次种植的梧桐树在经验感知上趋于空间一体化。在时间上的过程更为简单,随着民国的消亡和新中国的成立,尤其是改革开放以后社会经济的巨大变化,使得第一次种植和第二次种植所具有的意识结构不再被清晰区分,均被视为"特定过去"的意识表现。由此,两者在经验感知上趋于时间同一化。时空趋同,意味着先验的意识结构系统与经验的形态结构系统认同达成一致。在市民的认识逻辑中,保护的标准不但不局限于科学理性的时空边界,而且超出了科学理性的价值范畴。

③ 为何市民会选择这一逻辑方式呢?

首先,南京梧桐被赋予文脉的价值和意义,成为场所精神的象征。梧桐、南京与"奉安大典"三个联系紧密的历史系统,随着时空的推移,产生了多层次的时空层级感,激发了"大江东去浪淘尽"的演替意识与"秦时明月汉时关"的历史落差,被赋予"民国"而非"迎梓"的价值和意义。

其次,通过梧桐树与民国建筑和道路,中山陵所凝聚的"民国"情怀影响了南京城市建设的后续决策和行动,被赋予"迎梓"之外的居住、交通、娱乐、欣赏等新的功能,成为跨越历史意识与现实生活之间的中介。持续不断的、可识别的"传承"行为促使梧桐成为南京文脉的象征。由此,梧桐树超越了其历史环境的定位,被视为承载南京"民国"场所精神的重要构成与象征,进而成为具有独立文脉价值的实体。

再次,南京梧桐的先验意识结构与经验物质结构重组,成为具有纪念性价值的整体。先验依赖于知识而呈整体,经验依赖于感知而呈细化。当先验与经验中的时空距离通过物质实体产生联系时,先验知识中的整体性就要求被细化为经验感知中的时空性。对于文化遗产保护而言，细化的方式有两种：自觉的科学"考据"或自发的心理感知。科学"考据"依赖于知识与认识，是一种间接的经验感知方式，是具有精确性的自觉行为，强调由物见人。心理感受则依赖于主体对物的意识反馈，是一种直接的经验感知，是具有模糊性的自发行为，重视由人到物的过程。

由此，在自觉的科学考证之前，市民已自发形成完整的历史时空认知结构。不论是"迎梓"的还是"绿化"的梧桐树，只要是经验感知中具有整体性与统一性的梧桐树，都成为先验知识中梧桐、南京与"奉安大典"历史系统及其延续的象征，从而被赋予纪念性价值。

5.2.2.2 民生标准的逻辑差异

南京护树运动爆发的原因不在于现代性意识的差异，也不单纯是保护与发展的对立。

首先，政府与市民都认识到地铁的重要性，尤其护树行动从微博平台起步的现象说明，参与保护梧桐的发起者们，具有现代性的意识、一定的知识水准和广度，从江宁、仙林、浦口等地区市民亟盼地铁开通的情形也说明，地铁对于民生的意义并不是此次矛盾的核心。

其次，南京的文化遗产破坏事件非一两起，其中不乏具有影响力的文物保护单位，但能引发南京人一而再、再而三的大规模行动的，只有非典型性的文化遗产类型——梧桐树。这说明保护与发展的对立，不是引发如此大规模行动的全部因素。

那么，如果一致认同地铁是"现代化象征"，建设是必然趋势，那么微博投票中54％网友认为"梧桐树保护更重要，我宁愿地铁改线"的分歧意味着什么？

从民生标准看，政府的民生标准是地铁对于南京城市现代化的意义，而市民的民生标准似乎可以用"在南京梧桐树下骑车，相当于享受厅局级干部待遇"或"树阴遮天蔽日"以总括之。这表明了两种不同的逻辑思路。

在政府的思路中，现代化是一种范式，城市民生的发展方向与任务是由现状形态与现代化范式形态的差距来确定的。"范式"逻辑下的民生标准中，地铁是现代化范式的代表而不是传统城市形态的代表，地铁的存在就意味着能缩小与现代化范式之间的距离，实现时空压缩。而梧桐树是现代化范式与传统城市形态的共性存在物，对缩小和现代化范式的距离没有决定意义，无法实现时空压缩。

可见，在政府的逻辑中，地铁是较之梧桐树，更具有民生价值和意义的事物。为地铁而砍伐梧桐树，是范式逻辑的必然结果。

在市民的思路中，地域身份是比较而形成的。南京的民生发展方向，并不在于其与现代化范式的距离，而是其与其他城市生活的比较而定位的。因而,"梧桐树下骑车的厅局级待遇"或"树阴遮天蔽日"是南京人所独享的特有优势,这一优势由于依赖于自然生长周期和无法再现的历史时间,而难以通过单一建设来实现时空压缩,因而是南京城市独有的文脉特征,不能也难以被超越。地铁建设相比较而言,较易通过城市建设而获得,且一旦获得就不再具有独特性,故而认为"梧桐树保护更重要,我宁愿地铁改线"。

但从市民保树但不反地铁,仅是在树和地铁之间抉择的现象表明,其民生意识是一种开放而非保守的产物,当地铁建设不影响到地域身份确认时,市民将会支持地铁建设,反之才倾向于反对和抗议。由此,市民逻辑下的民生标准映射了相对、比较下的绝对价值观念。

5.2.3 小结:价值的不可公度性

从以上分析中可见,不同逻辑下的文化遗产保护拥有不同的概念框架和度量单位。

(1) 历史、文脉逻辑取向下,保护概念的相对一致与绝对差异

虽然政府、市民逻辑下的保护都指向意识结构与物质结构的内容框架,但是两者在思想方法和措施手段上却具有绝对的差异。政府的逻辑指向历史,而市民的逻辑指向文脉。

从思想方法看,政府逻辑中保护意味着历史化时刻的意识结构与物质结构,而在市民逻辑中,保护意味着过程化传递的意识结构与物质结构。政府逻辑中的度量单位是绝对的时空尺度,而市民逻辑中,则倾向于相对的心理时空尺度。

从保护对象看,政府逻辑下的保护依赖于科学的手段和方法,而市民逻辑则依赖于文脉的传承与界定。政府逻辑下的保护对象是绝对的和永恒的,而市民逻辑下的保护对象是嬗变的和相对的。

从评判标准看,政府逻辑下的遗产概念源自其固有价值量的多少,即历史范畴内形成的价值量;市民逻辑下的遗产概念由历史范畴形成价值以及对历史发展和现今生活的影响两部分组成。

简而言之,政府逻辑与市民逻辑虽然都是以历史事件中产生的意识结构和物质结构为蓝本,但两者分别选择了历史和文脉两种不同的思想取径和逻辑方式,故而出现了相对一致和绝对差异的保护概念。

(2) 范式、身份逻辑取向下,民生意识的相对一致与绝对差异

民生取向是指当下的民生意识,虽然面对"后发外生"的现代化背景,但是民生意识依然具有两种不同的逻辑方式:政府逻辑指向的范式与市民逻辑指向的身份。在范式与身份取向下的民生结构具有相似的形态,但是在发展目标和度量尺度上却截然相反(表5-4):

表 5-4 政府与市民逻辑下保护概念与民生意识的差异性比较

	政府—历史逻辑	市民—文脉逻辑
逻辑起点	历史化时刻的意识结构与物质结构	过程化传递中的意识结构与物质结构
度量单位	客观时空尺度	主观时空尺度
对象界定	科学方法	文脉界定
对象性质	绝对、永恒	相对、嬗变
价值评判	历史范畴	历史范畴与后世意义
民生目标	外部现代化范式	内部身份标识
时空压缩	高压缩,缩小差距	低压缩,保持差异

在发展目标上,政府逻辑立足于外部目标,即已有的、较成熟的现代化模式;市民逻辑则立足于内部比较,即已有的、较明确的自身标识。

在度量尺度上,虽然两者都重视建设产生的时空压缩度,但政府逻辑取向于高压缩,即建设完成意味着与目标范式的时空差距缩小;市民逻辑则取向于低压缩或不压缩,即建设完成意味着自身身份的明确或加强,以及难以由后续建设相比拟。

应该说,两者的差异是绝对的,政府逻辑下的民生取向是绝对的、不变的,而市民逻辑下的民生取向是相对的、嬗变的,只有绝对的差距超过一定界限时,范式逻辑与身份逻辑才能在目标上达成暂时一致,一旦差距缩小,两者的绝对差异必将凸显。

综上所述,价值整合的失败并非仅意味着整合机制的空缺,更有可能是价值之间的不可通约性,导致价值整合的失效。

5.3　小结:两条非规范性路径

在制度主导路径之外,中国城镇文化遗产保护还存在制度之外的非规范性路径。非规范性路径通常以社会公共事件的不合作博弈形态出现,通常包括专家联名上书的精英式路径和市民舆论抗议的大众化路径两条非规范性路径。

专家联名上书的精英式路径往往集中探讨合法性的制度建构问题,监督政府行为的合法性,并敦促政府实现法制化建设。为了与政府建构共同的讨论平台,价值共识上的矛盾往往被埋没在专业技术领域。

市民舆论抗议的大众化路径则通常在探讨合理性的价值共识问题,监督政府行政行为的合理性,并要求政府构建价值沟通的平台。但市民价值的隐性表达与爆炸性激发,使得价值分歧表象化,多元价值整合简化为政府单一价值的调适过程。

两条非正式路径都以政府为核心展开。专家联名上书的方式是一种参与各层级政府博弈的非规范性路径,依赖于具有权威性的中央政府干预和协调专家意见与地方政府行为之间的矛盾;而市民舆论抗议则是一种制度范围外的非规范性路径,在具有话语权的人士敦促第三方权威干预之前,市民与政府之间呈现不信任对抗的关系。

非规范性路径的存在表明制度主导路径并不是衍化形态的全部内容,游离于制度主导路径之外的价值形态与组织形态,采用特定的组合方式,形成中国城镇文化遗产保护的非规范性路径。

非规范性路径见证了"内化整合"的不完全状态。多元价值形态并没有以政府主导的发展逻辑为最终标准,基于成效试点的制度建构也没有达成广泛的成效共识,中国城镇文化遗产保护的主导路径面临着合理性危机。

老城南事件中的价值分歧,或许依然被看作主导路径中两极理念分歧的延伸,但事件中表达出的成效异议,则明确显示了制度建构下的成效共识破裂。而在南京护树运动中市民表现出了绝对的自发性和高度的认同感则说明,根植于社会文化内生逻辑的保护共识及其价值理念,因不遵循范式标准的理性思维模式而无法获得法理认同,被完全排除在技术领域的价值取向之外。

总之,非规范性路径表明价值整合与成效共识未能有效达成。"内化整合"依然是中国城镇文化遗产保护的关键问题。

6 分歧本源之一：文化原型的冲突

6.1 中国传统文化的原型形态

6.1.1 传统的社会意识

世界哲学主要分为中国、西方和印度三大体系，倘"将哲学看作一个类称"，那么关于"宇宙观"，即对宇宙的本质以及人类的自身问题的认识，则是三大体系哲学思想的共性问题。对于这一问题的不同解答方式，成就了三大哲学体系的特征与结构，并以此建构特有的文明形态[①]。

宇宙论与本体论的统一，是中国哲学的基本特征。理性与感性、主体与客体、存在与思维之间，形成同一系统中本末、源流、根枝的同源性存在，而非以现实存在为现象（appearance）、以超验存在为实体（substance）和本质（essence）的二分体系，即"万有众象同属实在，不惟本根为实而已"[②]。

6.1.1.1 "群体"本位

"一"是中国哲学的逻辑基础。这一思想源自"易"之"一阴一阳之谓道，继之者善也，成之者性也"。阴阳构成了系统运动的两极，相对且相成，故而不可二分，须"执一"而从，以为"善"。经过诸子与历代哲人的阐释与发展，演化成为中国传统哲学对宇宙观的基本解答——"天人合一"[③]，成为中国传统哲学最突出的特点。

这一观点获得现代哲学学者的认同。不论是张岱年先生在《中国哲学大纲》中提出的中国传统哲学三大重要特点"合知行""一天人""同真善"，还是金岳霖先生在 1943 年的《中国哲学》中提出的"天人合一""哲学

[①] 余敦康先生在《夏商周三代宗教》一文中讲到中、西、印哲学，他说："所谓天人关系问题，也就是关于宇宙的本质以及人类处境本身的问题，这是世界上三大哲学系列的共性。至于这三大哲学系列所表现出的不同的个性，关键在于它们在处理天人关系的问题上选择了不同的逻辑理路。"

[②] 张岱年.中国哲学大纲[M].北京:中国社会科学出版社,1982.

[③] 最早起源于春秋战国时期，汉朝董仲舒引申为天人感应之说，程朱理学引申为天理之说，儒、道、释三家均有阐述。如金岳霖先生所说"多数熟悉中国哲学的人大概会挑出'天人合一'来当作中国哲学最突出的特点"。

与伦理、政治合一""哲学家与他的哲学合一"的几大特点①,或熊十力在《明心篇》中构建的"智识合一"论,都以"合""一""同"的论断,阐明或延续了中国传统哲学观念中"执一""不二"的基本逻辑。

"易"是中国传统文化思想的本源,故而以此衍生的诸子学说,皆可视为在此基础上,进一步阐释"何以为群"的问题②。以《荀子·王制篇》为例,荀子并未对个体人的来源问题予以探讨,而从群体存在的角度出发,提出"人能群,彼不能群也"的本质区别,进而探讨"人何以能群"的问题。较之马克思"任何人类历史的第一个前提无疑是有生命的个人的存在"的观点,荀子并不关注于"人之所以为人"的道理,而认为合群的能力和趋向是人先天赋有的禀性。而先秦诸子的思想,都可归结为对群体构成观念(如老子的小国寡民,孔子的大同)以及群体的存在与延续的方法(如儒家的礼治及人伦,道家的无为及寡欲,墨家的兼爱与交利,法家的法、术、势等)的探讨。

这也可以在中国传统哲学的发生背景中获得佐证。与古希腊哲学"为求知而从事学术,并无任何实用的目的"和印度佛教哲学"出离世间"或"涅槃"的价值取向不同,春秋战国是社会变乱时期,诸子对哲学的探讨必须面对人生、社会的"忧患",如太史公所言:"易大传:'天下一致而百虑,同归而殊途。'夫阴阳、儒、墨、名、法、道德,此务为治者也,直所从言之异路,有省不省耳。"由此,中国文化思想的立足点并不是"(个体)人性是什么"与"(个体)人性如何实现"的学术问题,而是关于"人之群为何"与"人之何以为群"的社会问题。

"群"是人的本质属性,是人的本性所决定的。如荀子揭示人的本质曰:"力不若牛,走不若马,而牛马为用,何也?曰:人能群,彼不能群也。"梁启超亦用此阐释近代的世界格局。现代社会与人类学研究也逐渐发现"群"是人的本质属性之一。虽然问题发生的根源在于社会,但合群如同个体的独立性一般,确实是人类本性之一。J. L. 弗里德曼的《社会心理学》(*Social Psychology*)里认为人类的"合群倾向是本能性的"。文化人类学的研究则进一步表明,西方传统社会秩序建构理论中,公共领域外在于自然领域——家庭,并以男性政治组织的存在为前提建构社会秩序范畴,并不适用于西方以外的社会形态,即以社会瓦解反社会的自然家庭模式并非普遍。如玛丽莲·斯特拉森(Marilyn Strathern)通过研究美拉尼西亚民族,对传统人类学中社会外化于家庭建构的权威模式进行了批驳。

---

① 金岳霖先生还提出了"逻辑和认识论的意识不发达"的观念,但与其他观念相比较,这一说法明显是相对于西方哲学比较而言,并非从中国哲学之固有脉络中得出的结论。

② 如论语中的"本立而道生",老子的"谷神不死,是为玄牝,玄牝之门,是谓天地根。绵绵若存,用之不勤"之语,即"道生万物"因"谷神不死",道家的"太极生两仪,两仪生四象,四象生八卦"等。

6.1.1.2 "生生"法则

以"一"为基础的中国传统哲学观念中,"天人合一"是最根本观念。天人关系的实质是宇宙观的问题,而"天人合一"则是中国传统哲学对宇宙观的基本解答。最早起源于春秋战国时期,汉朝董仲舒引申为天人感应之说,程朱理学引申为天理之说,儒、道、释三家对此均有阐述。

"天人合一"观念之所以具有突出地位,因为它是探讨"何以为群"问题所采用的最基本手段。易,是中国传统哲学思想的源头,"推天道以明人事者也"是"易"的逻辑架构。《易经》贲卦《彖》辞曰:"《贲》'亨',柔来而文刚……天文也;文明以止,人文也。观乎天文,以察时变,观乎人文,以化成天下。"表明"天""人"相分、相生的系统观念。此后,又有荀子以"明于天人之分"和"制天命而用之",首次将人从自然界中分离出来,建立"天人相分"的哲学体系,明确了"推天知人"的逻辑关系①,并成为中国传统哲学的基本逻辑架构,"格物致知"等思想之流皆源于此。

经过历代学者对"易"的阐释和理解,清代《四库全书总目提要·易类序》总结曰:"《易》之为书,推天道以明人事者也。"可见,在"易"的思想中,天人之间并非简单的二元应对关系,而是相生、相克的同源异象关系。如《中庸》的"思知人,不可以不知天",司马迁的"究天人之际,通古今之变",皆以"天"推"人"为其宗旨。

这意味着中国哲学并非只是研究现象背后的"存在本身"(being as such),也研究"宇宙的起源、结构、发生史和归宿等",是本体论与宇宙论的统一。故"一阴一阳之谓道。继之者善也,成之者性也"(《易传·系辞上》),或"二气交感,万物化生……惟人也,得其秀而最灵。形既生矣,神发知矣。五性感动而善恶分,万事出矣"(周敦颐《太极图说》)等的"天道"推演,是"明人事"的基本逻辑前提。

从此视角看,梁漱溟先生的伦理本位与费孝通先生的差序格局论断,实质是中国传统社会"推天道以明人事"之后的实践结果。虽老子批判"礼制"对系统运动之"道"的干预和扭曲②,但中国传统社会最终选择了孔子的"礼制"观念与方法,建构出"家国一体"的社会形态。虽然在表象上,国是在家之上的社会分层格局,但并不意味着群体组织是以实现政治统治价值为目标,两者是内核与外化的圈层关系,而不是统治与被统治的

---

① 荀子《天论》"故大巧在所不为,大智在所不虑,所志于天者,已其见象之可以期者矣;所志于地者,已其见宜之可以息者矣;所志于四时者,已其见数之可以事者矣;所志于阴阳者,已其见知之可以治者矣。官人守天,而自为守道也。"

② "大道废,有仁义;智慧出,有大伪;六亲不和,有孝慈;国家昏乱,有忠臣。""故失道而后德,失德而后仁,失仁而后义,失义而后礼。"

纵向关系。①

那么,"天道"为何? 答曰:"生生"。《周易·系辞传》曰:"天地之大德曰生。"德,即规则、法则。"易"的"生生",可类比"物竞天择"的个体自然法则,是中国哲学,乃至文明结构中的群体自然法则,遍布中国传统哲学的整个领域。如《孟子字义疏证》中:"仁者,生生之德也","由其生生,有自然之条理","惟条理,是以生生;条理苟失,则生生之道绝"。康有为在《中庸注》中:"仁……在天为生生之理。"《太平经》说:"天者,常乐生,无害心,欲施与","乐生无为"等,北宋儒学思想家程颢总结为"天只是以生为道"。

"生生"法则是以"群体"本位为前提的系统运动法则。所谓"生生之谓易,成象之谓乾,效法之谓坤","生生"是万物之"象"的"生"和包容万物的秩序、规则之"法"的"生"之间的循环运动。

这样的运动被称为"易",具有法则简单(简易)、变化万端(变易)、相对稳定(不易)的三大特性②。这一宇宙万物运动演化的基本模型影响了中国的哲学、宗教、医学、天文、算术、文学、音乐、艺术、军事和武术,成为中国科技、文化、社会体系建构的基本思想基础。

可见,建立在群体本位上的"生生"法则建构了中国文化的基本结构,并形成独特的文明模式,而这一模式并非中国所独有。在张光直先生看来,"中国的形态可能是全世界向文明转进的主要形态"。

"生生"法则并不是思想观念中的宇宙图式,而是与系统非线性动力运动中的普遍现象——混沌运动特征相一致的理性法则。混沌理论是近三十年的科学革命,与相对论、量子力学同被列为20世纪的最伟大发现。除了"生生"法则中的三大特性分别对应于混沌运动中的确定性系统(系统的结构与参数是确定的,在确定的输入下,输出也为确定的系统)、内随

---

① 从中国社会最终选择的伦理组织法则中,以政治价值所倡导的"忠"与社会整合所倡导的"孝"的两者关系为例。

一方面,在"家国一体"的社会构成之下,政治国家是家族制度的衍生。虽然位于整个社会结构的顶端,但依然以家族关系的方式建立其合法性权威。如《孝经·士章第五》所言:"资于事父以事母,而爱同;资于事父以事君,而敬同。故母取其爱,而君取其敬,兼之者父也。……盖士之孝也。"可见对于君主的态度只是对家"敬""爱"态度的一个组成部分。

另一方面,当两者发生冲突时,虽然在正常情况下,可以"移孝作忠",但是当两者发生严重冲突时,则以"孝"为准,如《后汉书》对赵苞舍"孝"而取"忠"的行为,评曰"取诸偏至之端者也";再如孟子答"瞽瞍杀人"曰:"舜视弃天下犹弃敝蹝也。窃负而逃……乐而忘天下。"此观点亦被程颐所纳。

而更能论证群体组织基础性地位的,则是传统史学中的直书与曲笔之争,符合"子为父隐,直在其中"的曲笔可以被原谅,而不受权势影响的直书,如孙盛的《晋阳秋》、北魏崔浩与高允,则皆受称颂。可见,社会伦理在整个社会价值体系中是远远高于政治之上的一般准则,不以政治价值为其目标,而是以群体存在与延续为其根本。由此,梁漱溟先生的伦理本位社会,可以进一步理解为社会群体本位,而伦理则是群体组织的一般法则。中国历史中政权不断更替,却依然保持社会延续的原因,也可以此进行解释。

② 汉唐诸儒解说周易,颇多参考纬书,其中的易纬乾凿度,由郑康成注解,比其他纬书醇正,所以诸儒引用较多。唐人撰五经正义,李鼎祚作集传,征引最多,皆于易旨有所发明。乾凿度开头就说:"孔子曰,易者,易也,变易也,不易也。"唐儒孔颖达在《周易正义》里说:"郑玄依此义作易赞及易论云,易一名而含三义,易简一也,变易二也,不易三也。"

机性(无周期性和不可预测性)、稳态运动(相空间的有限性、奇异吸引子和菲根鲍姆常数)的三大特征之外,"周期3意味着混沌"与"三生万物""分形"与"以无观有""遍历性"与"一生万物"等概念之间的对应,都表明"生生"法则与"物竞天择"的自然法则一般,是具有科学内涵的理性法则。

6.1.1.3 小结

综上所述,中国传统文化原型是以"群体"为本位的均衡系统,以"生生"为法则的无限形态的系统运动模式。这一原型并不指向某种外在"真理"或"理念"的存在,而是提出了一种构成法则。

这一构成法则,以"群"为其先,以"生生"为其理,往复不息。无特定之条件,无仰赖之资源,亦无必然之结果,凡涉及天、地、人之万物,皆可纳入其中,故被视之为宇宙的本原和本质。而此后的中国思想史,亦可被视为"易"的宇宙图式和思维框架下的诠释史。

"群体"意味着均衡系统。系统,泛指由关联个体组成、具有特定结构形态的功能整体。关联,不仅意味着协同,也意味着对立。与整体和局部的关系不同,系统及其构成要素之间是不可分割的统一体。即协同或对立的双方,都是系统中不可或缺的组成部分,一旦要素缺失,则系统不复存在。而对于整体和局部而言,局部的损失并不会影响到整体功能的实现,故而可以去除与整体功能相关性较小或相悖的局部因素,以强化或维护整体功能。

中国传统文化内核的"群体"观念,更意味着系统而不是整体。天、地、人"三才",各有其道,两两相对,却相互作用,"天有其时,地有其财,人有其治,夫是之谓能参"。故而,三者构成系统而非整体,且系统稳定、均衡。

"生生"意味着无限形态。确定的系统运动可以分为线性与非线性两种状态,线性运动一般具有确定的结果,为单个点或稳定极限环,即有限解的运动;而非线性运动则会趋向于混沌,混沌虽然也有相对稳定、收敛的目标态,但没有静止或者周期的确定解,而是在确定相空间范畴内的、无限解的运动形态。

"生生之谓易"即表明运动变化的状态,是以"兼三才而两之"则"广大悉备"[①]的运动过程。天、地、人三种不同的"道"相互作用,其目标态并不趋向于特定的结果或者周期的形态,而以"三生万物"运动,形成"广大悉备"的无限形态。

由此,建立在群体人伦探讨之上的中国传统意识形态,则产生返魅、关联性的思维模式。20世纪早期的法国汉学研究者格拉内(Marcel Gra-

---

① 《周易·系辞下》:"《易》之为书也,广大悉备,有天道焉,有人道焉,有地道焉,兼三才而两之,故六。"

net)认为关联性思维是古代中国人思维的一个最主要特征①。而张光直先生在延续牟复礼、杜维明的观点进一步认为,"中国古代文明的一个可以说是最为令人注目的特征,是从意识形态上说来它是在一个整体性的宇宙形成论的框架里面创造出来的",并认为"中国古代的这种世界观——有人称为连续性的宇宙观——显然不是中国独有的……这一宇宙观在中国古代存在的特殊重要性是一个不折不扣的文明在它的基础之上与在它的界限之内建立起来的这个事实"。

6.1.2 传统的社会形态

与西方的政治国家与市民社会的二元结构相对比,中国传统社会中并没有市民社会与政治国家二元对立结构,更缺乏调和两者价值冲突的平台——公共领域的存在。伦理法则确定了"家国天下"的一体化格局,形成以家庭制度为核心的层层推演模式。

6.1.2.1 国家、社会与家庭组织的一体同构

中国文明发展的一个重要特点是血缘关系的长期存续,形成"家国同构"的基本结构模式。从现有的考古资料看,中华文明的起源方式具有与其他文明不同的独特性:

(1)从经济角度看,通过提高经济发展水平来应对生存压力,这与大多世界早期文明的选择一致。但是,经济发展水平大幅提高不是建立在生产工具的技术进步上②,而是建立包括粟、黍、稻、麦、大豆在内的,以粟类作物为主的多品种农作物的旱作农业种植制度以提高农业总产量和对抗自然风险的能力③;丰富以家猪为主的家畜饲养种类以满足肉食资源和祭祀的需求;强化培土、灌溉等田间管理,通过"尽地力"以增加产量④;观测天象、制定历法、疏导水利、识别土性,通过"顺应天地"以降低

---

① 转引自 John B. Henderson, Cosmology and Concepts of Nature in Traditional China. 1934 年的《中国人的思维》:"关联性宇宙观如不是在远古,也在古典时代就已经充分形成了,并且是中国人思维方式的一个最初的与典型的表现。"
② 王巍、赵辉,《中华文明探源工程的主要收获》:公元前 2500 至公元前 1500 年这一历史时期,即从龙山文化到二里头文化,生产工具从器物的种类到器物的形制等并没有发生显著的变化。二里头文化时期虽然出现了青铜生产工具,但它们数量较少,并没有取代石器成为主要的生产工具,也没有促使当时的社会生产力发生显著的变化。但是与公元前 2500 年之前的考古学文化相比,公元前 2500 至公元前 1500 年这一历史时期的人类社会经济发展水平有了明显的提高。在公元前 2500 年之前的仰韶文化时期和龙山文化早期阶段,石器以斧、锛、锄、铲等为主,磨制石器中石斧的数量最多,通常占到出土磨制石器总数的 30%到 40%。此外在此阶段还存在有一定数量的打制的敲砸器、砍砸器等。而到公元前 2500 至公元前 1500 年的龙山文化晚期阶段和二里头文化时期,打制石器已十分少见,石斧、石铲等在各类生产工具中所占的比重下降,而刀、镰等收获工具在各类生产工具中的数量则占绝对优势。由此可见,刀、镰等收获工具数量的大增表明了这一时期农业生产有了长足的发展。
③ 《汉书·食货志》:"种谷必杂五种,以备灾害。"
④ 《汉书·食货志》中"李悝为魏文侯作尽地力之教……治田勤谨则亩益三升,不勤则损亦如之"。
同时,湖南澧县城头山发现的世界最早的古稻田遗址中已有用另类土有意分割田块并长期耕作的特点。

自然风险①等主动的组织方式,即生产方式、生产管理和科学技术的进步而实现经济效率的提高。

(2) 从社会角度看,生产力的发展带来的社会分工并没有产生相应的社会阶层,成为独立的社会经济主体②,这同世界上不少早期文明相一致。但是,与其他早期文明不同的是,基于公共服务与管理的基础上产生的公共权力③,并不是站在血缘关系的对立面,以地缘关系取代血缘关系来构建国家,而是成为氏族内部已经形成了的、具有较高组织程度的、基于生产资料公有、围绕分配制度展开的社会组织形式④——氏族组织的争夺对象,借助氏族组织力量建立了宗法分封制国家,进而随着社会发展不断调整两者的关系⑤,形成礼制与刑制体系并存、"出礼入刑"的制度结构⑥,推动文明的进程。

早期文明中,血源性共同体的社会职能随着文明发展不断外溢,产生了相应的服务与管理需求。在"亨,小利有攸往"的思想下,通过模拟自然群体——血缘性共同体的组织模式来服务与管理外溢社会职能成为传统

---

① 修建于距今 4100 多年的山西襄汾陶寺观象台的发现并模拟观测成功,验证了帝尧"敬授民时"的客观存在。而史书上记载的"大禹治水"及托其名而著的《禹贡》则表明人们已经了解山川、土壤、物产等知识并且用以克服自然威胁。

② 劳动的专业化、分工化与规模化仅仅局限在劳动分工的层面,受组织制度约束。如裴安平《史前私有制的起源——湘西北澧阳平原个案的分析与研究》中认为:关于这一点有很多推测,一般认为其根本原因是血缘关系加土地公有制。根据我国商周、秦汉时期的甲骨文、竹简和古典文献记载,至少在战国以前土地公有还是一种普遍现象,并在此基础上实行过定期轮换分配的制度。尽管不同的历史时期土地分配制度的特点不尽相同,但不变的是土地公有与定期轮换的制度,而经常变化的则是性质互不相同的土地轮换与授田的主体和规则。故而是统一的分配制度而不是生产资料的占有决定了财富的多寡,进而产生了阶层的分化。从中可见,张光直先生所提出的"政治权力导向财富"有一定道理。

③ 在公元前 2000 年之前,中华各地的文明均已经达到了相当高度。公元前 2000 年之后,面对共同的生存压力(气候较为异常的时期,其主要表现为温度的变化尤其是降雨量的不均衡),基于提高经济效率的生产组织方式,官职初始建立。

早期的官职主要设置在与生产组织、服务管理相一致的农业和天文历法方面;及至舜"设官分职"时,除了公共服务性的官职增加外,还出现了"司徒""士""典礼""纳言"等公共管理性官员,标志公共权力的正式出现。

④ 王巍,赵辉,《中华文明探源工程的主要收获》:中原陶寺古城、长江下游良渚古城和长江中游石家河古城的考古均发现了规模宏大的工程,这需要有效动员组织大量人力物力,表明这些古城控制了大量人口。综合考虑考古资料反映的社会成员明确的等级分化、为贵族服务的手工业、暴力和战争等相关情况看,这些地区在当时可能已经进入了早期文明社会。而这一时期的社会组织是以氏族为基础的。

⑤ 与文明发展的一般路径一致,公共权力是在公共服务与管理的基础上产生中。说文解字"功,以劳定国也",汉班固《东都赋》:"分州土,立市朝,作舟舆,造器械,斯乃轩辕氏之所以开帝功也。"可见,公共服务乃公共权力形成之基础。

在公共权力正式出现以前,氏族组织方式就已经发展到较高水平。马兴在《尧舜时代制度文明略论》中研究认为:《尚书·尧典》中就记载尧修五礼。尧舜时期,公共权力正式出现,礼制中已初步形成了一套祭祀天神、地祇、人鬼的吉礼体系;凶礼也初见端倪,有了较为固定的埋葬习俗;作为宾礼的朝觐和会同之礼业已形成。此观点与周边地区考古中的礼器,如三星堆青铜礼器、良渚的玉制礼器高度发达的情况结合,可以认为,与血缘宗法关系相一致的礼制已经出现并发展到一定水平。

公共权力出现以后氏族群体而不是单个的"贤"者参与争夺,及夏初激烈的氏族争斗可为佐证。群体的胜利必然要群体分享,寻求血缘关系和地缘关系并存的制度文明,就成为必然的选择。中国第一个国家——夏的出现就是公共权力和父子相承的氏族组织结合的产物。

国家建立以后,公共权力的组织方式不断强化,从氏族邦国制—宗法分封制—中央郡县制,公共权力组织方式正不断从血缘关系组织方式中独立出来,最终形成"出礼入刑"的两层制度组织结构。

⑥ 《唐律疏议》中"德礼为政教之本,刑罚为政教之用,犹昏晓阳秋相须而成者也"被认为是礼入刑制的标志。

社会构成的主要方式。

随着社会结构的复杂化和社会职能的多样化,建立在公共服务与管理基础上的公共权力系统与多层级的血缘与地缘共同体逐渐发展成熟。一方面,整个社会都呈现围绕制度展开的结构形态,如围绕"财政"展开的经济形态,围绕"经世致用"展开的学术体系等。另一方面,组织制度成为保障传统社会结构稳定的主导力量。具有明显优势的制度力量调控经济,避免其周期性作用带来的社会不稳定,进而在制度主导与经济能动的双重作用下,形成稳定的金字塔形社会结构。

在此社会模式中,一方面,外溢职能的服务与管理需求是更高一级社会组织建立并行使相应公共权力的合理性基础[1],因而培育、保障并汇集农、工、商业等创造社会财富的"民利"行为是国家生而拥有的社会职责。另一方面,按自然群体的组织模式递推的"伦理"秩序,赋予公共权利不证自明的合法性[2],因而承担保息、本俗行为是国家自然继承的社会职责。通过"三物"和"八刑"在政治国家和伦理社会达成"公""私"权力的协同关系。

在"国"的顶端和"家"的基底之间,族、氏、宗等泛化的血缘性社会组织形成多层级结构,获取社会资源并承担社会职责。在最小化每一层级社会单位数量的同时最大化可组织的个体规模,实现"一荣俱荣、一损俱损"的共同体协作模式,扼制了博弈论框架下利益最大化行为与社会合作结果的不一致危机。

在"国之本在家"和"积家而成国"的传统社会一体结构中,国家与社会是具有共同价值基础与构成模式的圈层结构的文化共同体。如冯友兰所言,中国传统社会是由"五伦"组织起来的,其中之三为家庭关系,而其余的两者——君臣与朋友,皆可以用家庭关系来理解。而这两种关系的建立并非必然或强制,而是由个人选择的结果,也只存在于"官员"与"君主"之间。但是,一旦这样的关系确定,就意味着某种类似家庭的约束性契约形成,从而不可轻易改变。家庭模式外化的社会组织结构不仅存在于政治领域,而且深入中国传统社会分工中的各个行业,如师徒制度、行会制度中都可以看到类似的契约模式,并且形成空间上的心理归属,如以"乡脚"的空间范围组织经济协作的市场模式。在梁漱溟先生看来,这是伦理本位的社会模式,而在费孝通先生的观念中,这是差序格局的社会形态。

---

[1] 引自林文勋《专卖制度》一文。
[2] 西方自然状态与自然法被当作"不证自明"的前提,社会契约成为自然状态向政治社会过渡的中介,中国则是将群体状态与伦理秩序当作前提,社会教化成为自然状态向政治社会过渡的中介。

由此，社会与政府之间形成关系契约。社会所拥有的资源调配权力，被全权让渡给政府，政府可以利用其实现"收益"，并按法则进行分配。

6.1.2.2　第三领域的社会组织及整合功能

随着财富力量的崛起，经济分层改变了自然同构的社会结构，呈现多元复合形态。从社会发展史来看，"素封"阶层凭借其社会财富占有社会资源并获得公共权力[①]，成为与主流阶层共享社会资源的新生权利阶层。这就带来了维护"民利"与维护"伦理"的矛盾，一方面，维护"民利"是国家的社会职责，必须保护其存在发展，另一方面，"民利"的发展破坏了国家权利合法性的基础——伦理秩序。更为重要的是，以公共服务与管理为前提的传统公共权力以社会责任为第一性，承袭了"公私相对"的协同意识[②]，而以社会资源占有为前提的新生公共权力意识则以社会财富为第一性，倾向形成"公私两分"的局面[③]，观念体系的差异导致两者的激烈社会冲突，即财富最大化行为与社会合作结果的不一致——非协作博弈。

与西方社会通过经济契约关系实现权利让渡的途径不同，先于市民社会存在国家权力的中国传统社会并不认为独立的财富人格等同于独立的社会人格，财富利益→公共权力→社会职责的自发路径形成将支付高额的社会成本。因而利用已有的非正式制度，采用"教化"的方式，完善社会职责→公共权力→财富利益的社会建构[④]。一方面，通过赋税徭役和社会身份，最小化"素封"阶层可能占有的社会资源和获取的公共权利，取其利而避其害；另一方面，依然采用伦理秩序递推的方式，视民为子，以为"不教而杀谓之虐"。通过思想教化实现意识形态的统一，由传承伦理人文意识的"无恒产而有恒心者"建立"为学"的社会流动渠道，确立公权赋予的途径。随着晚期富民阶层社会自觉的形成及其取代士人承担的广泛社会功能，独立社会人格开始成型，国家对其社会控制也日渐放松，"保富""士商相杂"及"贾道"等"义利观"更成为一种制度性的存在。

社会教化由民间信仰、三教化俗和儒师礼教三个层次构成俗、化、教的层级体系。民间信仰即"俗"，自发形成且缺乏系统教义。以"乐"，如民

[①] "大者倾郡，中者倾县，下者倾乡里者，不可胜数。"其权威监理方式是豪强富贾的财富不仅不能通过制度转化为国家财政，而且意味着国家财富的流失，更大的威胁还在于他们兼并土地，隐占人口，激化社会矛盾，成为与政府相互离异的地方势力。

[②] 公权和私权。

[③] 在西方的公私语境中，私的外部皆为公，故多指民众，在中国传统语境中，公为社会组织及其公共权力的指代，故多指政府及其职能。

[④] 制约权力寻租而忽略社会职责，强调社会职责而易权力寻租，而从其发展来看，权力寻租将导致社会责任的缺失，而社会职责的缺失也必然引发权力寻租。

间文学、戏曲表演、传统节庆、婚丧礼仪、营建堪舆和民俗活动等方式传播,是多样化的、非组织的民俗行为,今非物质文化遗产多出于此。佛道儒三教为"化",具有系统化的教义,受政府支持而居垄断地位,承担"化俗"职责。随着世俗化的发展,与民间信仰的边界越发模糊,三教之间也日渐合一。儒师礼教即"教",是更高层次的社会教育和进入管理阶层的社会流通渠道。以其对礼、乐、诗、书等传统知识的精通,承担着文化传统的传承任务,致力于社会构建与治理之道的传播(道也者,治之经理也;"士志于道")。后两个系统化的层次与由无差别人群形成的民间信仰不同,是以特定人群为核心的意识形态。特定人群被赋予免赋税徭役的权利,同时承担"教""化"的社会责任。

因而,按获取公共权力及相应社会责任来划分,在复杂的多元社会中,除了贵族、官僚构成的公权阶层和农、工、商等追逐社会财富的治生阶层外,还有存在于两者之间的第三领域——教化阶层,三者共同构成伦理社会的组织结构。这一组织结构的内部依然存在次级分层,公权阶层内部存在官僚体系的政治分层结构,治生阶层内部表现为富民、贫民的经济分层结构,文化阶层内部则分为士人阶层和包括儒、道、佛等的宗教阶层的教育分层结构。三者相互交织,形成稳定的一体结构。

虽然组织结构相似,但是不可否认不同的社会分工形成的不同价值取向、政治国家与家族社会之间的价值差异必然存在。在先秦哲学的争辩中,价值整合并不是通过公共领域中的冲突和博弈实现,而是建构了具有独立意志与价值观念、具有合法与合理性权威的第三方领域来统一价值结构,确认及保障关系契约的履行。如荀子所言:"使欲必不穷乎物,物必不屈于欲,两者相持而长,是礼之所起也。"①

早期的第三领域由"无恒产而有恒心者"——士人构成,关系契约以儒家的伦理制度化观念——礼制所代表,唐代以后,则丰富为包括儒、道、释的多元化领域结构,但其核心的伦理本位观念没有改变。

第三领域整合功能的实现,依赖于其权威性的建构。第三领域的权威性一方面依赖于社会的文化共识,通过教化、濡化的方式获得其传统型权威;另一方面依赖于国家赋予的、对社会资源的调配力,如免赋税、徭役,形成流动渠道等来实现其法理性权威——这也导致了第三领域的不完全独立性。

本文中的第三领域,并非如公共领域一般,是可验证的实体存在。它依托于非正式制度,更呈现为一种隐性的、观念的形态。其存在载体——

---

① 《荀子·礼论篇》:"人生而有欲,欲而不得,则不能无求。求而无度量分界,则不能不争。争则乱,乱则穷。先王恶其乱也,故制礼义以分之,以养人之欲,给人之求。使欲必不穷乎物,物必不屈于欲,两者相持而长,是礼之所起也。"

士人,遍布社会各个阶层,参与各类社会实践活动,故而不应作为一种与国家和社会相等同的组织领域,而更应在社会与国家之间和社会各种不同分工之间做公认的、独立的价值整合平台。史官文化和士人阶层皆可为此注脚。

然而,在新中国成立初期的社会改造中,传统以士人为核心的第三领域的独立性与权威性受到全面的破坏,国家直接与社会达成契约模式,取代第三领域的教化、濡化功能,并损毁其传统型及法理性权威。由此,第三领域的组织与整合功能被消解。

6.1.2.3 嵌入社会制度的经济发展模式

社会组织的基本思想深刻地影响了经济的发展状态。传统社会观念中的经济力量具有两面性,一方面它是可以用的"利",财富的积累"以贫求富,农不如工,工不如商,刺绣文不如倚市门"(《史记·货殖列传》)。因此主动参与经济,通过财政、禁榷、官手工业、赋役制度等手段将财富集中,利用经济分配制度,"取其利而灭其害";另一方面它会对社会结构的稳定性造成威胁。故而在传统社会中,制度——包括正式与非正式制度——作为社会结构调整的主导力量,尤其是"家族观""礼俗观"极大地影响了经济的绩效模式。

从消费结构来看,非商品性的消费需求占据重要地位。以家族计的基础性消费中不但包括生存性消费中的衣食类,而且包括了发展性消费中的"燉宫室,族坟墓""蓄田治第"等"民德之本"的消费①,故而其私有不能转换为市场的商品交换,而是作为保障家族组织的经济基础用以贮存②。身份性消费则集中于社会与文化领域,主要包括"礼俗相交"的婚丧寿诞、民俗节庆等礼俗性消费,改变社会地位的非财富性路径——文化教育③消费,承担社会义务的公益性消费及昭彰社会地位的产品、服务消费④四个层次。这一非市场组织的身份性消费是消耗民间资金和产业资本的重要因素之一⑤。

从经济组织看,在社会人格与财富人格两分的士人社会中,有限资本规模下的自由经济及其契约关系是客观存在的。按血缘或地域组织递推衍化,而不是政府与社会对抗的行业联合体具有独立的内外权利及规章

---

① 这些消费资料很少作为商品在流通领域出现,"千年田换八百主"不是指商品流通的繁荣,而是指素封阶层社会地位的不稳定性,以田宅买卖,尤其是祖宅、族田,往往意味着家族的衰败,因而这些生产资料的私有很难产生相应的流通市场。
② 成为资本投资的重要的、合法的通道。
③ "欲贱而贵,愚而智,贫而富。可乎?曰:其唯学乎"(《荀子·儒效》)。
④ 消费需求的财政、身份主导,驱使资本投入身份性消费,以质量而非价格为核心的身份性产品消费则诱发奢靡之风。
⑤ 刘玉峰在《唐代工商业形态论稿》中分析了唐代工商资本的四种流向:奢侈消费、交通权贵、土地购买和转化为高利贷资本。其中的前两项均为身份性消费,而后两者则是资本的再生产投资。而在程念祺则认为是财政市场挤压了生活市场的空间。

制度。一旦资本规模成势则受财政税役政策或禁榷制度的节制，迫其转化为社会或国家资产。以社会责任观和社会事业投入为前提条件，"使欲必不穷乎物，物必不屈于欲"①的礼义秩序将资本与国家绑在了同一战车上，"两者相持而长"，亦相侵而败。

从产品生产看，利润空间及消费需求的财政及权贵导向导致了以质量而不是价格竞争为核心的产品生产模式。政府需求的自给化及传统限制了市场的范围，以转运商贸为主的产品流通成为传统商品经济发展的基本特征。高度建制化分隔了市场与产品，以制度为中介的商品生产不但要承担经济成本，还要承担相当的制度成本。高额的成本使得传统商业资本更愿意投向转运贸易，而不是商品生产环节。因此，中国传统商品经济的形态以转运贸易为主要特征，迥异于西方的商品化特点。

从政策制度来看，中国传统经济制度是附属于社会结构之下的被调适力量。虽然主要采用"重农抑商"的经济政策，保障"士农工商"四民之序的伦理规范，但"夫千乘之王，万家之侯，百室之君，尚犹患贫，而况匹夫编户之民乎！"②的客观影响依然受到关注和重视。故而，虽然"抑商"的经济政策思想的延续性与稳定性与文明进程一致，如轻重论，但是顺应经济发展、维护社会稳定基础上的制度调整一直存在，甚至可以说传统经济是在制度的控制、干预、管理、调节之下发展壮大的③。制度，尤其贡赋制度对经济的拉动作用始终存在④。制度对经济的控制从"税人"转"征物"，从"官办"转"私营"⑤，不断解除约束。

---

① 宋代以后，豪侠已无存在的根基，但富人不再是与国家相互争利的对立面，家富和国富在制度上达到了共同协调发展。两税法确立了以资定税的原则，以物力定户等，按资纳税和应役。商税制度和间接专卖制度的确立则实现了工商业领域国家与民分利共利的基本关系。不论是农业，还是工商业领域，民间财富的增长都不再意味着国家财富的流失，相反是为国聚财。这是国家与社会关系的巨大变革。总之，中唐和宋代以后从制度上解决了国家和民间在财富分配方面的矛盾。

② 《史记·货殖列传》："谚曰：'千金之子，不死於市。'此非空言也。故曰：'天下熙熙，皆为利来；天下攘攘，皆为利往。'夫千乘之王，万家之侯，百室之君，尚犹患贫，而况匹夫编户之民乎！"

③ 魏金玉. 中国传统市场的特色及其他[J]. 中国经济史研究, 1995(2):4.
虽然中国封建政权的经济政策和措施在效果、范围上都存在诸多限制，但从"工商食官""坊市""弛山泽之禁""茶马法""盐法""专卖""官手工业""织造""矿冶""皇商""牙帖""十三行""田赋""漕粮"货币"禁海令"商税、仓储等的制度看，说传统市场乃至封建经济是在封建政权的控制、干预、管理、调节之下发展过来的，是一点也不为过的。如汉代盐铁官营便促进了耦犁推广、牛耕普及，也许在世界封建经济发展史上，这是一个罕见的典型。

④ 方行先生在《中国封建赋税与商品经济》中认为，从秦汉中叶至唐代中叶，封建国家通过贡赋占有社会剩余产品的绝大部分，商品经济的发展主要由贡赋收入形成的有效需求所拉动。唐代中叶及明代中叶以后，虽然地租收入所形成的有效需求、农民的商品生产所形成的消费需求对商品经济的拉动作用位移，但封建贡赋对商品经济的拉动作用在任何时代都是存在的。商品市场一经发展，价格波动、供求失调、流通阻滞等不可避免，封建国家必须运用行政、经济手段加以宏观调控，赋税便是这种客观调控的物资力量和经济手段，商品市场也就在这些国家干预中得到发展。

⑤ 从赋税制度看，农业从"舍地税人"到"摊丁入地"和"一条鞭法"，手工业从"处官"到"纳庸"到"雇募"，而国家对商业的控制——从秦汉"轻重论"演变为唐宋的"官商分利"，至明清的"官督商办"，鼓励私营等现象，均表现出对经济约束的逐步释放。

6.2 文化原型对遗产保护的异化

6.2.1 价值取向的异化

6.2.1.1 文化遗产保护自发合理性与合法性的丧失

在欧洲的历史演进中,文化遗产保护是一项重要的"人性"工具,它不但能从对历史的追溯中确认人性的身份,完成对人性的认识,而且能从保护行为自身佐证人性实现的正义性与权威性,由此而形成的文化遗产保护行为具有内生的合理性。

但在中国,文化遗产保护并不是文化意识中借以认识自身的工具。如梁漱溟先生所言,中国文化是早熟的。早熟的文化经过数千年的实践运作,已经解决了其合理性与合法性论证的问题。在"人之所以为大者,皆因其有人伦也"的基本思想上建立的伦理本位社会,以其运行了数千年的"超稳定性"完成了对人伦实现的验证。即中国文化已经完成了对"人之群为何"与"人之何以为群"这些基本问题的解释与实践,文化遗产保护所拥有的自发合理性基础并不存在。

6.2.1.2 文化遗产保护价值及其标准的消解与异化——以真实性为例

(1) 真实性的形成与祛魅、求真的思维模式相关

首先,西方祛魅、求真性思维模式形成"物""理"同一的意识路径是真实性原则形成的前提条件。柏拉图追问"真正的善"的问题激发了一种真理情结,推动了希腊哲学的发展,且在基督教的恩典概念中得到满足,并由此进入中世纪经院哲学。现代哲学的启蒙虽然打破了神性的光环,但以人性取代神性,重新建立了现代科学理性的"真理"与"规则",形成从"物"到"理"的"同一化"意识路径。

"物理同一"的意识路径认为"物"和"理"之间存在必然、直接的联系,且互为表里、彼此通达。在早期的哲学思维中,两者通过"拟态"的方式获得同一性,并由此产生对物的重视,如西方基督教的遗物崇拜特色。教堂接受大量遗物(如圣者、物件或仅是"圣徒"的遗留物)并提供"真品"证明,认为圣物具有"至圣精神"而应受到崇拜。这成为早期教宗政治下,文化遗产保护萌芽的基础。

其次,在"物理同一"思维下的真实性具有"物的真实"与"理的真实"及其"同一"的多重概念。以建筑为例,欧洲建筑风格多样而历时长久,故而产生风格与历史时段之间的显性联系,由此,艺术与历史成为建筑遗产价值构成的基本来源。

但不论是艺术①还是历史都是与某种客观"真理"——不论是来自主体认识的客观性还是客体存在的客观性——相联系。从风格修复和反修复的争论中可以发现，辩论双方都认为必然存在一种绝对的、客观的"真理"，而文化遗产是"真理"意志的表现，所不同的是从"理"到"物"的路径是主观感知上的艺术风格，还是客观存在上的科学信息，其实质是艺术与历史所"拟态"的真理形态之争。由此，建筑遗产的保护方法，不论是从艺术角度还是历史角度，就是要还原并再现"真理"意志。真实性——包括"物的真实"与"理的真实"的文化遗产保护原则也就此产生。需要特别指出的是，虽然当下的文化遗产的保护被视为一种过程，但这一过程是指对"真理"认识的过程化，其在文化导向下的相对、多元的发展趋势，并没有改变建筑物对某种"真理"的再现观念，而是承认文化遗产"拟态"对象的相对化与多元化。

（2）中国的真实性概念，在重新阐释的过程中被异化

首先，真实性中"理的真实"被消解。将中国传统哲学体系中"形而上者谓之道，形而下者谓之器"的"道器"观念，与"《易》有大极，是生两仪，两仪生四象，四象生八卦"的"生生"思想结合可知：所有被具象的文化遗产，不论是具体事物或名物制度，都是"道"的表现方式，是"道"经过层层推演而生的万物。"道生万物，万物载道"意味着可以"一道生万物，而非万物不足以悟道"。是以，传统金石学以"证经补史"，而非以"载道"；朱熹的"格物致知"不但在当时被斥为"伪学"，甚至在其被广泛推崇的明清两代，也受到诸多的批判。

这消解了真实性中的"理的真实"。一物可以载道却不足以明道，故而建筑物并不与"道"产生直接、必然联系，以此来论"道"无异于"盲人摸象"。更为直接的则是在营造学社之前，作为"匠作之事"的古代建筑，并不被认为具有文化的价值，甚至在"玩物丧志"的观念下，对于物件的研究被视为旁门左道。由此，真实性概念中"理的真实"被中国传统文化所消解，其概念认识更多局限于"物的真实"。而当下文化遗产保护中的所谓传承，更大程度上是指表象特征而不是内涵价值。

其次，真实性中"物的真实"被异化。这一异化从历史观念开始，缘起于考古学的现代历史学，通过对神权历史的批判，形成了历时性观念，并建立起以物证史的"以史论史"研究方法。这促进了早期真实性概念——一种拟态"物的真实"的还原思想的产生。

中国的传统历史观念却从未有过"以史论史"的思想，自"究天人之

---

① 自柏拉图第一次以"拟态"（mimesis）概念界定艺术，并由亚里士多德在语言艺术中将其发展以来，艺术就和"真实"或"真理"观念紧密相联。

际,通古今之变"被提出,历史研究的目标是"以史载道",为后人品评。现代考古学的引入虽引发反思,却只促其完善而未改其志。"以史载道"意味着所处的历史时段存在于一个整体的时间与空间网络,不但包括对前人的总结与评价以"明道",而且包括运用"道"重塑世界,并且传递给后人品评的"法道"信息。这就极大地影响了文化遗产的保护观念,真实性并不意味着某种"物的真实"的还原,还附加了总结、再塑、传递的现世含义。现存时代的信息不但被叠加进所传承的信息网络之中,而且承认其存在的合理性,强调全部信息所展现的"道"。

观念上的异化受到建筑形态上的支持,从而导致实践的异化。中国的建筑遗产风格相似且历时短暂,具有"三年一小修、五年一大修"的易损特性。建筑遗产能以原始状态存在的历史时段相对较短,重修与重建不可避免的加入后期的建筑技术与艺术信息,影射"生生"的哲学观念。结合批判传统文化的思维惯性和社会进步的理性观念,以及单极经济发展所形成的时空挤压,"物的真实"的异化成为当前文化遗产保护价值分歧与实践失效的痼疾。

6.2.2 运行模式的异化

6.2.2.1 公共领域的合法性与合理性基础缺失

(1) 公共领域无法从历史经验中获得其合理性依据

文化遗产保护运行结构建立于社会与国家的二元结构基础之上,是在两者之间的公共领域内的行为。从西方文化遗产保护历程可见,运行模式随着二元结构在公共领域内的冲突与调和,形成合作博弈的模式。

在中国传统家国一体的格局中,国家与社会在传统关系契约——伦理的纽带下构成整体性结构,国家凭借其传统型和法理性的双重权威调配全部社会资源,社会以群体共生、共存的原则默认权威的合理性与合法性。这一"以国家代言社会"的结构,在"后发外生"的现代化进程中得到进一步加强,形成政府价值观的显性化与社会价值观的隐形化的状态。由此,文化遗产保护运行模式中的合作博弈模式,被异化为单一的政府主导模式。

需要注意的是,国家社会的整体结构是以传统关系契约——伦理为纽带的,社会价值观的隐形化是以群体法则的共识为前提的。一旦政府违背了关系契约,就可能引发约束力的合作协议的全面破裂,政府的权威性受到质疑,其调配社会资源的权力不再具有合理性与合法性,隐形化的社会价值观将重审正式制度,并以不合作博弈的形式消解、抵制甚至收回政府的或是政府让渡给市场的资源分配权力。

一种观点认为,这恰恰是公共领域得以出现并获得其合理性的前提。

然而,公共领域是以建立在群体共存的民族国家为前提的,社会隐性分裂的前提下,公共领域的存在并不具有广泛需求。其次,政府与社会传统一体化格局的瓦解并不意味着对公共领域的必然选择,西西里化、权贵资本主义极有可能抹杀理论的假设。甚至,在路径依赖的前提下,重新进行资源调配、甚至可能将调配权力重新赋予新的、符合其价值观念的代言者。

(2) 公共领域无法通过法理性权威的赋予获得现实社会认同

随着市场经济转型的成功,国家与社会的一体化纽带被质疑,传统文化观念的整合机制失效,第三领域的权威性被瓦解。独立的社会与政府形成不合作博弈的状态,对政府的不信任以及社会的不可治理现象日益蔓延。这促使完善文化遗产保护运行结构观点的提出,建设公共领域以及完善公共参与制度,以促使社会、政府形成合作博弈的结构。

这一观点形成了两种前提假设,一是公共领域的权威性,二是博弈规则的权威性。两者的权威性获得无法源自传统,只能依赖于政府赋予的法理性权威性,通过自上而下的模式实现转型。由此,文化遗产保护的运行结构依然以"一体化"为基础,被设定为正式制度的建构与完善。它默认政府所赋予的法理性权威必然为社会所承认,并能主导社会价值向新的结构关系转型,从而形成悖论:既要求社会的价值独立又控制社会的价值导向,既解构社会与国家之间的一体关系,又依赖于这一关系培育新的结构。

在关系契约破裂的前提下,由政府提供平台并制定规则的公共领域无法取得其在西方历史经验中获得的权威性,由此并不具有合理性基础。这导致文化遗产保护的合法性制度建构失效的根本原因,就在于社会而不是市场重新调配资源,从而增加保护行为的社会、经济成本支出。

6.2.2.2 公共领域运行机制的消解与异化——以公众参与为例

公共领域内最重要的运行机制是公众参与制度。公众参与理论的预设前提是对国家与社会二元结构存在的普遍认同,但在中国传统文化的内核语境中,政治结构虽然位于社会顶层,而且具有权威性与优势资源,但其本质依然是社会的外延。一旦两者呈现极端对立的局面,一般条件下的"移孝为忠"很快会转移为社会的核心坚守,即政治结构被抛弃。当然,这无疑是极端情况。由此,最为可行的公众参与建构不是以国家和社会的对立为前提,而是以第三领域向公共领域的转化为主要途径。

第三领域和公共领域的最大区别在于领域参与者身份与观念是否多元,第三领域因拥有基础性的价值观念和充分的历史信息,在传统伦理本位的社会中具有权威性。当第三领域的基本价值向公共领域的多元化转化时,其所具有的权威性也随之消失。从调和社会与政治价值的独立、权威中间人,转变为服务政治价值的依附。

从第三领域向公共领域的权威转移失效或多或少地影响了文化遗产保护中的公众参与机制:

首先,公众参与的形式化。按照谢莉·安斯汀(Sherry Arn-Stein)的公众参与阶梯理论,当前的公众参与仍然是"不是参与的参与"和"象征性的参与"类型。如果要实现"实质参与"的可能,不但需要政府的改革,更需要对传统路径依赖的破除。这就形成了一种悖论:如果政府改革,那么路径依赖将促使传统的社会组织模式填补权力的真空;如果政府不改革,那么公众参与只能沦为形式。不论哪种选择,都不可能导致实质公众参与的产生,更可能形成类似传统社会组织模式的新的第三领域。如广东乌坎村事件,虽然村民自选获得政府承认,但从组织模式看,这一模式更符合传统士绅自治,而不是市民自治的模式,其本质是以士绅契约代替政治契约的治理模式①。

其次,专家评审机制的异化。专家学者具有专业知识、沟通能力和参与常识,却被作为非实质参与的主角。从对公共事件的分析表明,专家学者在监督与舆论方面具有举足轻重的作用。然而,对嵌入行政程序的专家评审制度而言,专家似乎只是一个噱头。因时间短暂而造成的信息不全、经验评估、技术无责等问题,导致专家评审更趋于咨询的走过场。专家的作用被限制,其意见在政治价值的标准下被筛选过滤,造成屈从政府的假象。

总之,第三领域是中国传统社会组织的基本结构,对它的路径依赖不但将影响公众参与的实质化路径,而且专家学者社会权威性的消失,并不必然产生多元博弈的公共领域,更可能促使替代性阶层的出现,并导致社会结构的西西里化和权贵资本主义的诞生。

6.3 小结:文化原型的冲突

从中国城镇文化遗产保护的历程看,外植范式是中国城镇文化遗产保护正式制度建立的基本方法。然而,文化遗产保护行为是文化的外化形式,外植范式在内化的过程中,不可避免地面对不同文化原型导致的概念与方法的异化问题,即非正式制度的冲击。

在文化人类学的视野中,每一种文化都依存于特定的历史形成的生活方式,有着自己独特的构造、制度和行为模式。如麦金太尔(Alasdair Macintyre)研究认为,亚里士多德主义和儒家思想提出的德性理论各有

---

① 乌坎村的临时代理理事会在13 000位村民里,依47个宗族人数,各自推派出1~5名候选人,然后再互相投票,选出13个代表成立理事会。可见,整个组织过程依然是依赖于血缘组织,是传统路径依赖的结果。

其相匹配的人性概念，两者之间不存在任何充分而适当的中立概念，即亚氏主义和儒学这两种道德理论是不可公度的。由此，建立一种可能建基于某种人性解释基础之上的中立标准的企图都是徒劳的。

中国城镇文化遗产保护路径异化机制的产生表明中西文化内核之间的不可公度性。不可公度性所指向的是要素或概念被其外部关联网络所赋予的内涵，不同的关联网络必然产生不同的内涵定义及形态。由此，以某一要素或某一体系作为标准来评价特定的概念和要素，必然再次面对标准自身的内涵与形态差异问题。因而，在南京护树运动的推演逻辑中，政府所依据的保护概念及标准，与源自民众内生性观念的保护阐释之间具有不可公度的差异，即不存在某种中立、调和的标准。两者之间的价值调和是无效和徒劳的，外植范式不可能实现中国文化遗产保护的最终目标。

综上，面向外植目标范式的价值理念，无法整合基于中国传统文化内核的价值形态，基于社会基点的发展逻辑，是要以外植范式价值涵化内生传统价值。这必然导致基于传统社会意识和社会形态的游离，并在特定条件下，促发非规范路径的生成。

但这并不意味着在中国特有的文化内核结构下，文化遗产保护行为存在不合理以及价值缺失。可以认为，文化遗产保护的合理化及价值实现并非只能在关联要素构成的特定结构体系下才能完成，不同内涵结构下的关联要素网络依然可能获得相同的行为结果。仅从文化遗产保护的行为自身来看，要合理其存在并实现其价值是无法或难以通过同途同归的路径实现，殊途同归是更为可能的路径。

7 分歧本源之二：城市范式的冲突

7.1 中国城市演进的范式转换

7.1.1 传统城市的范式解析

范式是托马斯·库恩（Thomas Kuhn）在其《科学革命的结构》（*The Structure of Scientific Revolutions*, 1962）中提出的，它是一个共同体成员所共享的信仰、价值、技术等的集合，指常规科学所赖以运作的理论基础和实践规范，是从事某一科学的研究者群体所共同遵从的世界观和行为方式。

在科学发展领域，范式指通过一个具体的科学理论为范例，表示一个科学发展阶段的模式，如亚里士多德的物理学之于古代科学，托勒密天文学之于中世纪科学，伽利略的动力学之于近代科学的初级阶段，微粒光学之于近代科学的发达时期，爱因斯坦的相对论之于现代科学，混沌、孤子、分形理论之于后现代科学等。

对城市而言，范式指影响空间布局与功能形态的基本思想。从中国城市演化的思想背景与形态历程看，可分为古代—近代与近代—现代的两个转换过程。

从对传统城市建设体系的梳理可见[①]，中国传统城市是以"易"为源头，以多流派思想为理论基础，以《考工记》的"礼"为理想模型的树状体系。其理论基础"易"，经过诸子百家的多元阐释和数千年的实践积淀后，凝聚为"群体"本位和"生生"法则的文化内核结构。而《考工记》的理想模型却随着城市的发展延续演化生成各具特色的城市形态。

因此，从具体的城市空间形态或者结构的角度来分析中国古代城市，是一个浩瀚而易迷惘的路径。不但难以获得某种特定的普遍结构，而且往往陷入多种模式的抽象概念分析之中。如上文所提到的两种脉络的误

---

① 参见汤晔峥论文《泛论中国传统城市建设体系——中国传统哲学的启示》。
相关结论：传统城市建设体系的主体由范式和个例两个部分构成，体现源流、道器、体用的观点。在范式和个例之间，还有一个隐证部分，为范式和个例搭建桥梁。在主流学术发展中，传统的城市范式体系包括完整的理论体系和实践体系。其理论体系以经部的"易"为源，以"春秋"隐含理论范式，以"子"学，尤指法家为直接理论来源；其建设体系以"礼"为范式模型，以史部隐含"一般"程序并提供实践经验。

读,再如用"天人合一"阐释古代人从未有过的生态城市观念,而罔顾"天人合一"概念自身所蕴含的"推天道以明人事"的社会意识的研究现象。故而,本书尝试以"万流归宗"的思想为指导,对传统城市范式进行解析,以"易"为源的文化内核结构分析中国古代城市范式体系。

上文已提到,中国传统文化内核形态是以"群体"为本位的均衡系统,以"生生"为法则的无限形态的系统运动模式。因而,分析的结构将从"群"——本体论与宇宙论的统一,以及"生生"法则——秦汉以后的"易"学家,将这一系统运动形态的阐释为"易简""变易""不易"三大原则所构成的框架展开。

7.1.1.1 城市与自然的"群""生"结构

在宇宙论之下的城市,可以理解为一种耗散系统。这个系统需要不断地与外界交换物质和能量,以维持自身的有序、规范状态。对于一般的耗散系统而言,当外界条件的变化达到一定阈值时,就有可能从原有的无序状态过渡到一种在时间、空间或功能上有序的规范状态。也就是说,外界条件的阈值实现是系统均衡的前提。

但城市——由人创造出来的非自然成果,是与自然完全不同的系统存在,是"天人相分"的结果。在"分"以"群"先、"名分以群"的本位思想下,要实现其在自然系统"群"中存在的合理性与合法性,"嵌入"自然,就必须顺应、协同"天""地"之道。故而,中国传统城市必须依据外界条件的可供给能量,来确定可以维持有序、规范状态的适宜城市形态,即外界能量的供给极限。

一方面,城市必须遵循自然之"群"的法则,获得存在于自然系统的合理性或合法性,以保障自然能量的持续供给。

由此,在传统城市建设"堪舆"观念的"形法""理法"等趋吉迎福的思想与措施下,以城市与"天地"形态的同构性,建立人与自然的感应关系,表明其自然之"群"的属性。如周武王土圭测景定天下之中,"惟王建国,辨方正位,体国经野,设官分职,以为民极";苏州古城"象天法地","陆门八以象天之八风,水门八以地之八聪";北京城市与天象垣局的应对,以及"形胜"观、"地利"观等。

而"堪舆"理论中的"卜宅""相地"则可用现代城市的生态观念阐释为城市的选址、规模必须与自然的承载力相一致。如《管子乘马》的选址原则"因天材,就地利"下的"城郭不必中规矩,道路不必中准绳"等,如不同地域的不同城市形态特征——江南"小桥流水"的水网城市、西部"因坡就势"的山地城市和北方"阡陌条畅"的格网城市。

另一方面,城市必须从"天地"之道中获得生存所需的资源,"制天命而用之",以实现系统的均衡运动。

协同的自然并没有抹杀城市的"生生"意向。传统城市营建是城市与自然的互动系统,以"天"推"人"是以"人道"为其宗旨。故而尊重自然的承载力,但不限于地理空间的自然状态,是建立与城市等级、区位及其腹地相一致的区域辐射概念。如六朝南京,以太湖为其腹地,仰东南供给;隋唐长安、明清北京皆以全国为其腹地,仰基本经济区供给;更如沿交通干线(沿运河)的城市,仰传输之利,所获取的资源远远超出了城市所处的地理空间范畴。更有"开池引流""植林造桥""修堤筑堰"等改造自然、利用自然的杰作,如都江堰,如江南城市的以水为路等。

7.1.1.2 城市与社会的"群""生"结构

城市,是人类社会的空间容器,"人之道"的塑造和赋予是城市存在的根基。因而,如列菲弗尔(Henri Lefebvre)的"(社会)空间是(社会的)产物",城市在其形成之初,就被赋予了符合"人之道"的存在理由。由此,本体论下的城市,可以视为一种均衡的运动系统。它是社会运行的产物,映射了特定的社会组织结构,它的存在遵循人之道——社会组织模式。由此,中国传统城市范式是一种社会组织范式,映射了社会组织的一般结构。

(1)"家国同构、明分以群"的城乡组织结构

从城乡关系上看,建立在血缘、地缘基础上的家国同构形成了"城乡一体化"格局,中国传统城市和乡村共同构成完全的社会结构空间。乡村空间以血缘与地缘性组织为主,而城市空间中血缘与地缘性组织相对弱化,家族规模受限,流动人口较多,教化与政治空间的系统化特征尤为突出。可以说,乡村社会是城市社会构成的原型基础,而城市社会是更具完全结构的伦理形态。两者之间除了文化意识和管理控制,如"五服制度"上的联系之外,宗教性空间以"乐教"承载多元社会职能,如商业、集会、娱乐、慈善、信仰、祭祀、游乐等,成为城乡普遍共有的一般空间结构和地域文化共识。此外,在不同地域和环境条件下的社会、经济、文化背景,导致了城镇结构、组织模式和发展形态的根本差别,如明清江南城镇和中原城镇的区分。

然而,在同构前提下,城乡之间各有同职。城市为地域的政治、文化或经济的中心。在中国传统的社会组织背景下,政治为城市立足之根本,文化次之,经济上则直到清末才被视为城市之源。而城市宗教空间较之乡村更为系统综合,也由此呈现复杂化趋势。

首先,中国传统城市是区域社会治理和礼乐教化的典范空间。在"为政以德"的社会治理和"化民成俗"的礼乐教化思想指导下,拥有政府管理机构的城市成为彰显并传播治理及文化成就的核心空间。如苏辙集《燕若济知东明县》中载:"古者大邑,必使学者制之,刻维甽甸,四方观法

于此。"

城有都、邑之分，对应不同阶层的相似组织方式。如《左传》曰："凡邑，有宗庙先君之主曰都，无曰邑。"孔颖达疏："小邑有宗庙，则虽小曰都，无乃为邑，为尊宗庙，故小邑与大都同名。"随着社会的发展，影射伦理本位的社会组织概念——宗庙，逐渐被地域的概念所取代，泛指一般的城市，以"大曰都、小曰邑"。这功能不是基于社会需求的功能结构，而是基于社会组织的功能结构。

除了具有象征意义的坛庙、宗祠等代表性空间外，义庄、社仓、居养院等"慈幼、养老、赈穷、恤贫、宽疾、安富"的保障空间，寺、庙、观等三教的宗教空间，官学、书院等社会教育空间和防火、桥梁、道路等市政设施等城乡共有的功能性空间在城镇及其周边更为集中和完备，而驿站、递铺及通达四域的水陆交通系统更成为城镇独有的空间资源。与此同时，层级式的官僚管理系统、科举选拔制度和社会教化体系，则在更大范围内组织起区域城、镇、乡空间。

其次，中国传统城市是区域经济的内外联系枢纽和消费服务中心。城市所独有的区位资源及因政教职能而汇集的财富资源，成为滋生经济的温床。受到文化和财富的影响，民众的消费可能被局限在有限的范围内，但腹地的人口数量又将需求累积至可观的级别，因而依赖于城市区位资源的经济运行不只面对城镇自身，更面对广大的区域市场，其经济空间与交通关节的密切程度大大高于和城市中心地的联系，成为区域的集散性市场。

与集散相反，因社会阶层流动需要而汇集于四方的财富资源，不但带来了客居人口，而且促使文娱、教育、享乐、奢侈等发展性需求市场向城镇集中。发展性需求市场往往与衙署、学宫、举场有着密接的联系，成为城镇市场的另一重要形态。生活性需求市场则是四乡市场的同质放大，空间上与人口流动频繁的寺、庙、观等宗教场所，街、巷、桥等交通空间息息相关。

然而，经济的中心地位一般是政治地位的衍生产物。在中国传统的社会组织模式下的城市中，"市"是指商品交换的地方，隶属于"城"的一部分，从中国历史上城与市的关系角度看，历史城市经历了有城无市、城中有市、城市相融三个发展阶段。在这一过程中，"市"始终隶属于"城"的框架之中，并没有突破"城"的范式。

(2) "文明以止、化成天下"的城市空间结构

在"筑城以卫君，造郭以守民"的中国传统城市构成思想中，城市是由"君(官)""民"两种社会身份的基本人群构成。《说文解字》中："城，以盛民也。"《墨子·七患》中："城者，所以自守也。""城"的概念与"郭"相对，分

别指向君、民两个不同的社会阶层。如《管子·度地》中说:"内之为城,外为之郭。"《淮南子·原道训》:"鲧筑城以卫君,造郭以居人,此城郭之始也。"《吴越春秋》:"筑城以卫君,造郭以守民。"此外,在家和国之间存在的"第三领域"——社会教化结构也在城市空间中隐性存在。

由此,与围绕宗族祠堂展开的乡村社会空间不同,建立在社会分层基础上的城市,形成了政治、教化、民生三大社会空间。其中,政治与民生空间是城市之中的显性空间,相对集中分布;而教化空间则显隐相间、分散布局,成为政治与民生空间形态之间的调和性场所。

民生空间以"养民、安民"为要,除了居住功能,还有保障、市政等设施的存在,但决定整个居住空间结构形态的则是礼俗文化。一方面,承载礼俗文化的空间成为街区社会意识的中心,包括宗教及自然空间;另一方面,拥有共同礼俗文化基础的街区容纳了不同职业、收入的人群,即呈现混合居住的局面。面对居民日常生活所需的商业行为,多依附于街道及礼俗文化中心的周边而展开。

教化空间遵循"德礼则所以出治之本,而德又礼之本也"的思想,分为礼教和乐教两类,共同构筑"内德外礼"的伦理规范,辅助政治治理。

"乐教"以润物无声为主旨,"移易人之性情"。因而呈现空间的隐形化、世俗化特征,即不位于中心区位,也不具有民众领袖的意义。此外还有基于阶层拥有相似文化意识与一定的消费能力,服务文娱、享乐的消费空间,如明清南京的"十里秦淮"之地。

相反的是,"礼教"则以化民成俗为大。故而更亲近于系统化的政治空间体系,形成层级式的空间结构,分布于各等级城市及其周边,是具有独立文化意识与一定社会影响的空间。表现为坛庙祭祀等礼制空间和书院、官学、考棚等教育和举试场所。

中国传统城市的空间以伦理为核心的社会组织的痕迹贯穿于整个建筑结构之中,如梁思成提到的中国建筑的几个特点中尤其强调"建筑活动受道德观念之制裁""着重布置之规制"的基本特征。

政治空间是城市空间的显性结构,昭彰秩序与等级,同时决定城镇等级构成、相对区位及其腹地范围。

不同地域、不同城市教化与政治昭彰的职能差异,导致三大空间结构的比例关系也不尽相同。都城之中的政治礼制、教化空间比重较高,而地方城市中,礼制、教化空间的比重则明显较小。

7.1.1.3 小结

综上所述,在中国传统城市范式不是一个功能组织的概念,而是一种自然、社会及两者互动的体系概念,是由天、地、人三者共同作用形成的结构组织。在传统"天、地、人"的思想下,市场及其功能成为"城"的附属,或者次要的因素。虽然从功能角度看，以里坊制的瓦解为界，中国传统城市可以分为前后两个阶段，但是"市"始终没有突破"城"的框架，主从关系没有发生实质的变化。且在传统文化结构的框架下，也不可能发生根本性的变化。

7.1.2 近代城市的范式嬗变

7.1.2.1 传统城市范式思想的瓦解

"后发外生"的现代化对中国社会产生了不可逆的改变。在社会运行领域，"生生"法则几乎被"物竞天择"的个体自然法则彻底取代，"群体"本位观念也经历了经济"脱嵌"的危机。

(1)"生生"法则的瓦解

中国的近代化是在民族危机的背景下发生的，这一方面强化了传统文化内核结构中的"群体"本位观念，另一方面严重冲击了"生生"法则的主导地位。

鸦片战争前后，随着门户的被迫开放，限于民族一隅的思想范畴拓展到整个世界。在"生生"法则的影响下，中华民族用更广泛的视野来审视自身与世界的关系。群体本位的文化内核促使为民族生存而进行的旧民主主义和新民主主义改革。近现代学者通过"西学东渐""中西比较"的方式研究与探讨社会组织重构的办法。从介绍西方思想，如林则徐、魏源，到提出变革办法，如张之洞、康有为、梁启超、严复等，再到重新建构群体组织模式，如孙中山、陈独秀、毛泽东等，"中体西用""民主共和""三民主义""民主与科学"等思想观念的提出，其目标都是实现中华民族的"群体"生存。虽然，在这一过程中对传统社会及其建构思想进行了诸多的批判，如新文化运动的"打倒孔家店"，但受到根本冲击的并不是文化内核中的"群体"本位思想，而是儒家对群体本位观念的演绎——伦理本位。

社会的动荡将社会系统运行拉离了固有的平衡状态，尤其是"科学"和"物竞天择"思想的引入，冲击了"生生"法则和"推天道以明人事"的思想框架。"洋务运动""西学东渐"带来的"物竞天择"观念，彻底改变了建立在"生生"法则基础上的哲学、宗教、医学、天文、算术、文学、音乐、艺术、军事和武术等传统学术体系。

鸦片战争以后，借着不平等条约的保护，基督教传教士涌入中国各地开展传教活动。在遭到种种抵制之后，传教士们选择了办学校作为突破口。至1875年止，在中国境内的基督教学校约有350所，学生约6000人。到1887年，教会学校中学生已经超过1万名。到1899年，教会学校已发展到1776所，有学生3万多人。到1900年，几乎每个传教中心都有一所小学。1918年，全中国共有教会学校13000多所，学生超过

35万人。

与此同时,"师夷长技以制夷"的洋务派与改良派人士积极向西方学习,积极植入现代城市功能,提出"中学为体,西学为用"思想,办工矿、兴商贸、修铁路、建学堂等,从"器物"变革入手促进了中国的近代化。

然而,这样的改变并不是全局性的。从经济基础的变化来看,其影响范围依然有限。"洋务运动""西学东渐"限于沿江沿海地区,未触及中西部地区的农耕经济。20世纪初的西方经济入侵,破坏了沿海地区的手工业发展,而未冲击中西部地区传统的农耕经济、家族村落的生存方式。

新中国成立后开始的现代化建设,依然拥有社会与国家一体化的发展基础。在传统的群体思维下,国家与社会直接形成了意识、利益、行动等全方位的共同体模式。在新中国成立初期的基本建设中,牺牲个人或者家庭利益以成全国家利益是当时社会运行的一般模式。尤其1949年以后,公有制取代了私有制,计划经济取代了市场经济。但城里人的单位制度、农民的村集体制度与传统血缘或地缘群体非常相似;有限的集市贸易只是自给自足经济必要的补充。以单位取代传统家庭模式的"毛式伦理经济"(Maoist Moral Economy)体制[1]进一步强化了群体本位观念。

这使得早期的现代化启动并没有支付或者只是支付了较少的社会成本就得以进行。"生生法则"的规律被现代化建设的热望彻底颠覆。如新中国成立初期的新型工业城市的建设,从全国各地调集大量技术、资金、人员,短期内完成城市建设并达到一定规模。以马鞍山的人口变迁为例,马鞍山市从一个刚符合联合国城市人口规模下限的城市定义,到发展为1989版《中华人民共和国城市规划法》中的中等规模城市仅用了5年时间(图7-1)。仅1958年,市区净迁入人口达18万人,占市区总人口数的68%(图7-2)[2],使马鞍山市在1年之内,从不到10万人的城市发展为20万人口的城市,有相似发展经历的城市还有深圳,其速度之快已成为一种标志。

(2)"群体"本位的式微

新中国成立后到改革开放以前,"群体"本位思想依然被延续了下来。虽然这一"群体"关系已不被认为是传统伦理,新的组织形态也突破了家族关系的结构模式,但路径依赖赋予了国家调配全部社会资源的权力,并默认国家的资源收益将惠及全社会,实现群体共生共荣。

---

[1] Elizabeth J. Perry,"Crime, Corruption, and Contention," in Merle Goldman and Roderick MacFarquhar, eds., The Paradox of China's Post-Mao Reforms, Cambridge, MA: Harvard University Press, 1999:317-325.

[2] 1953年马鞍山地区城镇人口22160人。1956年建市后,1957年全市人口就达83816人,其中自然增长率为35.23‰,机械增长率达237.58‰,年增长率272.81‰。1958年全市人口增至263430人,比1957年增长2.14倍,机械增长率高达1018.09‰。

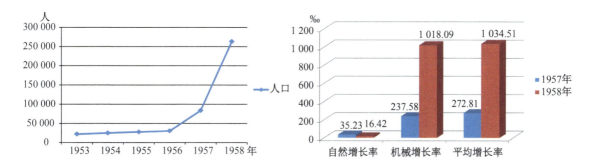

图 7-1 新中国成立初期工业城市马鞍山市的人口变化
资料来源：《马鞍山市志》，黄山书社，1992

图 7-2 1957—1958 年马鞍山市人口增长率比较
资料来源：《马鞍山市志》，黄山书社，1992

然而，改革开放以后，"群体"本位也受到了严重威胁。改革开放以后，基于新自由主义经济学家的"涓滴效应"（Trickling Down Effect），中国社会发展开始致力于追求经济增长速度，集中全部社会资源投入经济，以实现单极增长，并以此牺牲包括公平、就业、职工权益、公共卫生、医疗保障、生态环境、国防建设等在内的其他利益。

现代化进程是在国家与社会关系契约基础上，以低额社会成本集中社会资源而获得的。改革成本的承担者作为群体中的一员，将延后获得群体补偿的假设是邓小平提出的"先富"思想的理论前提，这一基于传统群体观念的思想被默认为社会与国家之间关于改革的新的关系契约。"延后的群体补偿"使得经济改革本应支付的社会成本大大降低，尤其在城市建设中，这一现象更为明显。"过去我们搞拆迁，把居民们召来开个会，看场电影，一散会，三天就结束工作"的拆迁场景意味着国家与社会意识的高度同一的表象，更深刻表明社会与国家之间群体关系契约具有广泛的共识性与权威性。

及至 1990 年代，市场力量跨越了经济的疆界，蔓延至整个社会的机体。市场原则开始席卷非经济领域，严重冲击了传统文化的构成，并强势整合社会生活机制，呈现以市场社会的个体本位的文化内核取代传统文化内核的群体本位的发展趋势。

让社会发展从属于市场的经济"脱嵌"模式无疑是与传统文化内核中的群体本位以及"生生"法则相违背，尤其重要的是它破坏了国家与社会为改革而达成的群体关系契约。1990 年代末，包括日益恶化的生态环境和贫富悬殊，以及市场运作下的群体结构瓦解，使得市场改革的共识破裂，被断裂的社会群体不再支持甚至反对改革的继续。对政府甚至是社会群体的不信任，导致社会的隐性分裂。断裂、失衡成为社会学者对当前社会形态的总结和反思，富裕者大规模移民、社会环境西西里化、仇视情绪广泛存在等现象表明用以维护和联系群体存在的准则已经被破坏。

7.1.2.2 近代城市空间形态的转型

文化的式微带来传统城市的发展停滞。新的规划建设方式随着西学

图 7-3 1927 年南京传统城市空间形态
资料来源:南京市规划局

图 7-4 1934 年中山路和京市铁路重构的南京城市空间形态
资料来源:南京市规划局

图 7-5 1946 年新路网格局下的南京城市空间形态
资料来源:南京市规划局

东渐开始蚕食、取代传统的城市空间形态(图 7-3~5)。

李百浩先生将近代中国城市规划建设划分为四个历史时期,指出中国城市的近代化是外因作用的结果,具有不完整性。但其思想与技术仍然在新中国成立以后得到了应用和实施,故而起到了隐藏式连续的作用。如果从规范范式的角度来看,这一时期所引入的城市形态范式有三种:

一种是欧洲"古典城市"的欧洲范式,主要分布于租界和外国占领区,如大连、哈尔滨、青岛等。对景、广场、轴线、斜向道路等普遍采用欧洲古典城市的设计手法,以商业为其主导性功能。

二是"近代城市"的日式范式,主要分布在东北地区,如长春、大同等。如果说"古典城市"范式的实施者是依据自身文化内涵而进行的规划设计,那么对日本而言,近代城市规划依然是引入、外植的产物,对其范式的阐释和实践依然具有试验性质。故而,在不同阶段,日占区"近代城市"范式不但有欧美的近代城市规划理论,而且融入了日本本土以及相关殖民地的规划经验,是一种非典型、非本土的近代城市范式,以工业为其主导性功能。

三是"近代城市"的本土范式,主要分布在通商口岸或重要的大城市,如南京、广州、武汉等,此外,随着中国民族资本主义的兴起,一些相对自立的小城市也出现了近代化的建设实践,如南通。

本土范式与以上两种最大的不同是本土范式开始涉及传统城市的改造问题。不论是欧洲"古典城市"还是日式"近代城市"范式一般不涉及或者仅在规划方案或局部空间上涉及中国居民聚集的传统城市。而中国本土范式的实施,则涉及传统城市形态的转化。

以武汉为例,汉口开埠后,外国各路商人"立即趋之若鹜",设立租界,开办原料加工厂,设立洋行,促使汉口渐次由内陆型的封闭式城市向开放型的国际性城市迈进。从1898年英国迫使武汉当局签订《英国汉口新增租地条款》到1898年7月日本胁迫清政府签订《汉口日本专管租界租约》,英国、俄国、法国、德国、日本等国在远离本土居民的汉口北部设立的租界,是影响汉口地区空间形态的最重要因素。此外,外商在汉口开办原料加工厂11家、洋行7家。但与同时期开埠的沿海城市相比,城市形态并未显著改变。

1889年,"张氏抚鄂之年,应为湖北从传统走向现代化的起点"①,武汉三镇在20年左右的时间里,迅速实现了从传统封闭城市向现代开放都市的转变。在工业体系方面,张之洞以军用工业、钢铁工业为先导,并采取轻重工业并举、军用民用并举的办法,以汉阳为重心,兴建武汉近代工业体系。至1911年,武汉有较大型的官办、民办企业28家,资本额达1724万元,在全国各大城市中居第二位。其中,官办工厂数占全国近代工厂的24%,居全国第一位。在商贸金融方面,继约开商埠汉口之后,又自开武汉商埠。从1865—1931年的66年里,武汉有41年对外贸易居全国第二位,由内贸型的商业重镇转型为国内屈指可数的国际贸易商埠。在教育体制方面,张之洞改书院、兴学堂、倡游学,形成了以武昌为重心、较为完备的近代教育体制,成为全国近代教育、新思想新文化的重要发源

---

① 苏云峰.中国现代化的区域研究·湖北省(1860—1916)[M].台湾"中央研究院"近代史研究所.1987.

地和传播中心。在交通市政方面,张之洞建立以堤、路、水、电为重点的近代市政体系,尤其在轮运、铁路、堤防、马路及公用事业方面取得快速发展,奠定了近现代武汉城区的基本格局。

依据李百浩先生的研究成果,分析认为,在本土范式中,路政是中国传统城市向近代城市转化的先导因素。随之产生的工业、商埠城市观念,正式冲击了以社会组织而不是功能组织为首要特征的传统城市范式。虽然1927—1937年的民国十年,中国学者引入欧洲近代城市范式,并在上海、天津、南京等地进行了系统、完整的城市规划,但是从实施的过程看,依然是以回避传统居民密集区、以道路为规划建设之始。而对欧美近代规划范式的解读,最终在动荡的社会现实和"落后挨打"的历史经验下,归结为以经济为优先的"实用、美化和经济"原则。如南京首都建设计划的实施,虽然远离居民密集的城南地区,但并不是在没有建设的城市空地中进行,为修建中山路和京市铁路强拆了沿线的办公、民居等建设,改变了传统城市中心功能自发外溢形成的边缘区域形态,进而成为南京城市传统形态限定、停滞、继而萎缩的起点。

以路政先导的方法将城市形态进行了分割,但近现代城市形态对传统城市范式的取代并不是一次性完成的。如同早期的城市建设都避免涉及居民集中区一样,在经济优先原则下,现代化的城市形态是在大规模城市建设开发和市场机制的作用下,沿着填充、插入、集中、扩张、蚕食过程,渐进实现取代。

从后人视角反思认为,近代范式共同具有以"社会功能"优先理念彻底颠覆了以"社会组织"为先的传统城市范式的特点,但新的城市范式并没有形成本土化的体系,而被肢解为具有显著差异的空间要素,并因此形成多元范式、路政先导、经济优先的近代城市观念。

近代城市中的多元范式、路政先导、经济优先等启蒙概念,不但填补了因文化式微而停滞的城市建设理念的真空,而且影响了新中国成立后现代城市建设的基本思路。甚至在今天的城市建设中,多元范式、经济优先依然具有不可忽略的影响力。

现代城市建设实践,基本上是在多元范式、路政先导、经济优先的三大思想下展开的。虽然在规划的技术理论上可以划分为蓝图式规划、综合性规划、空间形态规划、系统规划,以及作为政治过程的倡导性规划、参与式规划等多种形态,但不论是新中国成立初期的工业化、城乡二元体制,还是改革开放以后的城市化、城乡统筹和公众参与的社会化趋势,都没有改变规划理念中,以经济优先原则选择规划范式的实践思路,在方法上也没有突破以路政先导进行旧城改造和新城建设的管理或建设模式。可以说,近代化城市启蒙中的城市概念,深刻影响了中国现代城市的建设模式。

7.1.2.3 小结

近现代城市规划与建设对传统城市最大的冲击,在于对"社会组织"原则的颠覆。随之而来的,则是城市与天地协同、城市与社会协同关系的破裂,并由此导致一系列的发展问题。其中的基本建设理念,并不能归结于某种特定的城市规划范式或理念,多元范式、路政先导、经济优先的三大思想决定了近现代城市建设的基本原则。

虽然在近代城市的建设中,已经萌发了多元范式、路政先导、经济优先的三大思想,但是由于特定的社会背景,这些思想并没有在城市广泛实践,已进行了现代化建设的城市也局限在有限范畴之内。从某种程度上说,近代城市建设发展的最大功效依然是颠覆了传统城市的"社会组织"范式,建立了功能城市的概念,而不是实践了功能城市的建设。

三大思想真正取代传统城市范式是在新中国成立以后的全面工业化、城市化过程中。功能范式正式成为全国大中小城市的基本范型。然而,这一范型的外植特性并没有随着国家的建立而消失,城市规划的理念不断变化,但却依然延续了近代启蒙中的三大思想。

现代城市的建设实践基本证明了城市范式转换的不完善。尤其是"生生"法则颠覆所造成的城市发展失衡,不但成为当前也成为下一阶段将面对的重大问题。

7.1.3 现代城市的范式反思

20世纪后期,中国完成了从计划经济向市场经济的转型,经济高速发展,城市化水平提高,居民收入增加。对比"休克疗法"和"激进主义",中国经济转型的成功获得了令人瞩目的成就。然而,这一诱致式的制度变迁以集中力量、进行单方面突进的非均衡方式实现,在其转型过程中积累了诸多社会、经济、政治、体制方面的发展问题,如城市人口、城乡迁移、土地制度改革、住房商品化的发展、郊区化以及城市行政体系的变革等。积累问题所带来的危机已经严重影响到整个社会的运行机制。现代学者将这一模式归纳为粗放型的发展模式,并对其弊病进行批评。

7.1.3.1 现代城市范式的积弊

中国在经过30多年的改革开放,城市化水平从1979年的17.92%提高到2016年的57.4%。

随着城市化的快速推进,目前城市经济已经成为支撑中国经济高速增长的核心力量。2007年,全国31个省、自治区、直辖市生产总值汇总的增长率为14.2%,其中全国287个地级及以上城市生产总值增长率高达15.3%。2008年,287个地级及以上城市及其市辖区实现的生产总值就占全国的 62.0%。但支撑经济高速发展的,则是能源和空间的高度消耗。

(1) 能源的高度消耗

在 2007 年中国终端能源消费中,非农产业和城镇生活消费占 82.4%;在生活能源消费中,城镇占 62.6%;城镇人均生活用能量是农村地区的 2.05 倍。如"十五"期间,江苏省 GDP 每增长一个百分点,要消耗 2.4 万亩左右的土地资源。1999 年以来,广东省 GDP 每增长 1 个百分点需要消耗土地 4.15 万亩。

表 7-1 2005 年世界主要国家和地区城市能源使用状况

	城市一次能源需求比重(%)	城市人均一次能源需求相比地区或国家平均水平	城市化水平(%)
美国	80	0.99	81
欧盟	69	0.94	73
澳大利亚和新西兰	78	0.88	88
中国	75	1.82	41

资料来源:IEA, World Energy Outlook 2008:182

(2) 空间资源的高度消耗

从城市规模与人口比率看,2001—2008 年,全国城市建成区面积和建设用地面积年均分别增长 6.2% 和 7.4%,而城镇人口年均增长仅有 3.55%。在"十一五"期间,尽管城镇人口增速明显放慢,但城市建设用地规模仍保持 7.23% 的平均增速,远高于城镇人口年均 2.57% 的增速。从城市建设规模扩张看,从 1996—2008 年,中国平均每个城市建成区面积由 30.4 km² 扩大到 55.4 km²,平均每个城市建设用地面积由 28.5 km² 扩大到 59.8 km²,分别增长了 82.2% 和 109.8%。[①] 2006—2008 年,全国城市土地出让、转让收入从 881.91 亿元增加至 2105.45 亿元,占城市维护建设市财政资金收入的比重提高了 13 个百分点。

能源与空间的高度消耗带来了一系列的失衡现象。

(1) 社会失衡现象凸显

收入差距扩大。2008 年,城镇居民家庭最高收入户与困难户之比达 11.68,高收入户与困难户之比达 7.03,分别比上年扩大 6.7% 和 6.2%。同期,困难户平均每人可支配收入相当于全国平均水平的比例,则由 24.4% 下降到 23.7%。

---

① 资料来源:《中国城乡建设统计年鉴(2008)》和《中国统计年鉴(2009)》。

居住分异加剧。一方面,为迎合少数高收入阶层的需求,一些城市在高端商务区、政务区中建造豪华高档楼盘,北京、上海等大都市正在形成一批高档别墅区;另一方面,城市棚户区、危旧房、城中村和边缘区占有相当比例。到 2008 年底,全国居住在各类棚户区中的家庭共 1148 万户,其中城市棚户区 744 万户,占 64.8%。

社会保障缺失。农民工作为城市边缘群体,长期面临着拖欠工资、劳动保护差、子女上学难、社会保障程度低等诸多问题。2008 年全国参加城镇医疗保险、基本养老保险和失业保险的农民工比例分别只有 30%、17% 和 11% 左右。

利益冲突加剧。因城市蔓延、危旧房和城中村改造,产生了诸多矛盾和利益冲突,征地补偿标准、集体资产和土地增值收益分配、就业安置、养老和医疗保障等成为引发矛盾和冲突的根源。

(2) 生态环境严重恶化

自 2008 年开始至今,资源困境(如"电荒""煤荒""水荒""劳工荒"等)、环境制约(如交通拥堵、垃圾围城、环境污染等)和社会问题(如老龄化、拆迁引发的公共事件等)正成为困扰中国城市的难题。由于城区人口和建设用地规模的急剧膨胀,造成城市交通堵塞,住房拥挤,房价过高,资源短缺,生态空间减少,环境质量恶化,通勤成本增加,城市贫困加剧,公共安全危机凸现。城市淡水资源承载力不足已经十分普遍。

(3) 空间结构失衡明显

区域结构失衡 中西部地区发展滞后,2007 年西部城市人均工业总产值、人均固定资产投资、人均城乡居民储蓄年末余额、人均地方财政一般预算内收入和支出、人均社会消费品零售总额,均远远滞后于东部城市(与东部城市比例分别为 24.7%、54.2%、41.1%、23.8%、35.6% 和 45%)。

城镇结构失衡 大城市与小城市和小城镇之间的发展差距呈现扩大的趋势,要素和资源向大城市和行政中心高度集聚,形成典型的极化特征,而中小城市和小城镇发育不足,人均占有资源有限,公共服务能力低,基础设施落后,有的甚至呈现萎缩状态。

城乡发展失衡 城乡收入差距不断扩大,中国城镇居民人均可支配收入与农民人均纯收入之比从 1985 年的 1.86 上升到 2009 年的 3.33。2009 年,中国城乡居民收入之比比 2004 年扩大了 3.7%。

用地结构不合理 2008 年,全国城市工业用地规模高达 8035.16 km^2,占全部城市建设用地面积的 20.5%,而绿化用地比重不到 10%,居住用地比重为 28.8%。

7.1.3.2 城市发展模式的转型

1990年代以后的社会危机,促使卡尔·波拉尼(Karl Polanyi)所预测的一种抵制经济"脱嵌"的保护性反向运动①开始起步。市场仍然是资源配置的主要机制,但政府通过再分配的方式,对人类生存权相关领域,如医疗、教育、社会保障等,进行"去商品化",以重构共享市场运作的成果、共担市场运作成本的群体共生模式,从而把市场重新"嵌入"社会伦理关系之中。

2007年的十七大报告成为整个社会发展转型的正式转折点,这是与改革开放的意义相等价的第二次改革。在欧美等发达国家,消费需求萎缩将成为中长期趋势的背景下,"大进大出"的经济增长模式终结和经济与社会需求结构等经济格局发生改变的前提下,改革的目标就是矫正过去30年积累的弊端,以公平、正义重构群体本位,以"生生"法则实现和谐发展。

这一改革转型,可类比于"礼乐崩坏"的先秦时期。社会与国家的一体化格局被瓦解,新的社会群体之间以及社会与国家之间的关系契约亟待重建。可以说,虽然在现代化的发展过程中,中国文化面对了完全不同的文化结构的挑战,甚至面临颠覆危机,但如果要实现社会的和谐与发展,其文化的内核结构——"群体"本位和"生生"法则将以新的形态重构,社会、经济的发展也将重回社会伦理——一种非传统的礼制伦理—的结构框架之中。

2011年3月16日通过发布的《中华人民共和国国民经济和社会发展第十二个五年规划纲要》明确地指出中国将开启经济与社会的双重转型,以转变发展方式和调整经济结构为主线,部署中国经济社会从外需向内需、从高碳向低碳、从强国向富民的三大转型。

政府的自觉转型被视为改革开放之后的第二次重要转型,中国城市的发展也被要求中止其自改革开放以来的外延扩张式发展道路。同时,能源、土地、劳动力等要素成本的迅速攀升,使得中国城市特别是沿海大城市日益面临着全面转型和产业升级的压力。特别是2008年下半年开始的国际金融危机加速了传统粗放发展模式的终结。

1990年代以后,地方战略调整到关注人力资本发展和全球—地方连接(global-local links)上来,多区位生产过程、高附加值活动、新国际劳动分工和日益增长的人力资本资源,形成以自我重建为特征的城市发展转型,在这一背景下的城市发展模式趋向多元。

---

① 卡尔·波拉尼.大转型:我们时代的政治与经济起源[M].冯钢,刘阳,译.杭州:浙江人民出版社,2007. 英文版为 Karl Polanyi, The Great Transformation: The Political and Economic Origins of Our Time, Boston: Beacon Press, 1944.

多元的城市发展模式基本可以分为文化、环境、科技三大导向,文化导向包括文化城市和创意城市,环境导向包括生态与低碳城市,科技导向则包括科技城市与智慧城市。而不论是哪种,都指向"人本"的最终目标。这表明城市的发展将不再以经济"脱嵌"的方式继续前进,某种反向的因素,如文化、环境、科技,开始启动作用,为经济纳入社会伦理框架的设计渠道。可见,城市的发展在经历了非均衡状态的经济"脱嵌"发展之后,将趋向于"嵌入"另一个均衡状态。

7.1.3.3 小结

现代城市的发展形成了与传统城市范式截然不同的发展形态,城市与"天、地、人"相协同的发展模式,被诱致式的制度变迁的非均衡方式破坏。社会、自然的不均衡状态也带来了城市空间发展的不均衡。

均衡发展状态的回归意味着对城市系统的修复,"嵌入"趋势证实了传统城市发展范式的借鉴和引导可能。在文化能动性和社会多元性匮乏的条件下,映射出传统城市理念的空间形态,不但具有遗产的意义,而且为下一阶段的城市发展所需要。

7.2 城市范式对遗产保护的异化

7.2.1 成效共识的异化

城市发展与文化遗产保护是具有不同价值取向以及结构体系的两种不同事物,它们各自沿着自定的价值体系运行发展并延续。当两者之间发生冲突时,如在城市空间内发生资源争夺时,其矛盾是不可调和的。

在通常的价值分析中,总是乐观地认为两者之间是可以达成某种共识,在一个空间内共同存在的。由此产生的结果是两种:一种是扭曲文化遗产保护的价值观念,以经济发展的观念来重构空间,如以文化资源的消费代替文化遗产的保护;另一种则是扭曲城市发展的观念,以文化遗产保护的价值观念来诠释城市空间,如对城市历史街区不作为式的弃置。

更多的行动则是在两者之间进行技术性权衡,设定某种边界和界限来区分两者所能够作用的空间,如紫线,或者设定某种空间内两者所可能的价值比重,如风貌协调区。无疑这样的技术性调解是煞费苦心但成效不显的,究其原因是技术本身的权威性并不被双方认可。

此外,还有文化遗产的价值评估,虽然价值评估的目标是为了确定遗产保护的边界,明确不同的文化遗产保护对象应该如何协调城市发展与文化遗产保护价值的关系,如常用的类型学分析方法,但其基本目的却是在单个的遗产上确定两种不同价值取向的比重关系。

过度依赖于技术手段来建立两者的关系常常让我们忘记了是什么使两者产生联系的,是什么决定了我们使用技术的方法与标准,是文化与社会。

基于两者的联系媒介,可以判断两者的共同基础。城市发展最终取决于社会结构对于各类资源的合理性调配,而文化遗产保护也依赖于社会结构中的价值选择。可以说,能在两者之间建立权威性选择标准的,是文化的基本观念以及社会对这一基本观念的认同程度。

虽然经济发展与文化遗产保护的价值之间具有不可公度的差异,但是由于其源自共同文化准则,可以在不同条件下建立不同的标准,而这一标准的达成并不是依赖于制度的建构,更依赖于在传统运行模式下的价值博弈,以及共同基础上的不同价值体系之间的共识达成。

当社会的总体价值倾向于经济发展时,城市发展的价值将获得广泛的支持并且得以顺利运行。虽然这并不意味着文化遗产保护的价值体系被抛弃,但在某种价值体系未曾达到的前提下,保护是群体价值体系中可以被忽略或牺牲的。

当社会总体价值从经济发展转向社会时,意味着城市发展的价值模式被质疑,经济发展被要求建立于伦理结构之上,并由此调适两者之间的关系。此时,社会价值决定了城市的发展模式,也决定了保护的运行体系。社会的共识价值,成为判断两个不同衍生价值关系的基本标准。

将以上的分析相结合,可以发现,城市发展与文化遗产保护之间的关系问题,实质是文化与社会的关系问题,是文化价值濡化与社会价值选择的契合度问题。成效共识的达成,正是对两者契合度的广泛认同。因而,当"后发外生"发展逻辑中,面向发展逻辑的"涵化"成为文化与社会运行的基本线路时,立足于原有文化基点的社会价值以更快的速率发生转变,从而形成文化与社会之间的价值距离,不可避免地带来保护成效共识的破裂。

但这并不意味着保护与发展是无法达成共识的。城市发展是受到自然、经济、社会和文化等因素共同作用的结果。从社会经济发展经验来看,在这些因素中,经济与自然为城市发展提供资源与财富,可以决定城市发展的基础形态,却不能保障城市发展的持续;社会和文化则为城市发展确定公认的规则和秩序,建构社会、经济、自然的共生秩序,以实现城市的可持续发展。城市发展的最终归宿是和社会文化的形态紧密相连的。

建立在产业革命基础上的城市化是城市发展的特殊历史过程,而不是城市存在演化的一般状态。城市化终点并不是由经济自身的独立发展过程而决定的,而是受到不同社会环境背景制约的结果。

从农业和工业的关系来看,城市化的发展受到农业部门存在的可能性与必要性的制约。农业剩余劳动力转移一方面会推动现代工业部门继续扩张,推动经济发展,另一方面会促使农业部门劳动的边际生产率提高,并逐步与现代工业部门一致。只要存在农业部门,并且依赖于农业部门的存在以维持人类和社会生存之需要,如确保粮食保障和国家安全,则必然形成相对稳定的农业人口。乡村人口的比重降低,城镇人口的比重上升,最终达到一个平衡点。相似的非经济性因素,如人口规模、自然资源、社会结构、意识形态等对城市化的影响和制约也共同影响到城市化最终的标准。

在这一过程中,需要建立某种秩序,如同"看不见的手"以实现资源配置的相对均衡。而对于城市发展来说,市场机制是无法实现这一结果的。如20世纪70年代,第三世界国家政府以城市化作为带动经济发展的基本动力,最终却陷入城市增长的陷阱。高城市化率背后的扩大的贫民窟、恶劣的居住卫生环境和严重的失业,形成难以克服的城市痼疾,反而制约经济的发展。

芒福德(Lewis Mumford)在《城市发展史——起源、演变和前景》(*The City in History: Its Origins, Its Transformation, Its Prospects*)中总结:"必须建立起一种社会组织形式,使之能处理现代人类所掌握的巨大能量,较之将大村庄及其堡垒改变并发展为具有核心作用、高度组织起来的城市,这种创立更为大胆,不创立这种新的组织形式,城市不可能行使积极的功能。"以社会组织模式创立不同于市场的自然、经济、社会资源的均衡发展模式的观点,也可在中国传统哲学的思想中得到响应:"人生而有欲,欲而不得,则不能无求,求而无度量分界,则不能不争。争则乱,乱则穷。先王恶其乱也,故制礼义以分之,以养人之欲,给人之求。使欲必不穷乎物,物必不屈于欲,两者相持而长,是礼之所起也。"两段不同历史时期、不同环境背景下的相似观点及其论证表明,经济和资源的持续、充分供给并不能保证并维持城市持久运行,作为人类社会的各项要素高度集中、融合的空间场所,城市发展的最终归宿是和人类社会与文化的发展紧密相连。中国传统城市稳定延续千年的历史事实进一步佐证:虽然不能否认,经济因素导致城市形态形成与变化,是影响城市形态突进以及维持城市持续存在的基础因素,但城市重归平衡状态却与人类社会与文化更密切相关。

综上所述,中国正处于城市化高速发展阶段,涵化而不是濡化,是社会发展的主旋律。经济因素促使城市的不断发展转型。每一个发展阶段或每一次发展转型,都意味着文化濡化价值与社会涵化价值之间契合度的变更。在"诱致式的制度变迁"的背景下,将无法或者难以达成保护与发展的成效共识。

只有城市的发展进入相对均衡的稳定时期,文化濡化价值与社会涵化价值之间才能保持相对稳定的契合关系,城镇文化遗产的保护与发展才可能达成相对稳定的结构关系,保护成效才能获得广泛的认同。

7.2.2 成效结果的异化

7.2.2.1 系统结构对要素保护成效的异化

从城市发展范式的转变可以看出,城镇文化遗产中的传统部分是在"社会组织"范式下形成的协同系统,全部的传统要素都是整个系统"群"中的一个组成部分,是"生生"法则的产物。

如果认同"群体"本位和"生生"法则建构的传统城市范式是属于历史范畴的,那么能够反映这一范式的相关遗存都可以被视为具有历史意向。而以"群体"为本位的均衡系统,以"生生"为法则的无限形态的系统运动模式的范式本质,决定了传统城市范式不是隐含在某些结构性特点或典范性建筑群之中,而是存在于多重要素互相关联的结构形态中。

用老子"埏埴以为器,当其无,有器之用。凿户牖以为室,当其无,有室之用。是故有之以为利,无之以为用"的建筑哲学解释,即城市的功能、使用或意向,并不在于作为"器"的特定要素,而是在于要素关系结构的"无"所构成的社会、经济、文化之"用"。传统城市的遗存,不论其是否符合既定的规范标准,都是"生生"法则的产物,其与同类遗存的呼应关系,映射了传统的城市范式。

由此,全部的传统城市遗存构成的不是一种整体和局部,而是时空层叠的系统。要素与系统不仅在空间上构成不可分离的体系,而且在空间上相互参照,见证历史的时间系统。要素的缺失将导致系统的改变,如无民宅不成其为城,无轴线不成其为宫室,无宗庙不成其为都,无乡鄙不成其为国。要素皆备,才成其为组织系统。

系统性的思想还可以追溯到梁思成先生对北京城的描述[①]。从相关文献的解读可见,在梁思成心目中的北京城,不仅是各个要素组合而成的

---

① 主要集中在以下三处:
a. 1948年的《北平文物必须整理和保存》中,对于这一都市遗产的价值在于①"北平市至整个建筑部署……都是世界上罕见的瑰宝"。②"北平全城的体形秩序的概念和创造——所谓形制气魄——实在都是艺术的大手笔。"而这一遗产的性质却"不仅是历史或艺术的'遗迹',它同时还是今日仍然活着的一个大都市,它尚有一个活着的都市问题需要不断解决",而保存遗产的根源则是"历史的文物对于人民有着特殊的精神影响,最能促发人民对民族、对人类的自信心",所以"顾全原制,而使其适用于现代的需要,使用文物建筑与其保存本可兼收其利的"。
b. 1950年的《关于北京城墙的存废问题的讨论》中,一方面指出赋予城墙新的现代作用,另一方面认为城墙是"对于北京形体的壮丽有莫大关系的古代工程",更在于"它的形成及其在位置上的发展,明显是辩证的,处处都反映各时期中政治、经济上的变化及其在军事上的要求"。
c. 1951年的《北京——都市计划的无比杰作》中,除了各种类型的文化遗产,"更重要的还是这各种类型、各个或各组建筑物的全部配合;它们与北京的全盘计划、整个布局的关系;它们的位置和街道系统如何相辅相成;如何集中与分布;引直与对称;前后左右、高下起落,所组织起来的北京的全部部署的庄严秩序,怎样成为宏壮而又美丽的环境"。

某个整体,而是"部署""全部配合""相辅相成"的关系网络。如城墙之类的要素,并非其本身的独特性或者杰出性等文物单体的价值意义,更重要的是"莫大关系"和"辩证的"。故而不可缺失,不可损毁。

在西方,文化遗产的保护是一种针对要素,而不是要素之间关系的保护方法。这一保护方法预设了文化遗产要素的立足点,并以此作为保护行为发生的合理性基础,来制定保护行为的合法性措施。因而,其规划方法和保护政策都围绕文化遗产的要素展开。

然而,从中国城市发展范式的转变可以看出,城镇文化遗产中的传统部分是在"社会组织"范式下形成的协同系统,全部的传统要素都是整个系统"群"中的一个组成部分,是"生生"法则的产物。传统城镇文化遗产要素之间的关系,较之要素本身,更具有文化意义和集体无意识内涵。故而,要素自身文化意义的不完全,使得以要素为立足点的整体性保护方法被引入,这就不得不面对保护方法的合理性缺失问题,以及由此引发的价值分歧与社会矛盾。

从比较的观点看,近代城市形态并不是孤立存在的空间,它往往与传统或现代形成某种形态或时空上的呼应关系,即共时性与历时性的共存。脱离比较呼应,就失去其存在形态和局面的信息。故而,近代的城市遗产保护,依然要考虑其与传统之间的空间分离、相交、互动的关系模式。如近代汉口,早期南部为传统形态的港埠(如汉正街),北部为租界(一元路),两个空间相互分离、形态各异。后租界逐渐形成拉力,两者之间形成了新的、中西结合的空间形态(如青岛路)。由此,对于汉口而言,每一个部分虽各具特色,但是只有三者共存,且相互比照,才能表达出整个地域的演化脉络,这样的脉络无法通过分别保护三片历史文化街区或历史风貌区就可以体现的,而是需要将三片区域在空间上的联系和比较展示出来,形成体系,方可表达。

综上所述,城镇文化遗产是一种系统,虽然其中可以分出文物保护单位、历史文化街区或是结构风貌要素,但是全部的事物都是相关的,而且对于映射整个范式系统而言,都是不可缺少的。

但并不否认系统中的要素之间具有层级性。如徐苹芳先生所言:"一个古代城市的街道布局形成以后,是很难做全局性的改变的。"然而,某些结构性因素的长期或者显性存在,表明的并非是其本身的价值,更为重要的是它在系统组织中的重要作用。如北京的故宫,不仅在于他是皇家宫殿,还因为它代表了都城,代表了坛庙存在的合法性与合理性,代表了京杭大运河起始的依据,等等。而徐老所说的街道布局,则更意味着它在组织城市要素中的全局性和重要性。

由此,当"从无观有"的时候,可以发现整个城市的文化遗产是多层级、多要素构成的一体化系统,不但关乎城市本身,也关乎自然和城乡。因此,在确定保护范围、对象与内容的时候,被与外界划分界限(不论是几道线的划分方式)的"隔离场所",往往就造成了被保护遗产系统结构的支离破碎。如高楼大厦映衬下失去尺度感的古城墙和"孤岛化"的历史文化街区。同时,建立在以上合理性假设基础上的保护政策,也必然面对制度建构的低效甚至失效。

7.2.2.2 分形特性对类型保护成效的异化

所谓的类型学,基本可以理解为外在形态及其背后的内涵之间的确定关系模式①。它衍生自 20 世纪下半叶的结构主义理论,认为一个文化意义的产生与再造是透过作为表意系统(Systems of Signification)的各种实践、现象与活动。

结构主义构建了一种关系模式,它突破了传统思路中系统分解的"原子"观念,建立了一种整体的、系统的层次式思维方法。由此,建筑类型被视为一种基本法则,在这一基本法则作用之下,不论其源自现实还是先验,建筑形成了特定的、共时性的外部形态结构。如马里奥·博塔(Mario Botto)所说,"每当一个建筑与一些形式联系在一起的时候,它就隐含了一种逻辑,建立了一种与过去的深刻联系",而这样的定向逻辑不单局限于建筑领域,甚至可以推演到整个城市。

建筑类型学用于城镇文化遗产的保护,正是基于它对于"文化"的肯定和依赖。虽然对于基本法则的来源和特性各有不同意见,但从基本法则到形态结构的路径却获得了一致认同,即基本法则与外在形态有着必然或者特定的双向联通渠道,是法则可以导出形态、形态可以回归法则的单层次对应关系。

结构主义"心生万象"的尴尬也由此出现。心理学家巴萨卢(L. W. Barsalou)的知觉符号理论②在阐释"原型理论(Prototype View)"认为,构造原型所需要的信息来源于长时记忆的知识基础。一个概念的知识基础可能包含着大量信息,但是只有少量信息在具体情境中被用于构造原型,由此,在相似的知识基础上可能建构出同一概念(字形相同)的不同原型。

---

① 考特梅尔·德昆西认为"类型代表了一种要素的思想,这种要素本身即是形成模型的法则",G.C. 阿尔甘的理解是"类型应该被理解成为一个形式的内在结构",阿尔多·罗西认为"类型就是建筑的观念,它最接近于建筑的本质"。

② 人的认知在本质上是知觉性的,其与知觉的认知和神经水平上享有共同的系统。知觉状态包含对外界刺激无意识的神经表征和有选择的意识经验,知觉状态一旦产生,其中一些便通过选择性注意被抽取出来并储存在长时记忆中。在以后的激活中,这种知觉记忆可起到符号作用以代表外界事物,并进入符号操作过程。大量知觉符号集中起来就组成了认知表征。

知觉符号具有模式性(modal)和类似性(analogical),模式性是指它们与产生其自身的知觉状态处于同一系统,例如在知觉中表征颜色的神经系统很大程度上在知觉符号中也表征物体的颜色;类似性是指在某种程度上,知觉符号的结构与产生它的知觉状态是对应的。

这意味着最后获取的外部形态,可能是多层次传递的结果,而原型状态本身就是更深层次的法则外化结果。

而且,认识本身并不是从最外部的结构形态开始的,更可能从中间态的原型开始。如"鸟"的知识基础包括了鸟在空间维度上的平均取值(如大小和形状)以及鸟的相关性质(如有羽毛和产卵等)。但在不同文化背景下对这一概念的原形是不一样的,如巴萨卢等在1984年的实验结果显示,美国文化背景建构的"鸟"的原型与知更鸟相似,而天鹅仅是"鸟"中的非典型例子。以中国文化为背景而建构的"鸟"的原型却恰恰相反。由此对"鸟"的认识是以知更鸟或天鹅为起点,空间维度或相关性质由此推出,更为深刻的"鸟"的本质也由此处起步。

此外,虽然构造的原型之间就可能存在相似之处(属于同一物种),但不同原型则意味着不同的等级结构关系。当原型发生改变,不仅是概念自身结构的重新排次,概念间的等级结构也随之改变。如当"鸟"的原型由知更鸟变为蝙蝠,那么属于同一对比集的"哺乳动物"的原型也需要改变。否则"哺乳动物"的特例将与"鸟"的原型相似,将导致交流混乱。

相似的问题也存在于城镇文化遗产保护的类型学分析之中,如果分析出的建筑类型 A 本身就是部分信息(a、b、c、d)的建构结果,建筑类型 B 的信息由(b、d、h、n、m)构成,那么 A、B 不论是在信息数量还是主体构成上都具有很大的差异。但是,如果最后的建筑形态包括了(b、d),那么它有可能是 A,也有可能是 B 的原型法则结果。这就意味着所推导出的原型有可能是"真"的,也有可能是"假"的。而在复杂系统中,A、B 源自不同集合的可能,更将导致"似是而非""南辕北辙"的结果,如罗西的建筑作品中大部分可以转移的"国际主义"要素导致的实际文化"断裂"。

综上所述,依据特定数量样本得出的原型,不一定指向所判定的文化价值标准。而非原型的形态构成,也并不意味着法则之外的无价值概念。原型还原的方式,必将导致复杂系统的信息损失。

因此,虽然承认在遗产的形态结构背后存在某种思想或者意识,但思想或意识与结构形态之间的关系却需要重新认识。最终形态的建构应该是一种多层次递推的结果,依据心理学研究成果,影响到各层次递推法则建构的知觉因素是"无意识的神经表征"和"有选择的意识经验"。两者中,无意识的神经表征是人类所共有的基本属性,不产生形态结构的分岔结果,而有选择的意识经验则是形成递推分岔的重要原因。

如果每一层次的递推过程,都源自某种特定法则的现实选择,那么最后的形态必然具有某些相似性,这类似于基于某种法则(维数)的多层次递推形态——分形。分形是一种各层次上均具有相似的特性,即没有尺度(scale-free)或者特征规模(characteristic size)。尼科斯·A. 萨林加罗斯（Nikos A. Salingaros）在《连接分形城市》(*Connecting the Fractal City*)中认为，分形城市的基本特征是"从庞大到微小的结构，所有尺度上都存在一种相互关联的层级结构。"，而"到20世纪为止历史上出现的城市类型自发演化为分形结构。"[①]

这一结论也同样适用于中国传统城市。从"生生"法则进行解释，传统城市是具有分形结构的城市。"生生"法则的"简易、变易、不易"，意味着在特定法则（简易）下，固定关系要素（不易）将形成无限的形态结构（变易）。即城市中的全部形态，都源自对"生生"法则的现实选择，由此建构的相似递推法则，将生成具有高度相似性的形态结构。如中国传统城市范型在实际建设中的多种形态，呈现出高度的相似性。再如中国传统建筑中的院落和屋顶形态，在不同类型、不同尺度的群体组合中，具有高度的相似性。

传统城市范型下的空间形态是具有分形结构的整体系统。在经历了近现代的范型改变和颠覆之后，传统城市的空间要素或成为城镇文化遗产，或成为具有历史意向的城市空间。这些残留的遗存虽然在时间或者空间上不再具有连续性，但是作为整体分形结构的组成部分，都体现了高度相似法则的作用结果。如果说"法则"是文化内核的产物，那么由法则构建的全部散落要素，不但映射了传统文化内涵，而且彼此之间通过相似性类比联系，留存了传统城市所特有的分形维度信息。由此，那些被忽略掉的小规模、低典范性空间或意向，依然保持了具有独特性的、可感知的法则特征，是传统城市递推结构的组成成分，较之个体的类型更具有空间的整体意义。

7.3 小结：城市范式的冲突

城镇的文化遗产，是城市延续发展的结果，是中国城市在不同历史时期发展形态的沉积。因而，中国的城镇文化遗产，受到中国城市演变过程中不同范式转换方式的影响，具有本土的人文特性。

如同徐萍芳先生认为历史文化街区的概念不符合中国传统城市形态中的街巷系统特性一样，城市范式转换的独特性，使得外植发展范式下的保护方法，因无法充分实现遗产的形态价值，而难以获得成效共识。基于

[①] 有历史的、前现代主义城市才具有分形特征，因为它们表现在各个尺度上。中世纪城市在小于1000 m的尺度上最具有分形特征，而19世纪城市的分型特征则较好地体现在较大尺度上（Salingaros，2001）。传统城市形态的形成取决于步行交通网。经过长时间建造和不断加建形成的步行城市是符合分形模型的，这一点即便是它们的建造者也没有注意到。正如我在其他地方提到过的，人脑中有分形模型的烙印，因此，凭直觉产生的想法便会具有分形结构的特征（Mikiten, Salingaros and Yu，2000）。

要素的保护模式,忽略了时间和空间层叠性的城市系统结构,将特定要素从其系统结构中抽离,导致"孤岛化"的支离破碎。基于类型的保护模式,则将复杂的城市分形结构简单化和图示化,对于类型的差异度较小而维数差异度较大的传统城市而言,"千城一面"的格局将不可避免。

可以说,相对成熟的保护模式,虽然能快速落实保护的目的,却难以达到保护的成效。而成效共识的破裂,则是促发非规范性路径形成的另一重要原因。

8 中国城镇文化遗产保护的衍化形态

8.1 中国文化遗产保护衍化特征

8.1.1 保护路径的运动特征

8.1.1.1 基点—范式的线性过程

从现有的基点向范式的运动过程,是"后发外生"社会发展模式的基本特征。城镇文化遗产保护从"营造学社"的起步起,就采取文化主导或制度主导的方式启蒙、建构、完善城镇文化遗产保护体系。

与西方批判—建构的往复过程不同,政府力量成为超越文化与社会调试的强制保障,通过制度建构的手段,涵化社会基点的文化与社会形态,保障基点—范式的跨越过程。符合范式价值与发展逻辑的思想与形态,被文化遗产保护制度加以整合,形成"两极权宜"的技术形态和"政府统筹"的运行形态。而基于文化原型和城市范式的基点思想与形态,则游离于保护体系之外,在特定条件下促发形成精英和大众的非规范性路径。

8.1.1.2 涵化—濡化的博弈运动

"内化整合"过程的实质是涵化与濡化的博弈过程。中国城镇文化遗产保护体系是在政府力量保障下,通过价值整合展开技术理念建构,通过成效共识达成运行制度建构。在这一过程中,范式的绝对价值标准和从基点—成效为准的发展逻辑,因不同历史发展阶段的递进思想在同一空间中博弈而产生不可调和的矛盾。哪怕在主导路径内部,两极理念之间的矛盾也存在难以克服的长期痼疾。

一方面,面向范式的线性运动要求对基点的社会与文化形态进行涵化。不论是价值整合还是成效共识,都是以范式实现为最终目标,以发展逻辑为评判标准。因而,不符合最终目标与评判标准的价值理念与成效认知,都被视为涵化对象。

另一方面,文化内部固有的价值与形态,以濡化方式对外植理念进行异化。文化遗产是传统文化原型的外化形式,其内涵价值的展现和成效共识的达成,最终依赖于濡化效用获得自身身份的认同。

由此,外植范式与基点形态之间相互作用,以濡化和涵化对抗的方式进行博弈,呈现主导路径与非规范路径并存的形态。

8.1.2 保护路径的形态特征

8.1.2.1 保护理念的价值离散

中国城镇文化遗产的保护理念在历史发展的惯性与文化原型的冲突之下,不论是内部价值还是外部价值,都被分裂为多种不可公度的价值碎片。

一方面,面向发展范式的非均衡运动带来外部价值的离散。保护与发展的尺度,被不同的环境背景选择了不同的标准,两极理念由于缺乏聚合的动力而被拉裂为价值碎片。多元价值在技术标准和保护空间上的不合作博弈,不但动摇了其合法性的权威,而且造成断裂与重构的困境。

另一方面,立足社会基点的文化原型冲突则带来内部价值的离散。中西文化之间的不可公度性使得由正式制度推动的、保护理念与技术的合理性问题,受到非正式制度的挑战。非正式制度不但对保护价值取向和运行模式上的相关理念进行了异化,而且以遗产基本特性的差异,质疑了相应技术方法的适用性。

内外价值离散产生的价值碎片,并没有通过保护运行的过程达成共识。某种特定价值因运行环境的差异,导致截然不同的成效,使得运行成效只能验证价值理念的局限性与适应性。这不但不能有效地整合价值碎片,反而因各类价值以运行成效为借口产生争夺话语权的行为,从而加速价值的离散。

不同价值碎片之间的矛盾和冲突,因不合作博弈而集中爆发时,就会因价值整合的失效,导致城市公共事件的爆发。

8.1.2.2 保护运行的制度统合

保护理念的价值离散,使得价值理念本身失去了主导保护行为发生的作用。充满整个技术和运行过程的断裂和博弈被政府通过保护运行制度加以强制统合。

保护运行制度统合将价值碎片分为保护正式制度和非正式制度两大部分。纳入正式制度的部分受到政府力的保障,得到较充分的贯彻执行。而非正式制度则只能通过博弈的方式形成非规范路径,参与到文化遗产保护过程中。可以认为,非正式制度成为中国城镇文化遗产保护的重要动力之一,通过直接或间接的作用影响正式制度的完善。

然而,制度产生的合理性与合法性,是来源于广泛的价值和权威认同。当价值理念成为制度选择的对象时,保护成效就取代了价值理念,成为制度的合理性与合法性基础。

合理性基础转移导致的多维博弈也由此发生。保护成效的环境敏感性,使其具有易变特性。当保护成效的易变速率大于正式制度变迁的速率时,制度行为与其合理性基础转换之间就产生时差,导致多维博弈而不是二元博弈的产生。

在制度运行内部产生的多维博弈,因缺乏相对等的强权牵制和具有聚合作用的价值理念而不得不依靠制度自身的完善来统合不同维度的成效价值,以形成主导性保护路径。

8.2 中国文化遗产保护衍化结构

8.2.1 结论1:一种突进式的整合系统

当"时空压缩"成为整个社会的运行模式时,时间与空间之间的博弈,就取代了文化与社会的既有作用,成为主导全局的控制性因素(图8-1)。文化的能动性被"时空压缩"下的计划性和目标性取代,社会的多元性被"时空压缩"下的制度化和典范化统一。

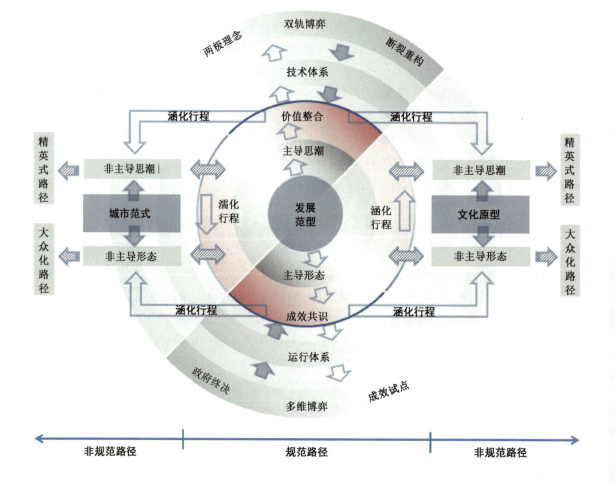

图8-1 城镇文化遗产保护衍化结构形态示意图

当文化与社会不再成为调整和统筹各类因子的最终因素，"后发外生"背景中的政府就从"代理人"成为"文化引导人"和"社会执行人"，面对经济水平和社会意识、正式制度和非正式制度、发展需求和文化归属等多个方面的变迁时差及其在城市空间上的生存博弈。

政府主导的保护运行系统，呈现以制度和典范为普适准则的"突进式"运行状态。突进意味着对不符合发展逻辑的因素进行扬弃，也意味着对发展逻辑中不同阶段理念的拼合。前者导致了非规范路径的形成，而后者则限定了主导路径的形态。

从技术体系上看，在发展范式中，具有递进关系的两极理念之间并不存在统筹和协调的机制，两者的关系模式也随着城市化的进程不断调整，两者之间的分歧导致了整个技术权宜形态。同时，被发展范式甩在结构之外的价值理念，因被排斥在主导路径之外而呈现单向地被涵化局面。这类价值理念对遗产保护的异化作用，最终通过非规范路径爆发。

相同的现象也发生在运行领域。制度和典范被用来保证执行过程及其结果的唯一性和规范性，但运行成效并不反馈于理念发展，而是成为共存价值碎片争夺话语权的例证，导致成效分歧的不断扩大，促发非规范路径的形成。

8.2.2 结论2：一种断裂式的分叉结构

中国城镇文化遗产保护运行过程是从价值的离散开始的，被政府干预聚合于制度框架之下，形成正式与非正式两种制度统合的运行模式（图8-1）。正式制度在技术领域关注保护与发展的价值尺度问题，在运行领域纠结于时间维度上的空间博弈。而非正式制度则面对文化原型与城市范式的冲突，对外来保护理念及方法产生不同程度的异化。

聚合了价值碎片的正式与非正式制度，呈现断裂的分叉结构。非正式制度不是正式制度的前提和基础，而是被正式制度扬弃的价值与形态集合。基于非正式制度的非规范路径的形成，也并不作为正式制度的补充，而是正式制度所代表的范式理念的涵化对象。缺乏表达途径的非正式制度，最终以公共事件的激烈方式，从主导路径中溢出分叉，形成城镇文化遗产保护的非规范路径。

值得探讨的是，在南京梧桐树事件中，社会公众自发维护梧桐树的过程，不存在主导路径中的权宜之争，从集体无意识的文化认同，到集体有意识的保护共识，形成整体的协调形态。

第三部分
城镇文化遗产保护的模型

9 城镇文化遗产保护行为的辨析

9.1 保护行为的系统运行特征

9.1.1 基于干预模式的耗散结构判定

文化遗产保护运动是一种系统运动，它依赖于外部能量的输入，如主体意识的生成和维护，并对外部产生能量输出，如社会、经济、文化的价值。由此，文化遗产保护运动需要不断地干预以维持遗产不受自然、时间或人类社会的侵蚀而维护其能量输出。

假设文化遗产在自然周期下产生的自然衰退，是以迭代的方式进行的加速衰退。当衰败程度达到某个程度时，保护行为发生，外部干预就不再允许其继续衰退。在历史上，外部干预目标状态有以下三类：

博物馆式干预一：干预是使系统维持在特定状态之中，干预行为持续发生，以干预负熵抵抗衰败正熵，整个系统的运动形成一种耗散结构的平衡状态。

然而，就如城镇文化遗产不应被保存在博物馆里，也难以被彻底保存在博物馆里一样，这一持续干预措施并不适合城镇文化遗产的保护。

风格修复式干预二：干预只在衰败到达特定程度时才发生，干预目标是回到之前的某种特定状态。在继续新一轮衰败过程中，整个系统处于衰败和复原的特定循环状态，形成类钟摆周期的运行结构。

然而，这一假设抹杀了衰败产生的时间自然性，认为干预可以抵消时间维度上的自然历程。"风格修复"与"反修复"的历史经验已证明，这一假设不成立。

价值延续式干预三：基于"真实性"与"完整性"的最小干预观点被提出，即以系统性存在的标准去进行干预修复。干预的产生是为了保障遗产的系统运动存在，干预的目标不仅是为了"外貌"，更是一种"结构"的表达。遗产的价值而不是修复的范式，成为评判干预措施的根本依据。因而，干预的结果不再具有唯一性或周期性。虽然干预的产生依然是因为主体意识的激发，但干预的目标已经成为多要素作用下的价值传递过程——文化的延续性。

如果干预三是一种耗散结构下的均衡运动，既非干预一的静止运动，也非干预二的周期运动,而且具有确定原则下的多样化结果,那么则意味着城镇文化遗产的保护行为,具有"活"的耗散结构运动特征。

9.1.2 基于衍化趋势的混沌状态判定

由于对于文化遗产保护系统运动程式的判断无法直接通过确定参数值来进行(参量模式的差异),故而,下文将对运动的过程现象——文化遗产保护历程进行分析,以判断系统运动模式,即经验判断法。

从西方文化遗产保护的历程来看,在"风格修复"与"反修复"的两种状态争论直至"科学性修复"观念被提出的阶段,整个文化遗产保护系统的运行存在于相对一致的人文环境系统中,在艺术作品和历史见证二元理念的批判统一过程中聚合。可以说,此时的系统运动是围绕艺术和历史两个吸引子展开周期运动的耗散系统。

二战以后,"批判性修复"的思想提出,使文化遗产保护运动中"主体意识的客观性"被引入,相对统一的人文环境在主体意识的分歧中再度分岔为文化多样性的观点。系统运动的降维过程中的有限吸引子被复杂化为聚合于 OUV 的多元文化吸引子群。"周期三意味着混沌",吸引子群的周期运动叠加,使得文化遗产保护的运动系统呈现混沌状态。

首先,保护行为对初始人文环境敏感。不同文化中具有不同的文化遗产价值结构被充分认识,由此保护并不建立在某些绝对标准之上,而是形成相对、多元的价值体系。《巴拉宪章》之后诸多不同文化针对自身内涵的保护标准的出台,尤其是《奈良真实性文件》以及之后对"真实性"相对性的探讨,均表明文化遗产保护对初始条件的敏感性。

其次,保护行为具有拓扑传递性。文化遗产保护系统是一种整体性的运动,不可以分为两个互不相干的子系统,这突出体现于文化遗产保护价值体系的结构改变。社会、经济、文化等多领域叠加,历史、现代、未来的整体维度生成,文化主题下的时间、空间结构关联等一系列现象都表明,文化遗产保护系统中任何一种因素的变化,都可能通过对其相关联因素的影响,产生指数式扩张,继而影响整个系统。

最后,保护行为在"文化"主题下拓展。这一点可以被文化遗产保护外延的迅速拓展所证明。在文化人类学主题下,文化遗产保护对象在时间与空间组合上呈现丰富的变化模式。尤其是非物质文化遗产的出现,将文化遗产带入一个更为广阔、更依赖于初始值、更呈现拓扑传递性以及更多围绕文化展开的表现形式。

对比中国与欧洲的保护对象及所处环境可见,在整个系统存在并运动稳定的前提下,中国文化遗产保护的系统运动比西方文化遗产保护运动有更多的分岔结果。中国传统木构建筑比西方砖石建筑更易损,故而其更易激发干预行为。更为重要的是,中国处于经济、社会、文化的变革之中,时空跨越、无度试错、多元理念、外植范式等因素叠加造成更高的遗产衰败速率。

因而,文化遗产保护运动处于混沌状态之中,中国文化遗产保护系统运动比国际文化遗产保护更接近于混沌极限值。

9.1.3 小结:耗散结构下的混沌运动假设

综上所述,文化遗产保护系统运动并非某种确定周期的系统运动,而是类似于耗散结构下的混沌运动模式①。

以上的假设有两个前提条件:一是系统存在并稳定,系统崩溃的因素并没有被考虑在内,如轨道不稳定性和李雅普诺夫不稳定性,也就是说,诸多吸引子群的"群体本位"是首要条件。第二个前提是干预的存在,干预的存在才使得保护成为可能,干预使保护成为一种耗散结构,而只有在这种情况下,才可能产生形成系统稳定的奇异吸引子。

前文只探讨了几种条件的叠加,在实际模型中一定有更为复杂的叠加情况,但是根据"周期三意味着混沌"的原理,如果在有限条件下产生了混沌,当其他变量加入,如果系统依然存在并达到或处于平衡态,那么系统演化的控制参数可能改变,但其运动形态不变,依然是耗散结构下的混沌运动。

9.2 混沌视角下的保护运行机制

9.2.1 运行机制:维度运动

耗散结构是指远离平衡态下动态的稳定化有序结构,与平衡结构不同,它不是"死"的稳定化有序结构,而是"活"的稳定化有序结构。它意味着从一种平衡态中失衡,继而又在一种新的结构中获得平衡。

混沌运动的平衡态具有分维和降维两个过程。分维是一种不稳定性的表现,它带来相空间的扩张。然而,耗散结构的特性,又决定了相体积的收敛特性,即降维过程。这就形成了两种运动状态,一种是向目标态的降维收敛运动,一种是远离目标态的分维扩张运动。两种运动之间形成张力平衡,多维轨道无穷多次折迭往返。其中,系统运动的目标态,即促

---

① 混沌运动研究仍处于过程之中,对其定义尚无公论。被较普遍认可的是1989年德瓦尼(R. L. Devaney)提出的混沌定义。而从确定性运动到混沌运动的途径已发现四条:倍周期分岔、准周期分岔、阵发(间歇)过渡和卡姆(KAM,Kolmogorov-Arnold-Moser)环面破裂。以上研究成果是对运动模式进行判断的理论前提。

使相体积收缩的降维形态,被称为吸引子,它维持了系统的稳定。

城镇文化遗产保护更是一个复杂的系统运动,其中涉及社会、经济、文化等各个领域,包括物质与非物质领域多重时空下的遗产形态。因而,判断城镇文化遗产保护系统运行机制的核心问题,是确定分维和降维的运动机制。

9.2.1.1 分维扩张——保护行为的社会涵化过程

S(Stimulus 刺激)—O(Organism 有机体)—R(Response 应答)是人类行为的一般模式。保护是基于社会群体对文化遗产的集体有意识展开的应答行为。

从城镇文化遗产保护的原型和衍化形态来看,从 O 开始,城镇文化遗产保护就开始出现分维的形态。

在原型结构中,对文化遗产的集体有意识,从欧洲时期的人性绝对真理转变为全球时期的文化相对价值,导致文化遗产保护体系的全面转型,在时间维度上产生不同的保护行为模式。而在衍化结构中,集体有意识的影响则更为明显,基于文化原型和城市范式的集体有意识和基于发展范型的集体有意识,在保护行为初期就产生分歧,并在同一时空中产生主导与非规范的两种保护路径。

集体有意识过程中的分维现象,可以理解为不同经济、文化与社会背景的人群,因对文化遗产认识程度的差异,导致相应保护行为的差异。这在中国城镇文化遗产保护的演化过程中,表现得尤为明显。两极理念在不同社会、经济、文化环境中的选择重构,导致保护的价值离散。

集体有意识,是在群体信息传播和互动过程中形成的群体实践活动的产物。故而,城镇文化遗产保护的分维扩张现象是在社会实践中发生的。保护的社会过程,即城镇文化遗产保护行为混沌运动的分维扩张过程。

9.2.1.2 降维收敛——保护行为的文化濡化过程

从城镇文化遗产保护运动的原型和衍化形态的运动形式可见,降维收敛运动有文化因子和制度因子两种实践尝试。

在原型结构中,文化因子是历史绝对理念转变为文化相对价值的发生和终结缘由,是系统运动的吸引子和目标态。在衍化结构中,则曾有两种降维尝试。一种是文化因子降维模式,具有与原型结构相似的运动形态,采用文化工具展开价值濡化。另一种则是制度因子降维模式,由政府力量主导和保障,采用制度工具实现涵化价值。

从衍化形态的发生历程可见,制度因子是由政府外力保障的降维运动,虽然在主导路径范围内基本实现了降维的目标,但是这一低维性的发生激发了其他相关因子的分维。一方面,导致非规范路径的形成;另一方面,两极权宜和政府统筹并没有实现"内化整合"的目标,而是处于独立相对的互搏状态。故而,制度因子并没有实现有效的降维。

相较而言,原型形态中的文化因子,没有在转型过程中激发其他因子的分维,从历史绝对理念到文化相对价值的转型过程中,始终维持了运行体系的客观低维性,维持了系统运行的稳定化有序结构。

然而,不同降维尝试的目标都是试图实现从集体有意识到集体无意识的转变。制度因子降维的目的,是试图通过涵化作用实现整个社会意识的转型,以匹配现代化的发展需求。即达成集体有意识的普遍共识,形成集体无意识的文化意识。而文化因子引导转型的最终结果是文化遗产保护成为全球共同遵守的行为道德准则,即回归于文化意识范畴。

文化,是一种代代相传的同类经验在群体成员心理上的沉淀,是人的心理结构中深层次的集体无意识。集体无意识的产生,依赖于相应的社会结构,通过濡化的方式代代相传。故而,城镇文化遗产保护运动的降维收敛运动,是在社会的集体无意识(即文化传统)中产生,并以实现集体有意识向集体无意识的转变为最终目标。

9.2.1.3 小结:"文化""社会"之间的维度运动

综上所述,"文化→社会"的升维扩张运动和"社会→文化"的降维收敛运动共同构成城镇文化遗产保护的混沌运动结构。那么"文化→社会"和"社会→文化"的结构为何能实现系统的均衡状态?

在城镇文化遗产保护系统运动中,有经济、社会、资源等多维影响要素的存在,这些要素之间具有不同的价值体系和运行规律,彼此之间不可公度。

从文化的角度来看,人群从上代人群中继承个人与集体的意识结构,在既有的社会、经济、政治环境中进行调整,并以此进行实践形成社会群体行为,用实践经验结果消解或加强初始的群体意识结构。在迭代传承中不断加强的部分最终形成文明特征,而这一文明特征构成群体无意识的全部内容,具有强大的稳定性与延续性。但这一集体无意识行为并不直接影响社会实践,而是参与现实社会、经济与政治博弈,继而影响实践,并在实践反馈中消解与加强。

从社会的角度来看,社会是经济、政治、文化等全因素融会的实践容器。文化构成社会的基本秩序,成为社会运动的稳定性因素,经济和政治为社会变动提供动力,成为社会嬗变的不安定因素。社会为群体提供实践平台,通过类比、借鉴、经验等方式,消解、重构或强化群体无意识结构。

从经济运行的角度看,经济行为是一只"看不见的手"。这只手之所以能起作用,前提是人性"为私"的假设。这一假设与"物竞天择"的自然法则相契合,成为群体意识的基础。以城市化为例,工业化是城市化的基础和动因,但促使人口向城市集中并不是经济直接作用的结果,它是通过经济的发展影响到社会结构,继而产生人口资源的再分配。可见,在工业化与城市化中间存在一个重要的参量——社会。社会人口接受经济的调控并不是个人行为选择的累积,而是个人选择在群体中传递反馈形成群体意识的结果。如果对这一参量进行干涉,将导致"看不见的手"的低效,如因城乡二元对立格局导致的中国城市化长期滞后于工业化程度一样。从另一个角度说,社会意识结构将改变经济运行的基本轨迹,如传统的儒商、现代的家族企业和地域经济,均不能摆脱传统文化意识的影响。

从政治运行的角度来看,政治存在的合法性与合理性前提是社会公共服务与管理的需求,通过公共服务与管理,通过权威的建立获得存在。在这一过程中,社会的公共需求和社会的权威赋予——群体需求和共识的产生,是政治存在的基础。而政治运行的基本目的是通过自身行为实践强化权威性,即扩大和巩固社会的认可和共识。要求政治不但要反馈现实,而且要预见未来,以强化其正当性。

可见,社会实践是政治、经济、文化等多重因素作用的结果,而社会实践的终点是文化的结构调整。在时间维度上,全部的因子都在进行"文化→社会"和"社会→文化"的循环运动,如果系统长期延续,那么经济和政治的发展终将嵌套进"文化→社会"和"社会→文化"的基本结构之中。

如果回到动力学系统来分析,熵是系统无组织的量度,信息是负熵,它用以获得某种对事物更明确的认识来降低系统的无序度。然而,信息本身也是一种熵,多重繁冗信息的获得反而会增加系统的不确定性,如手表定律。这时需要的参数是权威性,即只有被公认的、权威的信息才能实现实质上的负熵效应。而文化,正是在时间维度上形成的被公认的具有权威性的信息。

这一特征可以从中国传统科技发展中得到进一步证实,四大发明的出现表明传统技术的发展曾达到世界的顶峰并影响现代工业革命的兴起。但在中国传统文化意识结构中,技术的发展并不被广泛认同,故而可见其使用,而不见其推广。经过社会实践,被接纳的技术发展造成了社会的变革(如春秋时期铁器、牛耕等技术的广泛运用),而未被接纳的技术结构则使之错过了工业革命。

因而,"文化→社会"和"社会→文化"的结构是相关社会、经济、文化、政治等多种因素混沌运动的基本吸引子,故而也是城镇文化遗产保护系统的内生运动机制。

9.2.2 运行特征:随机遍历

混沌映射具有三个基本特征:不可预测性、不可分解性和规律性。混沌来自非线性动力系统,而动力系统是随时间变化的过程,这个过程是确定性的、类似随机的、非周期的、具有收敛性的,并且对初始值极敏感。

9.2.2.1 可控、不可测

混沌运动的基本特征具有初始条件敏感和内随机性的特征,形成"失之毫厘,谬以千里"的运动模式,导致文化遗产的保护路径因地域、环境的不同而具有不同的模式和方法,通用之准则未必有效,保护之结果不能预测。

在混沌运动中,初始值上的微不足道的差异,就会导致运动轨道的截然不同。如同气象学家洛仑兹(Edward Norton Lorenz)提出的所谓"蝴蝶效应",运动趋势不可长期预测。

这一不可预测行为的产生,并不是来自外部,而是自发地产生于系统内部,是由体系内部动力学随机性产生的不规则性行为。即使模型中不包含任何外加的随机项,且控制参数、初始值确定,系统在混沌区的行为仍表现为随机性。这种随机性是确定性系统内部的一种内在随机性和机制作用。体系内的局部不稳定是内随机性的特点,也是对初值敏感性的原因所在。

内随机性产生的原因有:一是轨线在每个局部都是不稳定的,相邻轨道按指数分离,但是由于吸引子的有界性,所以混沌轨道只能在一个局限区域内反复折叠;二是表示相邻点信息量的丢失,信息量丢失越严重,混沌程度越高。

由此,文化遗产保护系统的运动演化也是不可预测的。如上海新天地建成并获得成功后,在全国各地都展开了相似的建设,尤其是在工业遗产保护方面,以"文化创意""艺术先锋""时尚休闲"等口号展开"再生"运动。其间,可以看到成功的案例,如"北京798""宁波老外滩"等,但是更多的却是破坏和死亡,如温州老街康乐坊、杭州西湖新天地等。

尤其是西湖新天地,除了和上海新天地拥有同样的策划操作团队、同样的开发商背景(瑞安),还获得了更大的政府支持,拥有更好的地理环境、更优越的经济条件(高收入人群集中),却没有获得成功。这一案例表明,在不同初始条件下,哪怕只有细微的差别,相似的文化遗产保护方法都会产生不同的结果,而这样的结果差异随着时间的延续而不断加大。如刚建成时期的西湖新天地与上海新天地相近,但随着时间推移,则表现出明显差异。

不可预测是混沌运动的基本规律,不能否认也不可避免。如同混沌理论在分析静态或周期运动中的有限性和"混沌则消除了拉普拉斯关于决定论式可预测性的幻想"一样,中国文化遗产保护的演化运动也将难以用西方文化遗产保护的运动规律进行总结,否则必然会出现无数规律的"特例"或者"异化"模型。但是,混沌运动本身是一种确定性的系统运动,这表明这一运动在无序状态之中,依然具有其有序的规律。现有的混沌理论和实践表明,这一有序规律表现为可控性。

首先,运动演化过程的普适性。不同系统在趋向混沌态时所表现出某些不依具体的系统方程或参数改变的共同特征,如费根鲍姆(Mitchell Jay Feigenbaum)常数中分叉速度常数"$\delta=4.6692\cdots$"和减少参数"$\alpha=2.5029\cdots$";这表明文化遗产保护系统运动的演化过程具有阶段性,且相扩张速度大于相收敛速度。

其次,运动空间区域的有限性。混沌是有界的,它的运动轨线始终局限于一个确定的区域。这说明两种现象,一是文化遗产保护系统运动可以在更高视角中进行控制,并不是宽泛无界的;二是文化遗产保护系统运动是一种有限存在,如同文化遗产是稀缺资源一样,需要维护。

最后,运动轨迹方程的确定性。混沌运动的轨迹决定于初值和混沌映射参数,即整个运动形态的控制,可以通过初始值和混沌映射参数来决定。对于文化遗产的保护而言,这意味着保护场所的原始特性,以及与衰败率 r 和极限值 N 相关的变量引导。

可见,整个文化遗产保护系统运动过程可控、界限可控、轨迹可控,虽然结果不可预测,但是可以通过对以上三个方面的控制实现所需的目标状态(非确定目标)。

9.2.2.2 相似、不可分

混沌运动是一种遍历性运动,具有拓扑传递性,从任意点出发的系统轨迹全都包括在吸引子轨道中,任一轨道都可以以任意给定的有限精度接近吸引子中任一点,吸引子是不可分的,系统不能分割为更小的相互独立的子系统。这表明整个系统的整体性特征,任何针对某些要素的运动研究,都不符合系统运动的特征。

但这并不意味着系统运动是无法认识的过程。混沌运动在相空间无穷缠绕、折叠和扭结,构成具有无穷层次的自相似结构。1976 年,美国物理学家 M. J. 费根鲍姆发现,奇异吸引子具有标度无关性。当把标尺做适当的放大后,吸引子的细节部分具有与整体相同的结构,同一种形态在越来越小的尺度上重复,其典型例子是埃农吸引子。

这一空间形态的特征可以用分形——分维性描述。分维性表示混沌运动状态具有多叶、多层结构,且叶层越分越细,表现为无限层次的自相似结构。例如 Koch 雪花曲线的分维数是 1.26;描述大气混沌的洛伦茨模型的分维数是 2.06。只要数值或实验设备精度足够高,总可以在小尺度的混沌区内看到其中有序的运动形态,即标度变换下的结构不变性。

由此,整体与局部的关系被重构。标度变换下的结构相似性,是整体和局部发生联系的关系尺度。这表明两点:一是对局部的研究未必能推导到整体,但是局部的形态必然与整体具有拓扑相似性;二是系统运动演化,必然是整体与局部的同构运动。

对于文化遗产而言,这意味着结构的重要性。局部改变如果破坏了原有的结构,虽然系统存在,却意味着系统结构的破坏。同样,如果保持结构形态并以此拓展衍生,这意味着系统运动的延续。

9.3 混沌映射下的保护行为辨析

耗散系统的一个重要特点,就是不断地与外界交换物质和能量。交换停止,将导致系统的"寂灭",即运动的停止。

城镇文化遗产保护运动是受到遗产衰败程度的刺激而产生的应答行为。遗产的衰败是一个客观的自然历史过程,干预目标是维持遗产价值的延续。然而,随着自然衰败过程的不断演化,遗产的原生价值量也将不断地降低。一旦遗产物质空间湮灭,遗产的原生价值量也随之消失,保护也将失去其行为意义,归于"寂灭"。

悖论由此产生。如果干预是为了解决遗产在自然状态(包括自然和社会的侵蚀过程)下的存在危机,那么干预的结果是否就意味着对自然状态的反向作用?如果是,那么保护行为不是为了对抗自然衰败的时间过程,就是为了对抗社会发展的变化形态。

明显,上述两种自然状态都是不可逆的存在,只能减缓其冲击而不能抵抗其步伐。那么干预的正熵是如何平衡衰败的负熵的?

9.3.1 技术干预的思维陷阱

9.3.1.1 陷阱一:技术干预以提升文化遗产价值

技术干预本身并不创造价值,它是建立在以局部死亡实现整体延续的前提条件上的,即转移文化遗产的能量来实现整体的延续及衰败速率的降低。如中国传统木建筑中,对局部构件的修补以实现整体的可持续。对于替补构建而言,其真实性消失,不再具有文化遗产能量,是一种彻底衰败;但是对整体而言,由于这一部分的真实性消失而获得整体运行结构的稳定性加强,即获得文化遗产能量。相似的技术干预还存在于城镇文化遗产保护中,如历史文化街区保护通过文脉和谐、设施改善、环境更新等技术手段,使得街区局部空间要素的文化遗产能量转移到整体空间系统之中。

这样的技术干预思想基于以下假设:

首先,局部能量与整体能量之间可以发生转换。每一个构件与系统结构存在的关联度不同,如梁架结构是整个建筑系统的骨架,直接影响到系统是否存在,其不稳定状态将导致整个系统的崩溃。而小木作则不然,它影响到系统的完整性,但它的不存在并不直接影响到系统生存,故而可以进行能量转换。这一观点是没有疑问的,但是根据热力学第二定律,从低维向高维运动不可能不产生其他影响,即这一运动本身需要耗费能量做功,表明技术干预的负熵可能用于能量结构的重新分布,而不完全用于抵消正熵。

其次,系统文化遗产能量优于局部文化遗产能量。系统结构所呈现的功能只能存在于系统中,而不能存在于构件中。系统崩溃后的单独构件虽然也具有一定价值,但是构件整体形成的系统具有一种结构性的特征,这一特征是单独构件(建筑、构筑物)所无法替代的。这就决定了系统存在的重要性和必要性。这也导致了一种技术陷阱:依据能量守恒定律,对于系统而言,内部能量是恒定的,局部衰败的能量与整体稳定的能量是一致的,技术措施能够改变能量分配结构,但并没有产生新的文化遗产增量。所谓的"可识别"与"可逆性"原则也都表明这一观念——技术因素不能带来遗产增量。因此,对于文化遗产整体而言,干预虽然使系统的稳固性获得加强,降低了衰败率,但并没有使得文化遗产的衰败量远离极限值 N。相似的结果还存在于城市历史街区之中,如《城市历史街区的复兴》所承认的:"对文脉统合手法最严厉和最一针见血的批评是,街区的历史演化因此而停止并僵化在一个特定的历史时刻,街区的物质景观也凝聚起来。新建筑未能增加街区的价值,只是进一步削弱了它的历史特征。"

这意味着衰败不可通过技术干预避免以及完全阻止,只能通过某种不对称效应以延缓。技术干预是以衰败为前提,而不是相反的。所谓的复兴更可能是一种隐性的死亡,而不是如同表面荣光的再生。推理可知,城镇文化遗产保护依然在衰败的过程中,并将最终逼近极限值 N。当参数 λ 越过极限点,系统再度失衡,保护将最终结束。

9.3.1.2 陷阱二:技术干预以实现系统运动降维

系统运动趋向于某个目标态的根本原因是目标态的相对低维性,目标态的存在使系统运动相空间收敛,以维持稳定。所以系统运动的降维,是实现系统运动稳定化有序结构的重要原因。

文化遗产保护系统的运动是一种高维度复杂运动,社会、经济、文化等多种因素通过不同的关系叠加形成各种不同的运动维度。技术干预多采用主成分分析法,通过系统组成因素之间的相关性分析,将多个变量简化为少数综合变量。在保留原始数据的主要特征的同时,将相关子集降维为不相关集群(即数据标准化分析)。再通过主成分加权等方法将低维系统转化为一维系统,得出确定行为解,并在其基础上实现技术干预。

这样的技术干预思想基于以下假设:

首先，系统运动可以划分为若干相对独立的子系统运动，只要明确子系统之间的相关部分，就可以降维，形成互不相关的子系统。如城镇文化遗产保护规划编制程序中，首先开展历史研究部分，然后将历史研究的全部信息简化为可以符合规划管理控制的若干标准化内容——遗产保护名录，名录中的各个部分是不具特定相关性的离散空间，之后的规划编制工作在名录基础上继续展开，不论是控制措施还是管理办法都不再涉及历史部分的内容。这又进入了一个技术陷阱：混沌运动定义中的拓扑传递性意味着任一点的邻域在混沌运动作用下将"遍撒"整个度量空间，说明系统不可能细分或者不可能分解为两个不相互影响的子系统。部分集群的相关部分，很可能是系统其余集群的非相关部分，反之亦然。这导致被降维的非主要因素，最终成为保护行为失控的主要因素。最为典型的是城市历史风貌，如在传统建筑尺度对比下，高大雄伟的城墙成为现代高层建筑俯瞰下的矮墩。

其次，通过降维系统各成分加权获得确定行为解。通过分析低维系统各因素对文化遗产保护行为的参与度和贡献度，对各因素进行客观赋权。以某些因素为优先，或将其他因素排除在外，如博洛尼亚的反发展；或将其余因素的运动模式嵌套其中，如经济（旅游、商贸等）导向下的文化遗产保护研究等。最常利用的技术方式是依据是各个主成分对系统的贡献率，建立空间资源契约——保护制度，达成运动共识。如紫线是为保护维度和其他维度确立了一个明确的系统转换边界，内外空间形成不同的、相对独立的运动模式。风貌协调区则是将一定范围内的空间定义为保护维度和其他维度冲突与共存的博弈地带，成为核心保护区与外围发展区之间的特殊运动空间。这就导致了另一个技术陷阱：加权的前提是各个因素对系统作用的不相关，以判断各个因素对保护运动的影响结果。然而，各个因素自身在时间维度上是不断变化的，如新中国成立初期的政治因素、改革开放初期的经济因素、和谐时期的社会因素，彼此之间相互独立却相对变化。由此，客观赋权所获得的确定行为解，只是特定时间内的相对行为解，而保护制度是针对长期行为的绝对限定，两者的冲突将随着偏离幅度的大小而变化，保护制度本身所规定（或禁止）的行为模式称为系统运动中的周期点之一，加重了系统维度的提高。而依据混沌运动的初始敏感特征，相似初始条件的运动途径将产生指数分离，并导致系统长期运动行为的不可预测。

这意味着技术干预并不能有效降维。混沌系统中，主体成分的维度降低可能导致被降维（被忽略）因素的分维，导致总体维度不降反升。保护制度的出现更可能在复杂系统中加入新的周期点，引起分维加剧，导致系统失衡，形成不可控、不可治理的局面。更为重要的是外力降维行动需要消耗大量能量(负熵)以抵抗在强制降维中产生的正熵,耗费成本可观。

9.3.2 遗产价值的溢出机制

9.3.2.1 遗产价值的溢出现象

要回答上面的问题,需要回到文化遗产的定义上来。什么是文化遗产?何以判断文化遗产?从现有的定义来看,有类型定义,如物质文化遗产和非物质文化遗产;有价值定义,如历史价值、艺术价值和科技价值等。

然而这些定义都没有回答一个问题,遗产价值是如何产生的?时间和空间是存在的两个基本维度,既然空间上的文化遗产保护形态呈现多种模式,那么时间上的定义则是文化遗产价值是在时间历程中产生、并依附特定载体形成的意识共识。对于特定内涵的文化遗产而言,由于依赖于特定时间范畴内的环境系统,因而是无法再生的。

主体历史意识的"回视",造成了遗产价值的溢出机制。时间历程中的价值,包括遗产形成的历史时间和经过时间历程中的"光韵"。特定历史时间中凝固的价值量是恒定不变的,并可能随着载体自然演化而不断减少。随着时间流逝增加的价值量,则源自随着时间历程而发生的主体历史意识——不同时期的"回视",如"古锈"。

不同文化与环境背景下的价值溢出机制,具有不同的形态。西方文化遗产的材料与结构特性,使得其能通过漫长的时间历程,获得美学的价值共鸣,从而产生价值增量。但在东方,时间历程可能意味着价值内涵与其载体空间的转移,如每20年就原样重建的世界文化遗产——伊势神社,神社的价值被转移至新的物质载体。

而在中国,价值溢出的表现,还可能导致遗产边界的变化。南京梧桐树事件中,1953年栽种的梧桐树被赋予了城市文化意义,对它的移植和砍伐刺激了保护意识的发生。社会公众并没有通过思想的沟通和交流、甚至博弈,而自发维护非特定意义的梧桐树。这意味着,1953年的梧桐树保护行为发生于集体无意识状态。在其产生过程中,就已经和相关社会、经济、文化等诸多因素发生相互冲突和协作,并得出了博弈结果——梧桐树需要保护。

如果以文化意义作为遗产价值的评判标准,可见,遗产价值发生了溢出。溢出意味着能量补偿,即不具文化意义的对象——1953年的梧桐树,被赋予了特定的文化意义——"共同历史、文化、记忆"情怀,从而与迎梓大典的梧桐树形成原物和孳息的关系。

由此,具有特定意义的遗产边界发生变化,相似形态的新遗产产生。虽然,新遗产与原有遗产具有不同的原始内涵,故而不能认为是同一种遗产,但是新遗产是基于原有遗产结构并与原有遗产系统紧密相关的基础上诞生的,可以视为原有文化遗产的价值溢出。

因而,文化遗产的产生和湮灭是一种生命过程,时间历程在导致遗产湮灭的同时,也在促使遗产价值的诞生。只要在一定时间段中,整体的衰败量没有导致系统崩溃,那么新增的价值量不但会将系统拉离极限,并可以保证下一个运行时间段的系统衰败量。由此,补偿和干预的共同作用下,参数 λ 的取值区间不会突破极限值,系统继续存在,整个系统在时间过程中呈现稳态。

遗产溢出机制除了解决在技术干预下遗产必将衰败的定论,更为重要的是遗产能够产生溢出现象表明遗产运动本身具有相对低维性的收敛因子,可以吸引系统内的运动趋向遗产的目标态。特别需要注意的是,该现象是自发产生的客观结果,而不是特定技术干预下的映射结果。

溢出机制的产生,是以文化意义为前提,发生于从集体有意识到集体无意识的运动过程。它打破了遗产载体及其文化意义时空一一对应共存的假设,认为遗产价值可以通过集体无意识发生载体转移。这一观点亦可用以解释《奈良真实性文件》的"真实性"问题,以及文化遗产的外延扩张现象。

9.3.2.2 溢出机制的发生界限

文化遗产的价值外溢机制并不是为更新提供了合法性的外衣,所有新建、改建、修缮行为本身,就是遗产价值的损坏过程,意味着真实性的消失。如前文所说,技术并不能导致文化遗产价值的提升。所谓的外溢,指在时间维度中,社会意识中因心理时空度量的存在,而产生的价值赋予现象。

这就意味着全部的建设行为,包括新建、改建或者修缮,都将面对时间上的心理累积过程。如果和原系统具有相同的分形结构,那么在文化遗产的历史权威性影响下,很快就能获得心理认同,而文脉并置的做法,虽然将进一步加强原有建筑的历史感,但是也延长了被对比建筑的心理认同过程。对于易损坏的中国传统木建筑而言,很可能意味着新的价值量尚未产生,而原有遗产运行系统已濒于灭绝。故而梁思成先生秉持"修旧如旧"的思想,无疑更符合中国传统建筑的系统运行特性。同样的问题存在于历史文化街区保护过程中的新建、改建、修缮过程,新的建设如果在损失价值量的同时,没有获得价值补偿,那么在短暂的复兴之后,终将随着使用价值的结束而再度且更加迅速地消亡。

由此,遗产外溢需要一定的界限,这一界限的前提是原有系统的最大化和权威化,并且新的建设必须符合原有系统的分形结构和系统运动的时空范畴(指心理上的时间趋于接近和空间上的连续),从而可以较容易地纳入遗产系统运动之中,产生相似的功能、形态特征,以在较短的客观时间内获得较多的心理累积可能,不断获得价值补偿,并且扩大濡化效应。

在文化遗产的干预和外溢过程中,一方面出现遗产的信息损失,一方面又出现遗产的信息补偿。这与文化遗产保护的混沌运动中的邻域信息损失的模式相一致,故而符合系统的运动规律。

参考南京梧桐树事件中的遗产范围扩大现象发现,导致现象产生的关键性变量是时间维度下群体意识与经验共识的形成。意识结构、心理时空度量的累积嬗变和遗产及其周边空间形态差异的感知趋微,是产生外溢现象的重要原因。

将系统的影响因素进行分解可以发现,时间是溢出现象的基础与核心要素,其次最为重要的是意识结构参量,两者相结合导致时空度量和形态差异的嬗变,而嬗变是群体性意识的产物,故而获得广泛共识。以上全部因素的组合导致了遗产外溢现象的发生。

由此可见,溢出机制产生具有以下条件:

A. 时间维度上的迭代。

B. 意识结构的运动——文化→社会。

C. 真实性结构范本的权威性共识,文化遗产本体及其系统具有人文权威性。

D. 系统运动相空间内,外溢部分具有与真实性结构范本标度变换下的结构相似性。即在文化遗产本体及系统影响范围内的、可在时间维度上缩小与遗产本体差异的空间形态,或者说两者具有不同标度下的结构一致性。

9.4 小结

城镇文化遗产的保护是一种耗散系统的混沌运动。

整个运动形态包括了分维和降维两项运动过程。分维过程产生于多种因素博弈的社会实践过程,而降维过程则受到文化因子的影响和作用。其中,制度因子虽然也能在一定范围内实现降维,如中国城镇文化遗产保护衍化的主导路径,但同时也激发了其他因子的分维现象,导致非规范路径的发生。故而,制度是一种相对的降维因子,而不能是真正的低维目标态。

作为耗散系统,促发城镇文化遗产保护行为发生的载体与价值损耗,与集体无意识新赋予的载体与价值孳生发生物质与能量的交换,以维护城镇文化遗产保护的运动稳。这意味着遗产的价值与载体可以在时间和空间上发生错位和转移,但这一错位与转移只有在特定条件下才能发生。不遵循特定条件的发生前提或不认同载体与价值的孳生,都将导致城镇文化遗产保护系统的"寂灭"。

10 保护模式：一种混沌范式的初构

10.1 中国城镇文化遗产保护的路径反思

10.1.1 反思一：权宜

保护与发展的权宜是中国城镇文化遗产保护的核心思路。这一"摸石头过河"的权宜思路主导了中国城镇文化遗产保护的"底线式"保护的技术方法与"成效试点"的操作模式。

权宜思路的产生无疑有其特定的历史背景。不同历史发展阶段的保护理念共存和城市化的高速发展，都使得保护与发展的关系处于动态激变的状态，难以明确两者的普适尺度。在经济发展优先理念的挤压下，以"底线"和"成效"为准的"危机"保护模式，实现了保护观念的普及和保护方法的建构。然而，随着保护观念的普及，不同社会、经济和文化背景下的多元价值选择，为诠释保护与发展的关系建立了不同的尺度标准，"底线"和"成效"的评判也继而趋向相对多元。"危机"模式的保护成效受到不同价值群体的广泛质疑，多元价值的分歧开始成为保护行为展开的阻力。因而，"权宜"成为处理保护与发展矛盾的主要方法，也同时成为多维博弈生成的重要原因。

权宜，是基于保护与发展关系不稳定状态的对策。保护与发展是不可调和的两端，两者只有在特定的关系结构中，才能形成相对明确的尺度。因而，权宜本身是在两者关系不断变动前提下必然产生的结果。在"内化整合"阶段，权宜也将成为多元价值碎片的协同手段。

权宜，依然是今后一段时间应对保护与发展关系的主要措施。目前，中国文化遗产保护与城市发展都进入了转型期。文化遗产保护已经完成了保护观念普及和保护方法建构的初级阶段，开始落实保护成效，探索保护理念。城市化也开始反思粗放型的发展模式的弊端。转型意味着保护与发展两者关系的再度重构，也意味着主导价值观权宜尺度的改变。在整个转型结束之前，保护与发展的关系也将处于不稳定状态。同时，多元价值碎片的存在，又导致普遍性权宜尺度的不适应。以成效试点方式获得的权宜尺度，在不同地域环境中产生不同的成效结果，从而导致个性特征的湮灭。

然而,在以经济为中心的不均衡发展逻辑下,保护与发展之间并不能通过博弈获得公平的权宜结果。以"底线"和"成效"为准的"危机"保护模式,因缺少博弈的资本,往往单向依赖于发展的空间让渡。以经济收益和发展为目标,为"是否保护"和"如何保护"提供了完全的理由和充分的依据。

当前,应对权宜不公平的主要办法是不断明确关系尺度。包括保护概念的争执,如真实性概念,保护模式的批判,如旧城改造模式等。但是在多元价值离散的前提下,诸多争议难以达成有效共识,如同南京老城南保护中的分歧一样,异议始终存在,共识难以达成。

因此,要继续深化城镇文化遗产保护行动,应对文化遗产保护与城市化发展转型的新局面,其重点不应是纠结多元价值观念下的权宜的尺度,而是应建立科学、公平的权宜模式,使得多元价值观念能够在公平的博弈环境和均衡的发展逻辑中协同,"权宜"具有普遍共识的尺度。

10.1.2 反思二:脱嵌

中国城镇文化遗产的保护是从基点到范式的"突进"过程。这一过程中,保护的观念和形态被拉裂为离散碎片。

一方面,基于中国传统文化内涵和社会基点的价值理念和物质形态,被甩在城镇文化遗产保护的主导路径之外,处于边缘游离状态。随着城市化的快速发展,被游离的碎片日益增多、累积重构,导致了非规范路径的形成。

另一方面,在主导路径内的不同价值形态,也彼此缺乏有效的整合机制,保护与发展的矛盾趋向于痼疾。中国城镇文化遗产保护衍化路径的价值离散和政府统合特征,使得多元价值的内涵常处于被曲解的状态。如以"拆旧"和"仿古"为核心的"重建古城"行动,被视为推动文化产业发展,实现城市化发展转型的有效方法而广泛展开。

由此,保护从文化基因和社会基点中脱离。不同的价值和形态组合形成不同的保护路径,且未被纳入保护路径的价值碎片,也在不断尝试各种突破的可能。然而,各种不同的价值形态未必是以范式为其终点,即使是趋向范式的不同价值,也未必按线性的路径衍化。因而,以范式理念涵化基点形态的发展逻辑,造成了保护运行的多元价值断裂趋势。

脱嵌,使得保护行为的合法性与合理性薄弱且广受诘难。范式理念只有通过保护成效才能发挥其濡化效应。然而,一方面,保护成效在多元价值观下,具有不同的评判标准。另一方面,保护成效的负效应,激发离散或相对价值理念的反向运动,进一步削弱范式发展逻辑的合理性。

保护范式,不应是独立于社会与文化的人为建构结果,而应是社会与文化的从属构成。从中外城镇文化遗产保护的历程看,保护概念均是从社会背景(文化兴国、人性身份)中发生的。中国的保护概念是在"文化兴国"的社会思潮下,被借以实现民族复兴的工具。而西方的保护概念则是在"神权至上"的社会环境中,被用以证明"人性"身份的工具。

当前,城镇文化遗产保护路径关注于搭建公众参与平台以教育大众,提高大众对文化遗产保护的意识。然而,公众参与平台的搭建是试图通过多元价值之间的合作性博弈获得保护的全面共识,进而实现价值的整合。然而,中国城镇文化遗产保护的价值处于离散状态,各项价值及其具体尺度具有相对分裂的合理性基础,故而,价值博弈不但难以带来整合,而且易激发不合作博弈的结果,更难以缓解价值分歧的扩大。

因而,"嵌入"社会与文化,而不是搭建价值博弈平台,是应对城镇文化遗产保护多元价值离散和达成成效共识的根本途径。只有"嵌入",保护行为才能重建其合理性和合法性基础,从而避免离散价值的反向作用,造成保护行为自身的危机。

10.1.3 反思三:涵化

中国城镇文化遗产从基点到范式的过程是一种涵化的运动模式。涵化,意味着发展与变化,不仅会导致社会文化层面上的巨变,而且会引起社会的分化,产生群体压力和障碍。

涵化导致的群体压力,常会激发传统社会文化的反向运动。保护概念在中国发生于"西学东渐"的民族危机时期,具有两种文化不对等状态的、半强制性的涵化性质。故而,中国传统社会与文化的影响群体在民族危机的社会背景下,尚可以"文化复兴"的方式自愿选择和承受涵化压力,获得"熔炉"的发展共识。而在进入后工业化时期的和平与繁荣时期,生存需求降低,自我实现的意识提升,涵化过程开始趋向政府的强制和单方面变化,从而导致"压力锅"效应。

在中国的社会文化背景中,涵化过程是非线性的变迁过程。涵化有同化、湮灭和融合三种结果。从基点到范式的完全过程,是以同化为目标的涵化模式,它意味着一种完全的接纳模式。从印度佛教的中国传播模式可见,中国文化虽然具有一定的灵活性,可以接受外来文化,但是具有强化濡化力量的传统文化并不接受完全的外来模式,而是会对外来部分加以改变以实现文化融合。这意味着在涵化初期,可以较少的压力获得较快的变化,涵化行为具有普遍合理性。而在涵化到一定阶段以后,变化受到的阻力将以几何倍数增加,传统社会文化的反向运动开始异化涵化行为的成效,即同化是不可能实现的目标。

中国城镇文化遗产保护无疑正处于更高一级的发展阶段。外植的保护概念已经基本达成共识,传统文化社会的反向作用也已经造成价值离散的客观局面。因而,当前的城镇文化遗产保护所面对的主要问题已经从普及保护观念、建立保护体制,转向整合价值理念、创新保护方法的新时期。

"观乎人文,以化成天下"是中国古代思想中,对于不同价值整合的基本观点。价值的整合,不是简单由经济活动和政治范式所决定的,而是依赖于世界观与价值观的持续传承——濡化。

保护的行为本质属于濡化而非涵化的过程。濡化不但是群体生存和延续的方法和手段,而且是群体身份和民族认同的过程。城镇文化遗产是传统文化的外化形式,文化遗产的保护是文化濡化过程的行动之一,也是与涵化过程相对的反向运动。故而,基于濡化目标的保护行为与立足涵化的发展目标存在不可调和的矛盾,始终是30年中国历史文化名城保护的痼疾。

濡化、涵化的相对过程是社会无意识和社会有意识之间交流、整合的均衡变迁过程,也是包括遗产保护在内的公共行为获得社会共识的渐进行为。在两相均衡的运动过程中,才能形成新的文化形态。

中国城镇文化遗产的保护非常重视涵化过程,而忽略了濡化的作用。如试图通过对遗产资源的现代产业化包装来适应新形势下的发展需求,但却无视了遗产资源的社会认同价值。再如用"教条的"理念来诠释保护的尺度和标准来批判和教育民众自发的保护意识。

因而,中国的城镇文化遗产保护,应改变过度重视涵化过程和教条于涵化结果的非均衡局面。应立足于文化遗产的濡化本质,建立公平的、均衡的社会文化变迁环境,达成新社会环境中的文化共识,重塑保护行为的合理性基础。

10.2 混沌范式的初构

10.2.1 城镇文化遗产保护的目标态

城镇文化遗产保护的系统运动是一种以"文化→社会"和"社会→文化"为吸引子的混沌运动。从吸引子的运动模式来看,"文化→社会"和"社会→文化"的结构中蕴含两种运动状态:

"社会→文化"的过程是一种降维收敛运动。经济、政治、社会等因素在向文化反馈的过程中发生信息损失,将在社会实践中产生的新的集体有意识转化为集体无意识的组成成分。

"文化→社会"的过程则是一种分维扩张运动。变化了的经济、政治、社会等因素再度加入运动,将部分集体无意识转化为集体有意识,并产生新的集体意识,进行社会实践。

因此,整个文化遗产保护的目标态是一种过程,假设 t 时刻的文化结构赋予文化遗产的价值量是 N_t,经过社会实践过程的消解和强化,形成价值变量 ΔN,最终在 $t+1$ 时刻实现价值量 N_{t+1}。

由此可得
$$N_{t+1} = N_t + \Delta N$$

其中,ΔN 包括了两部分内容,一部分是价值衰败量$-\Delta N$,是由多元因素累积叠加形成衰败量,它映射了对原有文化结构的消解量;另一部分是价值增量$+\Delta N$,是由价值外溢形成,它映射了对原有文化结构的强化量。文化遗产保护的目的无疑是要维护 $\Delta N \geqslant 0$,否则文化遗产将走向死亡。

10.2.1.1 目标态的模式

城镇文化遗产保护一般分为技术干预过程和管理运行过程两个阶段。技术干预过程一般包括制定保护名录、编制保护规划、确定建设方式和提出控制建议等内容;而管理运行过程则可以视为技术干预过程的衍生,包括制定管理办法、颁布管理条例、控制建设指标和监督建设行为等内容。

两个阶段的过程与系统运动的过程相叠合,形成了两种组合方式(图10-1):

一种是以社会涵化文化在"文化→社会"过程中的技术干预和在"社会→文化"过程中的管理运行,产生"推衍文化结构、控制消解信息"的目标态。

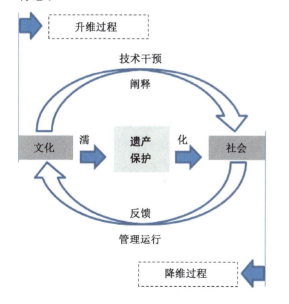
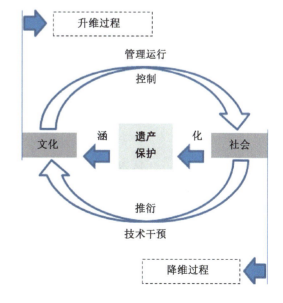

图 10-1 文化遗产保护的目标态模式:文化濡化社会模式(左)和社会涵化文化模式(右)

另一种是以文化濡化社会在"社会→文化"过程中的技术干预和在"文化→社会"过程中的管理运行,形成"阐释文化结构、反馈强化信息"的目标态。

(1) 以社会涵化文化的保护目标态——"推衍文化结构、控制消解信息"

首先,在"社会→文化"的过程中的技术干预目标——推衍文化结构。

"社会→文化"过程以文化为最终目标,但基于时间维度的视角,这一文化目标并不是指当下的或是曾经的文化结构,而是超前的、基于未来发展中的文化结构形态。由此,技术干预的重要任务就是推衍文化结构,这也是当前中国城镇文化遗产保护的主要目标状态。

该目标态的技术干预过程往往被设计为"社会→文化"相空间收敛过程。通过对社会集体意识的分析与辨识,判断社会实践中形成的集体有意识转化为集体无意识——文化结构的成分与程度,并以此指导最后的干预行动。

技术干预从当下的遗产价值量的分析开始,价值量为从文化结构得出初始价值量 N_t,如历史价值、艺术价值等,和通过公众参与、社会调查、要素推衍等方式得出的现实价值变量 ΔN_0,如经济价值、社会价值等,继而针对价值 $N_t + \Delta N_0$ 进行价值评估,通过价值关系的分析与建构,用加权推衍的方式推衍出基于发展趋势的消解与强化的价值变量 ΔN,继而得出遗产的价值量 N_{t+1}。

如相关研究中,经济导向下的文化遗产保护方法、旅游资源开发中的保护模式或者快速城市化背景下的文化遗产保护等,其基本目标是假定某种主导因素是最后转化为集体无意识的必然结果,并根据这一假设进行指导保护行为,实现发展中的保护。

其次,在"文化→社会"过程中的管理运行目标——控制消解信息。

技术干预中推衍的文化结构是属于未来的时间维度,这就表明技术干预的结果——保护行为,具有超前性、先进性,是下一个时间段内的社会文化共识。因此,管理运行的目标是维护干预成果,控制消解因素。

文化遗产的管理运行过程往往被设计成为限制"文化→社会"相空间扩大的过程。通过技术干预过程,明确城镇文化遗产的目标状态 N_{t+1},认为这一目标状态就是多种社会实践因素,如经济、文化、社会、政治等博弈达成的契约,再以法规、条例的形式将其固定下来,约束相关因素在社会实践过程中可能发生的分维行为。如通过高度控制、景观环境控制来约束现代建设对传统风貌的破坏等。

(2) 以文化濡化社会的保护目标态——"阐释文化结构、反馈涵化信息"

首先,在"文化→社会"过程中的技术干预目标——阐释文化结构。

"文化→社会"过程是以社会为目标的,这意味着文化遗产所映射的文化结构,将与经济、政治等相关因素进行博弈。因此,技术干预的目标是为社会实践中的博弈做好准备,阐释文化结构,并强化文化与社会的意识联系。

在这一目标态设计中,价值量的起点不是推衍,而是阐释。即对传统文化结构中的遗产价值进行分析,得出价值量 N_t,并通过技术手段强化遗产映射的文化结构,并加深社会对其的理解以增强文化因素在社会实践中的博弈能力,促使在社会实践中形成较多的价值增量,并尽可能地减少消解因素的作用力。也就是说,N_{t+1} 的获得并不是通过技术推衍,而是依赖于社会运行的实践过程。

其次,在"社会→文化"过程中的管理运行目标——反馈涵化信息。

由于在技术干预过程中并不进行价值推衍,因此,管理运行的目标并不是控制某一特定的目标状态,避免分维,其目标分为以下两个方面:

一方面,管理运行要监控社会集体意识转化为集体无意识的趋势,强化文化因素的博弈能力,反馈博弈过程中的价值涵化信息。并通过过程、界限和轨迹控制的方法,预防被消解信息的非自然消失。

另一方面,管理运行要顺应混沌运动的分维趋势。承认随着文化结构变化,对文化遗产的认识角度和程度以及文化遗产的界定都将发生变化。故而需界定从自发运行向自觉控制转化的临界条件,在临界条件内,保持文化遗产及其所映射文化结构之间的协同关系,确保文化遗产的持续发展。

10.2.1.2 目标态的比较

可见,上述两种目标态具有以下不同的特征(下文 A 指代以社会涵化文化的目标态模式,B 指代以文化濡化社会的目标态模式)。

从目标时态上看,两者都是以文化结构为其行动目标,但是两种文化结构并不处于同一时态,A 指向未来的文化结构,B 则强调已经形成的、在历史范畴内的文化结构。

从研究思路上看,A 是要通过未来文化结构形态判断文化形态的变化趋势,并以此指导保护行动,故而其重点在于文化的涵化研究,即文化形态发生了什么样的变化、如何变化,继而推衍出这样的变化对文化遗产保护行动的影响,并采取应对措施。B 是要通过历史文化形态的研究强化其与社会的互动关系,并以此控制社会实践中的多因子博弈行为,故而其重点在于文化的濡化研究,即文化形态如何影响社会行为、影响程度如何,继而通过实践反馈强化文化结构中的被传承信息,同时避免被消解信息的非自然消失。

从研究重点上看，由于两者的目标时态不同，因此其研究思路也有分歧。A 面对未来的文化结构形态目标，故而研究重点在于推衍预测，B 要面对的是过去的文化结构形态目标，故而着重阐释反馈。

从价值判断上看，A 因文化涵化而产生多元且不可通约的价值分歧；B 因为强调文化濡化的作用，更可能形成一种辩证的观点，如营造学社的文化遗产保护思想。

从方法手段上看，A 强调技术运用，如通过公众参与、社会调查的方式获得社会群体意识中文化涵化的变量，或者通过价值评估的方式获得保护信息等。B 则更加强调社会实践过程中的参量控制，主要指文化参量的控制，如提高社会对遗产文化价值的认识，强化文化结构的形态，通过反馈强化结构形态和避免信息损失。

从干预力度上看，A 已经推衍了目标态，故而其干预行为就是要促使文化遗产在较短时间内向未来目标的转变，实质是一种时空跨越的干预方式，故而其力度较大。B 则是强化其历史形态，控制其演化过程，是一种时空顺序的干预方式，故而其力度较小。

从价值保存上看，A 在技术分析过程中，采用了两种假设条件：一是可以对多元价值影响下的集体意识进行全面了解，以判断可能对文化结构消解与强化的成分与程度；二是可以有效预测对多因子作用结果的逻辑判断，得出转化成份与程度，并以此指导文化遗产保护行为。然而，信息不完全存在绝对性[①]和技术陷阱的可能性[②]，故而通过技术推衍得出的文化结构必然与实际社会运行中形成的文化结构不尽相同，存在对现有文化涵化的认识误差和对未来文化涵化的技术误差两种误差的存在。而 B 的过程中，文化结构是存在于历史中并已经获得公认的存在（在阐释过程中的误差与 B 相同），其后在社会实践中的强化和消解是一种时空演化过程，与系统运动保持一致，是文化演化的历史过程。故而相较之下，B 比 A 的价值保存量高。

从管理方式上看，A 是一种与时间维度无关的静态控制模式，B 则强

[①] 任何一种公众参与和价值博弈，都是在有限数量范畴内的统计结果或者博弈结果。由此，这一结果的局限性在标本选择的过程中就已经被确定下来。如在历史文化街区的调研中，街区内部的居民在收入、文化、年龄等各个方面多处于社会边缘地位，故而其价值取向往往以自身条件的改善为首，对这一人群的统计结果并不能代表文化遗产的更广泛拥有者——公众的意见；而公众的意见，却更可能因为信息不完全和话语权大小，如对街区本身的了解程度和关注程度而产生差异。由此，统计出来的结果并不意味着文化价值、社会价值、经济价值之间的博弈结果，而更多是认知能力、话语权或信息资源量之间的博弈结果。既然信息不完全是绝对的存在，那么对集体意识了解和判定的不完全性必然存在。

[②] 混沌运动是一种有限空间内的无限分维性运动，空间内的两个不同初始值的点的运动轨迹将在一定时间后以指数分离。这意味着文化遗产保护的目标态并非稳定有序，在不同因子的不同相互作用下，将基于初始值产生不同的路径。因此，通过价值评估所获得的结果，只能是文化遗产保护趋向于目标态的一部分，而不能穷尽全部的发展可能。而价值赋权中的判断，更可能陷入技术降维陷阱。

烈依赖于时间序列,是一种动态管理模式。

从管理成效上看,系统运动的混沌特性决定了社会实践过程中的必然分维,而A的静态控制是历史时态中的博弈结果,它映射了这一时间段内的多维因素结构。随着后继时态的因子变化,多维因素所构成的结构也在发生相应的变化,进而导致系统运动状态的变化。于是,之前的契约就成为阻止系统运动变化的周期点,其低维效应很快转化为运动周期效应,导致系统运动的总体升维,形成"道高一尺、魔高一丈"的局面。更为严重的可能是契约和运动的矛盾冲突引发文化遗产保护合法性与合理性的消失。B是建立在时间维度上的周期反馈模式,因而与系统运动具有较好的协调性。根据混沌运动中微小差异产生重大变化的特性,参数调整可能获得与静态控制相等的行为结果。故而B比A的管理成效更高。

从控制力量上看,A由于是通过契约方式进行静态控制,故而更加依赖于政府的力量,社会的力量是作为政府主导下的补充成分,政府显性、社会隐性。B则不然,社会是博弈的平台和主体,故而社会的力量是第一位的力量,而政府则是进行参量控制和避免非自然损失,作用是对社会运作的结果进行调整,故而是第二级力量,社会显性、政府隐性。

从两种目标态的局限性来看,A面临的最大问题是技术陷阱,而这样的陷阱是难以避免的,这就导致文化遗产保护行为的试错行为不可避免。而文化遗产自身是一种不可再生资源,试错损失会直接形成严重后果。B可以避免技术性试错的危机,但也相应的产生了风险危机,即整个混沌运动中的无序成分对文化遗产的价值消解。如果消解累积,后果依然不容乐观。

从两种目标态的适用性来看,A以一种稳定的状态维护被主体认识到的遗产价值,具有一定的稳定性,适用于快速变化局面下的失衡、无序状态,尤其是因社会对文化的涵化作用快于文化自身演化的速率,如战争、快速城市化等因素导致传统文化结构的快速破坏,导致文化遗产失去社会基础而产生生存危机。B以一种动态的状态监控并反馈遗产价值的变化,具有一定的动态性,适用于稳定、有序的状态。这一动态性的存在是以系统的稳定化有序结构为前提,即文化结构对社会的濡化作用大于社会对文化结构的涵化作用时,文化遗产因传统文化结构获得社会共识而被广泛维护。

10.2.1.3 目标态的选择

从以上分析看,两种不同的目标态各有侧重,且各有优劣(表10-1)。当前的城镇文化遗产保护一般采用"推衍文化结构、控制消解信息"的社会涵化文化模式,这一模式无疑在中国社会从原有均衡状态向远离平衡态的发展过程中起到了不可磨灭的作用。

表 10-1　两种文化遗产保护目标态比较一览表

比较项 \ 目标态	社会涵化文化	文化濡化社会
目标时态	未来态	历史态
研究思路	文化涵化	文化濡化
研究重点	推衍预测	阐释反馈
价值判断	多元分歧	相对一致
方法手段	技术分析	参量控制
干预力度	高	低
价值保存	低	高
管理方式	静态控制	动态管理
管理成效	低	高
控制力量	政府显性、社会隐性	社会显性、政府隐性
局限性	技术陷阱	风险危机
适用性	涵化作用＞濡化作用 非均衡、无序状态	濡化作用＞涵化作用 均衡、有序状态

濡化是保护行为的本质属性。总结城镇文化遗产保护的经验，并结合混沌运动有序和无序相结合的特点，表明"阐释文化结构、反馈涵化信息"的文化濡化社会模式，与保护的行为规律相一致。由此，确定现阶段文化遗产保护的发展是在"推衍文化结构、控制消解信息"方式的基础上，建构"阐释文化结构、反馈涵化信息"模式，并逐渐向以"阐释文化结构、反馈涵化信息"为目标态的濡化模式转化。

需要特别说明的是当前文化遗产保护中最有代表性的言论：现代生活方式改变了原有的生活形态，故而历史街区、文物古迹或历史建筑的保护必须在现代生活的方式下进行改变。如引入现代化的上下水系统，拓宽道路适应车行社会的交通需要。

不能否认此言论在当下的正确性，但是当我们在思考城市发展模式转型的时候，却发现了传统生活模式对于现代生活模式的批判和一种生态方式的提议。毫无疑问，相较之下，传统的生活模式具有无可辩驳的生态特性。

虽然从传统到现代的生活方式转变是一种不可逆的过程，再讨论回到传统的生活方式已经不具有现实的可能性，但是传统的生活方式无疑为基于生态的城市建设和生活方式转变提供了一种思想范式。如果以此为吸引，可能为现代城市建设的生态转型提供思想的实证。由此，之前基于高速经济发展模式下的文化遗产保护方向无疑是值得商榷的。基于文化遗产是一种不可再生资源,保守的保护方法应该更适合资源特性。

故而,没有一种信息可以被视为废弃的或者该淘汰的,运行数千年的建构模式可以改变,但是如果这一模式背后涉及某种文化的思想结构,那么对于它的涵化可能,需要依赖于时间验证,而不能简单以民生处之。故而,文化濡化而不是社会涵化才是城镇文化遗产保护的最终目标态。

10.2.2 城镇文化遗产保护的结构式

基于文化遗产保护系统的混沌运动模式和濡化保护目标态,城镇文化遗产保护形成时空二维控制和保护系统分形两大结构式。二维控制结构主要是针对运行阶段以反馈涵化信息,系统分形结构主要针对技术阶段以制定濡化措施。因两者是不可分的整体过程,故而亦相互作用。

10.2.2.1 技术架构——分形动力结构

分形通常被定义为"一个粗糙或零碎的几何形状,可以分成数个部分,且每一部分都(至少近似地)是整体缩小后的形状"①,即具有自相似的性质,分为精确自相似性、半自相似性和统计自相似性等表现类型,即文化遗产保护系统也具有标度转换下的自相似性。由此,如果承认文化遗产自身就是一种系统(如与环境密切相关),而不是独立存在的古迹(如可以被保护在博物馆里的构建),那么对于这个系统而言,最为重要的不是单个个体,而是文化遗产系统整体以及局部要素所共享的、具有自相似特性的分形结构。

分形动力结构主要指在文化遗产的编制研究过程中,按系统分形结构明确保护对象、制定保护措施等文化濡化技术,强化文化与社会意识的联系。分形动力结构主要是针对技术阶段,包括系统关系的真实性、系统结构的完整性和系统运动的延续性三个部分。其中:真实性是保证文化遗产系统的权威性,是濡化社会和遗产外溢得以产生的前提;完整性是通过自相似重复,强化文化遗产的濡化成效,促使遗产外溢的催化部分;而延续性则是关注文化遗产保护的再生性,这是文化遗产保护运动的终极目标。三者共同构成文化遗产保护运动的系统分形结构。如果从动力学角度来看,系统关系的真实性是一种动力,系统结构的完整性构成运动方向,而系统运动的延续性则是运动的成效。

(1) 运动动力——系统关系的真实性

在系统运动下实现的文化遗产保护更为强调系统关系的真实性,即

---

① Mandelbrot B B. How long is the coast of Britain? Statistical selfsimilarity and fractional dimension, Science, 1967, 155:636-638.

系统所构成的全部要素及其关联模式的真实性。

首先是时空环境的关系中的文化遗产系统真实。以南京为例,将民国首都建设中的要素构成系统与传统南京城市的要素系统进行时间与空间上的对比,可以发现集聚空间的相对分离和联系空间的相互依赖。表明民国文化遗产系统在时间和空间维度上依赖于传统城市的资源分配结构,故而对民国文化遗产的保护不能脱离传统明清城市框架而进行,一方面,两者应当统一而不是分别保护,另一方面必须保持两者的时空关系网络,任何使用现代思想构筑的空间联系方式,都不应混淆或者弱化曾有的结构系统。

其次是文化遗产系统框架下的结构体系真实。以大运河为例,作为一个巨系统的文化遗产包含了巨大的历史信息。这些历史信息之间并不是一种整体的并列关系,而是在特定"吸引子"组织下的特殊结构。故而对于大运河文化遗产的保护,首先应当厘清诸多关系的结构体系和衍生关系,并保护和延续这一结构体系。一方面,对各要素系统结构进行价值阐释,并以此判定保护的对象与重点;另一方面,对结构体系的阐释不应受到现有空间组织模式的干扰,其真实性不可改变。

最后是文化遗产系统要素的构成模式真实。如传统建筑与其结构、油饰彩画、屋顶、地面等内在因素的关系真实,包括采光、通风、湿度等自然关系,还包括人口规模、居民成分、街区组织等社会关系,以及材料、工艺、功能、风貌等建设关系和地理区位、人文特征等心理意向。如此产生的文化遗产系统将难以成为独立的内在系统,内在系统的保持将依赖于外部要素的存在,而外部要素将涉及更为广泛的系统空间,不仅是景观、功能,还包括心理和社会的真实性维护。

综上,所谓系统关系的真实性,在更重要的意义上指文化遗产的保护并不是某种空间或者时间界限内的要素维护,而是基于某种意识形态或者价值主题下的结构关系真实。任何设计与干预都应强化而不是异化、割裂甚至扭曲文化遗产保护的系统结构。

现行保护规划设计中,常常使用"织补"概念来组织、重构城镇文化遗产的网络系统。在系统关系的真实性原则下,"织补"应被界定为历史网络的"织补",而不是基于现有绿化、道路、公园体系,甚至城市结构空间的重构式"织补"。重构式"织补"的实质是一种推衍式的网络建构,最终将扭曲和异化传统的文化结构,带来遗产的价值损失。

这一真实保存的目的并不是将其与周围环境的发展相脱离,而是将其在环境中的发展建立在时间维度之上。通过表明文化遗产的时间厚度与空间密度,建立历史观念的权威性,不但可以实现文化遗产保护行动,而且还可以强化文化的濡化功能。

（2）运动方向——系统结构的完整性

对于系统的分形结构而言，最困难便是作为数学意义上一种基于不断迭代的方程式，即一种基于递归的反馈系统，如何能够应用于复杂的人类社会系统？或者简单点说，在"分形维数"一般会大于"拓扑维数"的情况下，文化遗产保护的分形结构将是难以判断的。这对于推衍性的保护而言是致命的硬伤，但却为阐释性保护提供了新的视角，意味着在完整原则下的最大模糊标准。

首先，文化遗产要素内容的最大完整性，指具有相同价值基础或者共同思想涵构的全部内容应纳入文化遗产的考察范围。如营造学社的研究范围一般立足于传统建筑，却不局限于传统建筑，以"全部文化史"的眼光，推而极之。就分形而言，意味着在无法区分基本分形结构的前提下，保留最大的可能结构。它意味着双向的运动，一方面是基于系统自身内涵的价值定位及其内容辨识，另一方面则是基于环境赋予的外在价值定位及其内容辨识。

其次，文化遗产系统相关因素的完整性。对于混沌运动而言，没有任何子系统可以独立于其他而存在，相关因素的变化也将最终影响到文化遗产系统的真实性。故而相关因素不可忽略，如蝴蝶泉的"泉、蝶、树"，泉的存在需要相应的水系支撑，蝶则依赖于相适应的生态环境。如果这两个相关联系统受损，则泉成一潭死水，蝶亦渐飞渐远。更如英国的哈德良长城保护，除了其本体之外，还依赖于其周边土地的农牧业发展。如果农牧业凋零，那么哈德良长城所在人文与自然景观也将发生巨大的变化，从而对哈德良长城保护构成严重打击。

最后，文化遗产系统结构层次的完整性。混沌系统对微小差异的敏感表明，在文化遗产保护系统之中，没有任何"细枝末节"应被忽略。除了具有代表性意义的文化遗产价值系统，在较小标度下的遗产要素，如巷道的曲折、砖砌的缝隙，甚至微地形的起伏，都或多或少的意味着某种分形结构的段落。如南京的螺丝转弯，其名映射了巷道的屈曲，表达了曲径通幽之意境。随着城市建设将其变为通衢，纵然保留其名用以怀古，却再也无法激起感受上的共鸣。这不但意味着结构细部的消失和完整性的破坏，更意味着文化对社会的濡化作用被社会涵化所取代，文化权威性的损害，达成价值共识的难度增加。

由此，所谓的系统结构完整性，与完整性原则的定义基本一致，指"要素和属性之间以及与其构成整体之间的互动关系"。系统结构的完整性表明从各种不同的系统到系统之间的关系，都是完整性所面对的内涵。它通过多层次的相似结构，强化濡化效应。

同样，完整性原则虽然意味着"应保尽保"，但并不意味着依赖于政府的高额保护成本。一方面,完整性保护是贯彻、实现和强化濡化作用的最直接工具,故而对于细微结构的保护完全可以托付给拥有相应文化意识的社会群体,为培育社会团体的保护参与提供实践平台,形成多元化的保护格局。另一方面,拥有相应文化意识的社会群体对细微结构的自发性嬗变是被允许和鼓励的,其将成为文化涵化的重要反馈信息,以判定系统整体的变化可能,为系统运动的延续提供最小代价的试错平台。

(3) 运动成效——系统运动的延续性

系统运动的延续性是建立在真实性与完整性的基础之上,要求系统本体运行的延续性以及由此带来的遗产外溢的再生性。系统运动的延续性并不只局限于生活的延续性,它所映射的是文化延续性,包括濡化和涵化的全部内容。

要保证系统运行的延续性,除了在前文已经分析过文化遗产外溢的条件——时间、文化、真实以及完整之外,以下条件更为重要。

首先,标度转换下的结构一致性。干预必须在真实、完整的条件中进行,不能破坏系统原有的构成连续性与相似性。时间或空间上的断裂,将导致遗产外溢可能的丧失,如道路对传统历史街区的割裂。标度转换下的结构一致性,则可以保证干预的成果最终能被纳入整体文化遗产保护运动之中,促使外溢机制的发生,并延续其运动稳定。

其次,文化遗产保护的系统运动范畴。在系统运动范围内才能产生外溢,如1953年种植的梧桐树被视为具有历史意义的遗产,这表明遗产在其真实结构上的再生,较之用文化涵化的方式进行复兴,更接近于文化遗产的本质。

可见,保证系统运动的延续性,很大程度上可以通过促使文化遗产结构的自发再生,而不是在文化涵化下的经济复兴来解决。如果这种可能性存在,那么这无疑是比推演预测式的复兴更具有保护意义。

10.2.2.2 运行架构——二维控制结构

二维控制结构是指在城镇文化遗产保护运行中不但控制空间形态,而且加入时间参量,将文化遗产保护行为带来的空间形态变化嵌入时间维度序列,形成长期、有序的行为模式(图10-2)。二维控制结构主要是针对运行阶段的控制结构。面对分维运动模式,通过干预落实濡化措施,通过运行反馈涵化信息。具体包括阐释式的编制研究、渐进式的建设实施、监控式的管理控制和动态式的反馈评估四个部分。

(1) 阐释式的编制研究

将时间参量嵌入空间变化的过程从规划编制研究的重心转变开始。城镇文化遗产编制研究可分为两个部分:一是阐释部分,对于文化遗产本体及其映射文化结构的阐释,如遗产价值评估、划定保护范围、制定保护

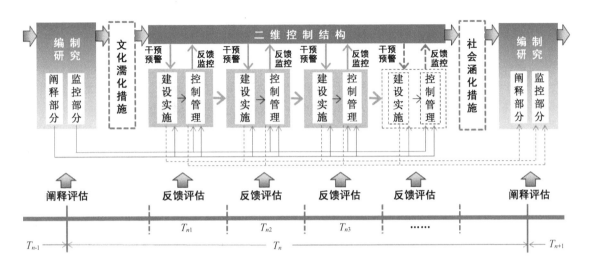

图 10-2 基于时间维度的城镇文化遗产保护二维控制结构示意图

措施等;二是监控部分,对于文化遗产价值的可能发展趋势及其可适性转变的分析和预判,如交通、市政、功能等的再利用。然后是基于第二部分结果,对于相关规划管理和建设实施模式的控制、引导和建议。

首先,将文化遗产本体及其映射文化结构的阐释,即阐释部分,作为规划的重点和与建设实施、管理衔接的起点。通过对文化结构的分析,建立起文化遗产及其形成、发展及嬗变的价值体系和关联系统。利用设计手法阐释并强化这一价值体系和关联系统的空间形态结构,并指导建设过程。

其次,监控部分作为阐释部分建设实施完成以后,在规划管理过程中的引导和预警性参照部分,应提出具有关键性意义的参考指标,划分指标等级并制定相应对策。随着规划管理时序的展开和文化遗产保护实践成效的反馈,进行调整、完善和落实。

由此,文化遗产的涵化过程可能被交给社会而不是技术过程,以避免观念中的潜意识破坏。

(2) 渐进式的建设实施

建设实施过程中的时间参量加入,意味着该过程类似小规模、渐进式的实施模式。整个实施建设过程包括两个过程:一是在一定时间段落内,通过循序渐进的方式完成空间形态建设,这是在有限时间段内可以完成的保护行为;二是通过时间段落中的实践成效反馈进行校验并调整实施方案,确认遗产外溢,避免消解部分的非自然衰败,这将是一个长期、持续的保护行为。

应当说,以上的实施方式与小规模渐进式更新是极为相似的,在阻止物质性衰退的同时,避免激烈变化导致的文脉断裂,在嬗变过程中,通过时间参量的控制,保持文脉—文化心理的连续性。其中最大的不同在于通过建设规模指标的控制,而不仅是建设周期的设计,来实现循序渐进的过程。

较之小规模渐进式更新,进行建设规模的控制,意味着文化遗产保护的实施,将不适用于现有土地市场交易中的土地开发环节,更趋于依赖社会力量来回避小规模渐进式更新与土地使用制度的冲突。与此同时,可以利用文化遗产保护的契机,通过对社会力量的整合和梳理,或通过社会内在整合机制,循序调整现有的街区社会结构,避免结构性衰退的同时保持社会结构的相对性稳定。

（3）监控式的管理控制

城镇文化遗产保护管理控制一般是以法律法规的方式展开。这一规范行为方式的管理措施与社会实践中的分维趋势会产生不可避免的冲突。管理控制措施中加入时间参量,即意味着依据混沌运动的基本特性,以用建设参量的方式监督行为结果为主,而不是完全依赖于法律法规的方式控制行为过程。由此,整个管理控制被分为监督引导、法规控制两部分,监督引导指未达临界条件的管理模式,法规控制则是在临界到达后的管理模式。

建设监督引导主要指将时间维度纳入空间控制指标中,如依据涵化反馈信息确定一定时间段落中的建设指标、建设对象、建设技术等,对空间建设方面进行动态限定。除了物质空间的控制之外,还包括具有针对性的社会文化引导性措施,如对依据发展影响分析中危机部分进行宣传、活动、教育等多样性政府组织行为,颁布对民间自发行为,尤其是应对发展危机的保护行为进行鼓励和引导的措施等。通过强化文化对社会的濡化作用,建立文化遗产保护的社会约束机制。

建设参量控制的建立并不意味着契约管理模式—法规制度模式的失效,从某种程度上说,它更意味着对实质合法性的建构和保障。尤其是对于公众参与机制而言,时间序列的加入意味着文化遗产保护信息不只局限于规划公示的阶段,而是趋向包括公示、实施、运行的完全信息供给,使得公众的意志可以在时间维度上得到完全表达,而不是集中爆发于实施过程之中。此外,对于消解因素的非自然衰败情况,依然需要依赖于法规制度的保障。

当然,时间序列的加入也对制度建构提出符合系统运动客观性的要求。一方面,它要求制度的确定必须符合文化遗产保护运动的分维规律,以获得其正当性;另一方面,要求制度必须建构在运动的普适性和规律性基础之上,以实现其权威性。由此,制度保护更多意义上是对行为结果的限定,而不是对行为模式的限定,即行为结果必须在一定的相空间之内,而行为模式（运动轨道）可以多样存在。

这意味着并不是所有的建设行为都必须在监控状态之中,通过参量的控制保证建设行为的运动轨迹局限于某一特定空间之内,对超过相空间范围的行为进行制度约束,类似于"出礼入刑"的传统法律思想。

(4) 动态式的反馈评估

在控制管理中加入时间参量,意味着监控反馈机制的建立。这与文化遗产地的监测相类似,即利用多种科技手段对文化遗产的价值载体及其相关因素进行周期性、系统性和科学性的观测、记录和分析,掌握文化遗产价值载体的动态变化情况和其面临的风险,并为制定相应的风险防范措施提供决策依据。

世界遗产监测早期是作为一种技术性过程,近期开始进入决策领域。2002 年,World Heritage Series No. 10—Monitoring World Heritage 总结了自 1980 年代以来的实际遗产监测经验。以 WPCA 的管理成效评估框架为例,建立了以输入(Input)→运行(Process)→输出(Output)为核心,包括文脉、规划、输入、过程、输出、结果六个步骤的监控反馈机制(图 10-3)。

与主要针对风险进行的文物类型遗产保护不同,对于城镇文化遗产而言,监控不仅意味着风险控制,还用以确认文化涵化的内容与程度。在一定时间段落内,将文化遗产保护系统的嬗变信息累积分析(除了物质形态外,还包括社会结构、舆论趋势、文化涵化等内容),判断涵化部分推衍预测的准确性与误差率,分析多元因素参与的社会实践博弈对既有文化

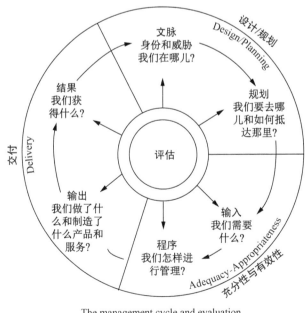

图 10-3 WPCA 的管理成效评估框架
资料来源:联合国教科文组织世界遗产中心

结构的强化和消解因素,如建立评估体系反馈规划编制研究过程并再次进行阐释。也就是说城镇文化遗产的保护认可产生自发性的变化,并接受随着文化涵化而产生的文化遗产嬗变。由此,城镇文化遗产是一个不断发展的过程,而不是停滞于某一历史阶段的静态凝聚。

　　文化遗产保护监控反馈制度的建立,一方面可以监督实施建设的建设规模控制成效,另一方面可以实现时间序列上的动态反馈和预警。而现有数字技术的发展,如 VR-GIS 数字化信息和管理系统等高新技术手段,也为管理机制中监控反馈机制的建立提供了保障。

11 路径优化的技术措施

11.1 技术路径的优化

11.1.1 技术路径的优化目标

价值离散是"后发外生"背景下的中国城镇文化遗产保护全部问题产生的根源。从技术角度看,价值离散导致正式制度中保护与发展的尺度争议,以及非正式制度中本土文化原型与西方保护范式之间的争议。从运行角度看,价值离散使得城镇文化遗产保护的运行制度不得不以保护成效为合理性基础,保护成效与正式制度变迁速率差异导致的时差,不但使正式制度合理性基础丧失,而且产生了多维博弈的困境。

城镇文化遗产保护是一种系统混沌运动。要实现对城镇文化遗产保护技术体系的优化,就必须实现对系统性特征的准确把握。系统概念本身包括两个方面的内容:一是纵向的要素构成;二是横向的要素之间和要素与整体及环境之间的关系。要素形成系统的内容,关系形成系统的结构。相同要素构成在不同的关系构成中,形成不同特性的系统。以文明模式为例,世界上不同的文明模式,在人类、环境、技术等构成要素及其内生规律方面具有普遍的相似性,但在各类要素的构成关系、比重方面却截然不同。文明各要素的不同组合作用方式决定了文明合力的大小、性质与方向,进而决定了文明路径的差异。因而,对于系统特性的判断,不仅要从共性的要素出发,更应对特性关系进行考察。

"关系"即价值,指各种自然物体的普遍性规定和一般本质,"关系"的认知即价值的认定,是主体与客体需求之间的价值联系。价值最初来源于特殊的物质系统——耗散结构的有序化运动,"有序化能量"是最原始意义上的"价值"。随着人类的不断进化,"有序化能量"进一步发展成为"广义的有序化能量",才逐渐成为真正人类意义上的价值。可见,价值自身就意味着系统,意味着结构。由此,对于城镇文化遗产系统,最终是文化内核的"群体"本位、"生生"结构之于遗产的关系网络,即遗产价值。

遗产,是价值的产物,也是保护的前提和目标。从李格尔初次建立现代遗产的价值体系起,整个遗产的价值就被分为两大部分:本体价值和资源价值。

本体价值指遗产在历史发展过程中形成的固有价值。它凝固于历史的时间与空间之中，不随后世的社会、经济、文化环境的改变而变化，只会被不断认识和阐释，是属于历史范畴的文化价值。它决定了遗产的定义、内涵与范畴，是决定是否是城镇文化遗产的基本条件。

资源价值指遗产在现代社会、经济、文化中被赋予的价值。它因所具有的、被认识到的固有价值，而被赋予具有现代或未来意义上的实用价值。资源价值随着社会、经济、文化等诸多要素的变化而变化。它决定了遗产的涵化、延续和嬗变，是决定城镇文化遗产发展演化的基本条件。

两种类型的价值对应文化遗产保护运动中由"文化""社会"构成的吸引子结构，本体价值是稳定的、缓变的，资源价值是动态的、急变的，两者共同构成城镇文化遗产保护运动的稳定性因素。

基于以上分析，确立城镇文化遗产保护路径的优化目标是：建立以文化价值为基础，立足濡化本质的系统性保护体系。

11.1.2 技术路径的优化对策

综上所述，在文化内核的基础上，建立长期的文化遗产保护模式，意味着基于遗产双重价值基础上的技术体系。包括以下具体措施：

(1) 改变"类型"式的资源梳理局限，建立基于本体价值体系的遗产框架

遗产的价值源自历史范畴，这是毋庸置疑的。资源价值的赋予，是本体价值的现代衍生。故而从遗产产生的源头——本体价值来进行梳理，建立价值体系的平台，确立价值的历史脉络，以此为线索界定遗产的时间与空间边界，认识相同价值主题下的遗产类型集合。

"价值"式的资源遴选方式在"类型"式的基础上，加入了本体价值的参量，通过"文化"将时间与空间联系起来，同时形成了一种开放式的框架体系。即任何被认识到具有相似价值的要素，不论是物质的还是非物质的，都是城镇文化遗产的组成部分。

从这个意义上说，本体价值意味着城镇文化遗产的遴选标准和原则。标准和原则是不变的，由此衍生出的遗产类型可以是多样的，从而避免受类型局限导致的遗产疏漏。

(2) 优化"底线"式的保护对策方法，建构基于文化濡化目标的保护措施

文化遗产本体及其环境保护的目的，固然是因为其具有资源的价值，但是更为根本的是作为身份标识的意义。身份标识意味着独有的文化，区分他人并强化共识。因而，"底线"式保护，不单是要保护遗产的本体及其环境，更要保护遗产所象征的身份标识——文化内涵。这意味着保护

不单是"真实性"下的技术行为,也是具有目标性的理性行为,其行为的目标是实现并强化身份标识,即文化濡化。

"濡化"式保护较之"底线"式保护,加入了文化的目标参量。这意味着保护的方式不再是一种应对危机的防守,而是以文化濡化社会、滋生价值增量的强化过程。这是对"底线"式保护的补充和完善,克服防守型保护模式造成的系统断裂。在最大化价值信息量的同时,通过"濡化"衍生、发展城镇文化遗产保护系统,并期望以此为前提,实现两种城市范式的融合。

由此,"濡化"既是一种手段,也是一种原则,它以其本体价值的实现为预设目标,代言文化参与社会多元价值的博弈,从而获得本体及其文化的延续。"濡化"式保护的结果是一种对未来的承诺,而非是最终的解答。未来的承诺是具有弹性的,它可以随新资讯的出现(或是客观情况的改变)而勾绘出具体的答案。

(3)优化"控制"式的遗产管理方法,建构基于资源价值监控的管理模式

文化虽相对稳定,但却持续变化。遗产保护的目标是身份而不是历史的标识。故而,保护与发展都必须重视。

文化遗产的发展可能是其所具有的资源价值。这一价值源自本体,并蕴含了与现实发展相协同的趋势,是现代观念对本体价值的资源化阐释。因而,资源价值与本体价值并不一致,它们是属于同一遗产,但与本体价值相似或迥异的价值属性。

故而,资源价值的发挥,势必改变本体价值体系的结构关系。遗产多种属性之间价值的传递可能是正向的,也可能是负向的。即某一非文化属性的发挥,未必带来文化属性的增强,甚至可能削弱文化属性的被认知程度。如丽江古城,过度的商业发展已经将纳西的文化扭曲为表演、嬉戏和娱乐,而不是生活、信仰和民俗。当这样的改变强化了身份的标识,获得广泛共识,则意味着延续和传承,反之,则意味断裂,不单是遗产的断裂,更是文化的断裂。

身份的形成,并不是基于某种理想的"蓝图",而是基于具有相同身份人群的普遍共识。因而,城镇文化遗产的发展,应由相关利益群体决定。在西方的城镇文化遗产保护中,相关利益群体的决定是通过让渡决策权利,以公众参与的方式实现的。

在上文中,已经提及公众参与在中国的异化,以及中国城镇文化遗产保护博弈形态的特殊性。并且,从公众参与的发源地美国的实践来看,这一模式所消耗的大量社会、经济成本,与获得结果的权威性、特异性、代表性未必对应。尤其在具有广泛人口基数和多元人文背景的中国,大规模

地通过公众参与进行保护决策,是不现实的举措。

基于强政府、弱社会的前提,更为合理的方式是利用政府的规划管理系统,让渡部分营建权利,而不是决策权利。通过对包括公众参与在内的多元发展因素进行综合分析,以保护遗产的本体价值体系为基本原则,依据发展趋势强化符合基本价值体系的外溢的发展因素,抑制不符合基本价值体系的发展因素。

"监控"式保护较之"博弈"式保护具有更大的弹性,是过程性而非目标性的保护模式。顺应混沌运动无限解的基本特性的同时,通过参量的控制,将运动"解"限定在有限的相空间内,"濡化"的同时实现"涵化"发展。

由此,"监控"式保护是"濡化""涵化"并存、互生的运动形态,它建立在系统运动的基础之上,并以运动的延续性作为保护的结果。

11.2　优化措施一:基于本体价值的遗产框架

城镇文化遗产遴选是整个城镇文化遗产保护的前提和基础。遴选流程一般通过本体价值体系的研究,以价值主题的方式提供文脉线索,搜寻具有相似特质或价值内涵的全部群体或类别。

11.2.1　遗产价值的双向判定

遗产价值内涵指遗产在其发展过程中已经形成的、被广泛公认的固有价值(Intrinsic Values)。这一定义引自梅森的"Intrinsic Values"概念,指文化遗产本体在时间维度上形成的、被广泛公认的、影射特定文化结构的价值。

遗产价值是文化的直接外化形态,是存在于遗产自身且不受外部环境的变迁而改变的稳定价值。遗产价值的判定,是用以整合不同价值碎片的有力工具,也是建构文化濡化措施,实现系统性保护体系目标的基础。

遗产价值内涵是在多元因素综合作用的系统中形成的,故而应用系统的方法来分析遗产。系统论的基本思想方法,就是把所研究和处理的对象,当作一个系统,分析系统的结构和功能,研究系统、要素、环境三者的相互关系和变动的规律性,并优化系统。系统彼此之间相互影响,且每个系统都包含了影响个体发展的规范和规则。因而对价值内涵的考察,应从"全部文化史"的视角,旁搜远绍,判断不同环境系统对价值内涵的影响程度,建构城镇文化遗产的系统价值体系。从对事物本身的分析过程看,对遗产价值的判定,可以从两条路径展开。

11.2.1.1 要素价值的判定

基于要素本身的价值判定,是目前城镇文化遗产保护中的一般方法。该方法主要是在既有的价值标准下,通过对遗产本体的演化过程,以及对影响遗产要素演化的相关因素梳理,通过与外部参照之间的比较来界定遗产,判定出文化遗产本体的价值内涵。

在以上的过程中,外部参照就成为影响遗产本体价值判断的重要尺度。如用中国历史作为参照辨析江南地区的明清建筑和中原地区的隋唐建筑,则江南明清建筑未见良善之处;但以江南地区的近现代变革来参照江南地区的明清建筑,则可见其弥足珍贵。由此,参照尺度的多重性和复杂性,决定了遗产价值判定结果的多样性。一般而言,参照尺度可以分为以下三类:

一是以城市(要素)历史作为参照。包括居民心理边界范围内的文物、历史建筑、街巷系统、历史文化街区、城市格局以及宫殿、庙宇、衙署等诸多功能建筑。表明城镇文化遗产对于城市的价值意义。

二是以同级、相类城市(要素)作为参照。研究在时间维度上的结构变化过程,如城市区位、交通等条件差异造成的空间形态的不同,以及在受相同因素影响下的同类别城市中,本城市所处的地位和代表性。表明城镇文化遗产的独特性价值。

三是以包含城市(要素)的、更高层级的地域历史作为参照。从城市遗产要素的变化过程与社会、经济的历史背景中分析,判断其所具有的演化结构的代表性与影响力。表明城镇文化遗产的价值地位。

以南京历史文化名城的价值分析为例,在价值判断过程中,默认了一定的比较范畴和参照尺度,南京在所处范畴内的"异化"程度,即南京城市在时间尺度、自然风貌、城市形态、建设理念和历史层叠等方面的独特性,就成为价值结论的重要来源。

从时间尺度上看,南京是世界城市建设史上早期的、在东方传统理念下持续建设的城市典范。首先,南京城市在公元229年的东吴时期就初具规模,相比早期的北方都城——汉代长安(公元前202年)晚约431年,与北方都城曹魏邺城处于同时期,处于中国二千多年的都城建设史的起步阶段。在世界史上,南京城市起源晚于西方城市雏形雅典(公元前520年)749年、罗马(公元前378年)607年,早于君士坦丁堡(公元413年)184年,当时南朝的南京城市已经发展了近200年的时间。

从自然风貌上看,自古南京就有"龙蟠虎踞"之称,从东吴时开始建设的水系网络,使南京在中国都城建设史上有"天下得水利者亡如金陵"的赞誉。山体的防护使南京在中国南北对峙的战乱时期成为南方都城的首选,"退可据守江南,进可逐鹿中原";水运的便利使南京在全国一统的和平时期成为水运交通的枢纽，"赋出天下而江南居十九"。可以相比的是有着辉煌历史的欧洲文明古城意大利首都罗马，由于它建在7座山丘之上并有悠久的历史，故被称为"七丘城"和"永恒之城"。

从城市形态上看，城墙和轴线是中国城市的重要形态特点，南京创立了层层围合的"四重城廓"形态。其中，皇城和宫城的形态是典型的中国方整都城形制，并采用中轴对称的布局形态。都城与外廓则与中国北方都城方整的围合城墙不同，依山水形成三个方形拼合的"斗"形的都城和外围沿山势的自由形态。这与罗马和法国依山势围合的自由形态的城墙相类似，但显然，南京的城墙的规模要大得多。

从建设理念上看，南京城市在古典中国城市理念下的建设达到成熟以后，南京开始现代城市理念指导下的国际都市建设，由《首都计划》（1927年）开始，在古典城市基础上谋划现代都市的格局，是集中国传统和现代都市理念之大成者。

从历史层叠上看，从公元221年开始，南京的城市建设就集中在明代都城城墙围合的范围内，长期作为都城建设，拥有丰富的历史遗存和信息，记录了中国历史演变尤其是近现代历史演变的全过程。其城市建设的延续性在中国城市建设史，乃至世界城市建设史上都绝无仅有。

通过以上的比较后，以南京自身为立足点，可归纳出以下的价值：

（1）南京城市作为国家都城和地域中心城市，与自然环境，历史背景，地域社会、经济、文化构成一体化的协同系统，不但是中国都城建设史上的重要案例，而且是中国传统城市范式理念的重要见证。

在传统城市范式影响的作用下，南京城市在其特殊的历史背景条件下，建立了与"天"——"斗"字形都城格局、"地"——自然地理环境协同、"人"——古代国都定位协同的城市范式。

（2）南京城市以传统城市典范的身份，向近现代功能城市转型。不但见证了早期的、以路政和商埠为特征的被迫进行近代化转型的格局，而且是中国本土自觉的、以"文化国家"理念展开、主动进行近代化转型的实践典范。

在近现代城市范式转型的影响作用下，南京城市在救亡图存的社会激烈变迁中，从传统范式向近代范式全面转型的本土路径之一中，构建了中国近代史上"首善之都"的范式，见证了新、旧民主主义革命的重要事件。

11.2.1.2 系统价值的判定

与上述价值判定方法依赖于参照对象选择的方法不同，立足人文系统的价值判定方法的研究则重点落在流域、地域等整体和全局的层面，针对不同层次的文化结构而进行。以多层次的文化结构为参照，确定遗产在这一文化结构体系中的位置。

在这一价值判断过程中，"求同"成为价值判断的重要手段，它不是通过参照、比较并"异化"，而是通过运行结构与文化结构的契合度来判定价值。这一方法与立足遗产要素的判定方法构成一体，尤其适用于非典型性的文化遗产价值的判定。

以大运河的价值定位为例，当采用以人类技术为核心的国际运河遗产评估标准时，会尴尬地发现，大运河的江南运河段，这条联系了中国最重要的基本经济区，使用了千余年，并在北宋时期就创造出现代型船闸技术的人工运道，乏善可陈。但从文明结构的角度分析大运河遗产的价值，可以将大运河所涉及的社会、经济、文化等方面纳入同一系统，概括为高度建制化的水利运输工程。在这一系统中，制度成为联系一切的关键，制度之下的运河也呈现出独特的价值体系：

（1）特征价值——高度建制化，这是中国大运河之所以区别于其他运河的个性特征，代表的是中华文明的基本结构，是《禹贡》提出贡赋之法的最终的标志性工程。高度建制化的价值不但体现在围绕大运河展开的三大制度遗存、两大技术的建制信息，还包括沿运河展开的政治活动遗迹，如行宫。

（2）一般价值——工程技术性，这是中国大运河作为水利工程与其他运河相一致的共性价值。这不是否认中国运河水利、运输工程技术的杰出性，而是认为该项价值具有"普世"意义。该价值体现在水利工程技术和船舶运输技术遗存上，此外由此还衍生出工程的自然特性和人文特性（如水神庙及崇祀建筑）。

（3）衍生价值——变革促动力，这是中国大运河与其他运河不一致的个性价值。这一价值不是为工业革命提供支援，而是孕育近代工业化的萌芽。该价值体现在民族工商业遗存和运河城市空间遗存。

（4）其他价值——文化交流，这是中国运河作为交通线路与其他运河相一致的共性价值。该价值体现在各种亚文化之间交流要素的集合。

而在《武汉市历史文化与风貌街区体系规划》中，则首先对城市文脉中的历史空间信息分布情况进行了分析。基于对传统、近代、现代三个不同历史时期的城市发展分析，明确了不同历史时期影响城市空间形态的历史文化脉络11个。其中，传统历史文脉3个，分别为都邑文脉、港埠文脉、荆楚文脉；近代历史文脉6个，分别为商贸文脉、工业文脉、科教文脉、居住文脉、交通文脉、革命文脉；现代历史文脉2个，分别为工业文脉、科教文脉。

从文献、访谈、观察等多个视角进行分析，发现武汉城市的历史文脉不但记录了城市兴衰中的主要历史信息，而且在空间上与城市形态的演变相契合，呈现出一种立体多元、相互交织的复杂结构（图11-1）。历史

图 11-1 武汉历史文脉网络空间示意图
资料来源：武汉市历史文化与风貌街区体系规划,2009

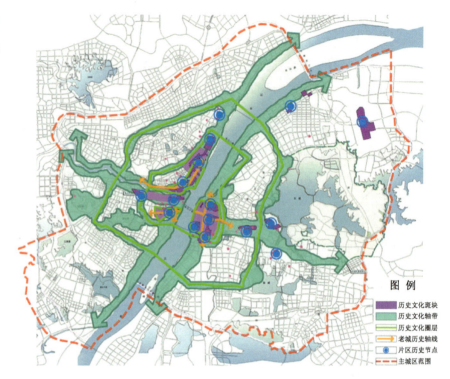

图例
- 历史文化斑块
- 历史文化轴带
- 历史文化圈层
- 老城历史轴线
- 片区历史节点
- 主城区范围

文脉片区在这一复杂结构的形成过程中,具有全局性的控制作用,包括以下的价值意义：

（1）分布数量及其包含的文脉信息从核心沿轴带递减,与传统城市在近现代的扩张历程相一致。

（2）近代以后建设的地段,多位于轴带端头,成为现代城市扩张的外围拉动因素。

（3）历史片区相对集中的空间联系廊道,呈现了传统城圈和铁路、港口、桥梁、马路等的交通线路等城市历史边界或线路。

11.2.2 遗产框架的双向建构

城镇文化遗产的保护对象是超出文物范畴的、由"全部的文化史"观念索引而来的物质和非物质文化残存信息。城镇文化遗产的保护应将具有相似特质或价值内涵的全部群体或类别,均纳入遴选范围。

在前文的分析中提到,"后发外生"发展背景下的价值分歧,造成遴选标准的多元化和碎片化。故而需要对原有的遴选标准进行拓展和补充,建立源自历史时序与文脉价值的两重遴选模式。

这两种遴选模式均应围绕遗产价值及其主题框架展开,遴选标准也应以遗产价值呈现的相关性为具体尺度。保护对象的遴选过程是城镇文化遗产保护的价值整合过程,故而人类学和社会学的方法应受到高度重视。

11.2.2.1 基于历史脉络的遗产遴选

这一遴选方式是当前的主流模式,其流程一般为:历史脉络陈述→与脉络有关联的资产类型→每一种类型资产的评估。强调使用历史脉络作为一种精简的方式,用以组织研究信息和评价(经过认定的)个别资产、地区的遗产价值。通过基础价值体系所提供的时空线索,在现有的时空环境中,寻找相对应的文化残存物,即物质文化遗产。

表 11-1 美国洛杉矶历史资源调查方法:MPS

调查元素	调查管理
调查标准	信息管理与开发:管理、整合与提供调查数据
历史脉络陈述	供部门的使用
历史资源评估标准和分级	保存原因
社区与业主参与	调查成本、时程和资金

资料来源:美国盖蒂保护所(GCI),《洛杉矶历史资源调查报告》,2008

这一方法主要依赖于文物普查及相关的档案记录,同时强调让社区参与并公布调查发现结果,拓展历史资源的获取渠道,提升社区对历史资源的认知程度。在美国,这一方法被称为"多重资产呈递"(MPS,Multiple Property Submission)(表 11-1)。美国盖蒂保护所(GCI)在 2008 年出版的《洛杉矶历史资源调查报告》(*The Los Angeles Historic Resources Survey Report*)中将这一过程深化为适于市级范围的方法体系。

在当前的城镇文化遗产保护中,一般包括历史时序的遴选和历史文脉的遴选两种方法。

(1)历史时序的遴选

历史时序的遴选指依据城市历史沿革,按时间顺序梳理城市空间构成要素。通过历史与现状的比照,判断文化遗产物质系统真实度和完整度,以确定保护的对象。

这一方法适用于限定空间范围、明确保护对象的遴选。只有在确定边界的前提下,历史时序的分析才能成为确定对象延续发展的完全线索。如果对象多元化或空间无界定,那么时间不再成为联系历史与空间、对象的完全线索,疏漏情况必然大大增多。

在南京老城南保护规划中,采用历史时序法对传统街巷进行了遴选。遴选过程是以图史互证和现状举证为基础,对明、清、民国的历史街巷系统进行了梳理,并与现状街巷系统比较,以分析出城南历史肌理现状的真实度与完整度。在清理既存实物与湮灭痕迹的基础上,共梳理出历史街巷 191 条(包括次级巷道共 336 条)。

这一遴选方法的关键是历史研究的全面与可靠,在南京老城南历史街巷保护中,主要采取图史互证(图11-2)和现状举证的研究模式。

① 图史互证法是一种意向性的调查方法,基于历史古地图、近现代实测地图和权威性的复原地图等地图类资料和方志、年鉴等文史类资料,辨别历史信息的真实性和准确性。将历史地图、史料与地形现状图相比照,判断文化残存状况。

② 现状举证法是清理历史与现状关联性的实质性工作,其目的是将文献中提及的相关信息进行调查、确认、发现与再认识。在这一方法中引入访谈求证、调查问卷等调查方式,了解和验证历史信息内涵与变迁情况。

图11-2 南京城南历史街巷与现状街巷叠合分析
资料来源:南京市规划局

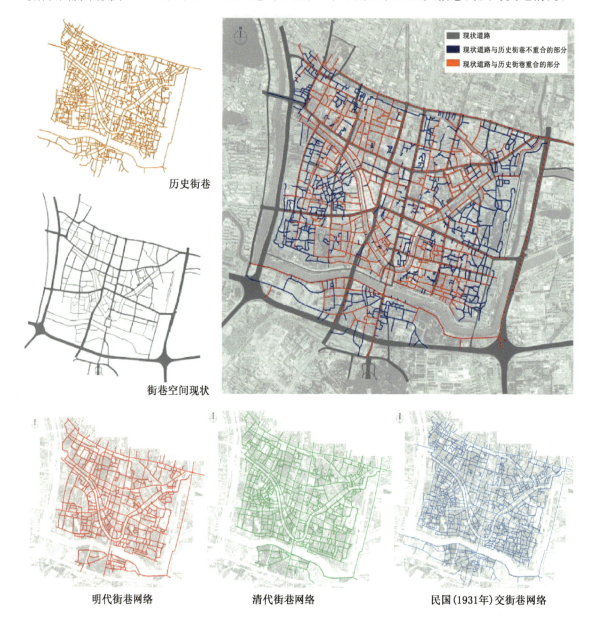

(2) 历史文脉的遴选

历史文脉的遴选主要针对确定范围但不确定对象或不确定范围但确定对象条件下的遴选方法,避免时序遴选中的疏漏。该方法在价值判定的基础上,围绕价值主题展开相关性遴选。

首先,基于前期城市文脉片区的价值意义分析,遴选了城市文脉发展中,具有关键人文系统价值的片区。如在《武汉市历史文化与风貌街区体系规划》中,梳理了传统历史文脉(都邑文脉、港埠文脉、荆楚文脉)相关的历史片区9处,近代历史文脉(商贸文脉、工业文脉、科教文脉、居住文脉、交通文脉、革命文脉)相关的历史片区17处,现代历史文脉(工业文脉、科教文脉)相关的历史片区7处。

而后,将各个时期文脉中的关键片区进行叠加,合并其中的多文脉叠加项(图11-3)。最终形成22片历史文脉片区(其中有2个以上文脉的片区16处)。其中,10处街区为《武汉市历史文化名城保护规划(2006—2020年)》中确定的历史地段,其余12处为新增历史地段,新增比例为120%。

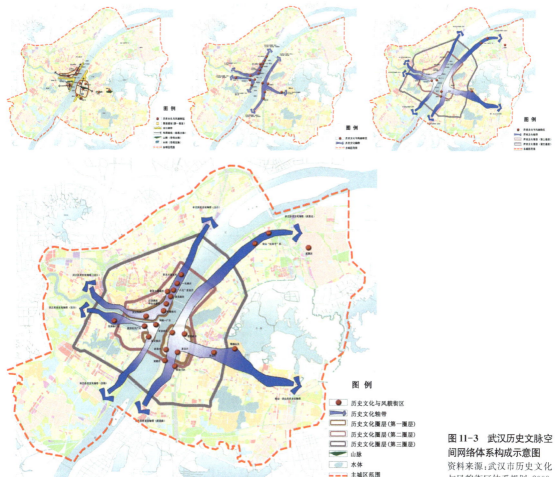

图11-3 武汉历史文脉空间网络体系构成示意图
资料来源:武汉市历史文化与风貌街区体系规划,2009

图 11-4 武汉历史文化片区分布示意图
资料来源:武汉市历史文化与风貌街区体系规划,2009

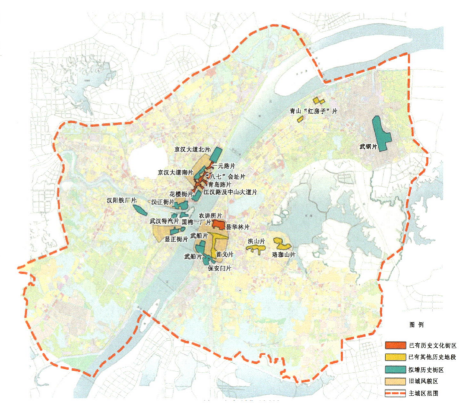

通过价值相关性遴选出的街区(图11-4),均对城市历史空间具有重要的系统性意义,不仅包括了多个时期的空间建设痕迹的叠加,而且是城市演化过程的重要见证(表11-2)。故而,这些历史街区对城市整体空间上的价值,已经超越了本体所蕴含的科学、艺术和历史内涵的范畴。可以说,基于历史文脉的分析方法是一种系统遴选方法,更适合城市空间的复杂性情况。

表11-2 武汉历史文化片区空间价值一览表

序号	街区名称	文脉类型	空间载体	总体价值	对城市发展的影响
01	江汉路及中山大道片	都邑文脉	中山大道	是都邑文脉、商贸文脉、居住文脉的重要代表地段	城市重要轴线
		商贸文脉	江汉路步行街		
		居住文脉	近代租界居住遗存		
02	青岛路片	商贸文脉	近代银行建筑	是商贸文脉、居住文脉的重要代表地段	近代城市发展的重要拉动因素
		居住文脉	近代租界居住遗存		
03	"八七"会址片	革命文脉	"八七"会议会址、湖北共进会旧址、宋庆龄汉口旧居	是革命文脉的重要代表地段,是居住文脉的一般代表地段	近代城市发展的重要拉动因素
		居住文脉	传统里分		
04	一元路片	商贸文脉	租界底商	是居住文脉的重要代表地段,是商贸文脉的一般代表地段	近代城市发展的重要拉动因素
		居住文脉	传统里分		

续表 11-2

序号	街区名称	文脉类型	空间载体	总体价值	对城市发展的影响
05	昙华林片	都邑文脉	武昌城纵轴线	是居住文脉、革命文脉、科教文脉的重要代表地段,是都邑文脉的一般代表地段	城市重要轴线
		居住文脉	传统居住		
		革命文脉	国民政府军事委员会政治部第三厅旧址、石瑛旧居		
		科教文脉	私立武汉中学旧址、文华大学学生宿舍、文华大学礼拜堂、圣约瑟学堂旧址		
06	首义片	都邑文脉	蛇山	是都邑文脉、港埠文脉、荆楚文脉、革命文脉的重要代表地段,是居住文脉的一般代表地段	城市重要轴线
		港埠文脉	蛇山		
		荆楚文脉	黄鹤楼		
		居住文脉	传统居住		
		革命文脉	旧民主主义革命遗迹		
07	农讲所片	居住文脉	传统居住	是居住文脉、革命文脉的重要代表地段	是传统城区中重要部分,对城市发展影响较弱
		革命文脉	毛泽东同志旧居、中国共产党第五次全国代表大会会址和陈潭秋革命活动旧址、武昌农民运动讲习所旧址		
08	洪山片	港埠文脉	洪山	是港埠文脉、革命文脉的重要代表地段,是居住文脉的一般代表地段	武昌城东西轴线的延伸,拉动城市向西发展
		居住文脉	传统居住		
		革命文脉	旧民主主义革命遗迹		
09	青山"红房子"片	工业文脉	苏联设计红砖职工宿舍	是工业文脉的重要代表地段	武昌城南北轴线的延伸,拉动城市向北发展
10	珞珈山片	港埠文脉	珞珈山	是港埠文脉、校园文脉的重要代表地段	是近代拉动武昌城向东发展的重要因素
		校园文脉	武汉大学		
11	武汉音乐学院片	校园文脉	武汉音乐学院	是校园文脉的重要代表地段	是传统城区中重要部分,对城市发展影响较弱
12	武船片	港埠文脉	长江码头	是港埠文脉、工业文脉的重要代表地段	是武昌城南自发扩张的表现
		工业文脉	武汉造船厂		
13	武钢片	工业文脉	武汉钢铁厂	是工业文脉的重要代表地段	是近代拉动武昌城向东发展的重要因素
14	保安门片	都邑文脉	保安门	是都邑文脉、居住文脉的重要代表地段	是武昌城向南自发扩张的表现
		居住文脉	传统住宅		

续表 11-2

序号	街区名称	文脉类型	空间载体	总体价值	对城市发展的影响
15	京汉大道南片	居住文脉	近代里分	是交通文脉、居住文脉的重要代表地段	城市重要轴线
		交通文脉	京汉大道		
16	京汉大道北片	居住文脉	日租界居住建筑	是交通文脉的重要代表地段,是商贸文脉、居住文脉的一般代表地段	城市重要轴线
		交通文脉	京汉大道		
		商贸文脉	日租界底商		
17	汉正街片	都邑文脉	汉正街	是都邑文脉、港埠文脉、居住文脉、交通文脉、商贸文脉的重要代表地段	城市重要轴线
		港埠文脉	汉江		
		居住文脉	传统住宅		
		交通文脉	码头		
		商贸文脉	传统商业		
18	花楼街片	居住文脉	混杂形式居住建筑	是居住文脉的一般代表地段	传统城区向外扩张的过渡地区
19	汉阳铁厂片	工业文脉	汉阳铁厂、张之洞与汉阳铁厂博物馆	是工业文脉、交通文脉的重要代表地段	拉动城区向西扩张的因素
		交通文脉	京广铁路		
20	武汉特汽厂片	工业文脉	武汉特汽	是工业文脉的重要代表地段	拉动近代城市扩张的重要因素
21	国棉一厂片	工业文脉	国棉一厂	是工业文脉的重要代表地段	拉动近代城市扩张的重要因素
22	显正街片	都邑文脉	显正街	是都邑文脉、居住文脉和商贸文脉的重要代表地段	城市重要轴线
		居住文脉	传统居住		
		商贸文脉	传统商贸		

资料来源:武汉市历史文化与风貌街区体系规划,2009

11.2.2.2 基于文化残存的遗产遴选

在一组条件下发生,并当那种条件消失时依然存在的历史文化现象,在人类学上,称为 Survival,通常译为遗俗、遗留、残余、残存法、历史痕迹、历史遗留物、文化历史残余等。英国人类学家泰勒(E. B. Tylor)早于 1887 年就把源自生物学的 Survival 概念应用于人类社会文化的研究上。与生物学所指身体部分的物质存在不同,泰勒更强调非物质的仪式、习俗、观点等残存。

这一方法主要是通过对各种外显或内隐的行为模式进行研究,分析基本文化价值所映射的文化结构在现有社会文化意识中,被接纳、传承、发展的痕迹。包括非物质文化遗产和相应的文化动机、规范、价值、目标、象征和意义等,这些痕迹即保护的对象。

文化残存是文化遗产在历史背景转换下,传统与现代文化价值产生联系的重要纽带,也是情感归属与共鸣产生的根源。基于文化残存的遗产遴选有利于保护共识平台的搭建,以获得最广泛的价值认同。

调查与认定主要采取"民族志快速评估程序"(REAP,Rapid Ethnographic Assessment Procedures)的方法(表11-3)。文化人类学的民族志调查方法针对文脉残存的分析,是一种相对较新的研究方法。将人类学领域中的观察法和民族志方法相结合,形成的"民族志快速评估程序"已经成为遗产地研究的专门工具之一。REAP中的具体方法包括：绘制物质痕迹关系国、行为描绘、横越步行、个人访谈、专家访谈、即席的团体访谈、焦点团体、参与观察、历史与文献记录等。

表11-3 REAP研究方法一览表

方法	信息资料	结果	可获悉内容
绘制物质痕迹关系图（physical trace mapping）	集体废弃物、遗产地的侵蚀模式	夜间活动描述	鉴别没有被观察到的夜间活动
行为描绘（behavior mapping）	遗产地的时间/空间图	遗产地日间活动描述	鉴别遗产地中的文化活动
横越步行（transect walk）	访谈记录和受访者眼中的遗产地地图	社区成员观点的遗产地描述	以社区观点理解遗产地、地方意义
个人访谈	访谈表	描述文化团体的回应	社区对于遗产地的回应与关心的议题
专家访谈	深度访谈录音稿	描述当地机构和社会权威人士的回应	社区权威人士在遗产地规划过程中关注的事物
即席的团体访谈	会议录音稿	团体观点、教育价值的描述	议题和问题的舆论
焦点团体	录音与录音稿	描述小团体讨论会中产生的议题	得出文化团体内部的冲突与争议
参与观察	田野笔记	社会文化脉络描述	为研究和判定社会关注的议题提供脉络
历史与文献记录	报纸、收集的书籍与文章、阅读笔记	遗产地与邻近地区关系史	为当前的研究和规划过程提供脉络

资料来源：Taplin D H，Scheld S，Low S M，2002

REAP方法属于人类学专业领域,尚未能在城镇文化遗产保护领域进行充分实践。但在相关的市民行动中,可以看到类似的自发行为。如南京城西干道被爆破之前,怀旧人士的手绘图清晰表明了市民的空间人文意识(图11-5)。而这一方法针对类似南京梧桐树事件中的价值分歧,较之公众参与,无疑具有可想见的成效。

图11-5 社区的意识地图——城西干道手绘图
资料来源:新浪微博用户"徐者居江"

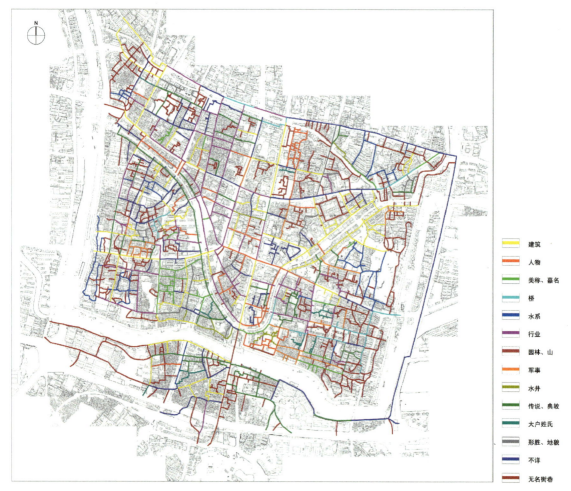

图11-6 街巷命名原因分析图(1931年)
资料来源:南京市规划局

图 11-7 街巷肌理走势分析图（1951年）
资料来源：南京市规划局

当前的文化遗产保护中，在历史地名、历史传说等方面都采用了相似的保护办法。在南京老城南保护中，通过上述方法展开了各街巷的命名原因（图11-6）和街巷肌理走势（图11-7）的梳理，并以此与现状街巷名称对应，结合既有的城南风貌概念判断文化残存情况。

11.2.3 遗产构成的主题框架

对于文化遗产的保护运动而言，在某种共同价值观念下的全部遗产集合并不意味着存在某种规则或者清晰的时空边界。如明清皇家陵寝涉及湖北钟祥市、河北遵化和易县等地域，2003年的扩展项目更涉及南京和北京两地。更为典型的则是大运河，从隋唐大运河到京杭大运河，从航道到遗址，没有段落可以用特定的时间或空间标准进行阐释。

这样的现象也存在于城镇文化遗产保护之中，如南京老城南作为一种整体的地域概念，其中体量、材料甚至功能类似传统建筑的建筑物，都被赋予了一种特定的文化意义。对这些资源的梳理，最终形成的不是一个完整的空间形态,而是多重非规则空间组合而成的模式。空间之间相互呼应,构筑历史城区的整体特征。

其中的边缘性空间和零碎空间并不是可以抹杀或者不具保护意义和价值的碎片。虽然依据现有规范,这些空间并不符合保护的条件,但是它们是分形结构的重要成分,没有它们,老城南就只是南捕厅、门西和门东。有了这些零碎的历史空间,老城南才能成为名副其实的老城南。换句话说,保护的边界应依据文化系统中的定位,而不是依据时间或者空间的尺度标准来判定。时间上的心理累积,而不是客观的时空历程,才是文化遗产的实质边界。

此外,没有一个城市是可以单独存在的。故而对城市的研究不但要涉及城市本体及其相关自然环境之间的关系,还涉及与其他历史城市之间的联系。这样的联系可以是多层次的、多方面的,如运河城市、长江三角洲城市、古代都城以及古代城镇体系下的纵向结构,如苏州、无锡、常州三市的历史结构关系等。

价值主题框架是解决"时间—类型"框架中的疏漏和局限,用以对传统的框架形态进行补充和完善的框架体系。遗产的价值主题是遗产价值体系的具象化,两者之间呈表里关系。价值体系表明文化遗产的价值内涵,而价值主体的提出则相当于界定出遗产的时间与空间组合方式。价值主题框架是以价值研究为前提和基础,并贯穿于整个遗产保护的全过程——确定保护对象、保护范围及保护措施,并构成下一步的设计所必须遵循的基本原则。

由于价值主题是价值内涵的衍生与外化,故而,一方面价值主题较之价值内涵具有更加复杂和多元的结构形态,另一方面,明确了各主题之间和其内部遗产之间的关系及其所共同拥有的价值基础。此外,主题框架与遗产价值直接相关,故而除了具有普世的一般特征之外,还具有很强的个性特点。其框架的确立,就是价值的反映。

这一框架与传统"时间—类型"框架最大的不同在于它的开放性、稳定性以及对文化遗产保护运动本质的适应性。开放性意味着保护对象的界定并非一成不变,可以依据资讯的变化,对保护对象的边界进行调试。稳定性在于这一框架因来源于价值内涵,而内涵的变化是缓慢的和相对稳定的,故而框架本身也具有稳定性。而其所具有的跨越时空特征,无疑与混沌范式的基本特征相符合。

以大运河无锡段的价值主题框架为例(表11-4),大运河(无锡段)的保护框架建立在价值主题的基础之上,界定出在大运河(无锡段)发展历史上具有重要性的历史脉络主题、具体年代、人物和地方,并说明与每个历史脉络有关联的资产类型。这种范围广泛但又聚焦的方法可以让调查者预先知道历史资产的位置而进行评价和比较评估,而不必对所有资产做逐项研究和调查。

表 11-4 大运河无锡段保护价值及价值主题一览表

价值层次	价值内涵	价值主题
核心价值	大运河(无锡段)及江湖之间的调蓄引排水系形成整体系统,传承并彰显了自然辩证、整体综合的中国传统水利思想	大运河(无锡段)本体及通江运道 江湖调蓄引排的水网系统
衍生价值	无锡段运河水系孕育了以工商业为核心的无锡城镇,并为苏南乃至长江三角洲地区的发展积淀经济与文化资本	伯渎港及吴都文化遗存 运河商埠、城镇市集 近现代民族工商业遗产
其他价值	无锡段运河水系依然延续其水利与航运功能,并随着区域经济的发展不断提升等级,承担重要交通功能	船闸、码头、水闸、排灌等航运、水利设施

资料来源:大运河无锡段遗产保护规划,2008

围绕价值主题展开遗产资源调查,共获得文化遗产资源 102 项(表 11-5)。依据价值主题划分,本体及通江运道 9 项,江湖调蓄引排的水网系统 19 项,伯渎港及吴都文化遗存 7 项(其中与引排水网系统相重合 1 项),运河商埠城镇市集 20 项,近现代民族工商业遗产 48 项。

表 11-5 大运河无锡段价值主题框架及保护对象统计表

序号	价值主题	遗产类型		资源数量
1	大运河(无锡段)本体及通江运道	物质文化遗产	运河本体河道	4
			航运工程设施	2
			运河设施和管理机构	1
			古建筑	2
2	江湖调蓄引排的水网系统	物质文化遗产	引排河道	13
			运河水源	3
			传统手工艺	2
		非物质文化遗产	民俗	1
3	伯渎港及吴都文化遗存	物质文化遗产	河道	1(与引排河道重合)
			古遗址	1
			古墓葬	2
			古建筑	2
		非物质文化遗产	民俗	1

续表 11-5

序号	价值主题	遗产类型		资源数量
4	运河商埠城镇市集	物质文化遗产	古城、古镇	3
			历史文化街区	3
			街巷、里弄	5
			古建筑	3
			古墓	1
		非物质文化遗产	传统手工艺	2
			民间文学	1
			传统戏剧	1
			民俗	1
5	近现代民族工商业遗产	物质文化遗产	古建筑	48

资料来源：大运河无锡段遗产保护规划，2008

然后，依据《大运河遗产保护规划第一阶段编制要求》，对文化遗产资源进行了类型划分（其中，水利水工遗产 23 处、运河聚落遗产 11 处、其他物质文化遗产 59 处、相关非物质文化遗产 9 处），以便于对应既有的保护管理规定。

相较之下，南京城镇文化遗产的价值主题框架则相对简单（表 11-6），但可以明显发现，"地域空间组织"价值主题下的保护对象，已经超出了南京老城的空间边界范围，将佐证南京城市历史地位的周边山体水体、水陆交通和历史村镇均纳入了框架之内，较之"时间—类型"的梳理方式，无疑更显全面。

表 11-6 南京城镇文化遗产价值主题框架及资源例证一览表

	价值主题	资源例证
地域空间组织	"襟江带湖、龙蟠虎踞"的环境风貌	紫金山、鸡笼山等山体，秦淮河、金川河、外秦淮河等水体
	"邮驿水利、四方通衢"的交通区位	破岗渎、招贤驿驿道等
	"矧维畿甸，四方观法"的城镇结构	湖熟、秣陵、瓜埠等
城市空间格局与建设形态	"依山就水、环套并置"的城市格局	明城墙、明外廓、南唐御道等
	"京畿重地、江南首府"的城市建置	明故宫、江南贡院、上江考棚等
	"沧桑久远、古迹荟萃"的人文遗存	南朝陵墓石刻、古天文仪器、民国革命军阵亡烈士纪念塔等

续表 11-6

	价值主题	资源例证
近(现)代化转型的空间与功能重构信息	工业、商埠、路政和现代城市功能建设的遗存	金陵机械制造局、下关码头、江宁铁路、石鼓路天主堂、金陵医院等
	"首善之都"的规划与建设遗存	中山东路、新街口广场、钟汤路、明故宫飞机场、中华邮政局、颐和路公馆区等
多元包容的人文特征	见证民主主义革命重要事件的遗存	静海寺、渡江纪念碑、拉贝故居等
	"南北交融、承古启今"的建筑风格	城南历史城区、总统府、南京博物院等
	"六朝烟水、多元包容"的文化特征	周处读书台、魏源故居、胡家花园,"凤凰三山"等四十八景,浮泥国王墓等

资料来源:南京市规划局

11.3 优化措施二:基于濡化目标的保护措施

对于总体运动而言,其最终的目标就是回到文化的反馈中,由此文化,不论是反馈前的文化态,还是反馈后的文化态,都是文化遗产保护的目标态,因此,在社会环境中的文化遗产保护应当嵌入文化内核,并强化文化内核。

这就涉及濡化的问题。前文已经论及中国传统文化结构下的社会涵构特征,在整个社会涵构中,并没有"公共"概念的存在,或者此概念被"公权"所替代。由此,作为一种公共管理行为的文化遗产保护更被视为政府职能,而非社会职能。

在公共领域缺乏权威性的前提下,实现濡化效应的办法就是将文化遗产保护直接纳入社会领域,成为社会领域的重要组成成分,目标是实现城镇文化遗产的价值外溢。从前文的分析中可知,实现这一目标的前提条件是时间维度上的迭代、意识结构的运动(文化→社会)、遗产真实性结构范本的权威性共识和外溢部分结构的分形相似(标度变换下的结构相似性)。

其中前两条是客观存在或者遗产保护难以逆转的因素,如从既有经验看,原住民回迁只能暂时缓解街区社会结构的变化速率,而不能改变其外迁和断代的必然趋势。故而濡化措施因从而动,不能逆势而为,其任务交由政府与教育机构完成。

第三条则是可以完全用技术性措施操作实现的条件。建立遗产真实性结构范本的权威性包括两个方面的内容,一是物质空间上的结构范本建立,二是社会意识上的权威性建构。两者皆可通过技术性和政策性的干预实现,是城镇文化遗产保护的重点。

第四条是可以部分操作实现的条件。外溢部分结构的分形相似,则意味着可持续发展的可能,是为保护与发展的协同提供一个基于保护视角的较稳定标准,表明了文化因素在参与遗产保护的社会博弈中的规则与条件。但这一条件只是参量之一,社会博弈中的其他参量将影响到最终的外溢结果,因而,干预结果不能完全控制,只能通过强化文化因素的优势来引导结果的趋向。

由此,濡化式保护的实质目标是完成整个遗产价值外溢过程中的第三个条件,并为第四个条件的达成提供支持和依据。

11.3.1 保护价值的双重评估

评估目标是确定城镇文化遗产的系统结构中价值量的分布情况、保存情况和延续情况,为建立遗产真实性结构范本的权威性提供依据。

从上文分析中可知,中国城镇文化遗产的基本特性是系统性和分形性。因而,对文化残存的评估必须基于这两大特性,尤其是要以系统性作为整个评估体系建构的基本原则。由此,评估本身突破了单个遗产价值量的视角,强调系统性价值的优先度,成为对系统的分析过程。这意味着:

① 不具备本体保护价值的要素,可能对系统价值具有突出贡献,受到重点保护。文物价值高而系统价值低的要素,将不被作为保护的核心要素。

② 评估必然要参考要素的单体价值,但评估得出的保护要素,与现有的文物保护标准并不一致,不意味着备选申报的文物。

③ 系统性考察,意味着保护的重心从单体价值转向结构关系。

系统,不但有由个体要素构成的简单系统,如历史建(构)筑物(群)、近现代建(构)筑物(群)、历史街区等,而且有多层次的复杂系统,如历史文化名城、名镇、名村等。复杂系统因其关系层次的多样性和结构模式的复杂性,难以适用简单的评估模型,而复杂模型又难以满足保护实践中的实用性要求。因而,在确定评估对象的时候,首先要进行系统的标准化建构,将原系统转化为由要素构成的简单系统模式。

标准化建构意味着一个特定参照结构的界定。这一特定参照结构属于复杂系统的一个层次,本身由系统和要素组成。特定参照结构中的要素可能是不可分解的个体,也可能是下一层次结构中的系统。如在历史文化名城的参照结构中,历史文化街区是一个要素,但对历史文化街区的参照结构而言,其本身就是一个系统,街区中的建筑、道路、植被等成为要素。同样,历史文化街区参照结构中的多种要素,在历史文化名城的层面被简化为一个要素。

在简单结构的标准化系统中,系统由要素和系统两个层次构成,要素与要素、要素与系统、系统与环境构成系统结构关系的全部内容。系统中的要素作为最基本和最根源的因子,是评估信息的基本载体和基础。因此,标准化系统的价值评估过程从要素和系统双重角度展开(表11-7),目的是确定遗产的保护价值,明确保护意义。

(1) 要素评估是系统性评估的基础,它重视对要素本体及其环境的真实性、完整性、延续性的考察,基本延续了现有文化遗产评估思路。

(2) 系统评估除了关注要素本体的真实性、完整性和延续性之外,更关注要素之间的关系形态、组合方式等结构性问题。它不仅涉及要素及其环境,还关注相同或不同"时空—类型"的要素之间、要素与系统之间的结构形态。

表 11-7 标准化系统保护价值评估的双重结构一览表

指标层次	指标内容		评估目的
保护价值	要素评估	价值评估	确定保护价值
		现状评估	
	系统评估	价值评估	
		现状评估	

在实际的保护规划中,还会增加管理控制的评估内容。如武汉市历史文化与风貌街区体系规划的指标体系,分为综合价值评价、保存现状评价、策略措施评价三个方面的三级指标。

11.3.1.1 要素评估指标的选取

从上面的分析可知,在特定参照结构下的要素分为两类,一类是不可分解的个体,另一类是可分解为下一层级的系统,故而,本体评估根据要素属性的不同,分为可分解与不可分解两类。

不可分解要素的评估有较为成熟的评估体系。以古建筑为代表,朱光亚教授所带领的团队在呈坎、宁波、苏州等地的实践项目的基础上,建立了完整、详尽的评估指标体系。参考成熟指标体系中本体价值的部分,建立二级评估指标体系。价值评估部分包括历史价值、科学价值、文化价值等4个一级指标和11个二级指标;现状评估包括真实性、完整性、延续性3个一级指标和9个二级指标。

可分解要素的评估则建立在系统概念的基础之上。参照权威性的系统评估体系——《中国历史文化名镇(村)评价指标体系(试行)》,以系统定义为依据,增加了功能性指标和结构性指标的内容。形成价值评估的13个二级指标和现状评估的10个二级指标(表11-8)。其中:

功能性指标主要包括生活功能、生产功能、社会功能等与城市基本功能相关的功能性指标。

结构性指标主要包括空间结构、景观结构和功能结构等物质空间结构和社会结构、人文意识等社会文化结构。其中,景观结构中除了包括视觉景观的静态的、传统评估项之外,还包括理景结构的动态的、基于中国历史营建特征的评估项。

表11-8 遗产保护价值的要素评估指标一览表

评估内容	一级指标	二级指标	
		不可分解要素	可分解要素
价值评估	历史价值	①建造年代的久远性 ②建筑风貌特征的代表性和典型性 ③著名人物、历史事件的影响性	①始建年代和主体建造年代的久远性 ②文物保护单位的聚集度(密度)和影响性(等级) ③历史职能的独特性、影响性 ④历史风貌特征的代表性、典型性 ⑤著名人物、历史事件的影响性
	科学价值	①结构技术的合理性、先进性 ②施工工艺的技术先进性 ③材料使用的合理性、先进性	①空间结构的合理性、先进性 ②功能布局的合理性、先进性(基础设施)
价值评估	艺术价值	①细部与装修的工艺特色与水准 ②要素造型的艺术、地域特色 ③室内空间的艺术、地域特色	①空间结构的艺术、地域特色(空间序列、轴线) ②历史景观的艺术、地域特色 ③空间理景的艺术水准、地域特色(牌坊、古塔、古桥、古井、古树、园林等)
	文化价值	①历史传说、民谚俗语、诗词歌赋 ②要素及相关文献的历史时代见证意义	①历史传说、民谚俗语、诗词歌赋 ②语言和其他形式的非物质文化遗产 ③要素及相关文献的历史时代见证意义
现状评估	真实性	①形式与设计 ②材料与物质 ③使用与功能 ④人文场域(历史事件发生地、杰出人物活动地、地名典故)	①历史功能 ②空间形态(区位,历史性建筑规模、比率,形式与设计,材料与物质等) ③人文场域(历史事件发生地、杰出人物活动地、地名典故)
	完整性	①要素结构(如建筑的地基、梁、柱、檩、斗拱) ②视觉景观	①历史功能(宅院府邸、祠堂、驿站书院等类型建筑) ②空间结构(区域规模、历史街巷景观、城墙) ③视觉景观(景观界面连续长度) ④理景结构(牌坊、古塔、古桥、古井、古树)
	延续性	①建筑质量 ②建筑功能 ③人文意识	①空间承载 (基础设施、建筑质量、历史功能) ②社会结构 ③人文意识

11.3.1.2 系统评估指标的选取

关于系统的概念定义有很多种,通常定义为"由若干要素以一定结构形式联结成的具有某种功能的有机整体"。在这个定义中包括了结构、联结、功能三个概念,表明了要素与要素、要素与系统、系统与环境三方面的关系。

价值评估中建立了协同性指标、结构性指标、功能性指标 3 个一级指标和 11 个二级指标(表 11-9)。现状评估建立了系统关系的真实性、系统结构的完整性和系统运动的延续性 3 个一级指标和 11 个二级指标。

协同性指标是对要素之间、要素与系统、系统与环境之间协同关系的重要性评估。包括空间形态、营建方式、景观风貌、自然环境与协同意向 5 个方面的内容。其中的协同意向主要指要素是否蕴含了中国传统文化中的协同观念。

结构性指标是对组群、系统、环境等各层面结构形态建构的重要程度的评估。包括空间结构、景观结构、功能结构和意向结构 4 个方面的内容。主要考察结构的完整度与真实度。

功能结构指标是对系统功能形成的重要程度的评估。包括功能构成和功能特性 2 个方面的内容。主要考察要素对功能的影响程度。

表 11-9 遗产保护价值的系统评估要素一览表

评估内容	一级指标	二级指标	
价值评估	协同(关联)性价值	对要素之间、要素与系统、系统与环境之间协同关系建构的重要性	
		①空间形态	层次:要素与组群/要素与系统/要素与环境 内容:空间结构 完全协同/基本协同/不协同 　　　空间肌理 完全协同/基本协同/不协同 　　　空间尺度 完全协同/基本协同/不协同
		②营建方式	层次:环境营建层次/系统营建层次/组群营建层次 内容:与历史时期的营建方式完全一致/大部分一致/局部一致/完全不同
		③景观风貌	层次:环境层次/系统层次/组群层次/要素之间 内容:理景关系　相关数量 多/中/少/无 　　　　　　　手法类型 多/中/少/无 　　　风貌关系构成整体风貌/构成界面、边界景观/构成组群、节点特色/风貌独立的标志
		④自然环境	与生态环境的适应性　高/中/低/不协同 与地理环境的适应性　高/中/低/不协同 与自然资源的适应性　高/中/低/不协同
		⑤协同意向	与天道的协同意向 有/无　协同手法 多/中/少 与地势的协同意向 有/无　协同手法 多/中/少 与人伦的协同意向 有/无　协同手法 多/中/少

续表 11-9

评估内容	一级指标	二级指标	
价值评估	结构性价值	对组群、系统、环境等各层面结构形态建构的重要程度	
		①空间结构	层次:组群层次/整体层次/宏观层次 内容:代表性、稀缺性、特征性 高/中/低 核心要素/重要要素/一般要素/非结构要素
		②景观结构	层次:组群层次/整体层次/宏观层次 内容:代表性、稀缺性、特征性 高/中/低 核心要素/重点要素/一般要素/非结构要素
		③功能结构	层次:组群层次/整体层次/宏观层次 内容:代表性、稀缺性、特征性 高/中/低 等级层次 高/中/低/无
		④意向结构	社会等级意向 有/无 等级层次 高/中/低 文化等级意向 有/无 等级层次 高/中/低
	功能结构价值	对于系统功能形成的重要程度	
		①功能构成	层次:组群层次/整体层次/宏观层次 内容:核心要素/辅助要素/其他要素
		②功能特性	层次:组群层次/整体层次/宏观层次 内容:核心构成要素/一般构成要素/辅助要素/其他要素
现状评估	系统关系的真实性	①结构关系的真实性 ②功能关系的真实性 ③环境关系的真实性 ④社会关系的真实性	是否维护了具有一定历史的关系结构 是否获得广泛共识
	系统结构的完整性	①空间结构的完整性 ②功能结构的完整性 ③景观结构的完整性 ④社会结构的完整性	完整/大部分完整/局部留存/基本没有保存
	系统运动的延续性	①系统功能的延续性 ②社会结构的延续性 ③人文意识的延续性	完全延续/基本延续/可逆性改变/不可逆性改变

11.3.2 保护措施的参比选取

11.3.2.1 目标原则

濡化措施的建构目标是强化价值内涵与价值主题,保证城镇文化遗产保护系统的稳定运行。因而,濡化措施建构必须符合系统运动的分形动力结构,即系统关系的真实性、系统结构的完整性和系统运动的延续性,包括了两个方面的子项(表 11-10)。

表 11-10 城镇文化遗产保护措施选取的目标原则

目标	原则	子项	
强化价值内涵与主题 保证系统稳定运行 实现濡化目标	①系统关系的真实性 ②系统结构的完整性 ③系统运动的延续性	物质空间	保护遗产系统的真实性、完整性
			完善系统结构、功能
		社会意识	强化影响力,达成保护共识
			弱化社会需求价值对保护的影响

(1) 物质空间方面

保护与完善物质遗存系统。通过维护系统关系的真实性,织补以完整系统结构,通过时间维度上的社会运动,实现系统运动的延续性。其措施建构的两个目标:一是维护系统原始信息的真实、完整保存,保障遗产的合理性、权威性。二是通过复原、织补等措施,完善价值主题下的系统结构和功能,强化整体性关系,促使遗产价值的外溢,获得价值增量。

(2) 社会意识方面

重构局部社会文化价值体系结构。主要引导受社会意识影响下的二次价值筛选,对文化遗产保护行动的成效影响。这应该包括两个方面的目标:一方面是加强文化遗产的影响力,以提升遗产本体价值在社会行为非正式约束中的作用,争取最广泛的保护共识。二是弱化社会需求价值对文化遗产保护的影响力,如通过满足街区居民的基本生活需求来影响其行为选择模式。

11.3.2.2 保护措施

保护措施建构的主要依据是遗产价值双重评估的结果。针对要素和系统两个层面的内容,保护措施分为要素处置措施和系统濡化措施两个方面的内容(表 11-11)。

要素处置措施分为不可分解要素的处置和可分解要素的处置,这两类要素的处置措施,在现有保护体系中都有较成熟的办法。不可分解要素的处置措施是被普遍采用的建筑保护措施。在《历史文化名城保护规划规范》(GB 50357—2005)中,确立了修缮、维修、改善、整修、整治五条措施。可分解要素的处置措施一般为控制引导、编制下一层次的保护规划。

系统濡化措施是针对系统结构、功能、协同属性的处置办法,不但包括物质空间,也包括社会、经济、文化等功能结构,与整体保护方法一致。从现有城镇文化遗产保护的实践经验看,常用的方法有复原、织补、延续、发展四条措施。在此基础上,增加对已有结构的控制方式,形成五种措施。

表 11-11　城镇文化遗产保护措施办法一览表

类型	措施办法		具体阐释
要素处置方式	不可分解要素	修缮	对文物古迹的保护方式,包括日常保养、防护加固、现状修整、重点修复等
		维修	对历史建筑和历史环境要素进行的不改变外观特征的加固和保护性复原活动
		改善	对历史建筑所进行的不改变外观特征,调整、完善内部布局及设施的建设活动
		整修	对与历史风貌有冲突的建(构)筑物和环境因素进行的改建活动
		整治	为体现历史文化名城和历史文化街区风貌完整性所进行的各项治理活动
	可分解要素		控制引导,编制下一层次保护规划
系统濡化措施	控制		对系统属性价值较高、且保存较好的现状要素,通过法律条文和区划规定,严格维护其本体及周边环境的结构、功能关系
	修复		对系统结构、功能真实、完整,但保存状况较差的情况,通过修复的方式,修正负面影响因素
	织补		针对结构、功能局部不完整的情况,采用空间串联、政策引导等织补性措施,强化系统完整性
	延续		通过历史结构、功能、意识的延伸,强化与系统环境的交互
	发展		塑造具有传统文脉分形性质的空间结构、功能,实现濡化社会的目标

11.3.2.3　参比选取

城镇文化遗产保护措施的选取,取决于保护价值的评估结果。在以往的保护措施选取中存在两个方面的问题:

一是依据最后的分值确定相对应的保护措施,而不对不同属性特征加以区分,往往造成了保护措施针对性的错位。如 A、B 两类特定保护对象,A 由较高的系统价值和较低的要素价值构成,B 由较低的要素价值和较高的系统价值构成。两者虽然具有相同的评估分值,但实际具有不同的价值特性。应采取差异性而非统一的保护措施。

二是重视要素评估指标,而轻视系统评估指标。在以往的历史文化遗产评估体系中,系统性评估的指标往往与要素评估指标相结合,且在权重上比重较轻。如南京建筑类资源评估体系中的环境区位影响指标部分,被赋予 30% 的权重,为要素价值(历史、科学、艺术价值)的 1/2。

在城镇文化遗产的系统性保护体系建构的目标前提下,系统价值是决定最终措施选取的基础,这与由本体价值属性决定的文物保护原则有很大的区别。假如系统价值超过一定分值,意味着要素对于系统有不可替代的重要意义,本体哪怕已经湮灭,也可以基于系统价值的理由,予以修复或重建,如梁思成对杭州六和塔的复原计划。对于本体质量很差的、需要予以拆除的要素,也可以依据系统价值的理由,予以保护。由此,系统价值成为保护措施调整的重要参量和比照。

要素价值也是一个重要的参比指标。系统由要素构成,要素属性必然影响系统属性。尤其是对于城镇文化遗产保护系统而言,要素保护不但是系统保护的基础,也是最具有权威性和公认度的保护理念,这也可以从南京老城南保护事件的争议中获得佐证。因而,要素价值也成为系统濡化措施调整的重要参数。

因而,城镇文化遗产保护措施的选取,应建立在系统指标体系(表11-12)和要素指标体系(表11-13)相对等关系的基础上,采用相互参照的方式选择保护措施。

表 11-12　遗产的系统保护价值及相应系统濡化措施选取

系统保护价值	系统濡化措施
高	控制
较高	修复、织补
一般	延续发展

表 11-13　遗产的要素保护价值及相应要素处置措施选取

要素保护价值	要素处置措施
高	修缮
较高	维修改善
一般	整修整治

系统保护价值和要素保护价值相互参照,然后决定保护措施(表11-14)。由于要素是经过文化残存遴选而产生的,因而杜绝了完全无意义的发生。即不可能存在既没有系统属性意义,也不具本体保护意义的要素。

表 11-14　基于遗产双重保护价值的保护措施选取

系统保护价值	要素保护价值	要素处置措施	系统濡化措施
高	一般	维修改善↑	控制
	较高	维修改善	控制
	高	修缮	控制
较高	一般	整修整治	修复、织补
	较高	维修改善	修复、织补
	高	修缮	控制↑
一般	一般	整修整治	延续发展
	较高	整修整治↓	延续发展
	高	修缮	修复、织补↑

11.4 优化措施三：基于价值监控的发展模式

保护措施,不论是修缮还是控制,都意味着干预。对于一个整体的系统而言,干预不仅关系到所涉及的要素,而且会影响到被干预要素所存在的系统环境。对于混沌运动而言,"蝴蝶效应"可能带来两个严重后果:

一方面是文化心理上的断裂。任何社会文化研究都会对调查对象产生影响,所产生的调查结果很容易改变原有社会文化的轨迹,对实际的社区生态造成破坏和调查结论的偏差,如传统居住街区的功能转变,或者原住民的整体外迁等。如果文化心理发生断裂,则意味着系统的社会、文化心理延续性遭遇损失。

另一方面是系统环境的激变。干预使城镇文化遗产的资源价值提升,不但能带来所预期的成效,还能带来相应的社会、经济、人文环境变化。激烈的环境变化,将会反作用于城镇文化遗产的生态系统,造成社会文化价值体系的再度失衡,进而影响到社会行为模式。如过度的商业开发行为破坏原有的生活环境风貌。

因而,要实现城镇文化遗产保护的可持续发展,就必须建立基于价值监控的发展模式,维护价值内涵的稳定,允许外延形态的嬗变。

11.4.1 资源价值的发展评估

11.4.1.1 发展评估的目标

发展评估的目标是为了确定文化遗产资源的发展趋势与力度对城镇文化遗产系统真实性、完整性和延续性的影响,了解大众所感受的变迁需求,设计合乎文化需要、具有社会敏感度的变迁方式,为确定干预的力度、程序和城镇文化遗产资源监控指标的选取确定提供依据。避免有害的政策或计划影响基本伦理原则,实现可持续发展。

因而评估并不是为了防止变化,而是为了将发展的变化控制在一定"度"的范畴内,实现系统的均衡运动。由此,以系统性为基础的发展评估,突破了文物保护聚焦文物本体的视角,转而强调控制系统结构、功能与协同性的迭代变化尺度,这意味着:

① 迭代的变化不一定意味着城镇文化遗产的生存风险或者破坏因素,只要不破坏系统结构、功能或协同性的运动模式,并且具有合理性认同,就承认其合法性。

② 文化遗产的监控结果,并不必然意味着干预的发生,也可能意味着对遗产价值或遗产本体范围的主观认识变化。

③ 对城镇文化遗产系统性的考察,意味着监控不但包括历史的真实

性、完整性,更关注文化的延续性。

11.4.1.2 资源价值的构成

发展评估的对象是城镇文化遗产系统的资源价值。资源价值指后代赋予的价值,如情感价值、经济价值、社会价值、使用价值、生态价值及环境价值等。资源价值是在现有社会意识结构下形成的价值体系,它的类型和价值量的大小决定了遗产可能的发展方向,它被社会需求选择、使用并消耗。

因而,资源价值的构成是发展评估的基础与对象。资源价值的构成可以根据遗产的实际效用进行针对性的分析后确定。核心内容是把所有从过去留存至今的文化物皆视为潜在的文化资源,在现在或未来具有潜在的价值或用途。在美国学者利佩的文化资源价值体系关系即此类思路建构的范例(图 11-8)。

资源价值的内容有较多的认识方法,如对俞孔坚等在《京杭大运河的完全价值观》一文中,认为大运河的价值除了文化遗产价值外的"区域城

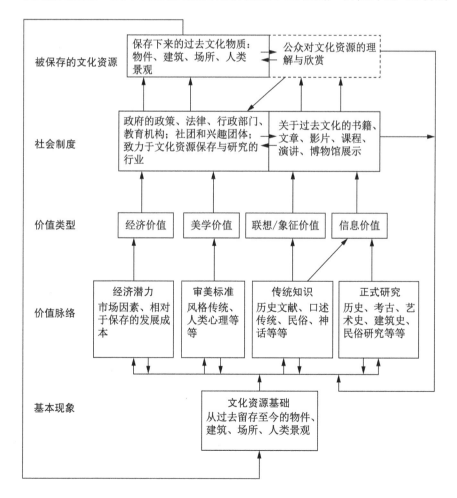

图 11-8 文化资源价值体系结构

资料来源:Lipe, 1984,转引自黄明玉博士论文《文化遗产的价值评估及记录建档》:59.

乡生产与生活基础设施的价值""中国东部国土生态安全和可持续发展的生态基础设施""未来联系南北和东部大量城镇的战略性休闲游憩廊道，是爱国主义和历史文化教育的重要资源，具有极其重要的身心再生和教育价值"等可视为文化遗产的经济价值、政治价值、社会价值、环境价值和教育价值等发展价值综合性的表述。可以总结为对于当代社会的"可用"价值，主要分为社会、经济两个方面。

经济需求类价值：这类价值在相关文化遗产价值研究的议题中都有所涉及，具体子目繁多。美国学者梅森将其划分为市场价值和非市场价值，其中非市场价值主要指财富价值，包括存在价值、遗赠价值和选择价值。弗雷(Bruno S. Frey)则更为仔细地划分为货币价值、选择价值、存在价值、遗赠价值和声望价值等。

社会需求类价值：社会价值也是相关研究中涉及最多的价值议题之一。一般包括精神价值、政治价值、教育价值三大类别，精神价值涉及情感、宗教等方面的内容，政治价值和教育价值根据不同的遗产类型有不同的内容界定。此外，根据社会关注的内容，还可以分为生态价值、环境价值等。

11.4.1.3 发展评估的内容

资源价值是在现有社会意识下形成的价值结构体系，只有加以利用才能产生价值量。没有被使用的资源价值并不对发展产生影响，如情感价值对社会的凝聚作用，如果不加以利用，那么资源的情感价值并不对资源产生正向或反向影响，只有当情感价值被利用，如居民自发保护、旅游项目的吸引因素等，才会对城镇文化遗产的发展产生影响。

资源价值的利用并不意味着本体价值的延续。资源价值与在历史上形成的不可变化的固化价值，并不属于同构系统，两者之间类似价值与使用价值的关系。因而，被选择、利用的资源价值将产生两种可能，一种是促进本体价值的增强，甚至促使价值外溢；另一种则可能利弊参半，其价值发展超过一定限度，将影响本体价值的真实结构信息传递。

因而评估包括发展趋势的协同度和本体价值的同构度两个内容，发展趋势协同度是本体价值同构度评估的前提。

(1) 发展协同度评估

考察资源价值的被选择可能与价值发展力度，分析遗产的资源价值与不同层面发展需求的契合度，从而判断资源价值的发展可能与力度。协同度越高，发展可能与力度越大。

以大运河无锡段保护为例，遗产河道均具有通航功能（表11-15）。其中四级航道1段，五级航道3段，六级航道3段，七级航道1段，其余均为等外航道。将航运交通等级与《无锡市航道网规划》相比较，可见遗产

表 11-15 大运河无锡段遗产河道航运功能一览表

序号	航道名称	航道起讫点		里程(km)	达到等级航道里程(km)						航道等级	
		起点	终点		三级	四级	五级	六级	七级	等外	现状	规划
运河本体	外围运河新运河	五牧	北望亭桥	39.2	39.2	—	—	—	—	—	—	—
	老运河	老鸦浜	黄埔墩	4.1	—	—	—	2.3	—	—	1.8	—
	古运河	江尖口	农资仓库	9.7	—	—	—	—	8.6	—	1.1	—
	锡澄运河（改线方案）	高桥	新沟河长江口	40	40	—	—	—	—	—	—	—
		黄昌河口	黄田港	11.14	—	—	11.14	—	—	—	—	—
	直湖港	闻江口	五牧口	20.4	—	20.4	—	—	—	—	—	—
	梁溪河	老鸦浜	犊山船闸	6.56	—	—	—	6.56	—	—	—	—
	曹王泾	—	—		—	—	—	—	—	—	9.5	—
	大小溪	—	—		—	—	—	—	—	—	—	—
	伯渎港	—	—	33.2	—	—	—	—	—	—	33.2	—

资料来源：大运河无锡段遗产保护规划，2008

河道的航运等级调整中，锡澄运河变动最大，由原五级航道调整为三级航道，4处河道等级上升一级，3处航道不变，2处航道等级下降。可见，5处河道具有等级提升和航道拓宽的发展计划。

采用增长率法进行河道预测。首先分析历年项目影响区货运量增长与经济增长的相关关系，计算其历史弹性系数，并据此估计未来货运量与经济增长的相关关系，即未来弹性系数。

以货运量的变化率和GDP的变化率之比作为货运量对经济指标的弹性系数。

$$e = \frac{I_R}{I_E} \tag{11-1}$$

式(11-1)中，e 为弹性系数；I_R 为货运量增长率；I_E 为GDP增长率。

据计算，运河本体货运量的历史弹性系数为0.42。根据预测，由于航道网络的形成，会分流一些运河本体的流量，因此未来特征年2020年的弹性系数比历史年有所减少，年平均货运量增长率也有所减少，因此，规划特征年运河本体的货运交通量为：

$$Y_n = Y_0 \times (1 + I_R)^n \tag{11-2}$$

式(11-2)中，Y_n 为规划特征年货运量(万吨)；Y_0 为基年货运量(万吨)；据此推算，2020年运河本体的货运量为21 449万吨。

然后，引入航道拥挤度指标，判断航道建设对水运需求的适应程度以及航道网本身的运输能力和服务水平。航道网拥挤度 δ 按下式计算。

$$\delta = \frac{V}{C} = \frac{\sum L_i \cdot V_i}{\sum L_i \cdot C_i} \quad (11\text{-}3)$$

式(11-3)中，L_i 为各条航道的里程数量(km)；V_i 为各条航道的现状或规划运输量；C_i 为各条航道的通航能力，随着航道等级的提升通行能力逐步提高。

在一般情况下，$\delta \leqslant 0.7$ 为航道畅通性很好，能负荷指定的运输量，具有较大的潜力；$0.7 < \delta < 1.0$ 为航道畅通性尚可，但趋于饱和；$\delta > 1.0$ 为航道拥挤。

通过计算可得出大运河无锡段航运资源价值的发展协同度高：

① 2020 年随着运河本体"四改三"工程的实施竣工，三级航道的通行能力将基本能满足规划年的货流密度需求，拥挤度可达到 0.76，畅通性尚可接受。

② 在远景年，随着货运密度的继续增加，三级航道的通行能力会接近饱和，因此需要考虑远景改建为二级航道的可能性。

在南京城镇文化遗产保护中也做了相似的尝试。通过分析发现，在"文化南京"的发展目标下，将文化遗产公共资源化，以形成具有竞争力的文化资源，是南京城镇文化遗产的主要利用方式。

"利用中保护"是规划部门保护利用体系的重要理念，"亮""用""串"则是这一理念的具体落实。这三个方面都是在建设城市公共活动空间的历史文化，即对文物资源的利用，就是将其纳入城市公共活动空间。城市公共活动空间的建设是政府主导的建设空间，将历史文化纳入公共活动空间利用，是确保保护利用和城市发展、风貌改善相一致的有效途径，并能快速实现规划意图。

因而城镇文化遗产可以从公共资源化的可能性角度，将遗产的资源价值按与发展趋势协同度分为高、中、低三个等级。

(2) 价值同构度评估

考察资源价值利用对遗产系统的影响程度，分析可变的资源价值与不可变的本体价值的契合度。契合度越高，其对系统保护的正向影响越大，负向影响的干预临界值越高。评估的标准依然是系统关系的真实性、系统结构的完整性与系统运行的延续性。

以大运河无锡段的河道保护为例，航运价值是大运河遗产的重要历史功能之一，它的利用在一定程度上强化了遗产的本体价值内涵。然而现代航运交通的发展，尤其是河道的拓宽，将对河道指标产生不可逆的影

表 11-16 南京城镇文化遗产公共资源化的适应性评估指标体系

一级指标权重	二级指标	
	中观层面	微观层面
人文适应性 15%	公共资源化的目标是否与资源的情感价值相一致	开发建设目标是否与情感价值协同
空间适应性 20%	公共资源化是否会改变既有的空间形态	现有的开发建设计划与原有资源空间形态是否协同
功能适应性 25%	资源功能与公共资源化的功能需求是否协同	现有开发建设计划与资源功能是否协同
容量适应性 30%	公共资源化后的使用容量是否符合资源的承载力	开发建设容量与资源可承载的容量是否协同
开发建设的意向性 10%	是否是城市标志或文化共识 是否被纳入市级层面的保护计划	是否有开发、利用计划 是否被相关部门关注

响,而且会对两岸因袭古河道展开的各项活动遗存产生破坏。表明大运河无锡段航运资源价值的价值同构度等级为中。

而在南京城镇文化遗产保护中,情况就相对复杂化。在高速城市化和"文化南京"发展目标的双重作用下,南京城镇文化遗产可能具有两种发展趋势:

一是具有公共资源化价值的文化遗产资源,与城市发展需求一致,能获得较好的保护与利用,但需要注意防止过度利用的倾向。

二是缺乏公共资源化价值的文化遗产资源,可能面对二次开发的危机,很可能在发展中被破坏或自动湮灭,需要高度关注。

将以上的两种情况作为评估的上、下极限情况,建立城镇文化遗产的利用适应性评估指标体系(表 11-16):

一级指标体系包括人文适应性、空间适应性、功能适应性、容量适应性和开发建设的意向性 5 个指标。

二级指标体系分为中观和微观两个层面,中观层面关注公共资源化与遗产价值的协同性,而微观层面则针对具体的开发项目,评估遗产资源的适应性。

由于并不是所有遗产资源都有开发建设项目,因而微观层面的评估只是参照指标,用以判断具体的开发建设是否与城镇文化遗产的利用趋势相一致。将最后的评估结果分为高、中、低三级。

11.4.1.4 评估指标的选取

(1) 发展协同度指标

发展趋势分析可以分为三个层次。

宏观远期：从社会、经济、政治的发展需求分析城镇文化遗产保护环境的变化趋势，如区域、城镇、城市的发展战略，对资源价值的利用可能与力度。

中观中期：相同或相邻空间内的经济、社会、建设与规划信息，包括管理、制度、法规等内容，分析文化遗产存在环境的变化趋势对资源价值利用的可能性与力度。

微观近期：空间内的文化遗产自身发展面对的衰败、外溢现状趋势，社区、人口流动现状趋势，近期规划、建设、土地、计划等信息对资源价值利用的可能性与力度。

针对不同层次的发展趋势，协同度评估包括意识协同、空间协同、功能协同、容量协同四个部分的内容（表11-17）。

表11-17 发展协同度指标

评估目标	一级指标	二级指标		
		宏观层面	中观层面	微观层面
确定资源价值利用的可能性与力度	意识协同评估	现状人文意识的定位与发展定位 高度协同/协同/有差异/完全不同		
	空间协同评估	濡化空间形态与发展的空间需求 完全满足/能够满足/不满足/冲突		
	功能协同评估	濡化功能结构与发展功能 完全一致/几乎一致/不一致/冲突		
	容量协同评估	空间、人文心理可承载容量与发展趋势 完全协调/基本协调/不协调		

（2）价值同构度指标

资源价值与本体价值的同构度评估关注系统运行的结构同构、功能同构、协同同构三个方面的内容（表11-18）。

表11-18 价值同构度指标

评估目标	一级指标	二级指标
确定可利用资源价值的发展趋势对系统的影响程度	功能同构评估	功能构成、特性 完全一致/几乎一致/有差异/冲突
	结构同构评估	空间、景观、功能、意向结构 完全一致/几乎一致/有差异/冲突
	协同同构评估	空间形态、营建方式、景观风貌、自然环境与协同意向 完全一致/几乎一致/有差异/冲突

（3）权重确定原则

与发展趋势协同度指标中，一级指标中的容量协同指标＞空间协同指标＞功能协同指标＞意识协同指标；二级指标的不同层次具有不同的权重赋值，一般而言，宏观层面＜中观层面＜微观层面。

在本体价值同构度指标中，一级指标权重应与价值特色评估中的指标权重一致。

11.4.2 监控反馈的模式初构

监控是一种周期性的信息采集行为，对确定时间内、文化遗产系统运行中的要素及其结构关系动态变化信息进行收集、评估和判断：①为保护管理提供依据，提高管理决策的科学性；②评估城镇文化遗产系统保护管理工作的成效；③记录遗产地各个时期的变化数据，为开展科研工作提供资料。

监控反馈的目标应与基本价值体系相衔接，分析出可能发生涵化的指标，为下一阶段的行动决策提供依据。因此，监控反馈应以"文化遗产的价值态势"为监控对象，即映射基本价值体系的要素或结构的变化情况。

监控关注遗产面临的、可能会对其固有特性造成严重损害的潜在的危险。如法律保护地位变化；在遗产范围内实施的，或虽在其范围外但足以波及和威胁到该遗产项目；武装冲突的爆发或威胁；管理规划或管理系统不完善或未完全贯彻等。

虽然，城镇文化遗产的监控反馈机制必然要面对不同遗产特征、历史背景、发展条件的区别，所建构的指标体系和行动策略也必然有所区别，但从一般步骤来说，可以包括以下过程。

11.4.2.1 监控反馈模式的选取

（1）世界文化遗产监测类型

世界文化遗产监测一般采取系统监测和反应性监测两种方式。

系统监测是由世界文化遗产地主权国每年主动进行的检查和评估工作。《实施〈世界遗产公约〉操作指南》要求，缔约国每6年要向世界遗产委员会提交一份报告，就本国世界遗产保护状况作出详尽的说明，包括遗产的保存状况，主客观条件，一些重大举措的性质、内容及后果等。

反应性监测由世界遗产中心、联合国教科文组织的其他机构以及顾问成员进行，由他们根据从各方面了解到的线索进行考察和评估，就某些特定的世界遗产的保护状况向世界遗产委员会提出报告，再由委员会根据有关国际公约的条款做出相应的反应。包括要求缔约国就有关保护状况、发生的事件、所采取的措施及其对保护现状所产生的效应等，向委员会提交报告。

(2) 中国世界文化遗产监测类型

《中国世界文化遗产监测巡视管理办法》中提出日常监测、定期监测、反应性监测三种类型。其中日常监测由遗产地管理部门进行，定期与反应性监测由国家或省级文物行政部门负责或组织。

日常监测的内容包括文物本体保存状况，核心区和缓冲区内的自然、人为变化，周边地区开发对文物本体的影响，游客承载量等。

定期监测指每五年对世界文化遗产实行的系统监测以及每年对列入《濒危世界遗产名录》或者《中国世界文化遗产警示名单》的世界文化遗产进行的重点监测。

反应性监测是针对保护管理中出现的问题进行的一种专门监测，内容包括对威胁到遗产保护的异常情况或危险因素进行监测。

(3) 城镇文化遗产监控模式

规划部门主导进行的城镇文化遗产保护监控工作，参照以上的国内外经验，主要采取等级监控的模式。即通过对监控时间段落的控制，实现对城镇文化遗产的监控。这一模式与国际、国内的监测思路基本一致。

监控等级决定了不同监控指标下，数据采集的频度和精度，是监控方案设计的关键节点。可以根据资源和条件情况，以最小的代价和最大的收益为原则，选取最优的方案进行监控反馈和管理控制。一般而言，整个监控等级分为高频监控、常规监控、低频监控三级（表11-19）。

高频监控：适用于受到严重保护压力或者发生突发性的保护危机情况。监控频度和精度要求最高，一般依据面对的压力程度和遗产受到的损害程度，采用密集监测的方式。可采取1~2次/年的监控周期。

常规监控：适用于较稳定发展环境下的保护监控。监控频度和精度要求低于危机监控等级，依据遗产的自然、社会、经济等多方因素叠加而产生的稳定衰败率确定监控频度和精度。可采取1~2次/3年的监控周期。

低频监控：适用于拥有较好的保存环境条件、受发展影响较低的情况。如单位大院或军事禁区内的城市遗产，监控频度和精度可以适当降低。可采取1~2次/5年的监控周期。

(4) 监控模式的选取

资源价值的发展评估是划分监测等级和优先等级的依据。资源价值与发展趋势的协同度和本体价值同构度的协同度，以及两者之间的相互参照，决定监控等级。以大运河无锡段的保护来说，其与本体价值的同构度中，与发展趋势的协同度高，故而对运河的航运发展应采用高频监控的措施。

表 11-19 监控等级的确定

与本体价值的同构度	与发展趋势的协同度	监控等级
高	低	低频监控
	中	低频监控
	高	常规监控
中	低	低频监控
	中	常规监控
	高	高频监控
低	低	常规监控
	中	高频监控
	高	高频监控

11.4.2.2 监控反馈指标的构成

(1) 指标选取原则

监控指标的选取应基于发展影响评估的结果,确定需要重点监控的内容。文化遗产地的发展影响是确定监测指标的重要依据,它必须从系统的观点出发,全面观察文化遗产地价值载体的现状和所处环境,通过经验判断和科学实验与分析,遴选出必须作为监控对象的监控反馈指标体系。

首先,共性与个性结合原则。不同城市的不同遗产系统有各自所面临的特殊问题以及不同的社会、经济与文化环境差异,这决定了规划与管理的分歧,即系统运动初始值的差异决定了运行轨道的不同。因此,指标项目的选择虽有共性,但更重要的是自身特殊指标。在收集文化遗产监测指标过程中,应尽可能了解不同类型的文化遗产地的现状与发展趋势,使得收集的指标能更好、更全面地反映文化遗产系统的特征与问题。

其次,标准与多样共生原则。由于初始值的差异,监控指标所呈现的形式与内容可能具有较大的差异,具体的指标编制程序也可能不一致,但整个指标编制的过程都遵循着一定的理论方法与原则标准。因此,对监控指标的选取,不但应借鉴国际经验与理论方法,更应根据自身的实际情况选择合适的程序与方法。

(2) 监控指标构成

监控反馈要素应包括物质与非物质两个方面的内容。与现有的文化遗产保护监测指标体系相衔接,依据保护对象的基础价值体系和文化濡化目标,建立相应的指标体系。

以英国的"世界遗产监测指标工具草案"(Tool Kit for World Heritage Site Monitoring Indicators-DRAFT 2006)为例,整个监控指标体系由主题(theme)、指标(indicator)、测量方法(method of measurement)和理想结果(ideal status)4 个部分组成。30 个关键指标按照主题分为 5 大类:

① 保存(Conversation),包括了保护、遗产地状态、发展压力、变化、环境背景 5 个主题 9 个指标。

② 利用与阐释(Uses & Interpretation),包括人口、旅游、解说、教育、遗产意识 5 个主题 13 个指标。

③ 环境质量(Environmental Quality),包括交通、环保进程、气候变化 3 个主题 4 个指标。

④ 管理(Management),包括了世界遗产地管理与威胁 2 个主题 4 个指标。

⑤ 遗产地的特殊指标(Site Specific Indicators),由各遗产地在应用过程中根据各自的特殊情况再添加补充。此外,还有一系列的补充指标作为参考。

不同城镇文化遗产的监测指标可能会有较大的区别。由于城镇文化遗产系统的价值载体本身和保护环境的较大差异性,所选取的监测指标也必定有所不同。但不论是何种监测指标的选取,都必须建立在遗产本体及其相关环境的关系模式之上,包括价值指标和运行指标两大部分:

① 价值指标,包括受到发展较大影响的、包括个体属性与系统属性的价值特色指标。如构成文化遗产系统本体价值特征的相关指标,反映文化遗产系统与相关系统之间的影响或依赖程度的指标,一些无法回避的重要相关系统的特征指标,如生态环境系统(包括水环境和蝴蝶繁殖依赖的环境条件)之于云南的蝴蝶泉。

② 运行指标,指管理成效、实施成效、利用成效等保护措施指标。

11.4.2.3 监控反馈指标的采集

监控反馈的方式分为物质系统的监控反馈方法和非物质系统的监控反馈方法。

(1) 物质系统的监控反馈方法

物质系统监控反馈的技术手段依然在探索之中。"世界遗产监测"对遗产监测实践的技术总结中,"遗产信息系统的计算机化"与"卫星图像与地理信息系统"被作为两类主要的监控反馈技术。在大运河的保护中,物质系统的监控反馈技术采用了包括 VR-GIS 技术、遥感技术和全球定位导航系统的 3S 技术。

整个技术过程包括数据采集系统、数据传输和存储系统、数据处理系统三个部分,需要定期更新相关数据。监控的主要内容包括:

① 文化遗产保护要素存在状态监测，如建筑系统因素，包括文物表面病害、文物结构稳定性等因子。

② 文化遗产保护系统结构状态监测，如城市系统因素，包括功能布局、土地利用、街巷系统、公共服务等因子。

③ 文化遗产保护相关系统状态监测，如自然环境因素，包括温湿度变化、光照、大气、水和土壤等因子。

④ 其他相关内容。

(2) 非物质系统的监控反馈方法

技术工具虽然有用，但在社会经济文化不断变化的背景下，法律、社会及经济机制同社会的态度正逐渐形成一个整体的监测目标，技术与工具本身并不足以监测遗产地的这种复杂性。因此，虽然技术与工具能够极大地帮助与加强遗产的监测活动，但不能够取代整个监测的活动进程。因此，对于非物质领域的监控不但必要，而且更具意义。

非物质系统的监控反馈方法主要为人类学方法，包括以下措施：

① 定期重访　针对某个社区、区域或其他单位的长时间研究，包括定期的社会问卷调查、座谈、访谈等REAP调查方法。

② 建立资料库　新进的研究者以先前学者的接触与发现为基础，以增进关于当地人如何适应与经营新环境的知识，以实现长期持续的研究。

③ 确定重要文化报道人　每一个社群都有某些人，由于他们的机运、经验、天分或训练，而能提供某些生活面向的全部讯息或有用讯息。在一般情况下，主要依赖于社区、街道的工作人员，也可以指定社区内的相关人员。

④ 建立社区系谱　早期研究者发展出系谱记号与象征，来研究亲属、继嗣与婚姻。社区系谱指居民相对稳定的社会关系网络，以了解社会关系并重建历史。

⑤ 设立长期的公众参与渠道　通过相应制度安排，如电话、E-mail、微博等大众电子媒介和信箱、专访、报道等传统媒介方式，确保公众意见的长期表达。

此外，在条件允许的前提下，还可以包括参与式的田野调查，对于日常行为的直接、第一手的观察，记录在各种场合观察的个人行为与集体行为。

11.4.2.4　保护干预措施的制定

针对监控反馈的等级和可能面对的保护危机，提出不同力度的干预措施。干预措施可以包括分类和分级两种情况。

分类，适用于要素较少、情况较简单的情况。一般通过权宜比较，确定价值因素的优先度，继而确定干预措施的类型与力度。如在大运河无

表 11-20　大运河无锡段航运价值保护干预措施

河道名称	聚落名称	主导因素	干预措施
锡澄运河	洛社镇沿河区域	航运	避让南侧的洛社镇,外围运河需向北侧拓宽
古运河	前后蔡家弄、接官亭弄	保护	禁止货运航行,保留现有河道,发展旅游航运
老运河	清名桥历史街区	保护	禁止货运航行,保留现有河道,发展旅游航运
	淘沙巷	保护	禁止货运航行,保留现有河道,发展旅游航运
泰伯渎	梅里古镇	保护	保留现有河道、限制航道拓宽

资料来源:大运河无锡段遗产保护规划,2008

锡段的保护中,对不同河道航运价值的保护与发展临界因素进行判断后,再制定干预措施(表 11-20)。对于协调主导因素是交通的,应该以延续河道的航运功能为前提,采取相应措施保护沿线遗产点或采取适当避让措施。对于协调主导因素是保护的,应该以保护点的保护为前提,限制航运发展。

分级,一般针对多种因素交叠的复杂情况。通过明确主要涵化因素,评估该因素对遗产价值的影响程度,划分适应性等级,以建构相应的干预措施。如在南京城镇文化遗产保护中,通过评估得到公共资源化具有高、中和低三个等级,根据三个不同的适应性等级应采取不同的干预措施。

第一等级:应积极谋求开发和建设项目的引入,发挥遗产资源的城市文化价值。对利用项目应进行微观层面的发展评估,定期展开利用反馈,防止过度利用的情况发生。

第二等级:有选择地进行开发和建设,探索适应性的保护途径。对利用项目进行严格的发展评估和实施可行性评估,建议进行常规监控,防止对遗产的破坏发生。

第三等级:进行严格保护,不主张进行开发和利用。一旦利用,需要进行高频的监控,确定不损害遗产本体价值才可恢复常规监控。

附录 城镇文化遗产保护发展历程

联合国教科文组织(UNESCO)是推动和组织国际文化遗产保护的国际公共组织机构,主要以《保护世界文化和自然遗产公约》(Convention Concerning the Protection of the World Cultural and Natural Heritage,以下简称《公约》)为基础,由 UNESCO 世界遗产中心(World Heritage Centre,简称 WHC)负责组织与推动政府间的文化与自然遗产保护工作。

1976 年 11 月,UNESCO 为保证 1972 年《公约》的有效实施,成立了 WHC,并建立了《世界遗产名录》(World Heritage List,以下简称《名录》)。此后,WHC 的工作及其研究均围绕《公约》和《名录》展开,并通过每年一次的委员会大会,促进和推广国际文化遗产保护。《公约》制定的基本目的,是通过文化遗产保护的政府间合作,以实现 UNESCO 维护世界和平的目标。因而,《公约》在某种程度上是政治性而不是学术性文件。

国际城镇文化遗产保护的学术推动力量是三个不隶属于联合国教科文组织的、非政府的权威专业机构:国际古迹遗址理事会(International Council on Monuments and Sites,简称 ICOMOS)、世界自然保护联盟(International Union for Conservation of Nature,简称 IUCN)、国际文化财产保护与修复研究中心(International Centre for the Study of the Preservation and Restoration of Cultural Property,简称 ICCROM)。这些机构通过公约、宪章、建议等国际性法规文件的制定来展开工作并组织实施。其中,"遗址、历史地段、遗产地"(Sites)的保护,主要由建筑、考古、历史、工程等跨学科专业人士构成的组织 ICOMOS 组织并推动。在 1990 年代之前,ICOMOS 的遗产保护思想体现在以 1964 年《威尼斯宪章》(International Charter for the Conservation and Restoration of Monuments and Sites)为基础展开的一系列 ICOMOS 宪章、决议和宣言之中。

然而,随着文化遗产保护理念的不断进步,《公约》及《实施〈世界遗产公约〉操作指南》(Operational Guidelines for World Heritage Convention,以下简称《操作指南》)所建立的文化遗产保护基本准则和评估标准,逐渐超出了其作为操作手段的方法意义,培育了新的国际文化遗产保护理念——OUV(Outstanding Universal Value,突出普遍价值),成为政府与学术之间的共同平台。

2004 年,在《威尼斯宪章》颁布 40 年后,M. 佩策特(Michael Petzet)

在 ICOMOS 研究报告《关于保护和修复文件的国际宪章》(International Charters for Conservation and Restoration Documentation)中,对保护和修复国际宪章中所贯彻的保护原则进行了回顾与总结①。

报告对 1990 年代中后期(《威尼斯宪章》颁布后 30 年,关于废除或重新制定一个《威尼斯宪章》的质疑和争论做了一个总结。明确提出了《威尼斯宪章》及其所代表的文化遗产保护理念的历史性和阶段性意义,以及文化遗产保护发展的时代转向。认为《威尼斯宪章》应该被视为文化遗产保护过程中的、在其所处时代下的历史性文件,并且需要随着文化遗产保护运动的发展被不断地重新阐释。其重要作用在于成为世界各地政府所认同的道德准则,而不是具体的技术或概念标准。现在的文化遗产概念已经大大超出了 40 年前《威尼斯宪章》所定义的"Monument"概念,因而,在任何一个保护案例中都不应有关于原则的"教条战争(dogmatic wars)"。

报告指出,在未来的发展中,影响文化遗产保护的新纲领性文件是 1972 年的《保护世界文化和自然遗产公约》,《公约》对国际文化遗产保护的影响将大大超越 ICOMOS 的基础性文件《威尼斯宪章》的作用。在现代时代背景下的纪念物和遗址的保护是一个道德问题,虽然保护主义者坚持"保存至上(of preservation as the supreme principle)"的道德观念,但当前"纪念物崇拜(monument cult)"下的道德标准,更倾向于"连续性(continuity)"而不是"真实性(authenticity)"。

1 转型铺垫——从"纪念物(monument)"向"突出普遍价值(OUV)"的行动展开

WHC 组织开展的"全球战略"研究对国际文化遗产保护转型具有重要意义。1994 年,WHC 提出的"全球战略"(Global Strategy)将文化遗产保护的"纪念物(Monument)"视角,转向"人类文化学"倡导的多样性(Diversity)——"世界不同文化的物质证据"的概念,并以此对《公约》及其《操作指南》中的文化遗产相关条款进行了全面修订,从而影响了各个国家的文化遗产保护行动。

---

① Principles of Preservation: An introduction to the International Charters for Conservation and Restoration 40 Years after the Venice Charter; Michael Petzet(Translated from the German by Margaret Thomas Will and John Ziesemer);2004 年,该研究报告收集汇总了从 1931 年《雅典宪章》开始的 16 份关于保护和修复的国际宪章,相关宪章用英语、法语、德语三种语言按时间顺序排列。在宪章之前,M. 佩策特《威尼斯宪章》颁布后的 40 年期间,保护和修复国际宪章中所贯彻的保护原则进行了总结。总结文章分纪念物和遗址的完全真实性,保护、整治、更新和重建原则,保存、修缮和维护、修复和现代化、重建和迁移的原则,考古遗产、历史地段(聚落)及其他的古迹和遗址的保护原则,可逆性选择,《威尼斯宪章》40 年后保护的多元化趋势 6 个部分,对保护宪章、具体条款及其发展趋势做了回顾。

(1) 保护理念的转型及战略共识的达成

从 1990—1999 年的十年间,是 WHC 文化遗产保护理念转型的关键时期。期间,具有关键意义的是两次"全球战略"会议:

① 1994 理念的转型——1994 年"全球战略"专家会议

1994 年,WHC 和 ICOMOS 在 UNESCO 总部组织了代表世界遗产名录的"全球战略"和专题研究专家会议(Expert Meeting on the "Global Strategy" and Thematic Studies for a Representative World Heritage List),这是国际文化遗产保护重要转折的一个起步。

会议基于亨利·福里斯特·克利尔(Henry Forrester Cleere)《世界遗产公约 20 年》(*La Convention du Patrimoine mondial*, *vingt ans après*)的研究成果认为:世界文化遗产名录中文化遗产所基于的"纪念物(monumental)"概念,忽略了文化遗产兼有科学技术和心智情感概念的事实,比如包括了对人类社会历史的感知和理解。这一缺陷在过去 20 年中得到了深入认识。因此,不应建立一种僵化和严苛的世界遗产名录,而应充分考虑扩大和丰富且具有随着知识和观念发展而显现其价值的新型遗产。

会议提出的 7 条建议中的第 2 条指出,为了改变现有《世界遗产名录》(以下简称《名录》)的不平衡状态,必须弥补代表性空缺(gaps)的领域。这些领域必须从时间维度上的、广泛人类学视角加以考虑,包括"人类与土地共存"和"社会中的人类"2 大类 7 小类①。

随后在泰国普吉岛召开的第 18 届世界遗产大会通过了"建立具有代表性的、平衡的、可信的世界遗产名录的全球战略"的报告,以确保《名录》具有突出普遍价值的自然及文化的多元性。

② 共识的达成——1998 年阿姆斯特丹会议

1998 年,WHC 在荷兰阿姆斯特丹召开的"世界遗产全球战略会议"②,是《公约》演变过程中的一个重要台阶。

会议通过对相关研究报告和案例的分析,针对真实性/完整性的评价

---

① 人类与土地的共存(Human coexistence with the land)
——人类的移动(游牧、迁移)Movement of peoples (nomadism, migration);
——居住 Settlement;
——生存模式 Modes of subsistence;
——技术革新 Technological evolution。
社会中的人(Human beings in society);
——人类互动 Human interaction;
——文化共存 Cultural coexistence;
——精神性和创造力表达 Spirituality and creative expression。
② 《关于世界遗产全球策略的自主与文化遗产专家会议的报告》(Report on the World Heritage Global Strategy Natural and Cultural Heritage Expert Meeting, 25-29 March 1998, Amsterdam, The Netherlands)

标准、突出普遍价值(OUV)和《公约》与《名录》的可信性进行了讨论。结论如下：

首先，遗产评估标准的统一和调整，包括自然与文化遗产的评估标准统一，真实性与完整性标准和《操作指南》上十条标准的统一，以及在措辞上对评价标准进行调整并详细解释。

其次，基于突出普遍价值，展开"主题研究"。建议用人类学方法展开"突出普遍价值"的研究，发展具有普遍意义的文化遗产"主题研究"，并作为"全球战略"的一部分，进行推广。同时鼓励不同地域、不同类型的遗产申报，以实现"名录"的均衡。

最后，《公约》与《名录》的可信性。强调《公约》的严格性与权威性，要求各国政府不但要遵守《公约》，而且要加强保护与管理遗产的能力。强烈建议对已经列入名录的世界遗产，依据《操作指南》的条款，展开监测管理，以保障《名录》的可信度。

(2) 发展战略的制定及保护行动的展开

进入21世纪，世界文化遗产保护在达成理念转型的战略共识的基础上，展开保护实践领域的工作，其中的关键性会议如下：

① 战略的提出——2002年《世界遗产布达佩斯宣言》(Budapest Declaration on World Heritage)

2002年，在匈牙利布达佩斯召开的第26届世界遗产大会通过《世界遗产布达佩斯宣言》，对之前专家会议的成果进行总结，并被列入WHC的发展计划。

本次会议提出"全球战略"的"4C"战略：可信性(Credibility)、保护(Conservation)、能力建设(Capacity-Building)与沟通(Communication)，即建立可信的世界遗产名录，加强对遗产的保护，进行世界遗产管理和保护的能力建设，促进遗产各利益相关方的沟通。

"4C"战略是一个管理和执行战略。它是在国际文化遗产保护从"纪念物(monumental)"向人类学框架的转变，已经成为普遍、共识的基础上，为了在国际文化遗产保护实践中推广并落实，而提出的深化策略。

由此，《世界遗产布达佩斯宣言》应被视为世界文化遗产保护"全球战略"的新阶段，标志着国际文化遗产保护进入"操作管理"的新阶段。

② 行动的展开——2007年"5C"战略与遗产除名

2007年，在新西兰基督城召开的第31届世界遗产大会在"4C"战略的基础上增加了社区参与(Community)的内容，强调了社区对遗产保护的作用，以及遗产保护本身的社会性，提出了可信性(Credibility)、保护(Conservation)、能力建设(Capacity-Building)、沟通(Communication)、社区参与(Community)的"5C"战略。此外，会议通过了对世界自然遗产阿曼的阿拉伯羚羊保护区的除名决议。

本次会议是"全球战略"的一个进展性会议。除了社区参与(Community)作为与"操作管理"密切相关的内容而加以补充外,"除名决议"应被视为"全球战略"保护、监控和管理历程中,在实践上的重要一环。此后,2009年,因在保护区内修建大桥,世界文化遗产德国的德累斯顿易北河谷被除名。

(3) 小结

以上会议和文件精神,通过《操作指南》条款的修改和各国世界遗产的申报过程,被广泛推广和接受,带来了 UNESCO 及 ICOMOS 文化遗产保护文件的变化。

此后,WHC 通过组织各种专家会议和举行常规会议来深化与落实"全球战略"的目标。2010 年,第 34 届世界遗产大会提出让五大洲均衡拥有世界遗产,批准的 20 处自然与文化遗产中,15 个处于发展中国家,占 75%。2012 年世界遗产关注的主题是可持续发展与本地社区的作用,深化落实新增加的战略目标——社区参与(Community)。

2 转型实现——国际文化遗产保护文件的理念转变

国际文化遗产保护的理念,通过《操作指南》条款的修改和各国世界遗产的申报过程,被广泛推广和接受。UNESCO 及权威专业机构 ICOMOS 颁布的文化遗产保护文件的转型趋势,则进一步推进了国际文化遗产保护纲领性文件的转移。

1) 联合国教科文组织(UNESCO)

UNESCO 颁布的公约/协定(Conventions & Agreements)、宪章/宣言(Declarations)和建议(Recommendations)是国际文化遗产保护的纲领性、指引性文件。从 1946 年成立至今,UNESCO 共颁布涉及文化遗产保护的各类文件共 21 部(表 1),约占全部文件总数的 29%(21/73)。

从每 10 年间文化遗产类文件数量与比例情况来看(表 2,图 1),UNESCO 的文化遗产文件具有明显的阶段性特征。20 世纪的 10 年间文化遗产类文件比例均在 50% 以下,数量最高的是 1980 年代,为 7 件,比例最高的是 1970 年代,约达 36%;21 世纪初的 12 年中,文化遗产类文件数量与 20 世纪的最高值相当,为 7 件,但比重高达约 58%。

可见,2000 年以后的文化遗产保护文件,在文件数量、等级、比例等各个方面都达到其历史高峰。

公约/协定(Conventions & Agreements):共 6 部,占 21%(6/29)。

表1 UNESCO颁布的文化遗产保护文件一览表

年份	类别		
	公约/协定 (Conventions & Agreements)(件)	建议 (Recommendations)(件)	宪章/宣言 (Declarations)(件)
2011	—	历史城市景观建议书（巴黎2011.11.10） Recommendation on the Historic Urban Landscape	—
2005	保护和促进文化表现形式多样性公约（巴黎2005.10.20） Convention on the Protection and Promotion of the Diversity of Cultural Expressions	—	—
2003	保护非物质文化遗产公约（巴黎2003.10.17） Convention for the Safeguarding of the Intangible Cultural Heritage	—	关于蓄意破坏文化遗产问题的联合国教科文组织宣言（巴黎2003.10.17） UNESCO Declaration concerning the Intentional Destruction of Cultural Heritage 关于保护数字遗产的宪章（巴黎2003.10.15） Charter on the Preservation of Digital Heritage
2001	保护水下文化遗产公约（巴黎2001.11.2） Convention on the Protectionof the Underwater Cultural Heritage	—	世界文化多样性宣言（温哥华2001.11.2） Universal Declaration on Cultural Diversity
1989	—	保护传统文化与民俗建议书（巴黎1989.11.15） Recommendation on the Safeguarding of Traditional Culture and Folklore	—
1980	—	保护和保存活动影像建议书（贝尔格莱德1980.10.27） Recommendation for the Safeguarding and Preservation of Moving Images	—
1978	—	保护可移动文化财产的建议（巴黎1978.11.28） Recommendation for the Protection of Movable Cultural Property	—

续表 1

年份	类别		
	公约/协定 (Conventions & Agreements)(件)	建议 (Recommendations)(件)	宪章/宣言 (Declarations)(件)
1976	—	民众广泛参与和促进文化生活的建议书(内罗毕 1976.11.26) Recommendation on Participation by the People at Large in Cultural Life and their Contribution to It 关于国际文化财产交流建议书(内罗毕 1976.11.26) Recommendation concerning the International Exchange of Cultural Property 关于历史地区的保护及其当代作用的建议(内罗毕 1976.11.26) Recommendation concerning the Safeguarding and Contemporary Role of Historic Areas	—
1972	保护世界自然与文化遗产公约(巴黎 1972.11.16) Convention Concerning the Protection of the World Cultural and Natural Heritage	关于在国家层面保护自然与文化遗产的建议(巴黎 1972.11.16) Recommendation Concerning the Protection, at National Level, of the Cultural and Natural Heritage	—
1970	禁止和预防非法出口、进口和转移文化财产所有权途径的公约(巴黎 1970.11.14) Convention on the Means of Prohibiting and Preventing the Illicit Export, Import and Transfer of Ownership of Cultural Property	—	—
1968	—	关于保护公共或私人工程危害的文化财产的建议(巴黎 1968.11.19) Recommendation Concerning the Preservation of Cultural Property Endangered by Public or Private Works	—
1966	—	—	国际文化合作原则宣言(巴黎 1966.11.4) Declaration of Principles of International Cultural Co-operation

续表 1

年份	类别		
	公约/协定 (Conventions & Agreements)（件）	建议 (Recommendations)（件）	宪章/宣言 (Declarations)（件）
1964	—	禁止和预防非法出口、进口和转移文化财产所有权途径的建议书（巴黎 1964.11.19）Recommendation on the Means of Prohibiting and Preventing the Illicit Export, Import and Transfer of Ownership of Cultural Property	—
1962	—	关于保护景观和遗址的风貌与特性的建议（巴黎 1962.12.11）Recommendation Concerning the Safeguarding of Beauty and Character of Landscapes and Sites	—
1954	在发生武装事件与公约执行规定冲突时保护文化财产的公约（海牙 1954.5.14）Convention for the Protection of Cultural Property in the Event of Armed Conflict with Regulations for the Execution of the Convention	—	—

资料来源：联合国教科文组织世界遗产中心

表 2　UNESCO 各年代文化遗产保护文件数量统计表

时间	类别											
	公约/协定(Conventions & Agreements)			建议(Recommendations)			宪章/宣言(Declarations)			总计		
	遗产类（件）	总数（件）	比例（%）	遗产类（件）	总数（件）	比例（%）	遗产类（件）	总数（件）	比例（%）	遗产类（件）	总数（件）	比例（%）
2010 年至今	3	4	75	1	3	33	3	5	60	7	12	58
2000—2009 年	0	1	0	0	2	0	0	3	0	0	6	0
1990—1999 年	0	4	0	2	4	50	0	0	0	2	8	25
1980—1989 年	2	11	19	5	14	36	0	4	0	7	29	24
1970—1979 年	0	3	0	3	7	43	1	1	100	4	11	36
1960—1969 年	1	5	20	0	1	0	0	0	—	1	6	17
1950—1959 年	0	1	0	0	0	—	0	0	0	0	1	0
总计	6	29	21	11	31	35	4	13	31	21	73	29

资料来源：联合国教科文组织世界遗产中心

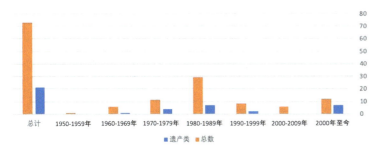
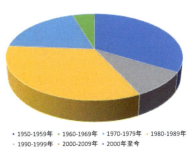

图1 UNESCO各年代文化遗产保护文件数量、比例示意图
资料来源：联合国教科文组织世界遗产中心

1950年、1954年和1970年颁布的3部公约主要关注文化财产的非法转移和战争破坏问题，是针对国际间文化财产处置行为的约束性条约；1972年《关于保护世界文化与自然遗产公约》成为首个针对和平时期自然文化遗产保护国际间的协作、支持和援助的条约，是具有实践行动意义的国际合作协定。以上文件占10年间的文件比例均在20%左右。

2000年之后颁布了《保护和促进文化表现形式多样性公约》(Convention on the Protection and Promotion of the Diversity of Cultural Expressions)、《保护非物质文化遗产公约》(Convention for the Safeguarding of the Intangible Cultural Heritage)和《保护水下文化遗产公约》(Convention on the Protection of Underwater Cultural Heritage)3部，占2000年以后的文化遗产保护文件的比例为75%。其中最为重要的是《保护和促进文化表现形式多样性公约》。

宪章/宣言(Declarations)：共4部，约占31%(4/13)。宪章/宣言(Declarations)除了1966年的《国际文化合作原则宣言》(Declaration of Principles of International Cultural Co-operation)外，其余3部宪章/宣言均在2000年以后颁布，包括《世界文化多样性宣言》(Universal Declaration on Cultural Diversity)、《关于蓄意破坏文化遗产问题的联合国教科文组织宣言》(UNESCO Declaration Concerning the International Destruction of Cultural Heritage)和《关于保护数字遗产的宪章》(Charter on the Preservation of Digital Heritage)。

建议(Recommendations)：共11部，约占35%(11/31)。1980年代的数量最多，达14件，包括《关于历史地区的保护及其当代作用的建议》(Recommendation Concerning the Safeguarding and Contemporary Role of Historic Areas)、《关于在国家层面保护自然与文化遗产的建议》(Recommendation Concerning the Protection, at National Level, of the Cultural and Natural Heritage)、《保护可移动文化遗产的建议》(Recommendation for the Protection of Movable Cultural Property)等文件。21世纪后仅2011年的《历史城市景观建议书》(Recommendation on the Historic

Urban Landscape)一份文件。

从文件内涵上看,2000年以后的文化遗产保护文件也发生了一些重要的改变:

(1) 文化遗产保护成为国际社会的共同道德准则

文化多样性是21世纪的世界性议题。1990年代,经济全球化带来的激烈的文化冲突开始引起广泛的关注。1993年,塞缪尔·菲利普斯·亨廷顿(Samuel Phillips Huntington)的《文明冲突》(*Clash of Civilization*)成为国际学术界普遍关注和争论的焦点,2001年"文明冲突"的现实案例——"9·11"事件爆发,使得世界可持续发展和国际间政治秩序重构成为UNESCO"实现国际和平与人类共同福利"宗旨的首要任务。

由此,文化多样性成为国际社会的发展共识。2000年,《联合国千年宣言》(United Nations Millennium Declaration)强调把文化作为一个战略要素纳入国家、国际发展政策和国际合作之中。2001年,在"9·11"事件之后不到2个月,UNESCO第31届大会通过《文化多样性宣言》(Universal Declaration on Cultural Diversity),将文化多样性视为人类共同的遗产,强调要保持文化多样性并将其视为发展的因素。2002年,联合国约翰内斯堡"可持续发展首脑会议"宣言指出,文化多样性是人类的集体力量,在可持续发展思想体系中具有重要价值。在此次会议上,法国总统希拉克提出,文化是"与经济、环境和社会并列的可持续发展的第四大支柱",该观点被广泛认同。

2003年,针对蓄意破坏文化遗产的巴米扬大佛事件,《关于蓄意破坏文化遗产问题的联合国教科文组织宣言》(UNESCO Declaration concerning the Intentional Destruction of Cultural Heritage)"中,国际社会对保护文化遗产重要性的普遍共识成为"与任何形式的蓄意破坏文化遗产的行为做斗争,使文化遗产能够代代相传的决心"的基础。

2005年,UNESCO第33届大会通过的《保护和促进文化表现形式多样性公约》(Convention on the Protection and Promotion of the Diversity of Cultural Expressions,下文简称《文化多样性公约》),正式将文化多样性原则纳入国际法律文书,成为国际社会普遍遵守的伦理道德。

较之1954年的《海牙公约》中基于"文化遗产的保存对世界各国人民都是非常重要"的态度,表明国际社会对于文化遗产保护的态度,已经不再局限于守护共同的价值范畴,而是拓展到道德、规则的层面,成为人的尊严和人权的组成部分。

(2) 文化重构了遗产概念的内涵与外延

2003年的《文化多样性宣言》和2005年的《文化多样性公约》[①]认为：文化多样性指各群体和社会借以表现其文化的多种不同形式，这些表现形式在他们内部及其间传承。文化多样性不仅体现在人类文化遗产通过丰富多彩的文化表现形式来表达、弘扬和传承的多种方式，也体现在借助各种方式和技术进行的艺术创造、生产、传播、销售和消费的多种方式。

由此，人类文化遗产的保护行为被视为文化多样性的重要组成部分，不但联系着过去的历史，而且表现于"表达、弘扬和传承"之中，基于各群体和社会内部的文化成为人类文化遗产保护的理念基础和措施依据。

文化遗产保护概念内涵的变化，带来其外延边界的重要改变，在UNESCO的文化遗产保护文件中，出现了两个非常明显的变化：

首先，非物质文化遗产的保护被正式列入国际公约中。

1950年日本颁布《文化财保护法》，首次提出无形文化遗产概念和"重要无形文化财持有者"及"人间国宝认证制度"的保护制度。这一概念被UNESCO采纳，于1982年成立保护民俗专家委员会，并在其机构中建立起"非物质遗产处"（Section for the Non-Physical Heritage）。

此后，非物质文化遗产的保护一直受国际版权法的制约。1973年，玻利维亚政府率先向UNESCO提出为《世界版权公约》增加一项关于保护民俗（Folklore）的《议定书》。当时虽未成功，但开启了非物质文化遗产保护的"16年辩论"，并在1989年，UNESCO第25届大会达成《保护传统文化与民俗建议书》（Recommendation on the Safeguarding of Traditional Culture and Folklore）。

1993年，UNESCO接受并通过了韩国提出的建立"人类活财富"（Living Human Treasure）的建议，并于1994年发布工作指南和行动计划，倡议保护"传承人"及其技艺。2002年《伊斯坦布尔宣言》正式将"非物质文化遗产"确定为《保护非物质文化遗产公约》（2003年10月）的法定用语，并明确了其定义、内容及保护措施。

2003年，《保护非物质文化遗产公约》（Convention for the Safeguarding of the Intangible Cultural Heritage）发布，共分为5章40条，提出了在国家和国际两个层面的保护措施与方法，和国际间合作与援助的模式。

[①] 《文化多样性公约》共分为6章27条。除了详细规定缔约方的权利和义务（第4章）、界定与其他法律文书的关系（第5章）和建立公约机构（第6章）之外，还确定了缔结《文化多样性公约》的9大目标和7大原则（第1章），对"文化多样性""文化内容""文化表现形式""文化活动、产品与服务""文化产业""文化政策和措施""保护"和"文化间性"8个概念进行了界定（第3章）。

《保护非物质文化遗产公约》认为：非物质文化遗产是文化多样性的熔炉，又是可持续发展的保证。与物质文化遗产和自然遗产之间具有内在相互依存的关系。非物质文化遗产指被各社区、群体，有时是个人，视为其文化遗产组成部分的各种社会实践、观念表述、表现形式、知识、技能以及相关的工具、实物、手工艺品和文化场所。这种非物质文化遗产世代相传，在各社区和群体适应周围环境以及与自然和历史的互动中，被不断地再创造，为这些社区和群体提供认同感和持续感，从而增强对文化多样性和人类创造力的尊重。非物质文化遗产包括口头传统和表现形式，表演艺术，社会实践、仪式、节庆活动，有关自然界和宇宙的知识和实践以及传统手工艺等。

其次，数字资源成为文化遗产的组成部分。

2003年，基于信息和创造性表达的资源生产、传播、使用和保存越来越多地采用数字化的形式，UNESCO颁布了《关于保护数字遗产的宪章》(Charter on the Preservation of Digital Heritage)"，从而产生了一种新的遗产类型，即数字遗产。

数字遗产由人类的知识和表达方式的独特资源组成。它包括以数字方式生成的或从现有的模拟资源转换成数字形式的，有关文化、教育、科学和行政管理的资源及有关技术、法律、医学及其他领域的信息。"原生数字"资源，除了数字形式外，别无其他形式。

数字遗产概念的提出，突破了关注于工艺和技术的传统遗产观念，认同遗产的形成是一种人类文化的发展过程。近代化与现代化及其带来的社会、经济、技术变革，都在文化的视野中，成为文化遗产的涉足领域。

(3) 文化遗产保护首次成为一项全球的公共政策课题

"为了更好地设计城市遗产保护战略并将其纳入整体可持续发展的更广泛目标，以支持旨在维持和改善人类环境质量的政府行动和私人行动，"[①]2011年，UNESCO通过了《历史城市景观建议书》(Recommendation on the Historic Urban Landscape)，"通过考虑其自然形状的相互联系、其空间布局和联系、其自然特征和环境，以及其社会、文化和经济价值。为在城市大背景下识别、保护和管理历史区域提出了一种景观方法"。[②]

需要特别指出的是，《历史城市景观建议书》提出的是城镇文化遗产保护的系统性方法，而不是针对一个新的或是某一特定遗产类型的保护

---

① 引自《关于城市历史景观的建议书(中文版)》，UNESCO，2011.11
② 同上。

建议。在 UNESCO 的文化遗产文件中，这是首个国际道德法规层面的、以公共政策形式进行保护的建议性文件，而不是针对特定遗产类型或保护行为提出的建议或协议性文件。

这一方法涉及保护治理、管理与政策等方面，包括：

① 对历史城市的自然、文化和人文资源进行普查并绘制分布地图；

② 通过参与性规划以及与利益攸关方磋商，就哪些是需要保护以传之后代的价值达成共识，并查明承载这些价值的特征；

③ 评估这些特征面对社会经济压力和气候变化影响时的脆弱性；

④ 将城市遗产价值和它们的脆弱性纳入更广泛的城市发展框架，这一框架应标明在规划、设计和实施开发项目时需要特别注意的遗产敏感区域；

⑤ 对保护和开发行动排列优先顺序；

⑥ 为每个确认的保护和开发项目建立合适的相应伙伴关系和当地管理框架，为公共和私营部门不同主体间的各种活动制定协调机制。

同时，《历史城市景观建议书》特别提及协调涉及不同利益相关者（包括在地方、国家、地区、国际各级参与城市发展进程的政府和私人行动者）的手段：

① 公民参与手段应让各部门的利益攸关者参与进来，并赋予他们权力，让他们能够查明其所属城区的重要价值，形成反映城区多样性的愿景，确立目标，就保护期遗产和促进可持续发展的行动达成一致。作为城市治理动态的一个组成部分，这些手段应通过借鉴各个社区的历史、传统、价值观、需要和向往以及促进相互冲突的不同利益和群体间的调解和谈判手段，为文化间对话提供便利。

② 知识和规划手段应有助于维护城市遗产属性的完整性和真实性。这些手段还应考虑对文化意义及多样性的承认，规定对变化进行监督和管理以改善生活质量和城市空间的质量。这些手段将包括记录和绘制文化特征和自然特征。应利用遗产评估、社会评估和环境评估来支持和方便可持续发展框架内的决策工作。

③ 监管制度应反映当地条件，可包括旨在维护和管理城市遗产的有形和无形特征，包括其社会、环境和文化价值的立法措施和监管措施。必要时应承认和加强传统和习俗。

④ 财务手段应旨在建设能力和支持植根于传统的能创造收入的创新发展模式。除了来自国际机构的政府资金和全球资金，应有效利用财务手段来促进地方一级的私人投资。支持地方事业的小额贷款和其他灵活融资以及各种合作模式对于城市历史景观方法在财务方面的可持续性具有重要作用。

2) 国际古迹遗址理事会（ICOMOS）

每 2 年 1 届的 ICOMOS 大会①通过宪章（Charter）、决议（Resolutions）和宣言（Declarations）推广其保护理念，使之成为文化遗产保护学术界的共识文件，并影响各国政府的保护行为（如《威尼斯宪章》）。其中的部分文件（如《维也纳备忘录》）被 UNESCO 或 WHC 接受，而成为国际政府间文化遗产保护的纲领性文件。

ICOMOS 的保护文件分为四个类型：由 ICOMOS 大会通过的宪章（Charter）、决议和宣言（Resolutions & Declarations）、ICOMOS 国家委员会接受的宪章（Charters Adopted by ICOMOS National Committees）以及被 ICOMOS 认同的其他文化遗产保护文件（Other International Standards）。

从 1965 年成立至今，ICOMOS 颁布或认同的文化遗产保护文件共 46 件（不包括 UNESCO 的相关文件）（表 3）。其中宪章（Charter）18 件，决议和宣言（Resolutions & Declarations）17 件，ICOMOS 国家委员会接受的宪章（Charter）7 件、被 ICOMOS 认同的其他文化遗产保护文件 4 件。

从各年代间文化遗产类文件数量与比例情况来看（图 2），1990 年代是重要的发展时期。从 1990 年代开始，文化遗产保护的相关文件迅速增多，接近全部文件总数量的 1/5；2000 年代达到顶峰，约占全文件总数量的 1/3，文件数量超过 10 件；2010 年代依然保持了较高的数量和比例；而 2010 年后的短短 2 年内，颁布的文件数量（3 件）超过整个 1970 年代的文件总数。

表 3　ICOMOS 各年代文化遗产保护文件统计一览表

时间	类别				总计（件）	比例（%）
	ICOMOS 大会通过的宪章（Charter）（件）	决议和宣言（Resolutions & Declarations）（件）	ICOMOS 国家委员会接受的宪章（Charter）（件）	其他文化遗产保护文件（Other）（件）		
1960 年以前	—	—	—	1	1	2.2
1960—1969 年	1	—	—	1	2	4.3
1970—1979 年	—	2	—	2	4	8.7
1980—1989 年	2	3	4	—	9	19.6
1990—1999 年	5	5	3	—	13	28.3
2000—2009 年	4	3	—	—	7	15.2
2010 年迄今	6	4	—	—	10	21.7
总计	18	17	7	4	46	100%

资料来源：国际古迹遗址理事会（ICOMOS），https://www.icomos.org/en/resources/charters-and-texts

---

① 关于 ICOMOS 大会主题，在张松教授的《城市文化遗产保护国际宪章与国内法规选编》第 5 页中已经做了总结，本文在此基础上补充第 16 和第 17 次会议的主题：16th ICOMOS General Assembly and International Symposium: "Finding the spirit of place -between the tangible and the intangible", 29 sept -4 oct 2008, Quebec, Canada; 17th ICOMOS General Assembly and Scientific Symposium: "Heritage, driver of development" 27 November-2 December 2011, Paris, France。

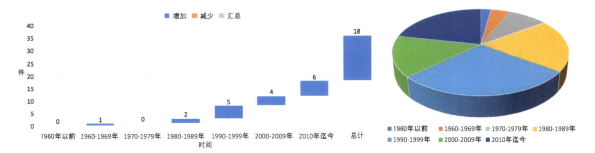

图 2 ICOMOS 各年代文化遗产保护文件数量、比例示意图
资料来源：国际古迹遗址理事会（ICOMOS），https://www.icomos.org/en/resources/charters-and-texts

从文件内容看，ICOMOS 文化遗产保护文件呈现越来越综合、系统的趋势（表4）。1990 年之前的 16 件文件，主要涉及遗产类型阐释（68.8%）和欧洲文化遗产保护经验借鉴（18.8%）两大部分，且前者占绝对比重。1990 年之后的 30 件文件内容则趋向均衡，关注不同地域的保护特征（10.0%）、遗产类型阐释（30.0%）、技术准则制定（30.0%）和发展管理模式（30.0%）4 项内容，具体表现为地域扩大化、类型复合化、准则多元化、模式政策化的特征。近期尤其关注社会领域对于遗产的作用和影响。

表 4 ICOMOS 颁布的文化遗产保护文件一览表

	序号	年份	文件名称
ICOMOS 遗产大会通过的宪章（Charters）	1	1964	保存和修复纪念物和遗址的国际宪章（威尼斯宪章） International Charter for the Conservation and Restoration of Monuments and Sites（Venice Charter）
	2	1982	历史园林（佛罗伦萨宪章） Historic Gardens and Landscape（The Florence Charter）
	3	1987	历史文化城镇地区保护宪章（华盛顿宪章）Charter for the Conservation of Historic Towns and Urban Areas（Washington Charter）
	4	1990	考古遗产保护和管理宪章 Charter for the Protection and Management of the Archaeological Heritage
	5	1996	水下文化遗产保护和管理宪章 Charter on the Protection and Management of Underwater Cultural Heritage
	6	1999	国际文化旅游宪章——遗产地旅游管理的重要性 International Cultural Tourism Charter—Managing Tourism at Places of Heritage Significance）
	7	1999	传统木结构保护准则 Principles for the Preservation of Historic Timber Structures
	8	1999	关于建立乡土遗产的宪章 Charter on the Built Vernacular Heritage
	9	2003	ICOMOS 宪章——建筑遗产分析、保护和结构修复的原则 ICOMOS Charter—Principles for the Analysis, Conservation and Structural Restoration of Architectural Heritage

续表 4

	序号	时间	文件名称
ICOMOS 遗产大会通过的宪章（Charters）	10	2003	壁画保存和保护修复的 ICOMOS 准则 Principles for the Preservation and Conservation/Restoration of Wall Paintings
	11	2008	文化线路的 ICOMOS 宪章 ICOMOS Charter on Cultural Routes
	12	2008	阐述与展示文化遗产地的宪章 ICOMOS Charter on the Interpretation and Presentation of Cultural Heritage Sites
	13	2011	关于保护工业遗产场所、结构、地区和景观的 TICCIH 准则—ICOMOS 联合发表 Joint ICOMOS-TICCIH Principles for the Conservation of Industrial Heritage Sites, Structures, Areas and Landscapes
	14	2011	关于历史城镇和城区维护与管理的瓦莱塔原则 The Valletta Principles for the Safeguarding and Management of Historic Cities, Towns and Urban Areas
	15	2017	关于乡村景观遗产的准则 ICOMOS-IFLA Principles concerning Rural Landscapes as Heritage
	16	2017	关于历史城市公园文件 Document on Historic Urban Public Parks
	17	2017	萨拉拉公共考古遗址管理指南 Salalah Guidelines for the Management of Public Archaeological Sites
	18	2017	木质建筑遗产保护原则 Principles for the Conservation of Wooden Built Heritage
决议和宣言（Resolutions & Declarations）	1	1972	在古建筑群中引入现代建筑的研讨会决议 Resolutions of the Symposium on the Introduction of Contemporary Architecture into Ancient Groups of Buildings
	2	1975	关于保护小型历史城镇的国际研讨会决议 Resolutions of the International Symposium on the Conservation of Smaller Historic Towns
	3	1982	ICOMOS 关于小聚落再生的特拉斯卡拉宣言 ICOMOS Declaration of Tlaxcala on the Revitalization of Small Settlements
	4	1982	重建被战争破坏古迹的德累斯顿宣言（德累斯顿宣言） Declaration of Dresden on the Reconstruction of Monuments Destroyed by War
	5	1983	罗马宣言 Declaration of Rome
	6	1993	关于古迹、遗产群和遗址保护的教育和培训指南 Guidelines for Education and Training in the Conservation of Monuments, Ensembles and Sites

续表 4

	序号	时间	文件名称
决议和宣言 Resolutions & Declarations	7	1994	奈良真实性文件 The Nara Document on Authenticity
	8	1996	圣安东尼奥宣言 The Declaration of San Antonio
	9	1996	关于古迹、建筑群和遗址的记录准则 Principles for the Recording of Monuments, Groups of Buildings and Sites
	10	1998	斯德哥尔摩宣言：ICOMOS纪念《世界人权宣言》50周年的宣言 The Stockholm Declaration：Declaration of ICOMOS marking the 50th Anniversary of the Universal Declaration of Human Rights
	11	2005	关于保护遗产结构、场所和区域环境的西安宣言 Xi'an Declaration on the Conservation of the Setting of Heritage Structures, Sites and Areas
	12	2008	关于保存场所精神的魁北克宣言 The Quebec Declaration on the Preservation of the Spirit of the Place
	13	2010	关于文化遗产风险管理的利马宣言 Lima Declaration for Disaster Risk Management of Cultural Heritage
	14	2011	关于遗产作为发展驱动力的巴黎宣言 The Paris Declaration on Heritage as a Driver of Development
	15	2014	佛罗伦萨宣言（社区、文化遗产与景观） Florence Declaration (The Community, Cultural Heritage and Landscape)
	16	2017	关于遗产与民主的德里宣言 Delhi Declaration on Heritage and Democracy
	17	2018	纪念《世界人权宣言》70周年的布宜诺斯艾利斯宣言 Buenos Aires Declaration marking the 70th Anniversary of the Universal Declaration of Human Rights
ICOMOS国家委员会接受的宪章 (Charters Adopted by ICOMOS National Committees)	1	1979/1999 (ICOMOS澳大利亚)	保护文化场所重要性的澳大利亚ICOMOS宪章（巴拉宪章） The Australia ICOMOS Charter for the Conservation of Places of Cultural Significance
	2	1982 (ICOMOS加拿大)	魁北克遗产保存宪章（德尚博宣言） Charter for the Preservation of Quebec's Heritage (Deschambault Declaration)
	3	1983 (ICOMOS加拿大)	建筑环境保护和增强的阿普尔顿宪章 Appleton Charter for the Protection and Enhancement of the Built Environment

续表 4

	序号	时间	文件名称
ICOMOS 国家委员会接受的宪章 (Charters Adopted by ICOMOS National Committees)	4	1987（ICOMOS 巴西）	第一次关于保护和复兴历史城镇中心的巴西会议 First Brazilian Seminar about the Preservation and Revitalization of Historic Centers
	5	2004（ICOMOS 中国）	中国文物古迹保护准则 Principles for the Conservation of Heritage Sites in China
	6	2003（ICOMOS 印度尼西亚）	文化遗产保护的印度尼西亚宣言 Indonesia Charter for Heritage Conservation
	7	2010（ICOMOS 新西兰）	保护具有文化遗产价值的地点的宪章 Charter for the Conservation of Places of Cultural Heritage Value
其他文化遗产保护文件 (Other International Standards)	1	1931（雅典会议）	关于历史性纪念物修复的雅典宪章 Athens Charter for the Restoration of Historic Monuments
	2	1967（厄瓜多尔基多会议）	关于保护和利用古迹和遗址艺术和历史价值的基多会议报告(基多准则) The Norms of Quito, Final Report of the Meeting on the Preservation and Utilization of Monuments and Sites of Artistic and historical Value
	3	1975（欧洲建筑遗产大会）	阿姆斯特丹宣言 Declaration of Amsterdam
	4	1975（欧洲理事会）	关于建筑遗产的欧洲宪章 European Charter of the Architectural Heritage

资料来源：国际古迹遗址理事会(ICOMOS)，https://www.icomos.org/en/resources/charters-and-texts

（1）保护理念从"技术核心"转变为"多元系统"

1980 年代以前，欧洲文化遗产保护文件是 ICOMOS 研究并关注的重要内容，在 4 份 1990 年以前的其他文化遗产保护文件中，3 份是欧洲文化遗产保护文件。

1990 年代以后，大洋洲的澳大利亚和新西兰、美洲的加拿大等新兴国家的文化遗产保护文件成为重要的内容，约占 1990 年代文化遗产保护数量的 44%；2010 年代，美洲的巴西、亚洲的中国和印度尼西亚等发展中国家的地域性的文化遗产保护宪章也被纳入，约占 10 年间文化遗产保护数量的 23%。

《阿姆斯特丹宣言》和《关于建筑遗产的欧洲宪章》

1975 年的欧洲建筑遗产年产生的 2 份文化遗产保护文件，对城镇文化遗产的保护具有决定性的意义。它并没有局限于《威尼斯宪章》中类似于单体纪念物的保护模式,而是提出了"整体性保护"的概念。认为整体性保护依赖于法律、管理、财政和技术的全面支持,不但是地方机构的责任,也应唤起公众的参与。

从某种意义上说,这两份文化遗产文件是具有公共政策取向的保护法规,但在以技术保护为核心内容的1980年代,这样的文件并没有被吸纳到ICOMOS的体系之中,反而是UNESCO1976年的《内罗毕建议》中,采纳了相关的观点。

直到1987年,ICOMOS才通过了另一份文化遗产保护文件——《华盛顿宪章》作为《威尼斯宪章》的补充文件,增加了整体保护的内容。而如今,这两份文件已经成为ICOMOS认可的重要文件。

《保护文化场所重要性的澳大利亚ICOMOS宪章(巴拉宪章)》

《巴拉宪章》是对《威尼斯宪章》保护理念进一步发展的重要文件。《巴拉宪章》的重要意义在于,新兴国家在发掘自身文化身份的过程中,突破了欧洲历史观念的束缚,建立了新的文明史观,并以此发展了文化遗产保护的理念,提出了具有文化意义的场所概念。

这一概念与《威尼斯宪章》中"历史古迹"中的"城市或乡村环境"不同,它以"具有美学、历史、科学或社会价值的某种特殊的形态或印记的文化意义"为准则,"场所"则是一种没有确定边界的复合性遗产概念,包括"场所、地区、土地、景观、建筑物(群)或其他作品,同时可能包括构成元素、内容、空间和景致",并鼓励更广泛的诠释。

由此产生了一种非欧洲的遗产定义方式,即遗产并不是某一种理念或模型的杰出性代表,而成为某种或某类文化的独特性(创造性)象征。而以此为基点,文化遗产保护在文化多样性的概念框架下开始转型。

(2)遗产类型从"历史古迹"趋向于"文化意义"

在1990年之前的全部16个文件中,围绕《威尼斯宪章》中的"历史纪念物(historic monument)"概念展开的文件有11个,包括了建筑、历史城镇、历史园林和历史中心区等物质空间遗产概念及其保护措施,占68.8%。

与上述"历史纪念物"概念有所区别的是新兴国家的2份文化遗产保护文件——澳大利亚的《巴拉宪章》和加拿大的《德尚博宣言》,这2份文件是建立在"文化重要性(Cultural Significance)"基础上,以价值共识和文化意义为标准和联系,建立了全部自然与人类成就的空间组群概念,建构了多元要素的复合系统。

由此带来了文化遗产外延的扩大。1990年之后的30个文件中,涉及遗产新类型的文件包括了水下遗产、乡土遗产、遗产环境、文化线路、场所精神、遗产价值的场所、工业遗产、乡村景观遗产、历史城市公园9份,占 30.0%。除了水下遗产、乡土遗产和工业遗产之外的 6 份文件均是以"文化(Cultural)"和"社区(Community)"为基础建立的、复合的文化遗产类型。

这一趋势也影响了围绕"历史纪念物"展开的文化遗产概念及其措施的阐释,在城镇文化遗产保护领域,则可见于 ICOMOS 的两份文件对比:

《历史文化城镇地区保护宪章(华盛顿宪章)》

《华盛顿宪章》是城镇文化遗产保护的重要文件,包括序言和定义、原则和目标、方法和手段三个部分。历史文化城镇的定义主要指城市、城镇以及历史中心区或居住区,也包括自然与人造的环境;保护的原则和目标包括融入发展政策及规划、保存特征部分、鼓励居民参与和采取针对性措施等 4 项条款;而在方法和手段上则增加了多学科研究和整体性保护的内容。

应当说,该文件吸纳了欧洲文化遗产保护文件中的整体性思想,进一步发展了《威尼斯宪章》。但并没有突破"历史古迹"的范畴,只增加了管理与操作部分的内容,从而完善了城镇文化遗产的保护体系[①]。

《关于历史城镇和城区维护与管理的瓦莱塔原则》

2011 年颁布的《瓦莱塔原则》拓展了之前的历史城镇与城区(Historic towns and urban areas)的概念,将遗产作为城市生态系统中的重点要素,认为"历史城镇和城区是由有形和无形要素共同构成",还引入了《魁北克宣言》中的"场所精神"定义。

宪章中的保护,不但意味着保存、保护、强化和管理,还意味着协同发展,并和谐地融入现代生活。宪章首次界定了发展变化与自然、建筑、社会环境以及非物质遗产保护的关系,提出了 10 项干预原则和 9 个方面的保护目标与对策。

这一文件可以被视为"文化"框架下新的城镇文化遗产保护体系,它不但丰富了保护的外延,建立了"文化意义"的场所概念,而且深化了整体性保护的内涵,建构了可持续发展下的城镇文化遗产保护框架。

以上两份文件可以看作不同历史时期和保护理念下的城镇文化遗产保护体系,两者之间有一定的传承关系,如整体性保护,但更为重要的则是从历史古迹向文化意义转向的区别。

(3) 技术准则从"单一普适"趋向于"多元具体"

1990 年之前的全部文件中关于技术准则,均是在《雅典宪章》和《威尼斯宪章》所确定的"保护"原则中展开的,并没有专门的技术准则文件。

---

① 参见 Michael Petzet,PRINCIPLES OF PRESERVATION:An Introduction to the International Charters for Conservation and Restoration 40 Years after the Venice Charter ,P25,"Historic Areas (Ensembles)"

1990年之后,关于保护准则的文件开始出现多元化、精细化的趋势,相关文件9份,占总数量的30.0%。

一是对于"真实性"标准进行了多元化阐释。亚洲和美洲针对本土遗产保护特征,提出了《关于原真性的奈良文件》《圣安东尼奥宣言》和《中国文物古迹保护准则》3份文件。

二是针对不同遗产类型及遗产保护的具体技术措施进行规范,明确考古遗产、木结构、壁画、建筑遗产、公共考古遗址的保护准则和措施,同时对遗产记录进行了细化规定,相关文件有5份。

《关于原真性的奈良文件》

《关于原真性的奈良文件》的影响力不用多费笔墨,它已经成为一个里程碑。在此之前的文件,不论是《巴拉宪章》还是《欧洲建筑遗产宪章》都是从保护方法的角度展开,没有涉及对遗产保护原则的改变。而《关于原真性的奈良文件》则是首次基于文化多样性角度,提出了保护原则的拓展建议。

自此,真实性原则的内涵也被极大地丰富,它不但包括了传统意义上的形式与设计、材料与物质、使用与功能等方面的内容,还包括了文化传统、科技和管理系统、区位和场域、语言和其他形式的非物质文化遗产、精神与感受和其他内在与外在因素等多种属性的信息来源的真实性。

《关于古迹、建筑群和遗址的记录准则》

文化遗产是人类成就的一种独特表现,但一直处在危险之中。记录是赋予文化遗产意义、理解、界定和价值认知的主要有效方法之一。《关于古迹、建筑群和遗址的记录准则》的宗旨是阐述文化遗产记录工作的主要原因、职责、规划措施、内容、管理以及有关共识。

保护,不仅意味着技术、管理和政策,还意味着记录和档案,并以此传递信息。

(4) 保护模式从"保护和修复"拓展到"发展和管理"

1990年之前的文件中,"保护和修复"是建筑遗产保护的核心措施。ICOMOS的纲领性文件《威尼斯宪章》的基础就是"绝对有必要为完全保护和修复古建筑建立国际公认的原则,每个国家有义务根据自己的文化和传统运用这些原则"。

围绕这一概念展开的遗产保护模式以技术,尤其是修复技术为核心,管理与利用作为保障性和附属性的措施而被重视。相关保护管理的3个文件,包括城镇文化遗产保护准则的《阿姆斯特丹宣言》、城市遗产管理报告的《罗马宣言》,以及关于二次大战后重建问题的文件《德累斯顿宣言》,强调在城市管理之中关注并重视文化遗产保护的问题。

1990年之后,发展和管理的影响被逐渐重视。相关9份文件中,除了 1993 年的《关于古迹、遗产群和遗址保护的教育和培训指南》依然延续了之前的管理思想,其余 8 份文件,包括文化旅游、文化遗产地的阐释和展示、风险管理以及作为发展驱动力的遗产保护等都是在探讨文化遗产保护与社会、经济、文化发展的关系以及相关的管理问题。在这些文件中,文化遗产保护被视为发展中的重要因素,管理不仅是为保护行为提供保障性和附属性条件,更是调节保护与发展的关系、促进"可持续发展"[①]的重要内容。近年来,这一趋势发展为对"Community"的关注,《佛罗伦萨宣言》(2014 年)、《德里宣言》(2017 年)、《布宜诺斯艾利斯宣言》(2018 年)均与此相关。

《关于遗产作为发展驱动力的巴黎宣言》

在全球化以及经济层面对遗产保护与利用以及其他人类各项活动的影响日益扩大的背景下,遗产的角色和作用正在发生着前所未有的改变。为发展而加强遗产利用的一项核心内容,是不能阻碍人类共有的遗产保留其传世的价值,无论这种价值是地方的、国家的,还是全球性的。

宣言认为:文化遗产是发展进程中的核心要素。只有将遗产作为推动发展的宝贵财富,促进社会团结、经济优势以及民族间相互理解,它才能为社会经济、文化或旅游发展以及遗产的长期保护提供解决方案。只有给遗产赋予新的精神功能和日常用途,以此应对社会生活以及发展的负面影响,才能通过财政自足的方式找到可持续保护的方法。

由此,保护与发展成为相互依赖的、相互作用的一体。保护作用于发展,保障健康发展模式——可持续发展的形成;发展作用于保护,促使文化遗产的永续传承。

3 转型深化——理念转型下的学术探索与保护研究

随着国际文化遗产保护理念的转型,学术团体和研究著作也都在探讨新的保护方法和模式,其中具有较大影响的有:

1) 国际古迹遗址理事会(ICOMOS)与突出普遍价值

ICOMOS 围绕 WHC 的"全球战略"项目,展开了针对突出普遍价值(OUV)的一系列研究。其中最为重要的是 2005 年和 2008 年出版的研究报告。它标志了 ICOMOS 的文化遗产保护理念突破《威尼斯宪章》的框架,并尝试建构了人类文化学的文化遗产保护框架。

(1)《世界遗产名录》:填补空缺——一个未来的行动计划(The

[①] The Paris Declaration On heritage as a driver of development; ICOMOS Pairs 2011.11.1

World Heritage List: Filling the Gaps—an Action Plan for the Future)

该报告可以被视为 ICOMOS 保护理念转型的开端。报告通过类型、年代—地区和主题 3 种框架，分析世界遗产名录，并在此基础上提出了 2004—2008 年的行动计划：为缔约国建立更为可靠的预备名录、优化世界遗产的提名系统、制定一个新的《操作指南》、实现世界遗产地的可持续发展、提升世界遗产公约的影响力。其中最为重要的是该报告基于世界遗产的基本视角的变化，提出认识世界文化遗产的三种框架体系：

一是基于遗产类型的框架。"遗产类型的框架"是根据《保护世界文化和自然遗产公约》关于文化遗产包括纪念物、建筑群、遗址的定义建立起来的，如考古遗址、岩画、乡土建筑、工业建筑、陵墓、宫殿、宗教建筑等，便是按类型划分的文化遗产体系。然而，文化遗产本身种类丰富、零散，难以归入清晰的分类系统，以反映人类文化的多样性。

二是基于文明的时代和区域的框架。"时代/区域"框架根据世界不同地区的发展变化建立在历史时间表基础之上，以人们所确认的已知文化区域为基础，用来校验是否某个时代的文明还有证据存在，而没有在《世界遗产名录》上反映出来。然而，具体分析之后可以发现，时间的省略或遗漏、内容的不对等、文化之间的交流、艺术和建筑风格以及详细程度上依然隐含不均衡的思想，或者说依然以西方和欧洲为思想基础，难以校正不均衡问题，还容易产生对《世界遗产名录》的公信度产生质疑。

三是基于文化主题的框架。这一框架直接建立在对文化遗产的价值判断上，列出文化关联、创造力表现、精神体现、自然资源利用、人类移动和科技发展 6 个方面的主题。无疑，这还只是一种理念上的尝试，框架与体系的不健全非常明显。

后两种或多或少地超出了从 1972 年《世界遗产公约》关于由纪念物、建筑群和遗址所构成的文化遗产的概念和《实施〈世界遗产公约〉操作指南》中 6 条标准所构成的遗产内容。

该报告的重要意义在于：首先，报告采用了多种框架，尤其是提出了基于文化人类学的主题框架结构；其次，直接影响了《操作指南》的修订和除名制度的执行；最后，该报告还带来了之后的一系列保护研究的展开。

（2）《世界遗产名录》：什么是突出普遍价值？世界文化遗产属性的突出普遍价值定义（The World Heritage List: What is OUV? Defining the outstanding universal value of cultural world heritage properties）

2008 年的研究文件，应当被视为新的世界遗产保护理念成型的标志。文件回顾了 OUV 概念的形成过程，并探讨了 OUV 属性下的《操作指南》的 7 项标准建立的过程、原因以及使用条件，从而建立了一个完整的、可操作的价值评估体系。

研究报告并没有明确界定 OUV 的具体内容,而是从比较历年列入《世界遗产名录》的项目使用相关的价值评估标准的变化,分析了人们对价值标准认识的变化,并认为突出普遍价值判断的核心并非是否为人类所共知,而是当人类文化面对相同的问题时是否能够提出一个独特的解决方案。应将 OUV 概念放在不同的语言环境中,由多元的文化自身来阐释。但针对《世界遗产名录》,则明确指出:"只有从国际视角看,具有突出普遍价值的遗产,而不是国家或地区中的重要遗产,才可以列入名录。"

文件的第 V 部分,对传统的"真实性"和"完整性"标准进行了总结性阐释,并认为这一标准是融合在 OUV 及其 7 项具体操作标准之中的。

虽然这是针对世界遗产展开的研究文件,但是报告所建立的"突出普遍价值"体系,大大超出了操作执行的层面,突破了传统"真实性"与"完整性"阐释上的局限,成为一种新的、具有广泛内涵的保护价值理念。

2) 美国盖蒂保护所(GCI)与基于价值的文化遗产保护

除了上述围绕 UNESCO 建立的保护机构和研究性组织之外,还有一批国际知名的文物保护研究机构,如美国盖蒂保护所(GCI)、日本东京国立文化财研究所、罗马文物保护修复研究中心等,它们成为国际文化遗产保护研究与实践的重要推动力量。其中美国盖蒂保护所(GCI)自 1990 年代起进行的遗产价值研究及其"基于价值/以价值为核心的保护规划(value-based/value-centered conservation planning)"已经成为国际文化遗产保护领域的重要方法。

1998—2005 年,盖蒂保护研究所展开了遗产价值研究(Research on the Values of Heritage)项目,关注在传统遗产保护中被忽略,但在遗产保护实践中具有中心地位的经济价值和政治决策问题,并建立了一套"基于价值/以价值为核心的保护规划"。

相关报告认为,当前文化遗产保护面对物质条件、管理状况和文化重要性与社会价值三个方面的问题。传统的文化遗产保护仅关注物质条件方面的问题,这使得整个保护管理与实践中的各个环节分离、断裂,并且与社会的文脉隔离。新的保护模式应以文化遗产的价值为核心,整合文化遗产保护的各个环节。在这一模型中的价值,不单指传统保护中文化遗产的固有价值,还包括不同利益相关者对遗产的价值认识。由此,规划程序也以"协调和沟通"作为主要的任务。

这一保护方法被世界文化遗产组织推崇,成为联合国训练研究所(United Nations Institute for Training and Research, UNITAR)培训课程中的一项重要内容。

"基于价值/以价值为核心的保护规划"的规划核心,是相关利益者的协商与沟通,并以此建立综合的遗产价值体系。因此,盖蒂保护所又后续展开了"遗产的价值、利益相关者和建立共识(Heritage Values, Stakeholders and Consensus Building)"的研究,以帮助遗产从业者更有效地与利益相关者和其他当局进行沟通,在遗产地的保护和管理、探索和推广应用的概念、建立策略和专业知识共识、谈判和解决地方遗产保护和管理的冲突等方面展开协作。

3) 欧洲文化遗产研究与可持续发展的文化遗产管理政策

欧洲的文化遗产保护研究是"整体性保护"的延伸与发展,关注于文化遗产的社会价值和可持续发展的管理政策(表5)。

表5 传统与可持续的遗产管理框架比较

比较项 Dimension	传统遗产管理 Traditional Heritage Management	可持续的遗产管理 Sustainable Heritage Management
场所分析 Situation Analysis	• 基于遗产价值保护的直接因素 • Analysis based on issues of immediate concern for the conservation of heritage value	• 基于影响遗产地可持续利用的广泛趋势和因素 • Analysis based on broad trends and issues that impact on the sustainable use of a heritage site
	• 专业技术和技能专家主导 • Specialised skills and technical expertise dominate	• 鼓励非职业者技术和志愿者能力 • Amateur skills and volunteer capabilities encouraged
战略定位 Strategic Orientation	• 分割和孤立的规划过程 • Segmented and isolated planning process	• 全面和综合的规划过程 • Holistic and integrated planning process
	• 关注于线性的、短期的遗产相关目标 • Focus on linear, short-term heritage-related goals	• 关注于因果的、长期的遗产可持续发展愿景 • Focus on causal, long-term heritage sustainability vision
	• 基于遗产价值风险评估的战略 • Strategy based on assessment of risk to heritage value	• 基于方案比选和优先权协商的战略 • Strategy options generated and priorities negotiated
	• 基于遗产特定结果的定量措施 • Quantitative measures of heritage specific outcomes	• 定性与定量的可持续发展措施 • Qualitative and quantitative sustainability measures
	• 基于职务或专业的实施责任 • Responsibility for implementation based on position or expertise	• 基于多维价值的实施责任 • Responsibility for implementation based on multi-dimensional value
	• 分段审查过程。 • Segmented review process	• 全面的审查过程。 • Holistic review process

续表 5

比较项 Dimension	传统遗产管理 Traditional Heritage Management	可持续的遗产管理 Sustainable Heritage Management
利益相关者的价值 Stakeholder Values	• 合作者的价值观被排除在规划过程初始 • Partnership member values isolated at the start of the planning process • 保护遗产价值的愿景 • Vision relates to conserving heritage value • 由合作者成员作决定 • Decisions made by partnership members	• 合作者和社区价值观被排除在登录程序初始 • Partnership and community values isolated at the start of the nomination process • 可持续的社会价值愿景 • Vision relates to continuity of community value • 基层深度影响决策 • High degree of grassroots influence on decisions
利益相关者的参与 Stakeholder Participation	• 基于有限主要部门影响力的正式合作结构。 • Formal partnership structure with influence limited to key agencies • 基于职务或专业的分层权威 • Hierarchical authority based on position or expertise • 正式化规则和决策程序 • Forma lised rules and decision-making processes • 被动决定 • Decisions are reactive • 单方面沟通 • Unilateral communication • 利益惠于遗产地 • Benefits flow to heritage site	• 基于广泛流动伙伴关系的自愿合作结构 • Voluntary partnership structure with extensive fluid membership • 基于协商和文脉需求的代理权威 • Delegated authority based on negotiation and contextual need • 最小规则和依情况而定的决策程序 • Minimal rules, contingent decision-making processes • 积极决定 • Decisions are proactive • 迭代沟通 • Iterative communication • 利益惠于当地社区 • Benefits flow to local community

资料来源：Landorf C,2009:507

  与美国城镇文化遗产保护的人文地理学背景不同，欧洲的城镇文化遗产保护多源自城市形态学的研究。英国的康岑(Conzen)学派的文化记忆与意大利的穆拉托里—卡尼贾(Muratori-Caniggia)学派的历史类型，都是城镇文化遗产保护的重要理论来源。1996年，英国康岑学派的核心成员彼得·J. 拉克姆(Peter J. Larkham)出版了《保护与城市》(Conservation and City)一书。这是一本关于城市历史景观保护的研究著作，它从规划与政策制定的角度，研究了城市环境的保护与变化保护行为与规划系统之间的相互作用，探讨了变化发生的原因、主导者与值得保护的城市景观要素。通过对社会、经济和心理等因素的辨析，针对英国的文化遗产保护实践,提出将保护地区作为一种规划工具,通过监控展开稳定的变化过程,建立动态、弹性、公众参与式的规划等具体措施。

2005年,欧洲理事会通过了《文化遗产社会价值的欧洲理事会框架公约》(Council of Europe Framework Convention on the Value of Cultural Heritage for Society, Faro, 2005, 下文简称《法鲁公约》)。与以往国际遗产公约关注如何保护和保存文化遗产不同,《法鲁公约》提出为什么和为谁传承文化遗产?公约提出文化遗产作为人类的发展资源,不但可以增强文化多样性和促进不同文化间的对话,而且是可持续经济发展模式的一部分。因而,公民与人类的价值是扩大化的、多学科交叉的文化遗产概念的核心,公约认为:

- 文化遗产的权利,如同《国际人权宣言》所定义的,是参加文化生活的固有权利。
- 个人与集体都对文化遗产负有责任。
- 文化遗产的保护和可持续利用是以提高人类的发展和生活质量为目标。
- 需采取以下的必要措施:

——文化遗产的责任在于建构一个和平与民主的社会,推进可持续发展的进程和促进文化多样性。

——更进一步调和公众、机构和相关私人之间的争议。

文化遗产保护研究围绕公共政策和社会价值的全面展开。2004年,爱德华·霍布森(Edward Hobson)的《保护与规划》(Conservation and Planning)通过对实践的研究发现,虽然政策是价值共识的结果,但实践中的价值依然存在着变化与发展,因而,实施政策上的微调,能够更有效地适应保护实践中的价值进化。2007年,丹尼斯·罗德韦尔(Dennis Rodwell)的《历史城市的保护与可持续发展》(Conservation and Sustainability in Historic Cities)探讨了可持续发展与文化认同之间的关系,认为文化遗产保护应作为城市发展的一个重要动力,纳入城市宏观发展战略。2009年出版的《传承与超越》(Heritage and Beyond)则深入探讨了《法鲁公约》中的相关主题。

一系列的研究对文化遗产地的保护实践方法产生了深刻的影响。2009年,克里斯·兰多夫(Chris Landorf)通过对英国工业遗产地的研究,从情况分析(Situation Analysis)、战略方向(Strategic Orientation)、利益相关者价值(Stakeholder Values)和利益相关者的参与(Stakeholder Participation)4个方面提出了一种可持续发展的遗产管理框架。2011年UNESCO通过了《历史城市景观建议书》,至此,城市历史文化问题的探讨在全球范围内展开。2012年,弗朗切斯科·班达林(Francesco Bandarin)和吴瑞梵(Ron Van Oers)所著的《历史城市景观：城市世纪中的遗产管理》(*The Historic Urban Landscape: Managing Heritage in an Urban Century*)中,更将历史城市景观(HUL)作为城市时代中的遗产管理模式。

参考文献

外文专著与学位论文

[1] Avrami E, Mason R, De la Torre M. Values and Heritage Conservation[M]. Los Angeles: The Getty Conservation Institute, 2000.

[2] Orbasli A. Tourists in Historic Towns: Urban Conservation and Heritage Management[M]. London: Taylor & Francis, 2000.

[3] Brandi C. Theory of Restoration[M]. Roma: Istituto Centrale per il Restauro, 2005.

[4] Taylor C. The Ethics of Authenticity[M]. Cambridge: Harvard University Press, 1992.

[5] Lowenthal D. The Past is a Foreign Country[M]. Cambridge: Cambridge University Press, 1985.

[6] Rodwell D. Conservation and Sustainability in Historic Cities[M]. Oxford: Blackwell Publishing Ltd, 2007.

[7] Hobson E. Conservation and Planning: Changing Values in Policy and Practice[M]. New York: Taylor & Francis, 2004.

[8] English Heritage. Guidance on the Management of Conservation Areas[M]. London: English Heritage, 2005.

[9] Feilden B M, Jokilehto J. Management Guidelines for World Cultural Heritage Sites[M]. Rome: ICCROM (in collaboration with UNESCO and ICOMOS), 1998.

[10] Bandarin F, van Oers R. The Historic Urban Landscape: Managing Heritage in an Urban Century[M]. Oxford: Wiley-Blackwell, 2012.

[11] Guardia M. Culture, Urbanism and Planning (Heritage, Culture and Identity)[M]. London: Routledge, 2006.

[12] GCI. Historic Urban Environment Conservation Challenges and Priorities for Action[M]. Los Angeles: The Getty Conservation Institute, 2009.

[13] Aplin G. Heritage: Identification, Conservation and Management[M]. Oxford: Oxford University Press, 2002.

[14] ICOMOS. Thirty Years of ICOMOS[M]//ICOMOS Scientific Journal (1993—1999). Paris: ICOMOS, 1995.

[15] Teutonico J M, Matero F. Managing Change: Sustainable Approaches to the

Conservation of the Built Environment[M]. Los Angeles:The Getty Conservation Institute,2003.

[16] Earl J. Building Conservation Philosophy[M]. London:Routledge,2003.

[17] Jokilehto J. A History of Architectural Conservation[M]. London:Routledge,1999.

[18] Jokilehto J, Cleere H, Denyer S,et al. The World Heritage List:Filling the Gaps:An action Plan for the Future [M]//ICOMOS. Monuments & Sites (2001—)Vol. XII . München:ICOMOS,2005.

[19] Jokilehto J. The World Heritage List:What is OUV? Defining the Outstanding Universal Value of Cultural World Heritage Properties [M]//ICOMOS. Monuments & Sites (2001—), Vol. XVI. Berlin:Hendrik Bäßler Verlag, 2008.

[20] Howe K W. Los Angeles Historic Resource Survey Assessment Project:Summary Report [M]. Los Angeles:The Getty Conservation Institute,2002.

[21] De la Torre M. Assessing the Values of Cultural Heritage:Research Report [M]. Los Angeles:The Getty Conservation Institute,2002.

[22] Agnoletti M. The Conservation of Cultural Landscapes[M]. London:Cabi Publishing,2007.

[23] Petzet M,Ziesemer J. International Charters for Conservation and Restoration (Second Edition with an Introduction by Michael Petzet)[M]//ICOMOS. Monuments & Sites(2001—)Vol. I . München:ICOMOS,2004.

[24] Pacetti M,Passerini G,Brebbia C A. The Sustainable City VII:Urban Regeneration and Sustainability[M]. Cambridge:MIT Press,2012.

[25] Cohen N, Urban Planning Conservation and Preservation[M]. Columbus:McGraw-Hill Professional,2001.

[26] Lichfield N. Economics in Urban Conservation[M]. Cambridge:Cambridge University Press,2009.

[27] Price N S,Talley M K,Vaccaro A M. Historical and Philosophical Issues in the Conservation of Cultural Heritage[M]. Los Angeles:Getty Conservation Institute,1996.

[28] Tyler N,Ligibel T J,Tyler I R. Historic Preservation:An Introduction to Its History Principles and Practice[M]. 2nd ed. New York:Norton, W. W. & Company,2009.

[29] Ashworth G,Howard P. European Heritage Planning and Management[M]. Bristol:Intellect Ltd,1999.

[30] Larkham P J. Conservation and the City[M]. London:Routledge,1996.

[31] Pickard R. Management of Historic Centres[M]. New York:Taylor & Francis,2001.

[32] Drury P J,McPherson A. Conservation Principles,Policies and Guidance[M]. London:English Heritage,2008.

[33] Piercey R. The Uses of the Past from Heidegger to Rorty: Doing Philosophy Historically[M]. Cambridge: Cambridge University Press, 2009.

[34] Pickard R, Dambis J. Integrated Management Tools in South East Europe by Council of Europe[M]. Strasbourg: Council of Europe Publishing, 2008.

[35] Pickard R. Policy and Law in Heritage Conservation[M]. New York: Taylor & Francis, 2000.

[36] Stipe R E. A Richer Heritage: Historic Preservation in the Twenty first Century[M]. Chapel Hill: UNC Press, 2003.

[37] White R, Carman J. World Heritage: Global Challenges, Local Solutions: Proceedings of a Conference at Coalbrookdale, 4-7 May 2006 Hosted by the Ironbridge Institute[M]. Oxford: BAR Publishing, 2007.

[38] Paddison R, Miles S. Culture-led Urban Regeneration[M]. New York: Taylor & Francis, 2006.

[39] Munoz-Vinas S. Contemporary Theory of Conservation[M]. Oxford: Butterworth-Heinemann, 2004.

[40] Titchen S M. On the Construction of Outstanding Universal Value: UNESCO's World Heritage Convention and the Identification and Assessment of Cultural Places for Inclusion in the World Heritage List[D]. Canberra: Australian National University, 1995.

[41] Strike J. Architecture in Conservation, Managing Developments in Historic Sites[M]. London: Routledge, 1994.

[42] UN-Habitat. Planning Sustainable Cities: Global Report on Human Settlements 2009[M]. London: Earthscan Publications, 2009.

[43] Howe K W. The Los Angeles Historic Resource Survey Report: A Framework for a Citywide Historic Resource Survey[M]. Los Angeles: The Getty Conservation Institute, 2008.

外文学术文章

[44] Landorfa C. A Framework for Sustainable Heritage Management: A Study of UK Industrial Heritage Sites[J]. International Journal of Heritage Studies, 2009, 15(6): 494-510.

[45] Harvey D C. Heritage Pasts and Heritage Presents: Temporality, Meaning and the Scope of Heritage Studies[J]. International Journal of Heritage Studies, 2010, 7(4): 319-338.

[46] Crooke E. The Politics of Community Heritage: Motivations, Authority and Control[J]. International Journal of Heritage Studies, 2010, 16(1-2): 16-29.

[47] Waterton E, Smith L, Campbell G. The Utility of Discourse Analysis to Heritage Studies: The Burra Charter and Social Inclusion[J]. International Journal of

Heritage Studies,2006,12(4):339-355.

[48] Waterton E, Smith L. The Recognition and Misrecognition of Community Heritage[J]. International Journal of Heritage Studies,2010,16(1-2):4-15.

[49] Edson G. Heritage:Pride or Passion, Product or Service? [J]. International Journal of Heritage Studies,2004,10(4):333-348.

[50] Aplin G. World Heritage Cultural Landscapes[J]. International Journal of Heritage Studies,2007, 13(6):427-446.

[51] Cleere H. The Concept of 'Outstanding Universal Value' in the World Heritage[J]. Conservation and Management of Archaeological Sites ,1996,1(4):227-233.

[52] Merryman J H. Cultural Property Internationalism[J]. International Journal of Cultural Property, 2005,12(1):11-39.

[53] Recht J. Hearing Indigenous Voices, Protecting Indigenous Knowledge[J]. International Journal of Cultural Property,2009,16(3):233-254.

[54] Protta L V. The International Movement of Cultural Objects[J]. International Journal of Cultural Property,2005,12(2):225-248.

[55] Prott L V, O'Keefe P J. 'Cultural Heritage' or 'Cultural Property'? [J]. International Journal of Cultural Property,1992,1(2):307-320.

[56] Howard P. Editorial-Heritage Challenges in the New Century[J]. International Journal of Heritage Studies,2000,6(1):7-8.

[57] Strasser P. "Putting Reform Into Action":Thirty Years of the World Heritage[J]. International Journal of Cultural Property,2002,11(2):267-293.

[58] Mason R. Theoretical and Practical Arguments for Values-Centered Preservation[J]. CRM:The Journal of Heritage Stewardship,2006(3):21-48.

[59] Labadi S. Representations of the Nation and Cultural Diversity in Discourses on World Heritage[J]. Journal of Social Archaeology,2007,7(2):147-170.

[60] Loulanski T. Revising the Concept for Cultural Heritage:The Argument for a Functional Approach[J]. International Journal of Cultural Property,2006,13(2):207-233.

[61] Ahmad Y. The Scope and Definitions of Heritage:From Tangible to Intangible[J]. International Journal of Heritage Studies,2006,12(3):292-300.

译 著

[62] [德]斐迪南·滕尼斯. 共同体与社会:纯粹社会学的基本概念[M]. 林容远,译. 北京:商务印书馆,1999.

[63] [英]彼德·霍尔,科林·沃德. 社会城市:埃比尼泽·霍华德的遗产[M]. 黄怡,译. 北京:中国建筑工业出版社,2009.

[64] [英]柯林武德. 历史的观念[M]. 何兆武,张文杰,译. 北京:商务出版社,1997.

[65] [英]奈杰尔·拉伯特,乔安娜·奥弗林. 社会文化人类学的关键概念[M]. 鲍

文研,张亚辉,译.北京:华夏出版社,2005.
[66] [英]沃尔什. 历史哲学:导论[M].何兆武,张文杰,译.桂林:广西师范大学出版社,2001.
[67] [英]E. N. 洛伦兹. 混沌的本质[M].刘式达,等译.北京:气象出版社,1997.
[68] [美]埃里克·弗鲁博顿,[德]鲁道夫·芮切特. 新制度经济学:一个交易费用分析范式[M].姜建强,罗长远,译.上海:上海人民出版社,2006.
[69] [美]道格拉斯·C.诺思. 制度、制度变迁与经济绩效[M]. 杭行,译.上海:格致出版社,2008.
[70] [美]斯皮罗·科斯托夫. 城市的形成:历史进程中的城市模式和城市意义[M].单皓,译.北京:中国建筑工业出版社,2005.
[71] [美]詹姆斯·E.万斯. 延伸的城市:西方文明中的城市形态学[M].凌霓,潘荣,译.北京:中国建筑工业出版社,2007.
[72] [美]托马斯·库恩. 科学革命的结构[M].金吾伦,胡新和,译.北京:北京大学出版社,2003.
[73] [日]日本观光资源保护财团.历史文化城镇保护[M].锡山卯三,监修;路秉杰,译.北京:中国建筑工业出版社,1991.
[74] 冯友兰. 中国哲学简史[M].赵复三,译.北京:新世界出版社,2004.

中文专著与学位论文

[75] 曹昌智,等. 大同历史文化名城保护与发展战略规划研究[M].北京:中国建筑工业出版社,2008.
[76] 陈弱水. 公共意识与中国文化[M].北京:新星出版社,2006.
[77] 程念祺. 国家力量与中国经济的历史变迁[M].北京:新星出版社,2006.
[78] 方可. 当代北京旧城更新:调查·研究·探索[M].北京:中国建筑工业出版社,2000.
[79] 国家文物局. 中国文化遗产事业法规文件汇编:1949—2009[M].北京:文物出版社,2009.
[80] 国家文物局. 文化遗产保护地方法律文件选编[M].北京:文物出版社,2008.
[81] 黄明玉. 文化遗产的价值评估及记录建档[D].上海:复旦大学,2009.
[82] 黄立. 中国现代城市规划历史研究(1949—1965)[D].武汉:武汉理工大学,2006.
[83] 金观涛,刘青云. 兴盛与危机:论中国社会超稳定结构[M].北京:法律出版社,2011.
[84] 科技部社会发展科技司,国家文物局博物馆与社会文物司. 中华文明探源工程文集:社会与精神文化卷:Ⅰ[M].北京:科学出版社,2009.
[85] 李百浩. 中国近现代城市规划历史研究[D].南京:东南大学,2003.
[86] 李曙华. 从系统论到混沌学:信息时代的科学精神与科学教育[M].桂林:广西师范大学出版社,2002.

[87] 中国历史文化名城研究会(筹). 中国历史文化名城保护与建设[M]. 北京:文物出版社,1987.

[88] 梁漱溟. 东西文化及其哲学[M]. 2版. 北京:商务印书馆,1999.

[89] 刘石吉. 明清时代江南市镇研究[M]. 北京:中国社会科学出版社,1987.

[90] 罗哲文. 罗哲文历史文化名城与古建筑保护文集[M]. 北京:中国建筑工业出版社,2003.

[91] 吕思勉. 中国制度史[M]. 上海:上海教育出版社,1985.

[92] 钱穆. 中国思想史[M]. 5版. 台北:台湾学生书局,1985.

[93] 钱乘旦,陈晓律. 英国文化模式溯源[M]. 上海:上海社会科学院出版社,2003.

[94] 单霁翔. 文化遗产保护与城市文化建设[M]. 北京:中国建筑工业出版社,2009.

[95] 《史学理论丛书》编辑部. 当代西方史学思想的困惑[M]. 北京:中国社会科学出版社,1991.

[96] 史晨暄. 世界遗产"突出的普遍价值"评价标准的演变[D]. 北京:清华大学,2008.

[97] 孙立平. 失衡:断裂社会的运作逻辑[M]. 北京:社会科学文献出版社,2004.

[98] 孙立平. 博弈:断裂社会的利益冲突与和谐[M]. 北京:社会科学文献出版社,2006.

[99] 沈海虹. "集体选择"视野下的城市遗产保护研究[D]. 上海:同济大学,2006.

[100] 苏畅. 《管子》城市思想研究[M]. 北京:中国建筑工业出版社,2010.

[101] 王世仁. 文化的叠晕:古迹保护十议[M]. 天津:天津古籍出版社,2004.

[102] 王红军. 美国建筑遗产保护历程研究:对四个主题性事件及其背景的分析[M]. 南京:东南大学出版社,2009.

[103] 王玲玲. 历史文化名城保护规划的发展与演变研究[D]. 北京:中国城市规划设计院,2006.

[104] 吴承明. 经济史:历史观与方法论[M]. 上海:上海财经大学出版社,2006.

[105] 吴良镛. 中国城乡发展模式转型的思考[M]. 北京:清华大学出版社,2009.

[106] 许纪霖. 公共空间中的知识分子[M]. 南京:江苏人民出版社,2007.

[107] 姚名达. 中国目录学史[M]. 上海:上海古籍出版社,2002.

[108] 杨宽. 中国古代都城制度史[M]. 上海:上海人民出版社,2006.

[109] 张广智. 西方史学史[M]. 上海:复旦大学出版社,2000.

[110] 张光直. 中国青铜时代[M]. 北京:生活·读书·新知三联书店,1983.

[111] 张松. 城市文化遗产保护国际宪章与国内法规选编[M]. 上海:同济大学出版社,2007.

[112] 周岚. 历史文化名城的积极保护和整体创造[M]. 北京:科学出版社,2011.

中文学术文章

[113] 范毓周. 关于中国文明起源与形成问题的几点思考[J]. 史学月刊,2008(1):

5-10.

[114] 何兆武. 沃尔什和历史哲学补论[M]//《史学理论丛书》编辑部. 当代西方史学思想的困惑. 北京:中国社会科学出版社,1991.

[115] 梁鹤年. 公众(市民)参与:北美的经验与教训[J]. 城市规划,1999,23(5):49-53.

[116] 刘青昊,李建波. 关于衰败历史城区当代复兴的规划讨论:从南京老城南保护社会讨论事件说起[J]. 城市规划. 2011,35(4):69-73.

[117] 潘守永. 人类学视野下的文化遗产:基本概念、历史与理论[M]//侯远高,刘明新. 西部开发与少数民族权益保护. 北京:中国民族大学出版社,2006.

[118] 孙施文. 中国城市规划的理性思维的困境[J]. 城市规划学刊,2007(2):1-8.

[119] 王维坤. 中国古代都城的历史演变与定型研究[M]//《远望集》编委会. 远望集:陕西省考古研究所华诞四十周年纪念文集. 西安:陕西人民美术出版社,1998.

[120] 王巍. 对中华文明起源研究有关概念的理解[J]. 史学月刊,2008(1):10-13.

[121] 徐苹芳. 现代城市中的古代城市遗痕[M]//《远望集》编委会. 远望集:陕西省考古研究所华诞四十周年纪念文集. 西安:陕西人民美术出版社,1998.

[122] 徐苹芳. 中国文明形成的考古学研究[J]. 吉林大学社会科学学报,2005,45(1):15-21.

[123] 王巍. 聚落形态研究与中华文明探源[J]. 文物,2006(5):58-66.

网络文献资源

[124] International Council on Monuments and Sites(ICOMOS):Charters and Other Doctrinal Texts[EB/OL]. [2011-06-11]. http://www.icomos.org/en/charters-and-texts.

[125] United Nations Educational, Scientific and Cultural Organization(UNESCO): Conventions & Recommendations[EB/OL]. [2011-07-14]. http://portal.unesco.org/en/ev.php-URL_ID=12024&URL_DO=DO_TOPIC&URL_SECTION=201.html.

[126] World Heritage Centre(WHC):Documents[EB/OL]. [2012-03-02]. http://whc.unesco.org/en/documents.

[127] Getty Conservation Institute:Publications and Resources[EB/OL]. [2012-05-17]. http://www.getty.edu/conservation/publications_resources

后记

本书基于十年前的博士毕业论文。当前的城镇文化遗产保护环境已发生巨大改变,论文书写时的大多数问题已不复存在。在以文化自信为宗旨的保护趋势中,城乡文化遗产将迎来新的"传承"格局。是故,令往昔之文字归于往昔。本书保留博士论文的全部不足和缺点,并将当年搁笔时的文字搬来,以提醒不忘初心。

"本文的研究是以城镇文化遗产保护展开的,但后续,却希望以此为开端,提出一种具有更广泛意义的本土规划理论研究方法。

中国的城市规划理论和方法均源自西方,本土城市规划理论的缺失,已经成为学科发展亟待解决的问题。在本土理论的研究中,除了总结本土的城市规划实践经验外,更重要的是面对城市规划学科发展的历史背景和现实趋势,研究交融、互参的规划理论。使之成为本土、乃至世界城市规划理论的重要组成部分。

本文,是未知成败的第一步尝试。"

汤晔峥

2024 年 3 月 8 日于兰园

内容提要

全书分为国际城镇文化遗产保护的原型、中国城镇文化遗产保护的衍化、城镇文化遗产保护的模型三部分。从国际城镇文化遗产保护发展历史的考察入手,概括和描述了其衍化规律和形态结构;进而运用新制度经济学方法,总结和探讨了中国城镇文化遗产保护路径的合理性和合法性困境;研究了导致困境产生的深层原因——中国传统文化和城市范式对"原型"模式植入的异化作用;总结出中国城镇文化遗产保护的衍化结构:一种突进式的整合系统和一种断裂式的分叉结构。第三部分探讨了城镇文化遗产保护的运动机制,研究了文化遗产保护系统的具体运行结构——由"文化→社会"的升维扩张运动和"社会→文化"的降维收敛运动共同构成的整体运行结构,分析了维护该结构持续运行的动力模式,提出城镇文化遗产保护混沌范式及其基本技术架构与运行架构。并结合案例提出了中国城市遗产保护技术路径优化的目标和措施。

本书可供城乡规划与设计、城乡规划历史与理论、城镇文化遗产保护等相关领域的专业人员以及对城市和建筑文化遗产保护感兴趣者阅读参考。

图书在版编目(CIP)数据

城镇文化遗产保护路径优化研究 / 汤晔峥著. —南京:东南大学出版社,2024.4
(城市更新理论与实践研究系列 / 阳建强主编)
ISBN 978-7-5641-8203-8

Ⅰ.①城… Ⅱ.①汤… Ⅲ.①城市—文化遗产—保护—研究—中国 Ⅳ.①K928.7

中国版本图书馆 CIP 数据核字(2018)第 293233 号

书　　名:城镇文化遗产保护路径优化研究
　　　　　CHENGZHEN WENHUA YICHAN BAOHU LUJING YOUHUA YANJIU
著　　者:汤晔峥
责任编辑:姜　来　　责任校对:李成思　　责任印制:周荣虎　　封面设计:王　玥
出版发行:东南大学出版社　　　　　社址:南京市四牌楼2号(210096)
网　　址:http://www.seupress.com
出 版 人:白云飞
印　　刷:广东虎彩云印刷有限公司　　排版:南京布克文化发展有限公司
开　　本:787 mm×1092 mm　1/16　印张:20.75　字数:482 千
版 印 次:2024 年 4 月第 1 版　2024 年 4 月第 1 次印刷
书　　号:ISBN 978-7-5641-8203-8　　定价:89.00 元
经　　销:全国各地新华书店　　发行热线:025-83790519　83791830

＊　版权所有,侵权必究
＊　本社图书如有印装质量问题,请直接与营销部联系(电话:025-83791830)